令和日本史記

126代の天皇と日本人の歩み

著者 八幡和郎
歴史家／皇室評論家

はじめに――「日本国家の歴史」を語らねばならない理由

万葉の咲き誇る花の香りが薫る「令和」を歓迎

春爛漫の平成三十一年四月一日、新しい元号が発表され、日本中が明るいムードに包まれた。昭和天皇の崩御という重い空気と、真冬の寒空の下で迎えた「平成」の始まりとは打って変わった華やいだ気分が列島に満ち溢れた。『万葉集』にある「初春令月気淑風和(初春の令月《れいげつ》にして、気淑《きよ》く風和《やわら》ぐ)」という大宰府の梅を愛でる歌の序から取ったものだが、日本の古典に由来し、いかにも元気が出る言葉である。

このよき年に私が書くのは「国家の歴史」である。日本のように単一民族とまではいえなくとも、「日本列島の住民」「日本民族」「日本国民」というものがほとんど一致する国では、それぞれの歴史を区別する必要性はあまり感じられないかもしれない。

だが、この三つは本来、まったく別のものである。少し前に、『国家の品格』といった本が話題になったが、内容を見るとほとんど日本民族と文化の話でしかなかった。

かつて、日本人は「日本国家の歴史」について明確なイメージを持っていた。少し年代は正確さを欠くものの、神武《じんむ》天皇によって大和《やまと》で創られた「クニ」から発展し、万世一系の皇室を統合のシンボルとして統一と独立を保ってきたと、千数百年にわたって理解してきたのである。

ところが、近年では「東アジア世界のなかで日本史を位置づける」として、中国史の断片のように日本史を捉え、「卑弥呼《ひみこ》」のような人物が国を創ったかのように語るまでなってしまった。だが、中国に使いを送ったことが、日本という国を建てたということではない。それどころか日本国家が記憶すらしてこなかった邪馬台国《やまたいこく》は「国家の歴史」の枠外にしかないはずだ。

また、鎌倉時代以降の武士の時代をみても、朝廷の役割を軽く見過ぎではないかという疑問もある。果たして「歴代天皇の眼」に「国家の歴史」はどう映っていたのであろうか。こうした観点から定点観測を試みるのが本書のねらいである。

そもそも「国家」には、それぞれの「公式見解」というものがあり、それに基づいた「正史」がある。それが正しいとは限らないが、少なくとも国民はそれを知るべきだ。批判や異見はそれからにしたい。ところが、日本という国では、歴史や外交について、国としての公式見解が曖昧であったり、そうでなくとも国民に知ってもらう努力が十分になされていなかったりすることが多い。中国や韓国などの国粋主義的な歴史教育はひとりよがりな

見方への盲従を要求しすぎだが、いまの日本の歴史教育の現状では、民族の誇りもさるこ
となから、現実の「国家的」な利益も守られないことが憂慮される。
繰り返し言うが、国の考え方を無批判に受け入れろというのでない。だが、まず出発点
として知ることが必要だと主張しているのだ。

歴史とか政治制度については、教育の目的として学問的な成果を科学として教えること
も大事だが、同時に国民としての知るべきことを知ってもらうことも同じように重要だ。
たとえば、日韓併合であれ、北方領土であれ、外国人に対して、日本の国としての認識と
言い分はこれこれであると、国民の誰もがすらすら言えるべきなのだ。

この国の始まりについて、古代の日本国家は『日本書紀』などの公的な歴史編纂《へんさん》事業を
行い、「正史」を確立した。そして、それは現在でも国の行事のなかで継承されている。
皇室とそれを象徴とする日本の国は、神武天皇がこの国を創り、万世一系で国民統合の象
徴として機能してきたという前提のうえに成り立っている。

ところが、たとえば「建国記念の日」として神武天皇が橿原《かしはら》で即位したとされている旧
紀元節を国民の祝日としながら、一方で、歴史教科書には「神武天皇」という名前すらま
ったく記載されていなかったりするのでは、「国家」として体《てい》を成していない。

これでは、日本国憲法の第一章が「国の象徴」としての「天皇」についてのものであることの意味すら理解できないということになり、究極の憲法軽視で、第九十九条でいう「憲法を尊重擁護すべき義務」に反しているのではないか。

こうした考えは、戦前に支配的だった皇国史観でこの国の歴史を捉えることとも違う。かつて『日本書紀』などを書いた古代の人々は、その時代における最大限に科学的な態度で、この国の歴史を説得的に説明しようとしたのだが、それを後世の人々が、たとえば「大軍を率いての神武東征と日本統一」などといった仰々《ぎょうぎょう》しい風景を付け加え、やや神懸《かみが》かり的で非現実的な解釈によって歪《ゆが》めたのである。そのことがよかったとは思わない。記紀に書かれている「神武東征」は、少人数での日向《ひゅうが》からの出奔と、大和で小さい領地を得ての定着でしかない。

いま求められるのは、原点に戻って、国内外の人々にも十分に説得的で、科学的な裏付けをもった二十一世紀における「正史」を再構築することである。

私がそういうことを考えるのは、「京都」に住んでいるからでもある。京都御所には、高い石垣や深い堀といった防御施設はなかった。現在の京都御苑をめぐる生け垣すら、明治になって即位礼などを大規模に行うために警備厳重な空間をつくる道具として植えられたものだ。もとは公家屋敷が禅宗寺院の塔頭《たっちゅう》のように並ぶなかに御所もあって、市民の出入りも比較的自由だった。

私は国粋主義者ではないが、客観的にみても「日本」という「国家」は世界に冠たる、誇るに足る国だと思う。ほぼ二千年にわたって揺るぎない独立と統一を維持し、おおむね公正でレベルの高い政治・経済・文化を実現し、十九世紀にあっては非西欧国家で唯一近代国家として成功し、二十世紀終わりには、「ジャパン・アズ・ナンバーワン」と文明史に一時代を画したこの国が、すばらしい国でなかろうはずがない。

この本は、その日本という国が二千年にわたって揺るぎない統一を維持し成功を収めたひとつの背景として、皇室という揺るぎない軸の存在があったことを描き出そうというものである。本当はこうした作業は国家的に取り組むべきものだと思うが、微力ながら試みの作業をしてみたつもりである。また、安定的で説得力の高い皇位継承がどのように模索されてきたかも論じ、昨今の皇位継承論争を考えるうえでも参考になるように心がけた。

応神《おうじん》、継体天皇の即位に際して別系統の王朝になったという説があり、話題になった『日本国紀《こくき》』もそれに賛同しているのであるが、まったく根拠薄弱だと思っている。その理由はおいおい書くが、それも含めて「新・万世一系論」といっていただいてもよい。

本書の執筆順序は普通の「歴代天皇列伝」とは少し違う。普通は、上皇などになってからの事績もまとめて書いてあるのだが、それでは実際に起きた順序と違うことになってしまう。そこで、原則として在位中の出来事のみを書いたので、たとえば、「承久《じょうきゅう》の乱」は後鳥羽《ごとば》天皇のところではなく、順徳《じゅんとく》天皇や仲恭《ちゅうきょう》天皇のところの内容になっている。

また、歴代天皇などの表記は、原則として伝統的な諡号《しごう》（高徳をしのんで死後つけた名前）・追号《ついごう》（ゆかりの地名などにちなんだ名前）によっている。皇室で歴代天皇の諡号が死後につけられたとしても、それをもとに祭祀《さいし》を行っているのだから、それを尊重すべきだ。それぞれの時代にどう呼ばれたかにこだわることは、ほとんど無意味である。昭和天皇でも在位中はそうは呼ばれなかったし、崇神《すじん》天皇が当時において「ハックニシラススメラミコト」などと呼ばれたのでもあるまい。

そうした観点も含めて、人名はもっとも人口に膾炙《かいしゃ》した呼び名や表記を使うと割り切った。たとえば、「日本武尊《やまとたけるのみこと》」よりは「ヤマトタケル」といった方が現代人にはわかりやすいからそうした（詳《くわ》しくは巻末の「表記について」を参照されたい）。

なかには「神武天皇」とか「聖徳太子」といった名前を、後世のものだといって使わない人がいるが、それなら中国人が呼んでいただけの名前をどうして使うのか。「卑弥呼《ひみこ》」とか「倭王武《わおうぶ》」といった名前にしても、日本国内で使われていたわけではない。たとえ「ヒミコ」と似た名前の女王がいたとしても、「卑」などという賤《いや》しんだ字を当てられて、そのまま平気で使うことなど、日本人としての誇りはどうなっているかと嘆かわしくなる。

なお、代替わりの移行期なので、新旧両陛下の呼び方などについては難しい問題があることはお許しいただきたい。

また、古代における漢字表記はあくまでも文書上のもので、倭や日本と書いても国内ではヤマトと読み、天皇もスメラギなどと読んだようだ。

思うに、戦後の歴史論は、一貫して日本史における皇室の役割を軽く見せることに腐心してきたのではないか。だが、この国家が皇室の安定的な存在とともに長い継続性を持ち、安定した歴史を持っているということは、国民としての誇りであり、何にも得難い財産なのである。本書がそれをもう一度、再評価する契機となれば幸いである。

本書の原著は二〇〇八年五月に刊行された『歴代天皇列伝』（ＰＨＰ研究所）であるが、このほど、新しい御代《みよ》を記念して、大幅に改訂し、一二六代目に当たる新しい陛下まで含めて掲載し、奥付日を新年号の最初の日として刊行させていただいたのである。

コラム：

日本国前史――日本列島における「クニ」と日本人の誕生

近年の考古学的発見の結果、現在の日本の国土には三〜四万年以上も前から人類が住んでいたことが明らかになっている。それ以前にも人類が住んでいたらしくもあるが、旧石器時代の遺物とされていたものの大半が捏造《ねつぞう》だと分かったりして旧石器時代の繁栄はあまり明確なものではなくなっている。

そして、氷河期の終わった一万二千年ほど前になると、縄文式土器の生産が始まるが、これはこれまで発見されたなかでは、世界でももっとも古いものに属するとされている。

水田による稲作が日本に伝わったのは、三千年ほど前かもしれないが、盛んになったのは二千四百年前といわれる。いわゆる弥生《やよい》時代である。陸稲《りくとう》までを含めれば稲の伝来はかなり古く北方からも来たらしいが、現在の日本の米は江南地方（長江下流域）に起源を持ち、山東半島から朝鮮半島沿岸を経由してやってきたようだ。

半島経由といえばそうだが、寒冷な半島ではあまり盛んにならず、江南地方と気候が似た日本列島で開花して、遅れて半島でも盛んになった。この時代になると、金属器も大陸からもたらされた。

農業の発展は、灌漑《かんがい》など多人数の共同作業を必要とすることから大規模な集落が形成されるとともに、余剰生産物が大規模な社会と身分差を生じさせ、それがやがて「クニ」と呼ばれるものに発展していく。現在の福岡市付近にあったとされる奴《な》国の国王が西暦五七年に後漢の光武帝から与えられた金印が現存するのは、そのもっとも確実で最古の証拠である。

地域別にみると縄文時代の人口分布は、東北日本に偏ったものだった。鹿、鮭、ドングリといった狩猟採集生活の食料はそうした地方の森林地帯に豊富だったからである。農業時代になると、西日本が発展してくる。

こうした人口分布の変化は、新しい技術とともに人が移動することと、新技術のおかげで元来その土地に住んでいた人の人口が増えることとの両方によってもたらされるものである。

弥生文化を担った人々の主力が、渡来人なのか、農業技術を習得した縄文人なのかの議論は長く続いたが、近年のミトコンドリアや人骨についての分析は、日本人の先祖の大半が渡来人であることを有力にしている。

縄文時代の末期には寒冷化のために人口は激減し、とくに西日本では各県に数百人くらいしか住んでいなかったようだ。また、南九州や東北など縄文人としての特徴を強く示す地方とそうでない地方の差も明確だから弥生人の流入はわずかだったということはあり得ない。

その多くは朝鮮半島沿岸を経由したものであろう。もちろん、東シナ海を横断することは、事故に遭う確率が高すぎて、日常的な交易ルートとしては成立しそうもない。

だからといって弥生人の主体が朝鮮民族だという意味ではない。それは、統一国家成立後に、渡来した帰化人の過半が漢族と称していることに象徴される。つまり、華中方面の人々が、海岸沿いに北上して山東半島から朝鮮半島に渡ったものの、先住民が多くて土地がなく、また、気候も寒冷だったため、フロンティアを求めて日本列島に渡ってきたと考えれば、いろいろな意味で辻褄《つじつま》が合うのだ。不老長寿の薬を求めて始皇帝の時代に日本に来たという徐福《じょふく》もその船出の地は山東半島である。

そういう意味では、現在の日本人の先祖の大きな部分は、孔子《こうし》や始皇帝のころは中国人だった可能性が高い。逆にいえば、現在の中国人やその風俗のかなりの部分は、北方異民族が建てた北朝が隋唐帝国に発展したがゆえに、本来の漢民族の文化とはかなり異質なものになっているのである。

日本人を考えるにあたって、人種的に単一民族であるとか、それは神から選ばれて天から降ってきたなどと考えるのは、事実としてありえない。だが、国家の歴史を、中国史の一部のように捉えるのも間違いだ。

どこの国民や民族についても前史的なものはあるが、「国家の歴史」の本編は、現存する国との連続性を持つ国家が成立した時点から始まる。

日本文化に縄文文化と弥生文化がどのような痕跡を残しているかはさまざまな見解があるだろうが、「日本国家」は、「弥生人たちが大量かつ継続的に大陸から流入していた時代に、大和の国を中心に成立し、やがて全国政権に発展した記憶」を継承してきた。それ以外の、たとえば縄文文化も、自分たちの先祖が渡来してきた経験も、さらには邪馬台国の女王も、「国家の歴史」の関心外であったし、それで正しいのである。

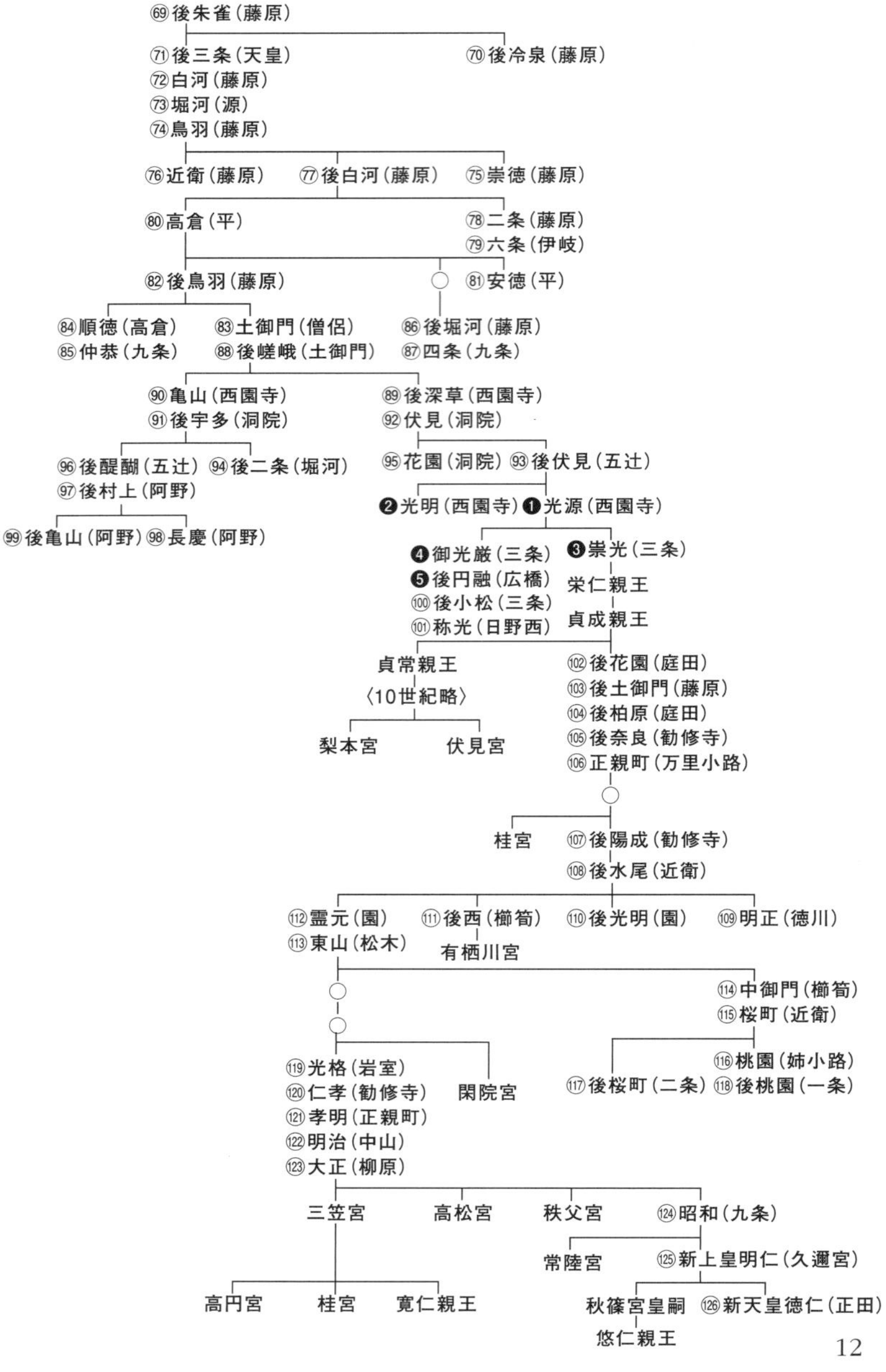

69 後朱雀(藤原)
71 後三条(天皇)
70 後冷泉(藤原)
72 白河(藤原)
73 堀河(源)
74 鳥羽(藤原)
76 近衛(藤原)
77 後白河(藤原)
75 崇徳(藤原)
80 高倉(平)
78 二条(藤原)
79 六条(伊岐)
82 後鳥羽(藤原)
81 安徳(平)
84 順徳(高倉)
85 仲恭(九条)
83 土御門(僧侶)
88 後嵯峨(土御門)
86 後堀河(藤原)
87 四条(九条)
90 亀山(西園寺)
91 後宇多(洞院)
89 後深草(西園寺)
92 伏見(洞院)
96 後醍醐(五辻)
97 後村上(阿野)
94 後二条(堀河)
95 花園(洞院)
93 後伏見(五辻)
99 後亀山(阿野)
98 長慶(阿野)
❷光明(西園寺)
❶光源(西園寺)
❹御光厳(三条)
❺後円融(広橋)
100 後小松(三条)
101 称光(日野西)
❸崇光(三条)
栄仁親王
貞成親王
貞常親王
〈10世紀略〉
梨本宮
伏見宮
102 後花園(庭田)
103 後土御門(藤原)
104 後柏原(庭田)
105 後奈良(勧修寺)
106 正親町(万里小路)
桂宮
107 後陽成(勧修寺)
108 後水尾(近衛)
112 霊元(園)
113 東山(松木)
111 後西(櫛笥)
有栖川宮
110 後光明(園)
109 明正(徳川)
114 中御門(櫛笥)
115 桜町(近衛)
119 光格(岩室)
120 仁孝(勧修寺)
121 孝明(正親町)
122 明治(中山)
123 大正(柳原)
閑院宮
116 桃園(姉小路)
117 後桜町(二条)
118 後桃園(一条)
三笠宮
高松宮
秩父宮
124 昭和(九条)
常陸宮
125 新上皇明仁(久邇宮)
高円宮
桂宮
寛仁親王
秋篠宮皇嗣
悠仁親王
126 新天皇徳仁(正田)

◎天皇家皇位継承図

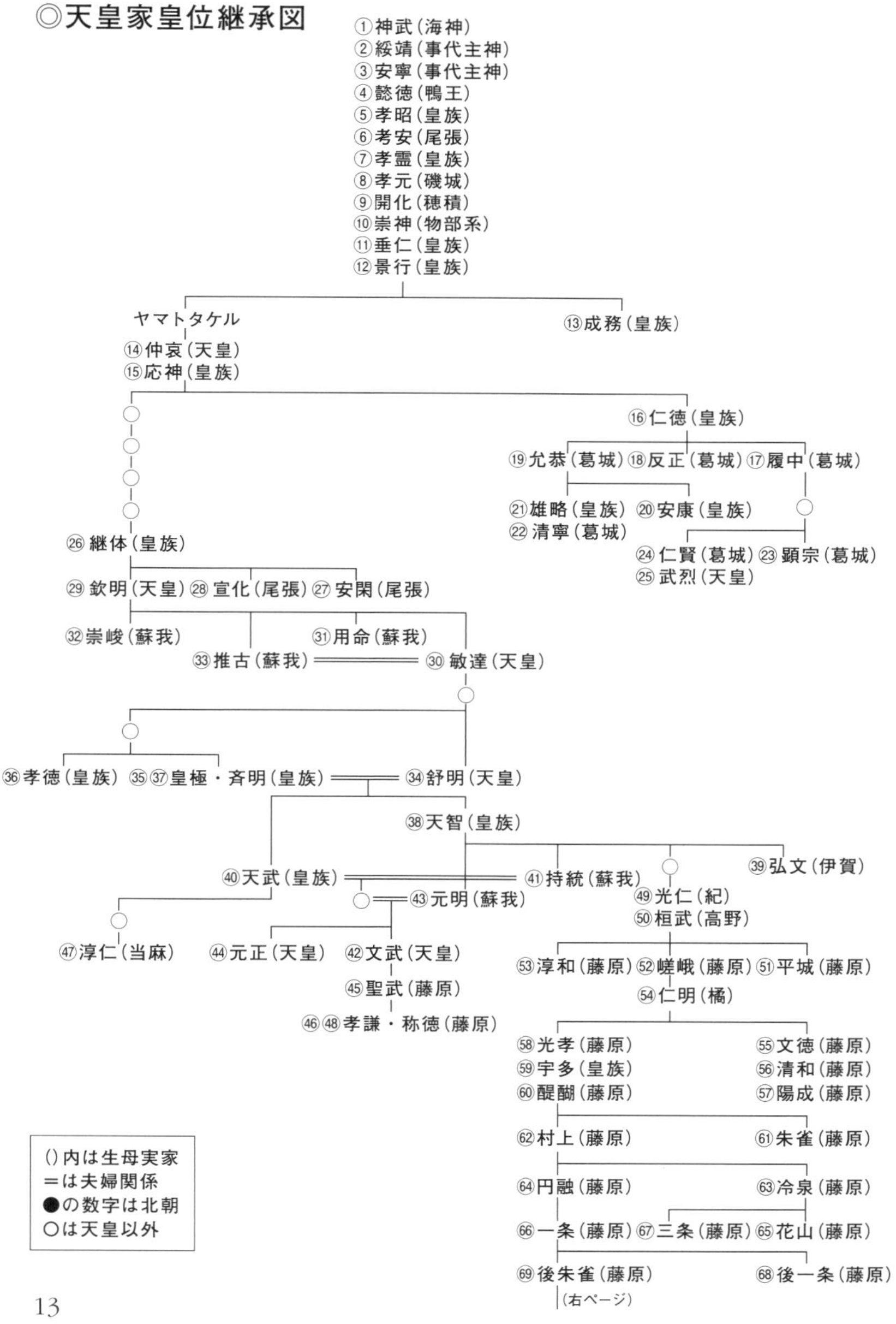
①神武（海神）
②綏靖（事代主神）
③安寧（事代主神）
④懿徳（鴨王）
⑤孝昭（皇族）
⑥考安（尾張）
⑦孝霊（皇族）
⑧孝元（磯城）
⑨開化（穂積）
⑩崇神（物部系）
⑪垂仁（皇族）
⑫景行（皇族）
ヤマトタケル
⑬成務（皇族）
⑭仲哀（天皇）
⑮応神（皇族）
⑯仁徳（皇族）
⑲允恭（葛城）
⑱反正（葛城）
⑰履中（葛城）
㉑雄略（皇族）
⑳安康（皇族）
㉒清寧（葛城）
㉖継体（皇族）
㉔仁賢（葛城）
㉓顕宗（葛城）
㉕武烈（天皇）
㉙欽明（天皇）
㉘宣化（尾張）
㉗安閑（尾張）
㉜崇峻（蘇我）
㉛用命（蘇我）
㉝推古（蘇我）
㉚敏達（天皇）
㊱孝徳（皇族）
㉟㊲皇極・斉明（皇族）
㉞舒明（天皇）
㊳天智（皇族）
㊵天武（皇族）
㊶持統（蘇我）
㊴弘文（伊賀）
㊸元明（蘇我）
㊾光仁（紀）
㊿桓武（高野）
㊼淳仁（当麻）
㊹元正（天皇）
㊷文武（天皇）
㊺聖武（藤原）
㊻㊽孝謙・称徳（藤原）
53淳和（藤原）
52嵯峨（藤原）
51平城（藤原）
54仁明（橘）
58光孝（藤原）
55文徳（藤原）
59宇多（皇族）
56清和（藤原）
60醍醐（藤原）
57陽成（藤原）
62村上（藤原）
61朱雀（藤原）
64円融（藤原）
63冷泉（藤原）
66一条（藤原）
67三条（藤原）
65花山（藤原）
69後朱雀（藤原）
68後一条（藤原）
（右ページ）
（）内は生母実家
＝は夫婦関係
●の数字は北朝
○は天皇以外

目次

第一章　日本国建国の足跡

第二章　大陸への進出と中国南北朝時代

第三章　治天下大王から天皇へ

第四章 平安王朝文化の華やぎ

第五章　中世の天皇と武士

第六章　近世の政治と皇室

第七章　エンペラーの時代

第八章　激動の平成と新時代の幕開け

第一章

日本国建国の足跡

初代

神武《じんむ》天皇

橿原で小さなクニを建てた九州男児

誕生・庚午年（紀元前711年）1月1日（父・彦波瀲武鸕鷀草葺不合尊　母・玉依姫命）
即位・神武天皇元年（紀元前660年）1月1日（52歳）
崩御・神武天皇76年（紀元前585年）3月11日（127歳　次代・皇子　綏靖天皇）

天照大神《あまてらすおおみかみ》から数えて六代目の神武天皇は、日向《ひゅうが》の国に行ったが、「東に美しい土地があると聞く。青い山に囲まれ、そこには天から饒速日命《にぎはやひのみこと》が下っているという。こここそ天下を治めるにふさわしい土地であろう」と言って、大軍勢を率いて東征に出発したと広く信じられている。延岡《のべおか》の南にある美々津《みみつ》には、皇紀二六〇〇年（西暦一九四〇年）に「日本海軍発祥之地」という米内光政《よないみつまさ》揮毫《きごう》の碑が建てられ、出航の日は日本海軍創設の日とされた。

だが、『日本書紀』にそんなことは何も記されていない。「神武天皇」と呼ばれることになる人物が日向の国で領地を持っていた形跡もない。「東征」に最初から参加していたとして名が記されているのは、三人の兄弟たち、息子、そして中臣《なかとみ》氏の先祖だけである。大軍勢ではなかったのだ。

しかも、景行《けいこう》天皇（第一二代）が日向に進出したときに、先祖の墓を探したりもしていない。先祖が日向の国からやってきたのだという漠然《ばくぜん》とした言い伝えがあっただけのようだ。

それすら事実でないという人もいるだろうが、嘘をついても仕方ない。たとえ、途中の世代についての記憶があやふやでも、「先祖がどこから来た」という伝説は、正確なことが多い。

少人数の武装集団が見知らぬ土地に定着できるのは、武力で強引に侵入するか、用心棒か兵隊として雇われるか、あるいは特別な技術か珍しい特産品でも持っていったときくらいだろう。

日向の国から出た小集団は、宇佐《うさ》、安芸《あき》などを経て、吉備《きび》に三年間留まっている。吉備は、当時、九州や大和《やまと》と並ぶ経済力を持っていたことが遺跡からもわかる。彼らは、その地の豪族の加勢をすることで少し安定した生活をここで送り、手下も得たのであろう。

だが、この時代に、大和地方の繁栄は九州や吉備を上回るものになっていた。その評判を聞いた彼らは、また、船出して東へ向かって、河内《かわち》の国の海岸にある村を襲ったのである。

しかし、村人たちが、このあたりに勢力を伸ばしていた大和南部の領主・長髄彦《ながすねひこ》らに救援を求めて戦いとなり、長兄の五瀬命《いつせのみこと》は戦死し、南へ逃げる途中にほかの兄たちも落命した。

だが、この戦いは、長髄彦の王国に動揺を与えた。傲慢な長髄彦から人心が離れつつあったらしい。とくに長髄彦の妹婿《いもうとむこ》である饒速日命は、吉野の豪族たちとともに、武芸の達人でカリスマ的魅力もあった新しい侵入者と組むことにした。

古い時代にあっては、個人の魅力は、現代以上に人々を魅了した。容貌、武芸、声や音楽的才能、予知能力、あるいはちょっとした手品といったものによって、外来者であっても神と同一視されリーダーに選ばれたこともあった。

「私は太陽の子孫である」という自らの家系の伝説や、夢で「大和という、青い山に囲まれた豊かな土地がある。そこへ行ってクニを建てるように」とお告げを得たと巧みに語る話術ものをいったのかもしれない。

そして、長髄彦との一騎打ちで勝利を収めた彼は、大和平野の西南部にある橿原《かしはら》で小さい領地を獲得した。これが神武天皇の即位である。

べつに日本列島全体の支配者になったわけではないし、大和を統一したのでもない。だが、ともかくも、クニらしきものの王になった。狼に育てられたという伝説を持つ都市国家ローマの建設者ロムルスがローマ帝国の創始者であると同じ意味でなら、のちに神武天皇と呼ばれる勇者がこのとき日本国を建国したというのも間違いではない。いずれにせよ、皇室の先祖で大和に定着し成功した最初の人物は間違いなくいるのだから、架空というのは無意味な議論だ。

神武天皇の「建国」を『日本書紀』では紀元前六六〇年だとする。だが、これでは縄文時代になってしまう。

一方、崇神《すじん》天皇の全盛期は三世紀なかば過ぎと推定されるが、もし、記紀が記すように崇神天皇が神武天皇から数えて一〇世代目だとすると、神武天皇の「建国」は一世紀になる。倭奴国王のころである。親子による継承ばかりでなく、本当は兄弟などによる場合もあり数世代の差だとすれば、二世紀だ。

中国の史書によれば二世紀の日本列島は、戦乱の時代だった。もし、邪馬台国《やまたいこく》が九州にあったとすれば、北九州はやがて一人の女王のもとに団結するはずだった。

そして、もっと経済や文化が栄えていた大和盆地では、いくつものクニが割拠していくが、なかでも、東南部にある三輪山《みわ》麓の纒向《まきむく》あたりは、もっとも豊かな土地だった（邪馬台国畿内説では最有力地だとされている）。神武天皇がささやかだが強固な小王国を築いたのは、それより南西の山沿いの地である。

家族を置き去りにして故郷を出奔したらしい神武天皇の心をとらえたのは、大国主《おおくにぬし》の子ともされる葛城《かずらき》の事代主神《ことしろぬしのかみ》の美しい娘だった。

神武天皇は、畝傍山《うねびやま》の東南の橿原の地に宮を定めた。この日をもって戦前は「紀元節」とし、現在でも「建国記念の日」とされている。

主な出来事　日向を出国する（皇紀前7）長髄彦が討たれる（皇紀前2）橿原でクニを建てる（皇紀元年）　**解説**　〇神武天皇陵には、壬申（じんしん）の乱の際に天武天皇が参拝して戦勝祈願をしたという記述もあるが、中世になって不明になっていた。江戸時代に、奈良県橿原市大久保町の山本ミサンザイ古墳が、畝傍山東北陵（うねびやまのうしとらのすみのみささぎ）として陵墓とされた。畝傍山から東北に約300メートル離れている。4月3日には宮中でも神武天皇祭が行われ、山陵にも勅使が参向する。両陛下をはじめ、皇族方もしばしば参拝に訪れられる。〇橿原神宮は、神武天皇が畝傍山の東南・橿原の地に宮を建て即位の礼を行ったとして、明治23年（1890年）に創建されたものだ。〇畝傍山（標高199メートル）は、大和三山のなかでもっとも高い山で、毅然とした美しさを誇り、建国神話の地にふさわしい風格を与えている。　**御名**　神日本磐余彦（かんやまといわれひこ）尊・始馭天下之（はつくにしらす）天皇。和風諡号の場合には、「天皇」は「すめらみこと」と読む。

第二代

綏靖《すいぜい》天皇

日向から来た異母兄を殺して即位

誕生・神武天皇29年（紀元前632年）（父・神武天皇　母・事代主神女媛蹈鞴五十鈴媛命）
即位・綏靖天皇元年（紀元前581年）1月8日（52歳　先代・父　神武天皇）
崩御・綏靖天皇33年（紀元前549年）5月10日（84歳　次代・皇子　安寧天皇）

父である神武天皇が崩御したとき、日向生まれの子である手研耳命《たぎしみみのみこと》は、先帝の皇后である媛蹈鞴五十鈴媛命《ひめたたらいすずひめのみこと》を妻とした。

しかも、彼女自身と神武天皇の間に生まれた弟たちを殺そうとしたので、彼女は歌に託してこのたくらみを子供たちに知らせた。神渟名川耳命《かんぬなかわみみのみこと》（綏靖天皇）は、兄の神八井耳命《かんやいみみのみこと》とともに片丘（北葛城郡王寺町）で手研耳命を襲って討ち取った。

このときに、神八井耳命は恐怖で手が震えて矢を放てなかったので、神渟名川耳命が手研耳命を殺した。このため、神八井耳命は神官となり、神渟名川耳が天皇として即位した。

しばしば、綏靖天皇から開化《かいか》天皇までは、欠史八代《けっしはちだい》という。だが、綏靖天皇については、日向からついてきた兄を排して神武天皇の後継者となったという、史実でなければ記す必要がない経緯が具体的に書かれており、その基礎となる出来事があったとみるべきであろう。

皇后は事代主神の娘で母の妹である。

解説 ○高丘宮(たかおかのみや)は奈良県御所(ごせ)市森脇の葛城山の中腹にある。葛城山を越えて御所市と大阪府富田林(とんだばやし)市を結ぶ国道309号線の近くに一言主神社があって、そこから少し小道を北へ行くと「綏靖天皇葛城高丘宮趾」の石碑がある。

畝傍山などひろやかな風景が楽しめるあたりだ。**御名** 神渟名川耳(かんぬなかわみみ)天皇 **御陵** 橿原市四条町の桃花鳥田丘上陵(つきだのおかのえのみささぎ)

第三代 安寧《あんねい》天皇

欠史八代のかすかな痕跡を探る

誕生・綏靖天皇5年（紀元前577年）（父・綏靖天皇　母・事代主神女五十鈴依媛命）
即位・綏靖天皇33年（紀元前549年）7月3日（29歳　先代・父綏靖天皇）
崩御・安寧天皇38年（紀元前511年）12月6日（57歳　次代・皇子　懿徳天皇）

安寧天皇から開化《かいか》天皇までの七人は、事績が記されていない。書かれているのは、皇后が誰の子かということと、どの氏族が子孫であるか、それに宮か営まれた場所だけである。

これらを七世紀における政治的な意図で捏造《ねつぞう》したという見方もあるが、何らかの史実が背後にあるとみるのが自然だ。焦点が合わないぼんやりとした写真のようなものだが、目を凝らして観察を続けよう。そこに、いくばくかの史実が反映されている可能性はある。

葛城地方と縁が深く皇后も渟名底仲媛命《ぬなそこなかつひめのみこと》（豪族鴨王《かものきみ》の娘か）とされる。

解説 ○安寧天皇の片塩浮孔宮(かたしおのうきあなのみや)の所在地は、①橿原市四条町付近②大和高田市三倉堂・片塩町③大阪府柏原市内という三つの説がある。①であるとすれば神武天皇陵の付近だが、②は橿原の西、御所の北にある大和高田市の中心商店街にある石園座多久虫玉(いそのにますたくむしたま)神社の境内であり、ここに石碑がある。**御名** 磯城津彦玉手看(しきつひこたまてみ)天皇 **御陵** 橿原市吉田町の畝傍山西南御陰井上陵(うねびやまのひつじさるのみほどのいのえのみささぎ)

第四代

懿《い》徳《と》天《く》皇

末子だが長兄の姫を皇后にして即位

誕生・綏靖天皇29年(紀元前553年)(父・安寧天皇　母・鴨王女渟名底仲媛命)
即位・懿徳天皇元年(紀元前510年)2月4日(44歳　先代・父　安寧天皇)
崩御・懿徳天皇34年(紀元前477年)9月8日(77歳　次代・皇子　孝昭天皇)

記紀が伝える欠史八代の宮跡や妃たちの出身地は、「葛城地方《かつらぎ》」と呼ばれる大和盆地の南西部に集中している。律令体制になって、葛上郡《かつらぎかみのこおり》、葛下郡《かつらぎしものこおり》、忍海郡《おしのみ》(明治になって南北の葛城郡に再編された)だった地域で、御所市《ごせ》、大和高田市、香芝市《かしば》、葛城市、北葛城郡あたりだ。これをもって現在の皇室とは違う系統の葛城王朝が存在し、のちに三輪《みわ》地方を根拠とする王朝に取って代わられたという推測もあるが、三輪地方の方が栄えていたのであるから、現在の皇室がそちらの出身なら、わざわざ葛城王国の貧しい王者たちを自らの先祖であると捏造する動機はない。

皇室の先祖が、葛城地方を根拠地として、三輪地方の勢力と対峙《たいじ》していたとみるべきだ。皇后の天豊津媛命《あまとよつひめのみこと》は兄である息石耳命《おきそみみのみこと》の娘である。末子が相続し長兄の娘を娶《めと》るというパターンが好まれたのであろうか。

解説 ○軽曲峡宮(かるのまがりおのみや)は、近鉄電車で橿原神宮前駅よりひとつ南にある岡寺駅の付近である。駅の西側で高取川が湾曲しているのでそのあたりという推察もある。それなら、のちの孝元天皇の軽境原宮(かるのさかいはらのみや)と同じあたりであり、西には葛城地方を貝吹山の背後とし、東には高取川の対岸に飛鳥地方を望む。**御名** 大日本彦耜友（おおやまとひこすきとも）天皇 **御陵** 橿原市西池尻町の畝傍山南繊沙渓上陵（うねびやまのみなみのまさごのたにのえのみささぎ）

第五代
孝昭《こうしょう》天皇
尾張・小野・和珥氏ら古代豪族の祖

誕生・懿徳天皇5年（紀元前506年）（父・懿徳天皇　母・息石耳命女天豊津媛命）
即位・孝昭天皇元年（紀元前475年）1月9日（32歳　先代・父　懿徳天皇）
崩御・孝昭天皇83年（紀元前393年）8月5日（114歳　次代・皇子　孝安天皇）

孝昭天皇の皇后は世襲《よそ》足媛命《たらしひめのみこと》で、のちに尾張《おわり》を支配する尾張氏の祖である瀛津世襲《おきつよそ》の妹である。尾張という地名もこの氏族の名に由来するともいわれる。孝昭天皇の子である天足彦国押《あめたらしひこくにおし》人命《ひとのみこと》は、和珥《わに》氏・春日氏・小野氏・粟田氏・柿本氏・大宅氏などの祖である。

解説 ○宮のあった掖上（わきのかみ）というのは御所市池之内のあたりであり、神武天皇の皇后などと縁がある事代主神を祀る鴨都波（かもつば）神社もある。ＪＲ和歌山線玉手駅から少し南に行った田畑のなかに池心宮（いけごころのみや）跡の石碑がある。**御名** 観松彦香殖稲（みまつひこかえしね）天皇 **御陵** 御所市大字三室字博多山の掖上博多山上陵（わきのかみのはかたのやまのえのみささぎ）

第六代
孝安《こうあん》天皇
秋津島の語源も葛城地方に

秋津島《あきつしま》は、日本全体の代名詞として使われることもあるが、もともとは葛城地方のことらしい。孝安天皇の宮は室秋津島宮《むろのあきつしまのみや》といい、皇后は同母兄である天足彦国押人命《あめたらしひこくにおしひとのみこと》の娘・押媛《おしひめ》（忍鹿《おしか》比売命《ひめのみこと》）である。

誕生・孝昭天皇49年（紀元前427年）（父・孝昭天皇　母・瀛津世襲妹世襲足媛）
即位・孝安天皇元年（紀元前392年）1月7日（36歳　先代・父　孝昭天皇）
崩御・孝安天皇102年（紀元前291年）1月9日（137歳　次代・皇子　孝霊天皇）

解説 ○「室」は葛城地方でも南部にある。池心宮よりさらに南に下ったところだ。ここには、巨大な宮山古墳がある。仁徳天皇の皇后・磐之媛（いわのひめ）の父である葛城襲津彦（そつひこ）の墓という有力な説がある。その東に八幡神社があって、ここに宮跡の石碑がある。**御名** 日本足彦国押人（やまとたらしひこくにおしひと）天皇 **御陵** 御所市大字玉手の玉手丘上陵（たまてのおかのえのみささぎ）

第七代

孝霊《こうれい》天皇

桃太郎のお父さん

誕生・孝安天皇51年（紀元前342年）（父・孝安天皇　母・天足彦国押人命女押媛）
即位・孝霊天皇元年（紀元前290年）1月12日（53歳　先代・父　孝安天皇）
崩御・孝霊天皇76年（紀元前215年）2月8日（128歳　次代・皇子　孝元天皇）

箸墓《はしはか》古墳の被葬者であり、ヒミコその人である可能性を指摘される倭迹迹日百襲姫命《やまとととひももそひめのみこと》の父がこの孝霊天皇である。天皇自身の事績は不明だが、欠史八代でもこのあたりになると皇后や子についての記述が豊富になってくる。

皇后は細媛命《くわしひめのみこと》（磯城県主大目《しきのあがたぬしおおめ》の娘）である。磯城県主は、磯城郡周辺の豪族らしい。孝霊天皇は葛城の地を離れて北にある皇后の実家の地盤である田原本《たわらもと》付近に本拠を移した。

孝霊天皇の子で倭迹迹日百襲姫命の同母兄弟に吉備津彦命《きびつひこのみこと》があり、「桃太郎とは吉備津彦命のこと」「吉備津彦命が生まれたのは父帝の宮だろう」「したがってここが桃太郎生誕の地だ」ということになっている。しかも、ここはかつて桃の産地だったそうだ。

解説 ○黒田廬戸宮（くろだのいおとのみや）があったのは、橿原神宮の北、三輪山の西に位置し、近鉄田原本線の黒田駅から南に徒歩5分のあたりである。聖徳太子によって創建された法楽寺（ほうらくじ）という真言宗のお寺のあるところである。大和朝廷の勢力が三輪地方に近づいていく過程でのステップとみられる。

御名 大日本根子彦太瓊（おおやまとねこひこふとに）天皇

御陵 北葛城郡王寺町本町の片丘馬坂陵（かたおかのうまさかのみささぎ）

第八代

孝元《こうげん》天皇

全国の鈴木さんのルーツ

誕生・孝霊天皇18年（紀元前２７３年）（父・孝霊天皇　母・磯城原主大目女細媛命）

即位・孝元天皇元年（紀元前２１４年）1月14日（60歳　先代・父　孝霊天皇）

崩御・孝元天皇57年（紀元前１５８年）9月2日（１１６歳　次代・皇子　開化天皇）

埼玉県で発見された稲荷山《いなりやま》古墳出土の鉄剣に、孝元天皇の子で阿倍臣《おみ》、膳《かしわで》臣、阿閉《あへ》臣、狭《さ》狭城山君《さきのやまのきみ》、筑紫国造《ちくしのくにのみやつこ》、越国造《こしのくにのみやつこ》、伊賀臣の七族の祖であるとされる大彦命《おおひこのみこと》のことが書かれている。

孝元天皇自身の事績は不明だが、子供の存在が確実になった以上は、実在していた可能性が高くなった。

皇后は穂積《ほづみ》臣から出た欝色謎命《うつしこめのみこと》である。穂積臣は物部《もののべ》氏と同じ饒速日命の後裔《こうえい》で、全国に広まる鈴木氏も、紀州海南《かいなん》市の大白《おおじろ》神社の社家であった紀州穂積氏系の一族である。全国の鈴木さんすべてが、その子孫でもなかろうが、その姓のルーツは記紀の世界に求められる。

解説 ○軽境原宮（かるのさかいはらのみや）は岡寺駅から近い橿原市見瀬町の牟佐坐（むさにいます）神社だとされ、参道の脇に石碑がある。『日本書紀』に、大海人皇子（おおあまのおうじ）軍が金綱井（橿原市今井町）で戦ったとき、高市県主許梅（たけちのあがたぬしこ、め）に身狭社（むさしゃ）の生霊がかかって勝利に導いたので、これを篤く祀ったとされる。**御名** 大日本根子彦国牽（おおやまとねこひこくにくる）天皇 **御陵** 橿原市石川町の劔池島上陵（つるぎのいけのしまのえのみささぎ）

第九代

開化《かいか》天皇

父帝の妃を皇后にして地盤強化

誕生・孝元天皇7年（紀元前208年）（父・孝元天皇　母・穂積臣遠祖欝色雄命妹欝色謎命）
即位・孝元天皇57年（紀元前158年）11月12日（51歳　先代・父　孝元天皇）
崩御・開化天皇60年（紀元前98年）4月9日（111歳　次代・皇子　崇神天皇）

皇后である伊香色謎命《いかがしこめのみこと》（物部氏の祖・大綜麻杵《おおへそき》の娘）は、父帝である孝元天皇の妃だった。武内宿禰《たけしうちのすくね》の祖父で、葛城氏・蘇我《そが》氏・平群《へぐり》氏・紀《きの》氏に連なるという彦太忍信命《ひこふつおしのまことのみこと》を生んだのち、開化天皇と再婚して崇神天皇の母になった。大和朝廷成立の鍵になる女性だ。

開化天皇の春日率川宮《かすがのいざかわのみや》は奈良市内にあったとされる。葛城地方など大和盆地南西部を地盤としていた皇室の先祖は、もっとも経済的に繁栄していた大和盆地の南東部、三輪地方の制圧に向かっていった。

この時代に葛城地方と三輪地方のクニはどういう関係にあったのだろうか。大和にあったほかのクニも含めて友好的に共存していたのか、血で血を洗うような戦闘状態だったのか、どちらかがどちらかに従属する関係だったのか、すべては想像の世界でしかない。

ただ、普通に考えれば統一王権といったものはなく、多くのクニが争ったり、婚姻などを通じて協力関係になったりを繰り返し、その時々の指導者の資質などでも変化する流動的な関係だったのではないか。

戦国時代の各地も、はじめのころは同じような様子で、だんだん一人の大名の下に統一された。それに似た状況だったのではないか。もしも、当時の結婚が婿入りの形をとっていたなら、皇室の先祖に当たる皇子たちは母親の実家で育てられることが多かったかもしれない。

解説 ○開化天皇は和珥(わに)氏の一族である姥津媛(ははつひめ)と彦坐王(ひこいますのみこ)をなしているが、この子孫と称するのは、神功(じんぐう)皇后を出した息長(おきなが)氏や戦国大名朝倉氏など数多い。○率川宮はＪＲ奈良駅の東にあって神武天皇の皇后である媛蹈鞴五十鈴姫命(ひめたたらいすずひめのみこと)を祀る率川神社がその跡だとされる。率川は春日山から流れ出し、佐保川を経て大和川に流れ込む。○突然、大和盆地の北部に宮が移ったのだが、ひとつの想像としては、和珥氏(天理市和爾を本拠にしていた)などとの連携を深めていったということだ。

御名 稚日本根子彦大日日(わかやまとねこひこおおひひ)天皇

御陵 奈良市油阪町の春日率川坂上陵(かすがのいさかわのさかのえのみささぎ)

第一〇代

崇神《すじん》天皇

近畿とその周辺を統一国家に

誕生・開化天皇10年（紀元前一四八年）（父・開化天皇　母・伊香色謎命）
即位・崇神天皇元年（紀元前97年）1月13日（52歳　先代・父　開化天皇）
崩御・崇神天皇68年（紀元前30年）12月5日（119歳　次代・皇子　垂仁天皇）

大和の一部を領有していたにすぎなかった天皇家が、畿内国家というべきものを手中にしたのは、第一〇代とされる崇神天皇のときである。それが、孫の景行《けいこう》天皇のときに南九州から関東までに勢力を伸ばし、第一四代の仲哀《ちゅうあい》天皇にいたって北九州も支配するようになる。『日本書紀』で注目すべきなのは、大和朝廷の勢力拡大のプロセスについての記述である。そこに日本国家成立や邪馬台国の謎をとく鍵が隠されていると。

企業の合併でもそうだが、国家にとってどの豪族や地域がどういう「順番」で傘下に入ったかということは「序列」に関わるとても重要なことだから、もっとも消えにくい記憶のはずだ。

大和盆地の南西部を活動範囲としていたそれ以前の天皇と違い、崇神天皇になると、記紀の記述も、俄然、広範囲にわたってくる。まず、天皇は大和の内部を固めた。とくに、三輪の神を統治機構のなかに取り込んでいったことが重要なポイントとして意識されている。つまり、大和国を統一したことを意味する。

ついで、山背《やましろ》方面（京都府）にあった武埴安彦命《たけはにやすひこのみこと》（叔父ということになっているが）の勢力と畿内の覇権をかけて厳しい戦いを行って勝利を収めた。そのうえで北陸、東海、丹波、吉備への四道《しどう》将軍を派遣し、尾張や紀伊《きい》の土着勢力の娘を後宮に入れている。皇子の一人は北関東の毛野《けの》へ移住させた。出雲《いずも》では領主が筑紫へ行っている留守に、その弟が独自の神宝を天皇に差し出したことで兄弟の間で内紛が起きたが、親大和朝廷派が勝利を収めた。

つまり、このころになると、大和朝廷は畿内を中心に東海、北陸、中国あたりまで覇権を確立し、さらにその外側との接触も盛んになってきたということだ。

崇神天皇の時代に、朝鮮半島の任那《みまな》が朝貢してきたとあるが、半島からプレゼントを持って挨拶に来た者がいたという程度に理解すれば不自然ではない。記紀に記された大和朝廷の外交舞台への初登場である（邪馬台国については章末コラム参照）。

主な出来事 疫病などで民の半数が死ぬ（崇神5）大神（おおみわ）神社の始まり（崇神7）武埴安彦の反乱と四道将直の派遣。箸墓の建設（崇神10）出雲から神宝を献上（崇神60）任那の使いが来る（崇神65）

解説 ○磯城瑞離宮（しきのみずがきのみや）の故地といわれているのは、桜井市金屋の志貴御県坐（しきのみあがたにます）神社の境内であって石碑がある。大神神社の少し南である。○崇神天皇は「御肇国天皇」、神武天皇は「始馭天下之天皇」と『日本書紀』で書かれていて、読み方はどちらも「はつくにしらすすめらみこと」であって奇異という人もいるが、老舗で小さい店をはじめて開いた先祖と、合併などをして大企業に発展させた社長を両方とも創業者といっているようなもので、何もおかしくはない。○皇后は父の兄である大彦命（おおひこのみこと）の娘・御間城姫（みまきひめ）命。

御名 御間城入彦五十瓊殖（みまきいりひこいにえ）天皇・御強肇国（はつくにしらす）天皇

御陵 天理市柳本町字向山アンドの山辺道勾岡上陵（やまのべのみちのまがりのおかのえのみささぎ）

コラム：『記紀』に書かれている日本神話とは

日本という国の歴史は、日向出身の神武天皇が奈良盆地の南西部に建てた小さなクニが、10代目の崇神天皇のときに本州中央部を統一したことによって始まっている。

それでは、神武天皇の先祖はどうなっていたのかと言えば、神話の世界になる。神々は、淡路島を最初に生み、四国、隠岐《おき》、九州、壱岐《いき》、対馬、佐渡とつづき、大倭豊秋津島《おおやまととよあきつしま》と呼ばれた本州を完成して、大八島国《おおやしまぐに》ができあがった。国生みの主人公は、伊邪那岐命（イザナギ）・伊邪那美命（イザナミ）で、アマテラス（天照大神）やスサノオ（素戔嗚尊）の父母である。

アマテラスの弟であるスサノオが高天原《たかまがはら》で乱暴を働き、アマテラスは天岩戸《あまのいわと》に隠れてしまった。世の中は闇になり、様々な禍が発生したが、八百万《やおよろず》の神々はアマテラスを岩戸から出す事に成功し、スサノオは高天原から追放され地上を治めた。

のちになって、アマテラスは孫のニニギ（瓊瓊杵尊）に地上を治めさそうとして、スサノオの子孫で出雲にあった大国主命を引退させ、代償として出雲大社が創建された。いわゆる「国譲り」だ。

ニニギが霧島の高千穂峰へ天孫降臨したのち、子の山幸彦、孫のウガヤフキアエズ、そして神武天皇と続く。天皇家が日向にやってきて四代目ということかもしれない。

しかし、神話はまったくの借用物であることも多いから、歴史を反映する確率は低い。たとえば、ローマ神話はギリシャ神話からの借用物だし、現代でも金日成《キムイルソン》は白頭山の麓の馬小屋で生まれたことになっているのが聖書から連想されたものであることは明かだ。

神話が天皇家における伝承をなにがしか反映しているかもしれないし、少なくとも『記紀』が成立したころから、長く日本国民が共有してきた歴史認識として広汎な影響があったのだから、神話の世界を知ることは必要だ。

ただ、神武天皇が大和にやってきたとき、体系化された神話を持ち、それを新しく支配下に置いた大和の人たちに押しつけることができたとは考えにくい。

もちろん、天皇が太陽神としての性格を引き継いでいるとか、高千穂峰に降臨したとか、海幸彦山幸彦のエピソードなど、いかにも日向で生まれたのにふさわしい内容も含まれている。

しかし、全体としては、大和地方で流布《るふ》していた神話に日向から持ってきた要素を加えたものが骨格だという印象であり、さらに、全国統一が進んでいくなかで、新たに取り入れられたものもありそうだ。

イザナギ・イザナミは、黄泉《よみ》の国の神話で知られている。イザナミが、火の神であるカグツチを産んで陰部に火傷を負って亡くなると、イザナギはイザナミに逢いたくて黄泉国に行き連れ帰ることにした。

そこで決して顔を見てはいけないといわれたのに、我慢できずに見るとイザナミは蛆《うじ》にたかられ醜くなっていたので、イザナギは逃げ出して一人で地上に戻った。

そして、イザナギが穢《けが》れを落とすために「筑紫の日向の橘《たちばな》の小戸《おど》の阿波岐原《あはぎはら》」で禊《みそぎ》をしたところ、大阪市南部にある住吉《すみよし》大社を本拠に全国で信仰を集める海の神様である住吉三神や、アマテラス、スサノオなどが生まれた。

日本神話では出雲神話の比重が高い。『古事記』では圧倒的なものだし、『日本書紀』ではかなりの部分が、「一書に言う」という異説扱いだが、本文にも以下のようにある。これが、古代日本国家が出雲神話のうち公認した部分といえる。

スサノオが出雲に降り立ったあと、その子、大国主命が出雲を継いで支配したが、タカミムスビが息子のニニギを葦原中国《あしはらのなかつくに》の主とさせようとして何人かを降臨させて大国主命と交渉させ、国譲りを承知させ、その代償として出雲大社が創建された。

大和にやって来た神武天皇は大国主命の孫娘を皇后とし、綏靖天皇の皇后も母親の姉妹、三代安寧天皇の皇后は大国主命の子である一言主神の孫鴨王の娘を皇后とした。

しかし出雲が大和朝廷の支配下に入ったのは、崇神天皇のときである。出雲の領主はアマテラスの系統を引く天穂日命《あまのほのひのみこと》の子孫だった。当主である出雲振根《ふるね》が筑紫国に行っているうちに、弟の飯入根《いいいりね》が崇神天皇の要請で神宝を差し出したが、兄は筑紫から戻って怒り、弟を殺した。そこで、弟の子である鵜濡渟《うかつくぬ》らの要請で崇神天皇は、吉備津彦と武渟河別《たけぬなかわわけ》を派遣して出雲振根を殺させた。この鵜濡渟が出雲国造《くにのみやつこ》家の祖先というわけである。

それでは、どうして、建国神話にこれほど出雲神話が反映されたかだが、神武天皇が移住する前の時代からの大和の支配者は、出雲の支配者たちとルーツを同じくするとか、密接な関係があった人たちだった可能性が強い。

大和土着の豪族たちの先祖が出雲から来たのか、あるいは、逆かもわからないし、西日本の広い地域の弥生人の間で出雲が聖地だという認識があったかもしれない。あるいは、大和の先住支配者か、崇神天皇以降の大和朝廷かのどちらかが出雲神話が面白かったので、これを借用しただけに過ぎないという可能性もかなりある。

出雲については、「新羅《しらぎ》人が出雲勢力のルーツだ」といったら喜ぶ韓国人や韓流ファンがいるだろうが、残念ながら半島南部の国家形成は日本より一世紀くらい遅れてのことである。また、韓国の正史である『三国史記』には、第四代の新羅王である脱解尼師今《だっかいにしきん》は、日本の但馬《たじま》から丹波とみられるタバナ国の出身だと書かれている。スサノオの伝説は日本から新羅に行ったという話で逆ではないし、新羅人の先祖が日本人だというのはあるかもしれないが逆は考えにくい。

国引きの神話にも新羅が登場するし、出雲も含めた日本海側の地方が新羅も含めた辰韓《しんかん》諸国と交流があったようだが、それ以上に妄想を広げるのは科学的でない。

天皇家にせよ、ほかの有力者にせよ、日本の支配者が半島からやって来たなどという史書の記述も伝承も、日本、韓国、中国のいずれにも存在せず、戦後になって半島人や日本の媚韓グループの妄想から誕生した20世紀の神話である。

各地の神社の神様のなかには、帰化人を通じて中国起源のものもあるし、神仏混淆《こんこう》のなかでインド由来の神様だって多く信仰されていたのだから、なかには半島由来の神様がいるのかもしれないが、それ以上のものではない。

◎神々と古代天皇家の系図

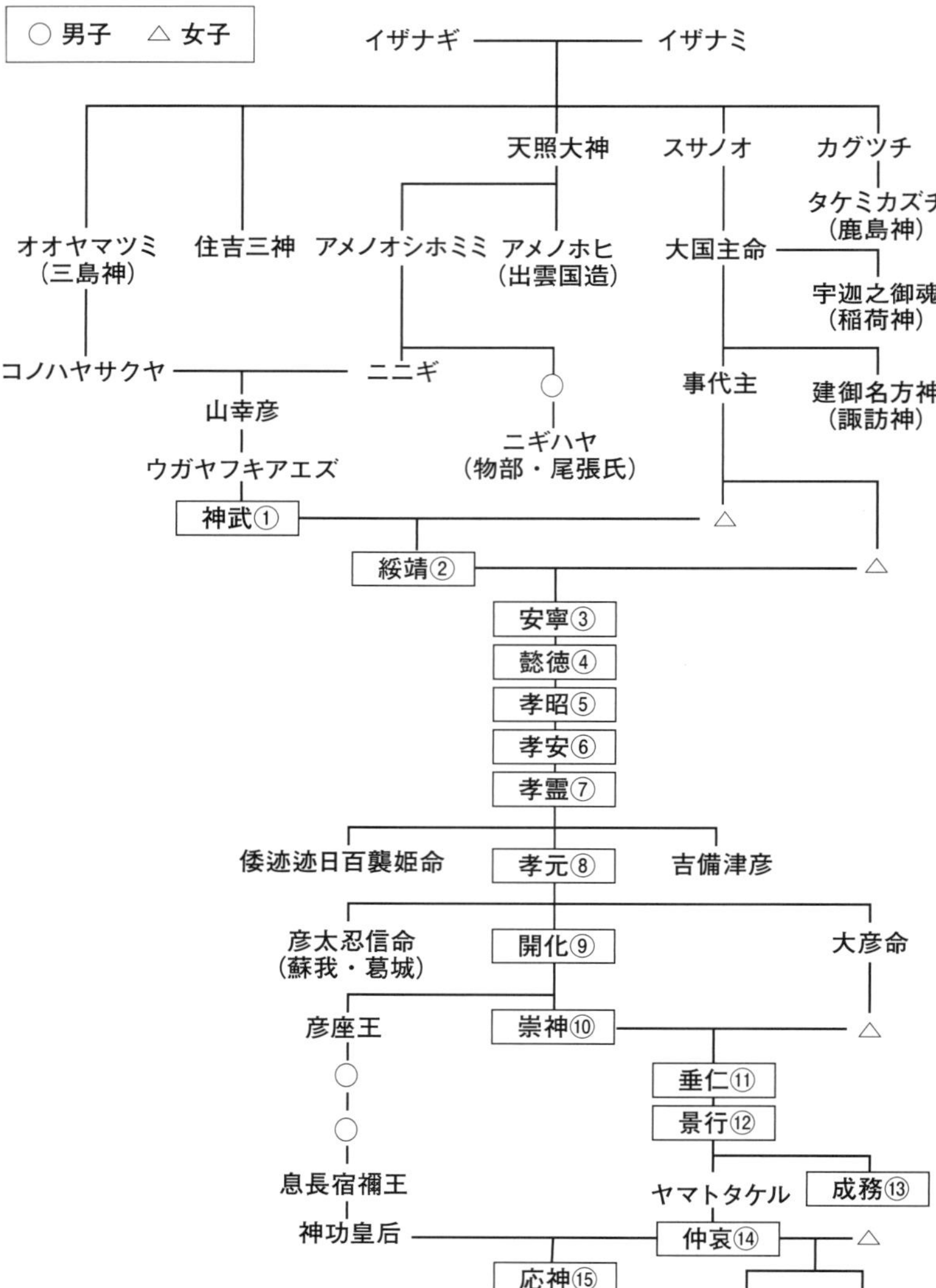

※主として『日本書紀』による。

◎古代天皇の推定実年代

	御号	推定即位年	推定誕生年
1	神武	1〜2世紀	
2	綏靖	1〜2世紀	
3	安寧	1〜2世紀	
4	懿徳	1〜2世紀	
5	孝昭	2世紀	
6	孝安	2世紀	
7	孝霊	2世紀	
8	孝元	3世紀前半	
9	開化	3世紀前半	
10	崇神	250頃	210
11	垂仁	3世紀前半	235
12	景行	300頃	260
13	成務	4世紀前半	265
14	仲哀	4世紀中	310
15	応神	4世紀後半	346
16	仁徳	400頃	370
17	履中	5世紀前半	400

	御号	推定即位年	推定誕生年
18	反正	5世紀前半	405
19	允恭	440頃	410
20	安康	450頃	430
21	雄略	460頃	435
22	清寧	5世紀末	455
23	顕宗	5世紀末	450
24	仁賢	5世紀末	455
25	武烈	5世紀末	475
26	継体	507	460
27	安閑	530年代	485
28	宣化	530年代	490
29	欽明	530年代	509
30	敏達	572頃	
31	用明	585	540
32	崇峻	587	
33	推古	593	554

八幡和郎『最終解答　日本古代史』（ＰＨＰ文庫）所収の資料を改訂。
推定方法の詳細については同書参照。

第一一代

垂仁天皇《すいにん》

伊勢神宮を現在の地に移す

誕生・崇神天皇29年（紀元前69年）1月1日（父・崇神天皇　母・大彦命女御間城姫命）
即位・垂仁天皇元年（紀元前29年）1月2日（41歳　先代・父　崇神天皇）
崩御・垂仁天皇99年（紀元後70年）7月14日（139歳　次代・皇子　景行天皇）

纒向といえば弥生時代から古墳時代にかけての最大集落の遺跡があり、しばしば、「邪馬台国の首都」といわれるところだ。その纒向遺跡を見下ろす丘の上に垂仁天皇の纒向珠城宮《まきむくのたまきのみや》があったとされ、石碑が建つ。

垂仁天皇の御代には、伊勢神宮が大和から現在の場所に移り、朝鮮半島との交流が活発になった。大和朝廷の強い支配が及ぶ範囲が拡大し、海外との交流も拡大したということだろう。屯倉《みやけ》（皇室の直轄地）をはじめて設けた。

主な出来事　新羅が任那王への贈り物を強奪（垂仁2）新羅の王子である天日槍（あめのひぼこ）が敦賀（角鹿〈つぬが〉）に来朝（垂仁3）皇后の兄・狭穂彦（さほひこ）王の反乱と皇后の死（垂仁4）伊勢神宮の創建（垂仁25）埴輪の発明（垂仁28）**解説**　○纒向珠城宮跡（桜井市穴師）は、JR桜井線巻向駅から少し東にある。さらに東へ進むと穴師坐兵主（あなしにいますひょうず）神社があって、「宿禰蹶速角力之跡」の碑がある。野見宿禰（のみのすくね）が垂仁天皇の御代に葛城の当麻蹶速（たぎまのけはや）と相撲をして蹶速を蹴り殺した伝説に基づき、これが「相撲の発祥」だ。○最初の皇后である狭穂姫（さほひめ）命は兄の謀反に殉じる。二番目の日葉酢媛（ひばすひめ）命は開化天皇の孫である丹波道主（たんばのみちぬし）命の娘。この皇后の死に際して野見宿禰の発案で埴輪が始まったという。**御名**　活目入彦五十狭茅（いくめいりひこいさち）天皇　**御陵**　奈良市尼辻西町の菅原伏見東陵（すがわらのふしみのひがしのみささぎ）

第一二代

景行《けいこう》天皇

ヤマトタケルの父で九州にも初進出

誕生・垂仁天皇17年（紀元前13年）（父・垂仁天皇　母・丹波道主命女日葉酢媛命）
即位・景行天皇元年（71年）7月11日（84歳　先代・父　垂仁天皇）
崩御・景行天皇60年（130年）11月7日（143歳　次代・皇子　成務天皇）

崇神天皇によって大和朝廷は、大和国を統一し、本州中央部を支配下に収める日本国家に発展した。それでも、この時代には九州に支配が及んだ形跡はない。また、関東への影響力も限られたものだった。大陸との窓口である九州にはじめて登場し、関東を確固とした支配下に置いたのは孫の景行天皇である。ヤマトタケルの功績と受け取られているが、景行天皇は国家成立を考えるうえでとても大事な天皇である。

景行天皇は紀伊や美濃《みの》を巡回し、多くの地方の支配者として子供たちを送り込んだ。南九州の熊襲《くまそ》が反乱を起こしたというので、西国への遠征を行い、穴門《あなと》（長門《ながと》）の女酋長《しゅうちょう》を倒し、九州へ入り、豊前《ぶぜん》地方に行宮《あんぐう》を置いた（福岡県京都《みやこ》郡）。さらに、豊後《ぶんご》、日向と進み熊襲を征服した。このあと、大和への帰路、天皇は火の国（熊本）や筑紫《ちくし》（福岡）を経由して各地に滞在した。

だが、熊襲は再び反乱を起こす。そこで、天皇は最初の皇后・播磨稲日大郎姫《はりまのいなびのおおいらつめ》（吉備氏の系統）との子であるヤマトタケルに命じて熊襲を討った。このとき、尾張から援軍を得ており、大和朝廷の軍事的動員体制がより広汎になったことがうかがえる。

農耕文化の東進は、先住民の農耕民への転向と農耕民の移住との両方によって進んだが、大和朝廷は農耕民を狩猟民から守るという期待のもとで東国に進出していった。ヤマトタケルは、伊勢神宮に立ち寄ったあと、尾張を経て東海道を下り、さらに相模《さがみ》から上総《かずさ》、さらには陸奥《むつ》へと進んだ。常陸《ひたち》、甲斐《かい》、武蔵《むさし》、上野《こうずけ》と巡り、碓氷《うすい》峠から信濃《しなの》に攻め入り、部下を越後《えちご》方面に派遣した。関東の最先進地域であった毛野で強い抵抗を受けたことが書いていないのは、早くから大和朝廷と友好関係を持っていたということだろう。

尾張へ戻ってきたヤマトタケルは、近江・美濃国境にある伊吹山《いぶきやま》付近の戦いで負傷したのがもとで、伊勢の鈴鹿《すずか》地方で死亡する。天皇はこれを惜しみ、息子の征服した国を自ら見るために、東国を巡行し、上総まで達した。さらに、皇族の一人を東国の都督に任じ常駐させることとした。

ヤマトタケルは蝦夷《えみし》を捕虜として連れ帰ったが、彼らは容易に同化せず、伊勢や大和でも、治安を乱すことが多かったので、これを四国や中国地方に分散移住させた。

これ以降も、蝦夷、隼人《はやと》、あるいは渡来人などを大量に支配下に置いたとき、大和朝廷は全国に広く分散させることによって巨大な反乱勢力となることを未然に防止している。彼らにとってはつらい処遇だったかもしれないが、国家の統一を維持するためには賢明な処置だった。
宮を纒向日代宮《まきむくのひしろのみや》から志賀高穴穂宮《しがのたかあなほのみや》に都を移した。

主な出来事 日向や肥後に遠征する（景行12）ヤマトタケルが熊襲を討つ（景行18）ヤマトタケルが東国に遠征する（景行40）東国を巡幸する（景行53） **解説** ○纒向日代宮は、垂仁天皇の纒向珠城宮から穴師坐兵主（あなしにいますひょうず）神社へ向かう道の途中にあって、石碑が建つ。「纒向の　日代の宮は　朝日の　日照る宮　夕日の　日がける宮　竹の根の　根垂る宮　木の根の　根蔓（ねば）ふ宮」と『古事記』に歌われた宮である。このあたりからは、大和盆地全体が広くみわたせ、「倭は国のまほろばたたなづく青垣山隠（こも）れる倭しうるはし」と詠まれた風景がこれかと実感できる。 **御名** 大足彦忍代別（おおたらしひこおしろわけ）天皇 **御陵** 天理市渋谷町の山辺道上陵（やまのべのみちのえのみささぎ）

第一三代
成務《せいむ》天皇
近江に都を置き地方の掌握に努める

誕生・景行天皇14年（84年）（父・最行天皇　母・八坂入姫命）
即位・成務天皇元年（131年）1月5日（48歳　先代・父　景行天皇）
崩御・成務天皇60年（190年）6月11日（107歳　次代・甥　仲哀天皇）

成務天皇はヤマトタケルの弟である。母は崇神天皇の孫で、美濃で景行天皇に見初《みそ》められて二人目の皇后になった八坂入姫命《やさかいりひめのみこと》である。ヤマトタケルが若くして死んだことから、その子である仲哀《ちゅうあい》天皇までのつなぎということだったのであろうか。

景行天皇が唐突に宮を近江志賀高穴穂宮に移したことを、史実でないという人も多いし、天智《てんじ》天皇の大津宮《おおつのみや》への遷都のアナロジーで、創作ではないかともいう。だが、事実でないのに近江への遷都を『記紀』が記したとするのはよけいに不自然だ。

このころ、諸国において国郡《くにごおり》・県邑《あがたむら》を定め、国造《くにのみやつこ》・稲置《いなぎ》を任命したというから、宮を前線基地として、効率的に軍や役人の派遣をできるようにしたのではないか。

豪族たちは大和の各地に根拠地を持っているから、大和国内に宮を置くとそこに住んで宮に通う。テロなどが起きても逃げ込む安全地帯に不足しないから治安も悪くなる。そこで、少し離れた近江、山城《やましろ》、摂津《せっつ》、河内などに宮を置いた方が天皇としては好都合なのだが、豪族たちは単身赴任がいやで反対するという対立は、平安京への最終的な移転まで続くのである（第三章末コラム参照）。

解説 ◯穴太（あのう）といえば安土城の石垣などで有名な穴太衆の本拠である。京阪電鉄石坂線の終点・坂本比叡山口から2つ目の小さな駅である穴太で降りて山手に行くと、高穴穂（たかあなほ）神社がある。祭神は景行天皇で、仲哀天皇が宮中に祀ったのが始まりとされている。本殿の背後に、高穴穂宮跡の碑がある。大津宮跡の少し北にあたる。**御名** 稚足彦（わかたらしひこ）天皇 **御陵** 奈良市山陵町（みささぎちょう）の狭城盾列池後陵（さきのたたなみのいけじりのみささぎ）

第一四代

仲哀天皇《ちゅうあい》

北九州を傘下に置くが大陸遠征に躊躇し神を怒らす

誕生・生年不詳（父・景行天皇皇子ヤマトタケル　母・垂仁天皇皇女両道入姫）
即位・仲哀天皇元年（192年）1月11日（先代・叔父　成務天皇）
崩御・仲哀天皇9年（200年）2月6日（次代・皇子　応神天皇）

仲哀天皇はヤマトタケルの息子である。『古事記』に、「若帯日子《わかたらしひこ》天皇、近つ淡海の志賀の高穴穂宮に坐しまして、天の下治らしめしき」とあるように、志賀高穴穂宮にいたが、敦賀《つるが》（角鹿《つぬが》）に行宮を建て、紀伊方面を巡幸した。その途中、熊襲が反乱を起こしたというので、穴門（長門）豊浦宮《とよらのみや》へ向かった。

敦賀に留まっていた神功《じんぐう》皇后は日本海まわりで軍勢を率い天皇に合流した。天皇は、さらに筑紫橿日宮《かしいのみや》（香椎《かしい》宮／福岡市東区香椎）に移ったが、このとき、『魏志《ぎし》』倭人伝《わじんでん》でお馴染みの伊都《いと》の領主などが服属する。

このように、『日本書紀』での筑紫地方についての最初の具体的な記述は仲哀天皇と神功皇后の項である（景行天皇の項でも少し記述があるが、具体性を欠く）。早くから大和朝廷がこの地方に強い支配力を行使していたとも思えないし、かといって、両勢力の大戦争があったとも書いていない。

邪馬台国九州説に立てばその滅亡ののち小国に分裂していた北九州が、熊襲の圧力からの防衛や大陸戦略上、徐々に軍事大国大和の宗主権を認めるようになったということであろうか。

伊都県主《あがたぬし》の五十迹手《いとて》らは、白銅鏡、八尺瓊《やさかに》、十握剣《とつかのつるぎ》を差し出したとある。これに先立ち景行天皇に周防《すおう》国沙麼《さば》の神夏磯媛《かんなつそひめ》が、八咫鏡《やたのかがみ》、八尺瓊、八握剣を差し出したといい、北九州やその周辺でこれらが王者のシンボルとして扱われてきた様子がうかがえる。

そもそも、記紀における三種の神器《しんき》の扱いはやや曖昧であり、「三種の神器」といった考え方は、大和朝廷が北九州を支配下に置いたこのころに、この地の習慣を取り入れた可能性もある。

ところが、ここで、貧しい土地である熊襲を攻撃するより、大陸の新羅《しらぎ》を討つ方がよいという意見が出る。「神が神功皇后に告げた」というが、もとは北九州の国々から出たものだろう。皇后はこれを支持するが、天皇は退け、なおも熊襲を攻撃したが、勝利を得ないまま死んだ。琴を弾いていた天皇は、灯りが突然に消えて暗くなったのち、再び灯りが点《とも》ったときには事切れていたという。暗殺の可能性も感じられる記述だ。

仲哀天皇の死を受けて、神功皇太后が軍を指揮することになり、まず、熊襲を平定し、ついで筑紫周辺の反対勢力を抑え、肥前の松浦にまで進出した。そして、ようやく新羅に渡り、その王を降伏させ、さらには、高句麗《こうくり》や百済《くだら》も自然と従うこととなった。これ以後、これらの国は日本に貢物を贈るようになった（「好太王碑《こうたいおうひ》」でもよく似た事情を述べた文言がある。第二章末コラム参照）。

こうして、九州や朝鮮半島で大きな軍事的成功を収めた皇太后は、仲哀天皇の死後になって生まれた子（のちの応神《おうじん》天皇）を連れ、畿内への帰路についた。しかし、仲哀天皇が別の妃に生ませた忍熊《おしくま》王などの王子たちが、応神天皇の即位に反対し、東国の軍勢の応援をえて待ち受けた。

皇太后は紀伊などの軍勢の支持を取りつけ、宇治、逢坂《おうさか》山（京都と大津の中間の峠）、高穴穂宮付近などでの激しい戦いを制し、忍熊王は瀬田川に身を投げて死んだ。

皇太后は、都を大和に戻し、新羅や百済からの朝貢を受けた。

主な出来事 敦賀に行宮を建てる（仲哀2）熊襲征伐のために筑紫に着く（仲哀8）神功皇太后が新羅に渡る（仲哀9）新羅に再征する（摂政49）百済から七支刀（しちしとう）が贈られる（摂政52）

解説 ○『日本書紀』の編者は、『魏志』倭人伝のヒミコの記事に戸惑い、神功皇后のこととしてしまったので、とってつけたように、『魏志』倭人伝の記述を引用し紹介している。また、年代についても、無理に合わせた。これが、『日本書紀』の年代記述を大幅に狂わせた根本原因かもしれない。新羅が百済から日本への贈り物を途中で掠（かす）めたりしたので、新羅に再征したりもした（新羅が朝貢しないので討とうとして葛城襲津彦（そつひこ）を送ったが美女を贈られて目的を果たさなかったともいう）。百済の歴代の王には、反日本的な行動をとって親日派の部下によって除かれた者もいた。

御名 足仲彦（たらしなかつひこ）天皇 **御陵** 大阪府藤井寺市藤井寺四丁目の恵我長野西陵（えがのながののにしのみささぎ）

コラム：邪馬台国は重要なのか――日本国家はヒミコを記憶していない

邪馬台国が存在したのは確かだが、日本国家の歴史のどこに位置づけられるかというと、はっきりしない。

そもそも、『魏志』倭人伝の内容の正確さの度合いに根本的な疑念がある。現代でも外国駐在大使の公電とか地方出先機関の報告などでは（バレて困らない範囲で）自らの業績をねじ曲げて大きく見せるための誇張、でっち上げ、都合のいい噂の採用、翻訳や通訳の誤りや意図的な操作などは日常茶飯事だ。日本列島のことなど嘘と暴露される可能性は少なかったからあまり信用しない方がいい。

魏の使節は日本に来なかったとか、少なくとも都にはたどりつかなかったといった可能性も大きく、楽浪郡の出先機関が伝聞などをもとに自らの業績を誇張するために行った報告で、細部を云々すること自体、意味がないのかもしれない。

また、ヒミコの手紙など、高度な外交文書を中国語で作成する能力が備わっていたとは考えられず、文書作成は大陸で行われたとみるべきで、邪馬台国側の意図が正確に反映されたものとみるべきではない。

ただし、反対に、洛陽にいつ誰が来たかとか、中身の真実性は別として、出先機関がどんな報告をしたのかということだけは、かなり信用できる。だから、年代確定の材料としては、使えるのである。

一方、『日本書紀』に記されている年代は、実際の年代を一定の法則で水増ししたのではないかという前提で試算する人もいる。また、『古事記』の方の干支は信頼できるという人もいる。それが意味のないことだとはいわないが、われわれが、自分の祖先のことを親や祖父母から聞く場合でも、系図とか何をしたかについては比較的正確だが、いつのことかといえば、「江戸時代の終わりごろ」といったくらいしか聞かされないことも多い。

『日本書紀』の暦年記載方法などから考えて、不完全にせよ中国の暦が伝わったらしい雄略《ゆうりゃく》天皇時代以降についてすらあやふやなことが多いのだから、それ以前はまったく当てにならないとみるのが普通だろう。

中国の史書で信用できることとできないこと

倭の五王による中国南朝への使節派遣の記録からすると、仁徳《にんとく》天皇または履中《りちゅう》天皇とされる倭王讃《さん》の崩御は四三〇年代ごろとみられる。

それでは、神功皇太后による朝鮮半島遠征といわれる事件は、いつごろのことなのだろうか。これは、大和朝廷がはじめて北九州を制圧し、朝鮮半島へ進出して東アジアの国際政治の場へ登場したときであり、応神天皇が生まれた時期でもある。

『新羅本紀』によれば、倭人は紀元前五〇年を最初として、頻繁に新羅の海岸地帯を侵していたが、三四六年と三九三年の二回においては首都金城を包囲している。神功皇太后による遠征は、やはりこの二回の金城包囲戦のいずれかとみることが適当だろう（なお、『新羅本紀』ではこのときいずれも倭軍を撃退したとしている。一方、『日本書紀』は新羅を臣従させたとしている。おそらく真実は中間にあるのだろう）。

大和石上神宮《いそのかみ》には、百済王が倭王にプレゼントした印象的な形の国宝・七支刀《しちしとう》がある。これは、『日本書紀』で神功皇太后に贈られたものとされているものだが、ここにやや判読が困難だが、「泰和《たいわ》四年」（中国南朝東晋《とうしん》の年号で三六九年説が多い）と思われる銘がある。これを贈られたのが本当に神功皇太后だったかどうかはともかくとして、大和朝廷がこの時点にはすでに対百済外交に携わっていたと考えるのが自然である。だとすれば、神功皇太后による朝鮮半島遠征は『新羅本紀』の伝える二回の金城包囲のうち三四六年のことだろう。

そうすると、応神天皇の生まれと、その息子の仁徳天皇、あるいは孫の履中天皇の死の差は約九十年ということになる。もし倭王讃が仁徳天皇なら、たとえば、応神天皇が三十歳のときの子供で六十歳まで生きたということで、履中天皇なら親と子の年齢差平均二十五年、履中天皇の死んだときの年齢四十歳ということになり、どちらでも可能だ。

次に、ここから逆算していくとどうなるか。応神天皇と父である仲哀天皇の年齢差は応神天皇にそれなりに年上の兄がいることを考えれば、三十歳以上は離れているとみるべきである。仲哀天皇はヤマトタケルの息子だが、ヤマトタケルが比較的若くして死んだらしいことを考えると年齢差は比較的小さいと考えられる。

さらに、ヤマトタケルもその父・景行天皇の比較的若いころの子供のようである。だとすれば、ヤマトタケルが活躍して大和朝廷の勢力が九州の一部や関東にまで広がり始めたのは、四世紀初頭あたりということになる。さらに、その景行天皇の祖父にあたる崇神天皇の全盛期は三世紀のなかごろだ。

一方、邪馬台国のヒミコの没年は二四〇年代とされ、そうすると崇神天皇はその後継者であるイヨと同時代人ということになる。

もちろん、『日本書紀』に書かれた歴代天皇の事績や系図に誤りがある可能性も少なくないし、『新羅本紀』の年代設定にも、中国の歴史書ほどの信頼性はない。しかし、崇神天皇やヤマトタケルの活躍した年代を、この推定以上に古くみることは困難であろう。

一方、系図の一部短縮などで、もう一世代程度の範囲で大和朝廷の統一進展が遅かったと考えることは可能であろう（一方、大和朝廷が北九州に支配を及ぼしたのは、邪馬台国の時代よりはるかあとの四世紀のなかばごろであることも動かしがたい）。

九州説だと邪馬台国は地方小勢力

こうして考えてみると、邪馬台国が九州北部にあったなら、『日本書紀』と『魏志』倭人伝の記事はほとんど矛盾しない。つまり、三世紀に邪馬台国などの北九州の小国家群は魏と盛んに交流していたが、その中国との交流もいつか下火になり、それより数世代あとの四世紀なかごろになってイヨと同時代に崇神天皇のもとで畿内に国家を形成した大和朝廷の保護下に置かれたということである。

大和の方が栄えていたから畿内説が適切という印象で語る人が多いが、邪馬台国が当時の日本列島でもっとも経済力に優位なクニだったと推測する理由は何もない。戦国時代に天正遣欧使節を送り出した九州の大名たちや、イスパニアに支倉常長《はせくらつねなが》を送った伊達政宗が全国最強の大名だったわけではないのと同じだ。

天皇家の九州から大和への東遷と、邪馬台国を結びつけるのも馬鹿げている。天皇家の東遷ということの根拠として引き合いに出されるのは、『日本書紀』の神武天皇東征についての記述と、三種の神器の起源が九州にあるらしいということである。

だが、『日本書紀』の記述は、神武天皇、つまり天皇家の祖先ではじめて畿内へ移住してきた人物が日向出身であるといっているだけで、九州を支配する強力なクニの王であったなどとはまったく書かれていない。

三種の神器については、祖先が九州から来た天皇家がその地方の風俗の一部を保持していたと考えてもよいし、大和朝廷の勢力が北西九州まで及んだときに、その地方の風習が輸入されたとしてもおかしくない。仲哀天皇に伊都国王が三種の神器に類似のものを捧げたことは『日本書紀』も伝えるところだ。

畿内でも大和朝廷とは関係ないのでは

それでは、畿内説がまったく成り立ちえないのか。鏡の分布など考古学的理由、それに名称の類似性（九州にも「ヤマト」という地名があるが）の魅力は、やはり大きい。

ただ、『日本書紀』の記述とどう調和させるか、少し工夫がいる。普通に計算していくと、崇神天皇はヒミコの後継者イヨとほぼ同世代、あるいはそれよりほんの少しあとの世代である。

邪馬台国畿内説が成り立ちうる可能性のパターンは、論理的には三つある。第一は、（天皇家ではじめて畿内に定着した）神武天皇と崇神天皇の中間に天皇家の一員としてのヒミコを認めることである。

大和の巨大古墳のなかで最古のものとされる箸墓の主と『日本書紀』で記されている崇神天皇の大叔母・倭迹迹日百襲姫命など何人かの候補者もいるが、この場合には、大陸との交渉とか北西九州諸国との密接な関係という重要事が大和朝廷の記憶からなぜ跡形なく欠落したのかの説明ができない。

魏に朝貢したことを消し去りたいからだという人もいるが、倭の五王と南朝の関係でも中国側が朝貢してきたような説明をしているのだから、同じように書けばよかっただけだ。

この無理は、ヒミコを天皇家の一員と考えなくとも、大和朝廷が邪馬台国の勢力範囲のなかから出てきたと考える場合すべてに共通する。

邪馬台国が三輪地方にあって、イヨの後継者をめぐる混乱のなかで崇神天皇が主導権をとったというのは年代的には合理的だが、初期天皇家が本拠地としたらしい葛城地方は三輪地方から至近距離にあり、しかも、崇神王朝は三輪地方の豪族を政権に組み込んだのだから、北九州諸国や大陸との交流など邪馬台国の記憶が伝えられなかったのは不自然である。

第二は、ヒミコを神武天皇の以前に大和南部にあった王朝、たとえば長髄彦の王国の人物とみることだが、少なくとも、『晋書《しんじょ》』に最後の記事が出てくる二六六年ころまでは邪馬台国は続いていた。だとすると、崇神天皇の時代にすらも天皇家の大和定着が実現していなかったことになってしまう。

第三は、強《し》いて畿内説をとる場合にはまだしも自然だと思うのだが、邪馬台国を北近畿王朝とみることだろう。『日本書紀』の記述をみていくと、大和朝廷というのは、日向、吉備、河内、大和南西部といった瀬戸内海沿岸には強いのだが、日本海側には弱く、出雲との関係も希薄である。

また、近畿内での南北対立というのは、その後も、いろいろな局面で生じている。仲哀天皇と神功皇后の九州遠征に際して、天皇は瀬戸内海経由で、神功皇后は日本海経由で九州へ向かったことでもわかる通り、古代から日本海ルートはきわめて重要だった。ところが、大和朝廷はほとんどこのルートに関わっていない。

だとすれば、不弥国《ふみ》（これは北九州であることがほぼ間違いない）と邪馬台国の間に位置したという投馬国《とうま》を出雲ないし但馬《たじま》と考え、邪馬台国を山背《やましろ》（京都府南部。三角縁神獣鏡《さんかくぶちしんじゅうきょう》で有名な椿井《つばい》大塚山《おおつかやま》古墳もある）あたりと考えれば一応の辻褄《つじつま》は合う。

たとえば、崇神天皇が壮烈な戦いのあと山背をその支配下に置いたといった記事もあり、扱いの大きさからして大和朝廷の歴史において相当大きな事件として記憶されていたことを推測させるが、大和朝廷（あるいはその他の大和南部勢力）に北近畿国家たる邪馬台国が敗れたことで、中国や北九州諸国、さらには出雲との関係もいったん絶たれたと考えれば『魏志』倭人伝の記述との整合性も確保されなくもない。

だが、いずれにしても、邪馬台国が畿内にあったとすれば、いったん北九州まで及んだ畿内国家の威光は、その後、一時的に衰え、何世代かのちの仲哀天皇のころになって回復したか、そのとき、かつての女王国のことなど誰も話題にもしなかったという不自然な状態になることに変わりはない。

それに対し、邪馬台国が九州にあったとすれば、それはまったくの地方政権であり、ヒミコはささやかな女酋長のようなもので、その当時においても日本を代表する存在であったわけでもなんでもないということだ。

結局のところ、邪馬台国はほぼ九州に間違いない。私は『魏志』倭人伝の帯方郡から邪馬台国の総距離数から不弥国までの距離の総計を引くと、残りは、数十キロから１００キロくらいであることにも注目したい。そうすると、筑後とか宇佐方面というのが合理的だ。出雲や吉備も許容範囲だが、畿内というのは無理がありすぎる。

しかし、もっと大事なことは、どちらの場合であれ、「邪馬台国は四世紀以降の日本国家になんの記憶も残しておらず、現代に通じる重要な意味を持つものではない」ということである。

それは、一四九二年という世界史を変えた記念すべき年の前にアメリカ大陸に到達したヨーロッパ人がいたとしても、コロンブスに比すべき歴史的意義を持たないのと同じことなのである。「現代に通じる意味を持つ日本国家の外交デビューのヒロインは、神功皇太后であってヒミコではない」のである。

そしてまた、「卑弥呼」だとか「邪馬台国」などという蔑称《べっしょう》として使われた表記をそのまま使うことは、なんとしてもやめたいものだ（本書では「卑弥呼」はカナ書きにしたが、「邪馬台国」をカナ書きにするのは馴染みがなさ過ぎるので、不本意ながら慣用的な表記に従った）。

◎日中韓4000年の歴史

	中国歴代王朝	日本と中国の関係	朝鮮半島の歴史	
BC2224	夏	伝説上の建国(BC2600)	BC2333	檀君の建国
BC1766	殷(商)	呉の太伯江南へ移る		
BC1122	西周		BC1100頃	箕子朝鮮建国
BC771-770	東周	大陸から弥生人が渡来		
BC256-251	秦	徐福伝説		
BC207-206	前漢	倭国と漢の交流始まる	BC194	衛氏朝鮮建国
			BC108	楽浪郡設立
			BC57	新羅建国
			BC37	高句麗建国
			BC18	百済建国
8	新			
23-25	後漢	奴国王が金印を授かる		
220	三国	邪馬台国が使節を送る		
265	西晋			
316	南北朝	大和朝廷の統一と朝鮮進出	313	楽浪郡滅亡
		倭五王が南朝に使節を送る	340	神功皇后の三韓征伐
			414	好太王碑建立
			427	高句麗平城遷都
			512	任那四県の割譲
589	隋	遣隋使として小野妹子が長安に	562	任那滅亡
			612	高句麗が隋を撃退
618	唐	遣唐使が派遣され交流盛んに	660	唐が百済併合
			662	白村江の戦い
			668	唐が高句麗併合
			676	新羅が領土拡張
			698	渤海建国
			901	三国時代の始まり
907	五代十国		918	王権が高麗建国
			926	渤海滅亡
			935	新羅滅亡
			936	高麗全土統一
960	北宋			
1127	南宋		1145	『三国史記』編纂
		平清盛が南宋と貿易	1259	元に降伏
		弘安の役	1274	文永の役
1276	元	文永の役	1281	弘安の役
1368	明	足利将軍が遣明船を出す 倭寇	1389	応永の外寇
		秀吉大陸遠征	1392	朝鮮王国
1644	清	日清戦争	1897	大韓帝国
1912	中華民国	日中戦争	1910	日韓併合
1949	中華人民共和国	＊1971年まで国連代表権維持	1945	終戦

※『捏造だらけの韓国史』(小社刊)より

第二章

大陸への進出と中国南北朝時代

第一五代

応神天皇《おうじん》

大陸遠征軍に支持されたエキゾティックな帝王

誕生・仲哀天皇9年（200年）12月14日（父・仲哀天皇　母・神功皇后〈息長足姫尊〉）
即位・応神天皇元年（270年）1月1日（71歳　先代・父　仲哀天皇）
崩御・応神天皇41年（310年）2月15日（111歳　次代・皇子　仁徳天皇）

「騎馬民族説」をはじめ、応神天皇が仲哀天皇の王朝に替わる新しい王朝を開いたのではないかという説を唱える人が多くいる。百田尚樹『日本国紀』では、熊襲である可能性が高いというような説も唱えられていた。

だが、畿内勢力としては初の大陸遠征から凱旋した彼らが、それまでと違うエキゾティックな雰囲気をたたえた文化を持ち込んだのも、十字軍が東方風の文物を西ヨーロッパにもたらしたのと同じく当然であり、騎馬民族征服説などという無理な仮定など必要としない。

しばしば、応神朝といわれるが、『日本書紀』の記述からみれば、日本統一をなしとげた大王はその母である神功《じんぐう》皇太后であり、息子を自分の生前には即位させなかった事実上の女帝である。という以上に、大正年間までは歴代天皇に数えられていたし、私はそちらのほうが正しいと思う。開化天皇の男系だから資格もある。

『日本書紀』における応神天皇の事績も、後世において八幡神と同一視されて崇敬される割にはやや貧弱で、母の存在感の大きさの方が目立つ。

仲哀の死や、応神の生誕について不自然さはあるが、大和朝廷の九州遠征軍が、皇太后とその子供を担いで政権をとったということはありそうなことである。仲哀は暗殺されたのかもしれないし、応神が本当は誰の子かと想像を膨らませる余地はあるが、仲哀の正統な後継者であるという建前がとられたことが大事なのである。

その決定的な証拠となるのが、継体《けいたい》天皇即位のとき、最初に候補とされたのが、仲哀の子孫で丹波にあった倭彦王《やまとひこのおおきみ》だということだ。この王は大和朝廷からの迎えを、自分を討ち取りに来たと誤解して逐電したので、継体にお鉢が回ったのだが、このことは、応神の子孫であるかどうかは、皇統維持の観点からは重視されていなかったことを意味する。応神が新王朝を建てたなら、わずか数世代あとに仲哀の子孫が候補となるわけがないではないか。

朝鮮半島との交流は相変わらず盛んだが、引き続き、百済との友好関係と新羅との緊張関係が続いている。また、高句麗が「日本国王に教える」というような文書を送ってきたことを非難しているが、その高句麗の仲介で中国南朝に縫工女《ぬいめ》を求めたこともあった。

王仁《わに》博士（百済から派遣されたが漢民族の学者）の来朝により文字が伝えられたとされるが、文字がそれまでまったく知られていなかったわけではあるまい。だが、大陸遠征を機に、このころ徐々に実用化されていったということだ。渡来人がまず上陸する北九州を勢力下に収めたことによって、人や文化の「渡来」がワンクッションを置かずリアルタイムで大和朝廷に意識されるようになったことの反映でもあろう。

応神天皇の人柄についての『日本書紀』の記述は意外なほど少ないが、吉備氏出身の兄媛《えひめ》が両親を恋しがるので帰したというのが数少ないエピソードである。

主な出来事 秦（はた）氏の祖先である弓月君（ゆづきのきみ）が渡来した（応神14）王仁博士が渡来（応神16）呉から縫工女を招聘した（応神37） **解説** ○皇太后の摂政時代は、稚桜宮であったとされ、普通には履中天皇の磐余稚桜宮（いわれのわかざくらのみや）（桜井市池之内）と同じとされるが、桜井市市谷の若桜神社の可能性もあるという人もいる。○応神天室の親政になってからは、軽島豊明宮（かるしまのとよあきらのみや）（橿原市大軽町）とされる。橿原市内で、岡寺駅から北へ行った軽寺跡の近くに春日神社があってその境内に碑がある。ただし、『日本書紀』には難波大隅宮で崩御した可能性もあるとしている。大隅宮はのちの難波京と同じ上町台地ではないかと思われる。東淀川区の大隅という人もいるが、地形からして不自然だ。○兄たちを破ったときの経緯からしても、応神天皇の支持勢力は紀伊や河内にあったようである。また、フロンティアが東国から大陸に移った以上は、近江より大和や難波が優れている。応神天皇は妃の一人の出身地であった吉備へも出かけている。さらに、日向の豪族の娘が召されてやってくるが、息子の仁徳天皇が譲ってくれるよう願ったので認めた。一方、筑紫へは武内宿禰（たけしうちのすくね）を監察のため派遣したりしており、日向が九州における親大和朝廷派を代表し、筑紫が油断ならぬ地方であったことをうかがわせる。○皇后の仲姫は景行天皇の曾孫で、尾張氏と縁が深かった。**御名** 誉田別（ほむたわけ）天皇（腕の筋肉が盛り上がつていたからだとする）**御陵** 羽曳野市益田六丁目の恵我藻伏岡陵（えがのもふしのおかのみささぎ）

第一六代

仁徳《にんとく》天皇

カマドの煙の逸話で有名な仁政と世界最大の墳墓

誕生・神功皇后摂政57年（257年）（父・応神天皇　母・景行天皇曾孫仲姫）

即位・仁徳天皇元年（313年）1月3日（57歳　先代・父　応神天皇）
崩御・仁徳天皇87年（399年）1月16日（143歳　次代・皇子　履中天皇）

大阪の生みの親は仁徳天皇か豊臣秀吉かという論議があったが、この論争は連続性ということでは秀吉に軍配が上がる。中世には京都の山崎が重要な港湾都市になって、難波は熊《くま》野《の》詣《もう》での中継地くらいの役割しか果たせなくなった時期があるからだ。

だが、現在の大阪の「地形」を創ったのは仁徳天皇に間違いない。門真《かどま》の「茨田堤《まんだのつつみ》」によって淀川の流路が定まり、大阪の都心を流れる大川（旧淀川）は運河として開削された「堀江」である。それ以前は、大水のたびに、あたり一面を水浸しにしていた。

仁徳天皇は高殿《たかどの》に上ってあたりを見渡すと竈《かまど》の煙が立つのが見えないのを嘆き、三年間、課役をやめたという逸話で知られる。

新羅との争いは、引き続き継続し、蝦夷との戦いもあった。また、『日本書紀』によると、中国南朝や高句麗が朝貢してきたという（仁徳天皇は中国南朝に朝貢した、いわゆる「倭の五王」の一人らしい。南朝側では日本が朝貢してきたと理解していたし、歴史学者は『日本書紀』の記述が嘘だというだろうが、当時の大王たちが難しい漢文を読めたわけではない。それも含めて、中国と日本のそれぞれの朝廷で、それぞれ喜ばれるような説明がされたという可能性もある。いくら朝鮮半島での利益を守るためでも、誇り高き大王に「海の向こうに中国という大きな国がありますから、その家来になった方が得ですよ」と説得できるだろうか。

主な出来事 人民の課役を3年間免除する（仁徳4）百済から国郡の分け方や産物の記録方法を学んだ（仁徳41）中国南朝呉国が朝貢してきた（仁徳58） **解説** ○難波高津宮（なにわのたかつのみや）は、現在の大阪城南側であると考えられる。高津神社はもっと南にあるが、秀吉の 築城のために移転させられたものだ。○仁徳天皇の皇后は磐之媛命（いわのひめのみこと）（葛城襲津彦〈そつひこ〉の娘）だが、異母妹の八田（やた）皇女（皇位を譲り合って自殺したという菟道稚郎子〈うじのわきいらつこ〉皇子の同母妹）を妃にしようとしたところ、怒って山城綴喜郡（現・京田辺市）の筒城宮（つつきのみや）に籠もって帰らなかった。だが、その死後、八山皇女を皇后とした。 **御名** 大鷦鷯（おおさざき）天皇 **御陵** 堺市堺区大仙町の百舌鳥耳原中陵（もずのみみはらのなかのみささぎ）

第一七代 履《り》中《ちゅう》天皇

大和に遷都したが大和派と瀬戸内派の対立に悩む

誕生・生年不詳（父・仁徳天皇　母・葛城襲津彦女磐之媛命）
即位・履中天皇元年（400年）2月9日（先代・父　仁徳天皇）
崩御・履中天皇6年（405年）3月15日（次代・弟　反正天皇）

淡路島で履中天皇が狩猟をしていたところ、神懸かりして、「天皇の轡《くつわ》を取る河内の飼部《かいべ》の刺青《いれずみ》が膿《う》んで臭くてたまらない」と言う者があった。不吉な空気が漂うなかで、風の音が「鳥往来《かよ》う羽田《はた》の汝妹《なにも》は羽狭《はさ》に葬《はぶ》り立ちぬ」と聞こえた。そうすると、大和から使いが来て妃の黒《くろ》媛《ひめ》が亡くなったことを知らせた。

筑紫に派遣されていた者が宗像《むなかた》神社の領地を横領しようとしたので神が怒り、お告げがあったのを放置したのが祟ったらしい。

仁徳天皇の死後、難波に拠った住吉仲皇子《すみのえのなかつ》と大和へ逃げた太子が争った。太子が勝利して履中天皇となり都を大和に戻したのだが、大和の豪族たちが支持する履中と瀬戸内海から西日本にかけての勢力のせめぎ合いを読み取ることも可能だ。

履中天皇は、諸国に書記を置くとともに、中央では蘇我《そが》、物部《もののべ》、葛城、平群《へぐり》らの各氏を政治に参画させた。

解説 ○黒媛は葦田宿禰（葛城襲津彦の子）の娘ではじめの正妃らしい。のちに、応神天皇の皇女である草香幡梭（くさかのはたひ）皇女を皇后としている。○奈良県にはため池が多いが、古代には、桜井市の近鉄大福駅の南、天香具山の北のあたりに履中天皇が造らせた磐余池（いわれのいけ）があって、その名残が池之内の地名としてある。そこに小さな丘があって稚櫻（わかざくら）神社となっている。

磐余稚桜宮（いわれのわかざくらのみや）の跡とされ、かつては、池に面していたようだ。天皇が舟遊びを楽しんだとき、季節はずれの桜の花が舞い落ちてきた。これを喜び磐余稚桜宮と名づけたという。**御名** 去来穂別（いざほわけ）天皇 **御陵** 堺市西区石津ヶ丘の百舌鳥耳原南陵（もずのみみはらのみなみのみささぎ）

第一八代

反正天皇《はんぜい》

「倭の五王」の珍（彌）

誕生・生年不詳（父・仁徳天皇　母・葛城襲津彦女磐之媛命）
即位・反正天皇元年（４０６年）１月２日（先代・兄　履中天皇）
崩御・反正天皇５年（４１０年）１月23日（次代・弟　允恭天皇）

履中天皇と住吉仲皇子の同母弟である瑞歯別《みずはわけ》天皇（反正天皇）は、歯並びが美しいことを表現した名前である。淡路島で生まれたとされる。

兄たちの争いでは履中天皇側について、忠誠の証《あかし》として兄である仲皇子を殺害した。このとき、仲皇子の近習であった刺領巾《さしひれ》という隼人《はやと》に皇子を殺せば褒美《ほうび》をやると騙して殺させ、主君を裏切ったとしてこの隼人を殺してしまったとある。

在位は五年だけだが、『宋書《そうじょ》』『梁書《りょうしょ》』に記される「倭の五王」のうち珍《ちん》（彌）がこの人であるといわれる。

解説 ○丹比柴籬宮（たじひのしばがきのみや）にあったが、近鉄南大阪線の河内松原駅から少し南にある柴籬神社がその跡とされている。近くにはすべての古墳のなかで第7位の大きさを誇る河内大塚山古墳もある。○和珥（わに）氏の一族である大宅（おおやけ）臣出身の津野媛（つのひめ）を皇后とし、その妹の弟媛（おとひめ）も妃とした。子供もいたようだが、消息は不明である。**御名** 瑞歯別（みずはわけ）天皇 **御陵** 堺市堺区北三国ヶ丘町の百舌鳥耳原北陵（もずのみみはらのきたのみささぎ）

第一九代

允恭《いんぎょう》天皇

衣通姫と木梨軽皇子の同母兄妹の恋に悩む

誕生・生年不詳（父・仁徳天皇　母・葛城襲津彦女磐之媛命）
即位・允恭天皇元年（412年）12月（先代・兄　反正天皇）
崩御・允恭天皇42年（453年）1月14日（次代・皇子　安康天皇）

「いにしへの衣通姫《そとおしのひめ》の流なり、あはれなるやうにて強からず、いはばよき女のなやめるところあるに似たり」というのは、紀貫之《きのつらゆき》が『古今集』の序で六歌仙の一人として小野小町の歌を評した言葉である。この衣通姫というのは、天皇の皇女で同母兄・木梨軽皇子《きなしのかるのみこ》と通じ、近親相姦の罪で伊予に流された伝説の美女である（伊予《いよ》に流されたのは皇子だともいう）。

反正天皇の死後、仁徳天皇の皇子で残っていたのが、同母弟の雄朝津間稚子宿禰尊《おあさづまわくごのすくねのみこと》と、日向髪長媛《かみながひめ》（諸県君牛諸井の娘）の子である大草香皇子《おおくさかのおうじ》だけだった。雄朝津間稚子宿禰尊は病気がちでよく歩けず、しかも、無理な治療でますます身体を悪くしていた。

そのため即位を辞退したが、母が日向の地方豪族の出身である大草香皇子では収まりが悪かったのか、群臣は雄朝津間稚子宿禰尊の即位を願った。なお渋ったが、妃の忍坂大中姫《おしさかのおおなかつひめ》が寒風のなか長時間の説得をしたので即位を決心した。

このころ氏姓を偽る者が多かったので、甘樫丘《あまかしのおか》で盟神探湯《くがたち》をしてこれを正した。

また、葛城家の玉田宿禰《たまたのすくね》は反正天皇の墓を守っていたが、大地震のとき、酒宴を張って持ち場を離れていたことから天皇に誅された。

新羅との関係は良好で、崩御のときには、多数の楽人を含む弔使が来たが、行き違いから大《おお》泊瀬《はつせ》皇子と争いになり、以降、新羅は貢を縮小した。『宋書』『梁書』に記される倭王済《せい》とみられている。

天皇の死後は、本来、木梨軽皇子が即位するはずだったが、近親相姦を理由に支持が集まらず、同母弟の穴穂《あなほ》皇子が即位した。

解説 ○妃の父である稚野毛二岐（わかぬけふたまた）皇子は応神天皇の皇子で、近江の坂田郡（米原市付近）を本拠地にしていた。継体天皇の高祖父である。○允恭天皇の宮がどこにあったかについて『日本書紀』には記述がないが、『古事記』では遠飛鳥宮（とおつあすかのみや）だとしている。遠飛鳥宮は、いわゆる飛鳥地方に営まれた最初の宮で、近鉄岡寺駅の近くらしいが具体的にどこなのかは不明である。**御名** 雄朝津間稚子宿禰（おあさづまわくごのすくね）天皇 **御陵** 藤井寺市国府一丁目の恵我長野北陵（えがのながののきたのみささぎ）

第二〇代

安康《あんこう》天皇

不倫略奪愛の末に暗殺される

誕生・履中天皇2年（401年）（父・允恭天皇　母・稚野毛二岐皇子王女忍坂大中姫命）
即位・允恭天皇42年（453年）12月14日（53歳　先代・父　允恭天皇）
崩御・安康天皇3年（456年）8月9日（56歳　次代・弟　雄略天皇）

暗殺された天皇は、この安康天皇と、蘇我氏の犠牲になった崇峻《すしゅん》天皇の二人だけである。下手人は皇后の連れ子の眉輪王《まよわのおおきみ》であった。

大草香《おおくさか》皇子は仁徳天皇の皇子で天皇の叔父である。安康天皇はその皇子の同母妹である草香《くさかの》幡梭《はたひ》皇女を、天皇の弟（皇女からすれば甥）である大泊瀬稚武皇子《おおはつせのわかたけのおうじ》と婚約させようとした。だが、天皇の使いである根使主《ねのおみ》が大草香皇子から天皇への贈り物（宝冠）を横領したうえに、皇子がこの縁談を断ったと讒言《ざんげん》をしたので、天皇はこれを信じて叔父を誅殺した。

安康天皇は大草香皇子の未亡人である中帯姫《なかしひめ》（履中天皇皇女か）を皇后に立てたが、中帯姫の連れ子である眉輪王は、天皇が「私が父を殺したとあの子が知ったときはどうなるか」と心配するのを聞いてしまい、子供にもかかわらず、眠っていた天皇を殺したのである。

これを聞いた大泊瀬稚武皇子は、兄の八《や》釣白彦《つりのしろひこ》皇子も共犯ではないかと疑い殺した。同じく兄の坂合黒彦《さかあいのくろひこ》皇子は、恐ろしくなり眉輪王とともに葛城氏の円《つぶら》大臣に匿《かくま》われた。殺人といえどももっともな理由があると同情されたのだろう。

だが、大泊瀬稚武皇子は素早く包囲し、娘の韓媛《からひめ》と「葛城の宅七区」とを献上することを申し出た円大臣を許さず、火を放って円大臣・眉輪王らを殺した。これで葛城氏の宗家は滅び、物部氏や大伴氏、蘇我氏らの時代になる。

安康天皇は、『宋書』『梁書』に記される倭王興《こう》らしい。

解説 ○石上穴穂宮（いそのかみのあなほのみや）は、百済王から贈られた七支刀で知られる石上神宮に近い。ここは、物部氏が祭祀し、大和朝廷の武器庫としての役割も果たしていた。安康天皇がこれに近い場所に宮を設けたのは、物部氏の軍事力を当てにしたものであろう。ＪＲと近鉄の天理駅から南に行ったところに厳島神社があり、ここが故地であるとされる。安康天皇を祀る穴穂社という祠もある。**御名** 穴穂（あなほ）天皇 **御陵** 奈良市宝来四丁目の菅原伏見西陵（すがわらのふしみのにしのみささぎ）

第二一代
雄略《ゆうりゃく》天皇
『万葉集』冒頭をその御製が飾る大王

誕生・允恭天皇７年（４１８年）12月（父・允恭天皇　母・稚野毛二岐皇子王女忍坂大中姫命）

即位・安康天皇3年（456年）11月13日（39歳　先代・兄　安康天皇）
崩御・雄略天皇23年（479年）8月7日（62歳　次代・皇子　清寧天皇）

『万葉集』の冒頭には雄略天皇の御製「籠《こ》もよ　み籠持ち　ふくしもよ　みぶくし持ち　この丘に　菜摘ます児《こ》　家聞かな」という歌が掲げられている。雄略天皇は、独善的な暴君で多くの人を殺した。だが、カリスマ性を備えた英雄でもあったからこそ、特別の存在として意識されていたのであろう。

『日本書紀』もこの善悪両面をともに紹介している。

国内では、吉備や伊勢で反乱があったものの、全体としては地方豪族に対する優位が進んだ。このことは、埼玉県の稲荷山《いなりやま》古墳、熊本県の江田船山《えたふなやま》古墳の出土品に雄略天皇の名である「ワカタケル」らしき名がみられ、考古学的にも支持されている。

「獲加多支鹵《わかたける》大王」の名が刻まれた金象嵌《ぞうがん》鉄剣銘が出土した稲荷山古墳の被葬者は、若いころ大和へ行き雄略天皇に仕えたことがあるらしい。

北関東には巨大な古墳が多くみられるが、彼らは、大和で帝王たちの墳墓に感嘆し、故郷へ帰って同じようなものを自らのために築いた。

対外的には百済との交流が深まり、王子たちが日本への人質として大和に来た。そのなかから本国に戻り百済の王となる者もいた。新羅は対立することも多かったが、高句麗と戦ったときには日本の援助を求めた。任那（「任那」という名称の妥当性などについては第二章末コラムで論じる）には、多くの日本人が派遣されたが、その一部が反大和朝廷的な行動に走ることもあった。

中国南朝との交流も盛んだった。雄略天皇が中国の史書に記載されている倭王武《ぶ》であることはほぼ確実と考えられるが、『日本書紀』では、中国側から称号などを賜ったことについては触れず、むしろ貢を持ってきたことが強調されている。また、大陸から機織《はたおり》職人など技術者を多く招聘《しょうへい》した。雄略天皇の死に際しては近習となっていた隼人たちが自ら殉死《じゅんし》したというが、オスマン・トルコの親衛隊で勇猛をもって知られたイェニチェリ軍団は、征服されたキリスト教徒の子弟であったが、被征服民の若者を帝王の忠実な近衛《このえ》兵として使うことは、洋の東西を問わずよくあることだ。

他方、天皇の死を聞いて、西日本に移されていた蝦夷が反乱を起こした。

主な出来事　履中天皇の皇子である市辺押磐（いちのべのおしわ）皇子を殺害（即位前）葛城山で一言主神（ひとことぬしのかみ）と会う（雄略４）呉国の使者が来る（雄略６）百済の武寧王が筑紫で誕生（雄略14）百済が高句麗に滅ぼされるが翌年再興（雄略20）豊受大神を丹後から伊勢に移し外宮とした（雄略22）**解説**　○稲荷山古墳出土鉄剣銘文にみえる「斯鬼宮（磯城宮）」は泊瀬朝倉宮（はつせのあさくらのみや）を指すとされる。その場所については、近鉄大和朝倉駅の東あたりにいくつかの候補地がある。駅に近い脇本遺跡、黒崎というところの白山神社、同じく「天の森」、さらに東へ進んで南の山間部に入った岩坂の十二柱神社である。岩坂には朝倉宮伝承地だという石碑がある。白山神社には、「『万葉集』發燿讃仰碑」がある。いずれも広い土地ではなく、やや不自然な気もするが、皇族や対抗氏族の有力者を片端から殺した恐怖の大王であるがゆえに、防御に優れたこうした地に宮を営んだのかもしれない。**御名**　大泊瀬稚武（おおはつせのわかたけ）天皇　**御陵**　羽曳野市島泉八丁目の丹比高鷲原陵（たじひのたかわしのはらのみささぎ）

第二二代

清寧天皇《せいねい》

吉備氏出身の母を持つ兄たちを破って即位

誕生・允恭天皇33年（444年）（父・雄略天皇　母・葛城円大臣女韓媛）
即位・清寧天皇元年（480年）1月15日（37歳　先代・父　雄略天皇）
崩御・清寧天皇5年（484年）1月16日（41歳　次代・顕宗天皇）

雄略天皇の皇后であった草香幡梭皇女は、天皇の叔母であり、年上で子供もなかった。皇子のうち白髪《しらか》皇子の母は、雄略天皇の即位前に滅ぼされた葛城円大臣の娘である韓媛。残りの星川《ほしかわ》皇子と磐城《いわき》皇子の母は、吉備稚媛《わかひめ》といい、吉備上道田狭《かみつみちたさ》の妻だったが、雄略天皇は美女だと聞いて夫を任那に赴任させ、妻を奪った。このため、田狭は新羅に寝返ったというといういわくがある。

結局、大和の豪族・葛城氏出身の母を持つ白髪皇子（清寧天皇）が、吉備氏出身の母を持つ兄を破って帝位についた。これを機に吉備氏の勢力は削がれた。このとき、もっとも功があったのが大伴室屋《おおとものむろや》である。

葛城氏宗家はすでに滅亡していたが、この清寧天皇だけでなく、顕宗《けんぞう》天皇、仁賢《にんけん》天皇の母も葛城氏出身であり、なお侮りがたい勢力を持っていたのか、あるいは、怨霊《おんりょう》をおそれるような考えがすでにあったのかもしれない。

后妃や子供は記録されていない。

解説　○磐余甕栗宮（いわれのみかくりのみや）は、これまでも登場した磐余池のあたりだが詳細は不明である。だが、『大和志』に池内御厨子邑（みずしむら）とあり、稚櫻神社の西方にある御厨子神社のあたりが宮跡であろうとされている。**御名**　白髪武広国押稚日本根子（しらかのたけひろくにおしわかやまとねこ）天皇（髪が白かったという）**御陵**　大阪府羽曳野市西浦六丁目の河内坂門原陵（こうちのさかどのはらのみささぎ）

第二三代　顕宗《けんぞう》天皇

播磨に牛飼いとして身を隠す

誕生・允恭天皇39年（450年）（父・履中天皇皇子市辺押磐皇子　母・葛城蟻臣女荑媛）
即位・顕宗天皇元年（485年）1月1日（36歳　先代・清寧天皇）
崩御・顕宗天皇3年（487年）4月25日（38歳　次代・兄　仁賢天皇）

雄略天皇が皇族を片端から殺《あや》めたために清寧天皇のあとは皇統断絶の危機が訪れた。だが、履中天皇の孫で、市辺押磐《いちのべのおしは》皇子の子である億計《おけ》王と弘計《おけ》王二人の子供が播磨《はりま》で牛飼いをして身を隠していたのが見つかったので、これを迎えた。

市辺押磐皇子は履中天皇の第一皇子で、母は葛城葦田宿禰の娘・黒媛であったが、二人の皇子の母はその姉妹らしい蟻臣《ありのおみ》の娘・荑媛《はえひめ》である。安康天皇は、押磐皇子に皇位を継承させようとしていたが、安康天皇は暗殺され、その弟の雄略天皇が跡を継いだ。

雄略天皇はライバルである押磐皇子を近江の蚊屋野《かやの》（滋賀県蒲生郡日野町鎌掛付近）へ狩猟

に誘い出し射殺した。そのため、億計・弘計王たちは丹波を経て播磨明石《あかし》に逃れた。だが、清寧天皇三年（四八二年）になって両王子は名乗り出て大和に還った。

兄弟で皇位を譲り合ったので、姉妹の飯豊青《いいとよのあお》皇女が政務を執《と》った。

結局、先に名乗り出た弟の弘計王が即位して顕宗天皇となった。

長く地方で苦労した経験から、民衆を大事にする政治を執ったと伝えられる。ただ、罪なくして死んだ父を弔い、また父の雪辱《せつじょく》を果たすべく殺害に関与した者を処罰し、雄略陵を破壊しようともしたが、兄の億計王（仁賢天皇）に止められた。

任那では紀生磐宿禰《きのおいわのすくね》が高句麗と結んで百済を攻撃し、三韓全体の王となろうとしたが失敗した。

解説 ○『日本書紀』には「飯豊皇女、於角刺宮、与夫初交、謂人曰、一知女道、又安可異、終不願交於男」という記事があり、生涯に一度だけ男性と交わり、「これで女になったが、変なものだ、もう二度といやだ」と言ったとされている。唐突な記事で相手が誰だとも書かれていない。忍海角刺宮（おしぬみつのさしのみや）は葛城市忍海の角刺神社が伝承地（近鉄忍海駅の西）である。○顕宗天皇の宮は近飛鳥八釣宮（ちかつあすかのやつりのみや）である。名前からいうと河内のようでもあるが、普通には飛鳥だと考えられている。橿原市にも八釣という地名があるが、明日香村八釣の方が有力である。飛鳥寺などより東側のなだらかな丘陵で、弘計皇子神社があって、このあたりが宮跡という。曲水の宴がはじめて開かれた。○置目老媼（おきめのおきな）という老女の案内で市辺押磐皇子の骨を探し出し、陵を築いた。宮内庁の管理下にある東近江市市辺町の古保志塚がそれだとされる。○皇后は雄略天皇の曾孫である難波小野王（祖父・磐城豊子、父・丘稚子王）だが、子供はなかった。**御名** 弘計（おけ）天皇 **御陵** 香芝市北今市の傍丘磐坏丘南陵（かたおかのいわつきのおかのみなみのみささぎ）

第二四代

仁賢《にんけん》天皇

大和北部の和珥氏と深くつながる

誕生・允恭天皇38年（449年）（父・履中天皇皇子市辺押磐皇子　母・葛城蟻臣女荑媛）
即位・仁賢天皇元年（488年）1月5日（40歳　先代・弟　顕宗天皇）
崩御・仁賢天皇11年（498年）8月8日（50歳　次代・皇子　武烈天皇）

顕宗天皇の兄である仁賢天皇は、今の天理市あたりを基盤とする和珥《わに》氏との関係が深く、その地盤に近い天理市の石上広高宮《いそのかみのひろたかのみや》で政務をとった。妃にも和珥氏とつながりがある女性が多い。このころは平和で豊作であり、天皇も聡明で知識豊富なうえに、謙虚で穏やかな人柄だったという。高句麗に使いを出して皮を扱う技術者を招聘し、大和の山辺《やまべ》郡に住まわせた。だが、顕宗天皇の難波小野《なにわのおの》皇后は、皇太子時代の億計王に宴席で無礼を働いたことがあり、それを追及されるのがいやで、仁賢天皇即位時に自殺した

皇女が継体天皇の皇后となり、孫に当たる欽明《きんめい》天皇を通じて現皇室に血統が伝えられている。

解説　○石上広高宮の跡とされるのは、ＪＲ櫟本駅の南、天理市立北中学の東にある石上市神社の旧社地で石碑もある。近くには「和爾坐赤坂比古神社」や「和爾下神社二座」もある。○皇后の春日大娘（かすがのおおいらつめ）皇女は雄略天皇の皇女である。その母は春日和珥臣深目（ふかめ）の娘で、一度限りの契りで懐妊したので、雄略はは じめわが子として認めなかったが、姿が自分に似ているので皇女にしたという逸話が『日本書紀』にある。妃の一人には和珥臣日爪の娘もいる。**御名**　億計（おけ）天皇　**御陵**　大阪府藤井寺市青山三丁目の埴生坂本陵（はにうのさかもとのみささぎ）

第二五代 武烈《ぶれつ》天皇

悪逆行為を嘘と決めつけるべきではない

誕生・仁賢天皇2年（489年）（父・仁賢天皇　母・雄略天皇皇女春日大娘皇后）
即位・仁賢天皇11年（498年）12月（10歳　先代・父　仁賢天皇）
崩御・武烈天皇8年（506年）12月8日（18歳　次代・応神天皇五世の子孫　継体天皇）

「妊婦の腹を裂いた」「木に登らせてそれを切り倒し殺した」「爪をはいで山芋を掘らせた」など暴君としての逸話が『日本書紀』には多く書かれている。法に詳しく裁判を好み、罪を明らかにして厳罰に処し、処刑を見物することを好み、淫《みだ》らな音楽などを伴う酒宴にふけったという。

名を小泊瀬稚鷦鷯尊《おはつせのわかさざき》といい、仁賢天皇の一人息子だった。

皇后は春日娘子《かすがのいらつめ》といわれ、名前から和珥一族かともみえるが出自不明である。

武烈天皇のもとでの権力者は大伴金村《おおとものかなむら》である。即位の前に、雄略時代からの大臣で大王をしのぐような権勢を誇ったという平群《へぐりの》真鳥《まとり》を滅ぼしている。武烈天皇は真鳥の子である鮪《しび》と、物《もの》部麁鹿火《のべのあらかひ》の娘・影姫《かげひめ》を争って敗れ、金村にそそのかされて親子を滅ぼした。

百済との関係がやや疎遠になった時期もあったが、百済の王子が渡来して、その子孫は倭君になったと『日本書紀』にはある。桓武天皇の母である高野新笠《たかののにいがさ》の先祖ということになるのだろうか。

解説 ○武烈天皇の暴虐行為は、「中国の史書に出てくる暴君伝説と同じような内容だから事実ではなく」、「したがつて、架空の人物だ」という人がいる。だが、そういう猟奇的伝説は江戸時代の殿様から現代の独裁者たちに至るまで、必ず語られてきたものだ。そうした場合、根も葉もないということは稀である。武烈天皇についても、悪逆だったことまで嘘だとか、架空の人物だと決めつけるのは正しい思考ではない。○泊瀬列城宮（はつせのなみきのみや）は雄略天皇の泊瀬朝倉宮の想定地より少し東である。近鉄長谷寺駅に近いところに桜井市出雲という地名があって、十二柱神社というのがあり、ここに「武烈天皇泊瀬列城宮趾」という碑がある。**御名** 小泊瀬稚鷦鷯（おはつせのわかさざき）天皇 **御陵** 香芝市今泉の傍丘磐坏丘北陵（かたおかのいわつきのおかのきたのみささぎ）

第二六代 継体《けいたい》天皇

応神天皇五世の子孫として越前・近江より招聘

誕生・允恭天皇39年（450年）（父・彦主人王　母・垂仁天皇の七世の子孫振媛命）
即位・継体天皇元年（507年）2月4日（58歳　先代・武烈天皇）
崩御・継体天皇25年（531年）2月7日（82歳　次代・皇子　安閑天皇）

継体天皇は男大迹王《おおどのおおきみ》といい、応神天皇の五世の子孫とされているが、あまりにも疎遠な関係であり、新王朝を立てたという説もある。だが、雄略がライバルたちを片端から粛清した結果、すでに仁賢、顕宗のときにも播磨で牛飼いに身をやつしていた皇孫を探し当てたくらいである。武烈の後継者が容易に見つからなくとも仕方ない。

しかも、男大迹王は曾祖父の姉妹が允恭天皇の皇后になって安康、雄略両帝を生んでおり、決してマイナーな王家ではなかった。それでも、男大迹王は第一候補者ではなかった。まず、大伴金村らは仲哀天皇の子孫の倭彦王《やまとひこのおおきみ》を丹波から迎えようとしたのだが、迎えの使いを追討軍と勘違いし逃亡したので、継体天皇を擁立した。

継体天皇の父の本拠は近江坂田郡だが、生まれたのは湖西の高島市にある三尾で、父が早く死んだために母の実家がある越前で育った。

大伴金村の招きで皇位継承を引き受けたが、大和にいきなり入ることは危険だったので、樟《くす》葉宮《はのみや》（現在の大阪府枚方市《ひらかた》楠葉《くずは》の交野《かたの》天神社付近）で即位し、五年間をここで過ごした。天皇には、即位前から尾張連《むらじ》出身の妻がいたが、即位後、仁賢天皇の手白香《たしらか》皇女を皇后とした。また、他の妃は近江などの出身者が多い。

あえて慎重に構えたのか、内戦があったのか不明だが、大和の豪族たちの支持に不安があったのであろう。どうも、歴史家は「テロへの恐怖」を軽くみる傾向があるが、本人たちにとっては最重要の判断材料である。結局、継体天皇は山城の筒城宮《つつきのみや》、弟国宮《おとくにのみや》を経て即位から二十年にして大和に本拠を移した（ただし、その間に一度も大和に足を踏み入れなかったとは限らない）。

もし、継体天皇が武力で新王朝を立てたのなら、神武天皇もそれ以前に大和にあった支配者を追い出して建国したとしているのだから、同じように、継体の即位をもって日本建国とすればよかったのである。

そもそも、『日本書紀』のもとになった『帝紀《ていき》』などが成立したときの天皇である推古《すいこ》は継体の孫であり、人々の記憶もまだ生々しいころである。継体天皇の物語は、同時代においては文字にされていないとしても、文字で歴史が記され始めたときにはまだ現代史の領域だったはずであるから、あまり白々しい嘘は書けないと考えるのが普通だ。

それ以上に、『日本書紀』などでの継体天皇は、華々しい英雄ではなく、なんとも存在感がないさえない大王なのが印象的だ。継体は大伴金村らのロボット的天皇でしかなかった。近江や越前から連れてきた家来が枢要の地位を占めた形跡もない。以上の点から考えても、前王朝に代わった新王朝だという可能性は皆無というべきだ。

この時代、朝鮮半島では、百済の南下政策が進み、任那西部の四県（全羅南道）の割譲を願ったので、大伴金村らの意見でこれを認めた。章末コラムに詳しいが、大陸文化の導入に百済の協力が不可欠だったことが理由である。だが、任那連邦の有力首長の反発を招き、新羅と結ぼうという動きも出てきた。

新羅が南伽羅《から》（任那南東部）を侵略したので近江毛野《けな》臣を司令官とした追討軍を出そうとしたが、筑紫の豪族磐井《いわい》が新羅にそそのかされ反乱を起こした。原因は、かつて大和の宮廷で地方豪族の子弟同士として同僚だったのに、その毛野臣の下につかされて朝鮮遠征軍に加わるのを嫌ったためという。そこで、物部麁鹿火《あらかひ》を司令官とする追討軍を出した。

反乱の平定後に、近江毛野臣は任那に渡り現地統治に当たったが、「盟神探湯《くがたち》」を裁判に使って現地人を火傷《やけど》で多く死なせ、顰蹙《ひんしゅく》を買ったといった不祥事もあった。

主な出来事　樟葉宮で即位（継体元年）筒城に遷都（継体5）任那四県を百済に割譲（継体6）弟国に遷都（継体12）百済の武寧王が死去し聖明王へ（継体13）筑紫で磐井の乱が起きる（継体22）伽羅の多沙津（たさつ）を百済に割譲したので伽羅は新羅と結ぶ。近江毛野臣を任那に派遣するが不調（継体23）**解説**　○京田辺市の筒城宮は、かつて、仁徳天皇の皇后である磐之媛（いわのひめ）命が天皇の浮気に抗議して隠遁したところである。その跡は現在、同志社大学の京田辺キャンパスになっており、構内に石碑がある。継体天皇は、ここでも7年を過ごした。さらに、弟国宮に移ったが、のちの長岡京の域内である、ボタンの名所として知られる乙訓寺ないし、その北の長岡第三小学校のあたりらしい。ここに8年間あった。こうして20年の月日が流れたのち、継体天皇は大和に入り、磐余玉穂宮（いわれのたまほのみや）の地に落ち着いた。宮の跡は履中天皇の稚桜宮より少し西南寄りに隣接する「オヤシキ」と呼ばれる丘だと地元では伝承されている。**御名**　男大迹（おおど）天皇　**御陵**　大阪府茨木市太田三丁目の三島藍野陵（みしまのあいののみささぎ）。ただし、高槻市の今城塚（いましろづか）古墳で膨大な埴輪群が発見され、こちらではないかという説が広く支持されている

第二七代

安閑《あんかん》天皇

継体天皇の越前時代に生まれる

誕生・雄略天皇10年（466年）（父・継体天皇　母・尾張連草香女目子媛）
即位・継体天皇25年（531年）2月7日（66歳　先代・父　継体天皇）
崩御・安閑天皇2年（535年）12月17日（70歳　次代・弟　宣化天皇）

安閑天皇（勾大兄皇子《まがりのおおえ》）と宣化《せんか》天皇（檜隈高田皇子《ひのくまのたかた》）は尾張目子媛《おわりのめのこひめ》を母とする、継体天皇が即位する前に生まれた子である。ただし、継体天皇の皇后は、即位後に結婚した手白香皇女（仁賢天皇の皇女。欽明天皇の母）であり、まず、安閑・宣化両帝が即位し、ついで欽明天皇が即

位するのだが、そこまでの出来事についての暦年の確かな史料を『日本書紀』の編者も持っていなかったらしい。

「また聞くところによると、日本の天皇および皇太子・皇子は皆死んでしまった」という『百済本記《くだらほんぎ》』に伝聞として書かれている記事の引用までしている。そこで、二系統が並立した時期があるのではという説もある。

たしかに、政治的には欽明天皇の即位ののち物部守屋《もののべのもりや》と蘇我稲目《そがのいなめ》が大伴金村に代わって政権を担っており、安閑・宣化に大伴が、欽明に物部・蘇我が近いという図式はあったかもしれない。いずれにしても、継体・安閑・宣化の三帝が短期間のうちに死んで、欽明が即位したのは確かだ。

だが、大伴氏が欽明天皇の下で完全に排撃されたわけでもないし、史書成立のころはまだ現代史の領域だったのだから、まったくの嘘は書きにくい。百済の史書の記述も曖昧なものでしかなく、あまり当てにならず、結局のところは、子細はよくわからないとしかいいようがない。

安閑天皇の皇后は仁賢天皇の皇女で、継体天皇皇后の異母姉妹である春日山田皇女《かすがのやまだ》である（その母は和珥氏一族）。天皇は器量、武威に優れ、寛大であったという。

『日本書紀』は事績として各地における屯倉《みやけ》の設置を列挙する。自分の土地を屯倉として献上することが盛んに行われたということであろう。武蔵での国造《くにのみやつこ》の地位をめぐる争いを仲裁したという記事があるように、筑紫や関東へのグリップが強まっていく様子もうかがえる。

解説 ○安閑天皇の宮は勾金橋宮（まがりのかなはしのみや）とされる。橿原市でも大和高田市に近いところで、ＪＲ金橋駅の北、近鉄真菅駅の南にある。曽我川の湾曲部の南側に金橋神社がある。その跡に権現社が建てられていたが、明治維新になって金橋神社と改称され、境内に「安閑天皇勾金橋宮趾」の碑がある。明治から昭和の大合併まで存続した「金橋村（高市郡）」はこの宮にちなむ地名で、昔からのものではない。**御名** 広国押武金日（ひろくにおしたけかなひ）天皇 **御陵** 羽曳野市古市五丁目の古市高屋丘陵（ふるちのたかやのおかのみささぎ）

第二八代

宣化《せんか》天皇

外孫の敏達天皇を通じて現皇室に連なる

誕生・雄略天皇11年（467年）（父・継体天皇　母・尾張連草香女目子媛）
即位・安閑天皇2年（535年）12月（69歳　先代・兄　安閑天皇）
崩御・宣化天皇4年（539年）2月10日（73歳　次代・弟　欽明天皇）

越前ないしは近江で生まれた安閑・宣化両天皇は、嫡流を異母弟の欽明天皇の系統に奪われる。ただ、子孫を残さなかった安閑天皇と違い、宣化天皇の血統は敏達《びだつ》天皇を通じ、現代の皇室にも流れている。皇后は仁賢天皇の橘仲《たちばなのなかつ》皇女で、継体天皇皇后だった手白香皇女の同母姉妹である。宣化天皇は心が清く、才能や地位を誇ることがなかった。政権の中心は相変わらず大伴金村と物部麁鹿火だったが、蘇我稲目と阿倍大麻呂《あべのおおまろ》も台頭した。朝鮮半島では新羅が任那を攻撃したので金村の子供たちを派遣した。

天皇は那津《なのつ》（博多）が要地であることから、ここに屯倉を集約して食糧を備蓄し、飢饉や外国使節の饗応《きょうおう》に備えた。

解説 ○檜隈廬入野宮（ひのくまのいおりののみや）は現在の奈良県高市郡明日香村檜前だが、近鉄飛鳥駅の南東、高松塚古墳の南に当たる。檜隈寺跡に於美阿志（おみあし）神社（東漢（やまとのあや）一族の祖・阿知使主（あちのおみ）夫妻を祭神とする）があり、その境内に、宮跡の石碑がある。○三人の皇女はいずれも叔父である欽明天皇の妃となり、長女の石姫（いしひめ）皇女はその男系子孫が現在の皇室につながる敏達天皇の母となった。○子の上殖葉（かみつうえは）皇子は皇位には上れなかったが、丹比（多治比（たじひ））氏の祖となり、曾孫が持統天皇のもとでの嶋左大臣である。また、のちに多治比真宗（まむね）は桓武天皇の妃となり、桓武平氏の祖である葛原（かずらはら）親王を生んだ。平安時代になり宮廷からは消えたが、武蔵七党のひとつ丹党はその子孫と称し、江戸時代の摂津麻田藩主青木家につながっている。**御名** 武小広国押盾（たけおひろくにおしたて）天皇 **御陵** 橿原市鳥屋町の身狭桃花鳥坂上陵（むさのつきさかのえのみささぎ）

第二九代　欽明《きんめい》天皇

仏教伝来のときの天皇だが好意示さず

誕生・継体天皇3年（509年）（父・継体天皇　母・仁賢天皇皇女手白香皇女）
即位・宣化天皇4年（539年）12月5日（31歳　先代・兄　宣化天皇）
崩御・欽明天皇32年（571年）4月15日（63歳　次代・皇子　敏達天皇）

仏教は百済が苦況に陥るなかで、日本との誼《よしみ》を深めようとして五五二年（あるいは五三八年）に聖明王《せいめいおう》が仏像や経典を献上してきたことによって伝来した。このときすでに大伴金村は継体天皇のときに任那四郡を割譲した失敗の責任をとらされて引退しており、物部守屋（大連《おおむらじ》）と蘇我稲目（大臣《おおおみ》）が両巨頭だったが、後者が仏教擁護派となった。

欽明天皇は、継体天皇と仁賢天皇の皇女との子供である。仁徳天皇の血を引く、大和の豪族たちにとっても正統性の高いプリンスというわけだが、宣化天皇の娘・石姫《いしひめ》皇女（母は仁賢天皇の皇女）を皇后とすることで、越前・近江系勢力との妥協も図られている。

いずれにせよ、現在の皇室には、応神五世の子孫でしかない継体の即位という正統性を揺るがす危機があったものの、手白香皇女を通じて、かろうじて仁徳の血統は維持されているのである。その意味で欽明天皇は、男系主義での血統が最低条件である一方、女系による補完も大きな意味を持つという、「万世一系」のオーソドックスな歴史的解釈を体現する重い意味を持つ天皇だ。

この時代も、引き続き朝鮮半島情勢が悪化していった。新羅の強大化のなかで、任那では、日本、百済、新羅それぞれのシンパが合従連衡《がっしょうれんこう》を繰り返し、日本人でも大和朝廷の意向と反する動きをする者も多かった。そして、ついに任那日本府は新羅によって滅ぼされた。このあと、日本の朝鮮半島政策は、百済の支援を軸として進めざるをえなくなった（章末コラム参照）。

主な出来事　百済から仏教伝わる（欽明13）聖明王が戦死する（欽明15）日本から帰国した威徳王が百済国王に（欽明17）任那が滅びる（欽明23）蘇我稲目が死去（欽明31）**解説**　○長谷寺周辺を流れる初瀬川は近鉄大和朝倉駅のあたりで平野部に出て大和川になり北西に流れる。さらに1キロあまり下流へ向かったあたりの左岸にある公園に磯城嶋金刺宮（しきしまのかなさしのみや）の碑がある。○即位に先立ち安閑天皇の春日山田皇后を女帝とすることを提案したが、山田皇后に固辞されたので即位した。実現しなかったものの女帝容認のはじめての提案である。**御名**　天国排開広庭（あめくにおしはらきひろにわ）天皇　**御陵**　高市郡明日香村大字平田の檜隈坂合陵（ひのくまのさかいのみささぎ）

第三〇代　敏達《びだつ》天皇

推古天皇の夫にして天智天皇の曾祖父

誕生・宣化天皇3年（538年）（父・欽明天皇　母・宣化天皇皇女石姫）
即位・敏達天皇元年（572年）4月3日（35歳　先代・父　欽明天皇）
崩御・敏達天皇14年（585年）8月15日（48歳　次代・弟　用明天皇）

敏達天皇は本人よりもその妻と曾孫《ひまご》によって知られる。二番目の皇后がのちの推古《すいこ》天皇であり、一方、最初の皇后の曾孫が天智・天武《てんむ》両天皇である。敏達天皇の死後、いったん推古天皇も含めた蘇我氏を母とする人々に権力は移るが、やがて、大化の改新によって敏達天皇の男系子孫が現代にまで至る皇統を担うことになった。

最初の皇后は息長真手王《おきながのまてのおう》の娘である広姫《ひろひめ》で、押坂彦人大兄皇子《おしさかひこひとのおおえ》（舒明《じょめい》天皇の父）などを生んだ。このころは、百済大井宮《くだらのおおいのみや》にあった。そののち、欽明天皇と蘇我堅塩媛《そがのきたしひめ》（稲目の娘）との子である額田部《ぬかたべ》皇女（推古天皇）を皇后とした。これを契機に訳語田幸玉宮《おさだのさきたまのみや》に移る。

この時代、引き続き仏教の是非をめぐって争いがあったが、天皇は文学や歴史を好み、仏法には懐疑的だった。疫病が流行ったのは蘇我氏が仏像を崇拝したためとして難波の堀江に捨てられた。長野善光寺の本尊はこれを引き揚げたものとされる。だが、天然痘が猛威をふるうなかで蘇我馬子《そがのうまこ》が崇仏《すうぶつ》するのを許して敏達天皇は崩じた。

主な出来事 高句麗の使いが来るが意思疎通に困難を来す（敏達元年）新羅が任那の調を貢ぐ（敏達4。章末コラム参照）のちの推古天皇が皇后に（敏達5）百済から肥後葦北の日羅（にちら）を呼び返して登用し策を練るが百済人に殺される（敏達12）百済から来た仏像を蘇我馬子が祀る（敏達13）**解説** ○百済大井宮の所在地について多くの説があるが、大阪府河内長野市太井と奈良県北葛城郡広陵町百済が有力であり、とくに後者を支持する人が多いようだ。百済寺には鎌倉時代の三重塔が残る。○訳語田幸玉宮は巻向駅の近く、箸墓古墳の北の他田坐天照御魂（おさだにますあまてるみたま）神社がその跡だという説もあり、碑も建っているが、桜井市戒重の春日神社を支持する人が多い。桜井駅の西、国道169号線の近鉄電車を潜るガードの北側にある。近くに幸玉橋がある。**御名** 渟中倉太珠敷（ぬなくらふとたましき）天皇 **御陵** 大阪府南河内郡太子町大字太子の河内磯長中尾陵（こうちのしながのなかのおのみささぎ）

第三一代 用明《ようめい》天皇

仏教容認の方向を決めた聖徳太子の父

誕生・欽明天皇元年（540年）（父・欽明天皇　母・蘇我稲目女堅塩媛）
即位・敏達天皇14年（585年）9月5日（46歳　先代・兄　敏達天皇）
崩御・用明天皇2年（587年）4月9日（48歳　次代・弟　崇峻天皇）

型徳太子の父であり、はじめて蘇我氏の血を引く天皇が誕生したことになる。物部氏に近い敏達天皇ののち、蘇我氏と血縁にある用明天皇となったわけだが、敏達天皇の子である押坂彦人大兄皇子が若すぎたので、皇后の兄であったこともあり、即位できたのではないか。

一年半という短い在位だったので、とくに事績らしいものはない。病になってから用明天皇は仏法を信奉したいと望んだが、そのまま崩じた。物部守屋は後継に欽明天皇と蘇我小姉君《おあねのきみ》（蘇我稲目娘・堅塩媛の姉妹）との子である穴穂部《あなほべ》皇子を推した。用明天皇の皇后で厩戸《うまやど》皇子（聖徳太子）の母である穴穂部間人皇女《あなほべのはしひと》と同母兄弟であるが、敏達未亡人（推古天皇）を犯して（妃にしようとしたのだろう）ことを有利に運ぼうとしたが阻まれた。

蘇我馬子は額田部皇女（推古天皇）、厩戸皇子などを糾合して対抗し、物部守屋を殺害したが、結局、後継に選ばれたのは、穴穂部皇子の同母兄弟である泊瀬部皇子《はつせべ》（崇峻天皇《すしゅん》）であった。

解説　○磐余池辺双槻宮（いわれのいけのへのなみつきのみや）は名前からして磐余池の畔で2本のケヤキがあったところということだから、桜井市の南部であったことは間違いない。池内の吉備池近くにある春日神社や、桜井市谷の石寸山口神社あたりが候補地だが、最近、その南にあたる上之宮で当時の遺跡が発見され、聖徳太子が斑鳩（いかるが）に移るまで住んだ邸宅ではないかとされ、その関係でも後者の方が有力になっている。桜井駅から徒歩で20分といったところだ。**御名**　橘豊日（たちばなのとよひ）天皇　**御陵**　大阪府南河内郡太子町大字春日の河内磯長原陵（こうちのしながのはらのみささぎ）

第三二代
崇峻《すしゅん》天皇
蘇我馬子に暗殺された悲劇の天皇

誕生・生年不詳（父・欽明天皇　母・蘇我稲目女小姉君）
即位・用明天皇2年（587年）8月2日（先代・兄　用明天皇）
崩御・崇峻天皇5年（592年）11月3日（次代・姉　推古天皇）

崇仏論争に決着がついたので、蘇我馬子は崇峻天皇の許しを受けて、飛鳥寺《あすかでら》（法興寺《ほうこうじ》）の建立に取りかかる。といっても、建築、金属加上、彫刻、絵画、瓦などの建材などあらゆる部門の技術者を百済から招聘しなくてはならなかった。

このために、すぐには完成せず、いまも大修理を受けつつ頭部などに原型が残る「飛鳥大仏」が完成したのも、推古天皇時代の六〇六年になってのことである。四天王寺《してんのうじ》（大阪市天王寺区）も、この物部氏を滅ぼした戦いでの祈願に基づいて厩戸皇子が創建したものとされるが、完成は飛鳥大仏より、もう少しあとのことだともいわれる。だが、崇峻天皇は即位したあとでも政治の実権は常に馬子が握っていることに、次第に不満を感じるようになった。

猪を献上されたとき、天皇は刀を抜いて猪の目を刺し、「いつかこの猪の首を斬るように、自分が憎いと思っている者を斬りたいものよ」と言った。これを聞いた蘇我馬子は東国の調《みつぎ》を進める（貢ぎ物を受け取る儀式）と偽《いつわ》りを言い、天皇を臨席させ、東漢直駒《やまとのあやのあたいこま》の手で暗殺させた。日本史で暗殺されたと公式に記録されている天皇は、安康天皇とこの崇峻天皇だけである。

半島に圧力をかけるため、筑紫に大軍を派遣したというから、外交をめぐる路線対立もあったのかもしれない。

解説 ○倉梯柴垣宮（くらはししばがきのみや）は、山間部にある。桜井駅から南に下って聖徳太子の邸があった上之宮を通り、国宝十一面観音菩薩で知られる聖林寺の前を通ってさらに藤原鎌足の墓がある談山神社へ向かう道へ進んだところにある。崇峻天皇陵の近くで、金福寺という寺があるあたりらしい。○皇后はいないが妃として小手子（こてこ）（大伴糠手〈あらて〉連の娘）があり、蜂子（はちのこ）皇子があった。**御名** 泊瀬部（はつせべ）天皇 **御陵** 桜井市大字倉橋の倉梯岡陵（くらはしのおかのみさざぎ）

コラム：任那問題とは何か――日本と朝鮮半島の対等な関係は歴史上存在しなかった⁉

古代の天皇にとって最大の関心事は、朝鮮半島との関係だった。

ここでは、『日本書紀』などに示された「日本国家」としての歴史的な公式見解を、史実と矛盾のないように「合理的」に補足しつつ示してみよう。

現在の南北朝鮮では、約四千年前に壇君《だんくん》朝鮮とが樹立されたというが、これは民間伝承だったのを近代になって昇格させたものだ。その後、中国遼寧《りょうねい》省に箕子《きし》朝鮮や衛氏《えいし》朝鮮があったがいずれも中国人の国である。漢帝国は紀元前一〇八年に平壌付近に楽浪郡《らくろうぐん》を設置し、朝鮮半島北部まで支配した。さらに、その南に帯方郡《たいほうぐん》も設置して、これが邪馬台国への窓口になった。

だが、鴨緑江《おうりょくこう》中流域から高句麗が起こり、一方、半島南部では馬韓《ばかん》・弁韓《べんかん》・辰韓《しんかん》といった地方ごとに小国の連合体が成立していった。そして、四世紀には、馬韓では百済、辰韓では新羅が盟主として成長する一方、北から高句麗、南から日本が進出してきた。

このことは、中国吉林《きつりん》省の鴨緑江河畔にある「好太王碑《こうたいおうひ》」によって大筋において確認されている（改竄説も一時はあったが、最近では否定されている）。

任那《みまな》というのは、もともとは、旧弁韓地域（伽耶《かや》）で釜山《ぷさん》の東にあった金官国《きんかんこく》（金海《きんかい》）のことだったが、『日本書紀』では日本支配地域全体をそう読んでいる。多くの日本人や韓子《からこ》（日韓混血）が住み、大和朝廷が影響力を行使する役割を担い、彼らのなかには日本式の前方後円墳を築いた者もいる。

百済ははじめソウル付近にあったが、四七五年に高句麗に滅ぼされ、日本支配地域のうち忠《ちゅう》清南道《せいなんどう》の公州《こうしゅう》（熊津《ゆうしん》）を雄略天皇から下賜されて移った。そののち、継体天皇のときに任那四県（全羅道南部）を百済に割譲し、金官国が新羅に侵略されたという。

当時、ある種の朝貢関係にあった新羅と百済のうち、日本は前者には厳しいが、後者には甘かった。というのは、百済が中国南朝からもたらされた法制度についての情報、仏教などの文化、作業技術などを大量にもたらしてくれ、それが統一国家建設にあたって不可欠だったからである。この点においては、中国に近い西海岸にある百済に地の利があったのは当然である。だが、この親百済外交は、伽耶諸国の利益を損なうことも多く、彼らを新羅に近づかせる結果をもたらした。

伽耶地域における日本の最後の拠点となったのは、金官国の西にある安羅《あら》であり、ここに設けられた出先機関である「任那日本府」である（そういう名称は当時使われていなかった可能性が強いが、何らかの出先機関があったことを否定する理由はない。ただし、『日本書紀』には大宰府《だざいふ》成立以前の九州や半島における出先機関についての詳細が書かれていない）。

この拠点が五六二年（欽明天皇二十三年）に新羅に征服された。これが、いわゆる「任那の滅亡」である。

ただし、新羅は光仁天皇のころまで、日本に「任那の調《みつぎ》」を断続的だが送っており、ある種の潜在主権を認めていた。

また、新羅が常にかたくなに反日的であったというわけでもなかった。百済、高句麗、さらには中国との対抗上、新羅も日本との連携を望み、王族がしばしば来日もしている。むしろ問題は、新羅が百済に比べて有利な条件を出せなかったことや、百済には日本に移住する人口の多さや過去の実績があり、日本の支援を受けやすい条件が整っていたということである。

百済が唐に滅ぼされて滅亡したのち、その復興を図ったものの失敗した白村江《はくすきのえ》の戦い後には、唐が百済や高句麗の旧領を自ら支配した。新羅はこれを横取りしようとして唐と争ったが、高句麗旧領の北部に渤海《ぼっかい》が成立したので新羅はこれと戦う条件で百済旧領と高句麗旧領のうち大《だい》同江《どうこう》以南を唐から割譲された。

こうして、国内を統一した新羅は日本への朝貢関係の継続に難色を示したので、日本は渤海と提携して新羅を牽制《けんせい》した。とくに恵美押勝《えみのおしかつ》は唐で安史の乱が起きたのに乗じて新羅侵攻を準備した。押勝の失脚がなく実行されていれば、それは高い確率で成功しただろう。

いずれにせよ、確認しておくべきなのは、古代の外交関係の総決算としては、もともと日本に従属していた新羅（その継承国家が韓国）が日本固有の領土である任那を侵略し、友好国である百済や高句麗の唐（中国）による侵略に加勢したのち、その旧領を横領したということなのである。

そののち、高麗《こうらい》の時代になると、高麗はたびたび日本との外交を望んだが、日本側はこれを受けなかった。そして、元寇《げんこう》に高麗が荷担し、さらには、煽ったのである。そういう意味では元寇でなく元・高麗寇というべきであろう。

李氏《りし》朝鮮では江戸幕府のもとに通信使がやってきた。これを称賛する人も多いが、互いに鎖国状態のなかでの必要最小限の交流でしかないし、やや曖昧さは残しているが、朝鮮から日本への朝貢に準じたものだった（「朝鮮通信使」を対等で好ましい関係という論は事実に反する政治的歴史観であるし、近年になって韓国側がプロパガンダしたものだ）。

こうして、日本と朝鮮半島の間には、不幸なことだが、きちんとした形での対等の外交は一度も成立しないまま近代を迎えたのである。そして、日本が中国と朝鮮に近代国際法に基づく対等な関係を提案したが、朝鮮が拒否したことから不幸な関係が始まったのである。

いずれにせよ、近代日本が朝鮮半島において特殊な歴史的立場があると主張したことは、朝鮮王国の清《しん》帝国への冊封関係の清算を要求するうえでも、一応は主張すべき論点であったことは理解されるべきだ。

パレスティナ問題でもそうだが、千年以上も前の歴史証文を持ち出すことは外交の世界で珍しいことではない。

◎雄略天皇と478年ごろの東アジアと朝鮮半島

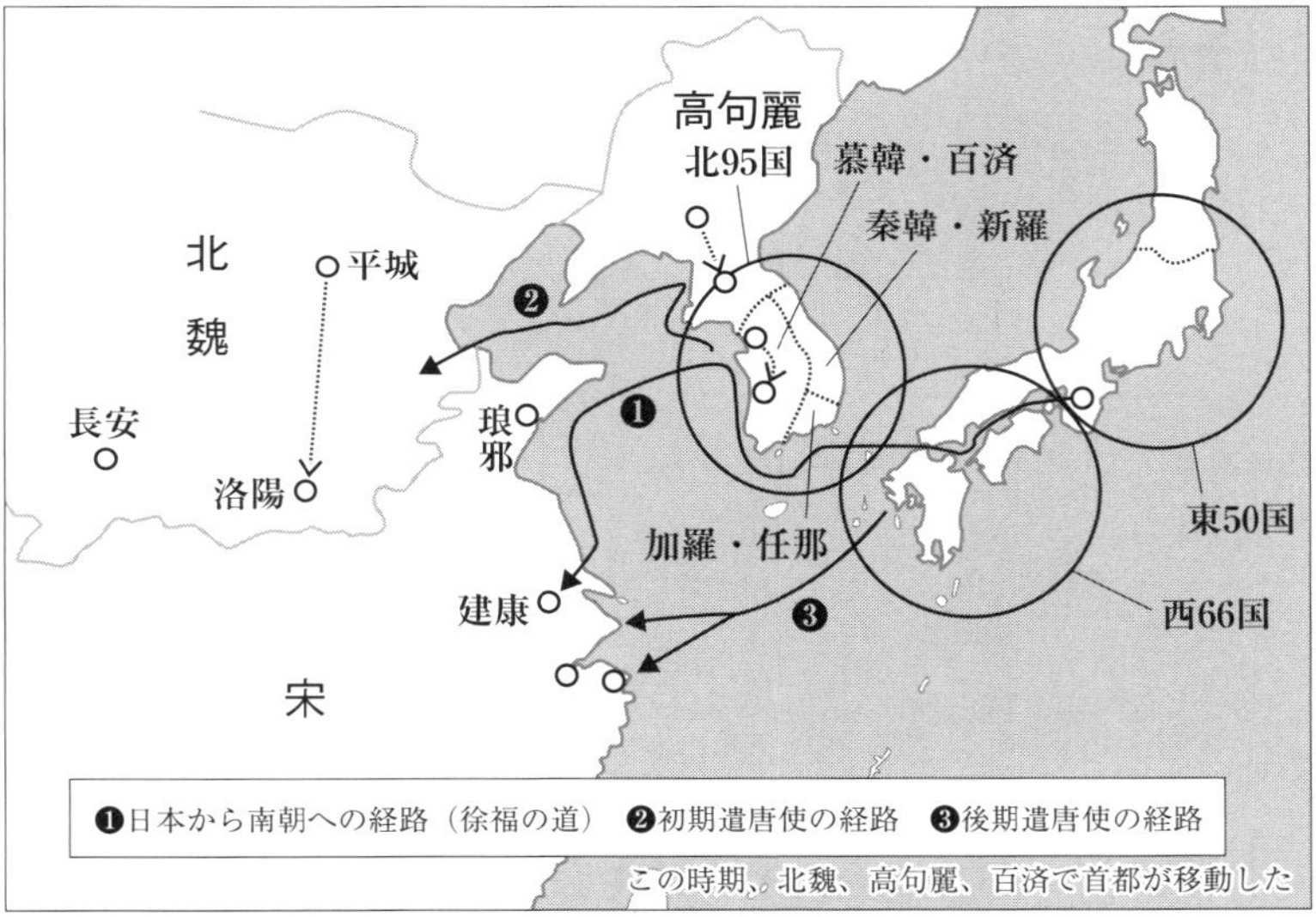

◎天皇家皇位継承図（応神〜桓武）

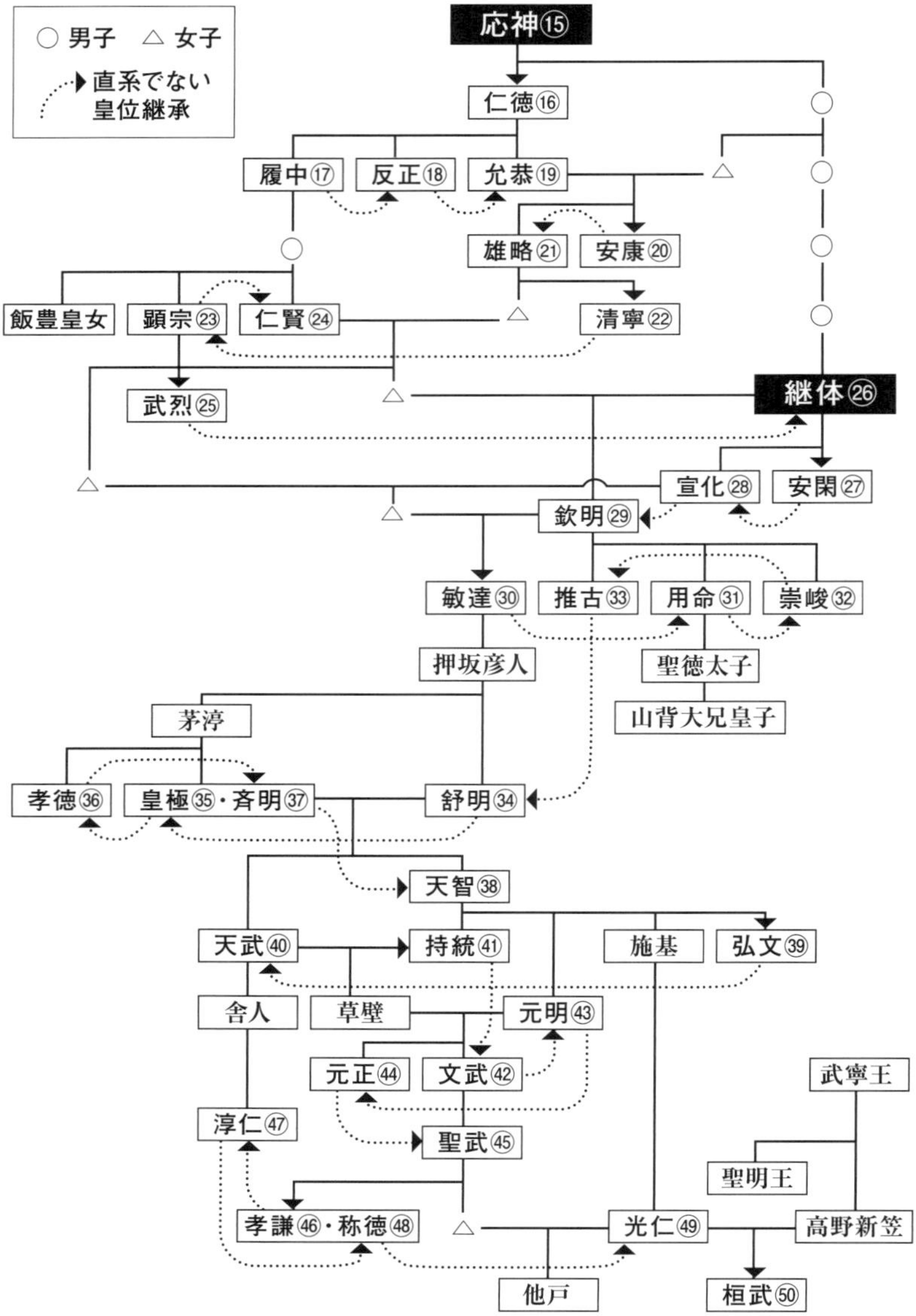

第三章

治天下大王から天皇へ

第三三代

推古天皇《すいこ》

聖徳太子・蘇我馬子とのトロイカ体制。最初の女帝として成功

誕生・欽明天皇15年（554年）（父・欽明天皇　母・蘇我稲目女堅塩媛）
即位・崇峻天皇5年（592年）12月8日（39歳　先代・弟　崇峻天皇）
崩御・推古天皇36年（628年）3月7日（75歳　次代・舒明天皇）

推古天皇が初の女帝であるかというと疑義がないわけではない。推古に先立つ二百年の間にも、神功皇太后と飯豊青皇女が事実上の女帝だった前例があった。ただ、男の大王《おおきみ》とは別物だと意識されていたのではないか。つまり、国際交流が活発になったので、君主不在というわけにはいかなくなり、それならいっそ女性でも「大王（治天下大王《あめのしたしろしめすおおきみ》）」を名乗っていただいてはということになった可能性がある。

個人企業ならご主人が亡くなっても「女将《おかみ》さん」をご主人とはいわずそのままだが、会社組織になると「社長」を名乗らざるをえないのと似たことだ。すでに欽明天皇即位のときに春日山田皇女（安閑天皇皇后）の即位という案があったと『日本書紀』にもあるから、すでに何度か議論の俎上《そじょう》に載せられていたのであろう。

一方、『隋書《ずいしょ》』倭国伝に「倭王姓は阿毎《あめ》、字は多利思比孤《たりしひこ》、阿輩雞彌《おほきみ》と号す」とあって、これは聖徳太子のことではないかという人もいる。中国史上唯一の女帝である則天武后《そくてんぶこう》の出現以

前でもあり、女帝ではまずいと思ってそういったのではないか。

このとき、敏達天皇の長子である押坂彦人大兄皇子も候補となりえたはずだが、蘇我氏との血縁がなかったことから外されたのだろうか。かといって、厩戸皇子が押坂彦人大兄皇子を押しのけるのも、若年でもあり説得力がなかったのだろう。

古代の天皇の即位はだいたい三十歳以上という不文律があったようにみえる。そう思って政争を読み解くと諸々の謎が解けるのである。

『日本書紀』は、推古天皇の即位とともに厩戸皇子が皇太子兼摂政《せっしょう》になったとしているが、敏達周辺を推古天皇で納得させて、次は厩戸という路線を敷いたのであろうか。

推古天皇の時代、「冠位十二階」により氏姓制にとらわれない人材登用が可能となり、「十七条憲法」で豪族や官吏のよるべき規範を与え、『国記《こっき》』『天皇記《てんのうき》』を編んで国史編纂事業の先鞭《せんべん》をつけた。

新羅遠征は計画されたものの渡海に至らなかったが、遣隋使に小野妹子《おののいもこ》を派遣して「東の天皇　敬《つつし》みて　西の皇帝に白《もう》す（天皇号をこの段階で使ったかは疑問だが）」と書き送り、外交の場で新羅を抑え込もうとした。このことは、今日的な外交用語でいえば、過去に南朝と国交を持ってきた日本が、北朝の系統にある隋を外交的に中国政府として承認したということと同じだ。

推古天皇、聖徳太子、蘇我馬子のトライアングルについてはさまざまな解釈があるが、馬子が蘇我家発祥の地として葛城県を望んだとき、「叔父だからといって、公の土地を譲ってしまっては、後世、愚かな女だといわれ、あなたも、不忠だと謗《そし》られよう」と言って拒否したことに象徴されるように、微妙なバランスが保たれていた。

この三人が互いを必要としていたことは、彼らの周辺状況からして明らかである。いずれも高い能力を持った三人が非常に固い絆《きずな》で結ばれながら、東アジア世界でしかるべき評価をされるような一流国家への脱皮に邁進《まいしん》していったと考えるべきであり、推古天皇は最初の女帝として人々の期待を上回る評価を勝ち得て、そののち女帝が続出する道を開いた。

主な出来事 新羅遠征を来目(くるめ)皇子に命じるが筑紫で死去し遠征中止。冠位十二階制定。小墾田宮(おはりだのみや)へ移る(603)十七条憲法(604)小野妹子を隋に派遣。法隆寺落成(607)『天皇記』『国記』等を撰録(620)聖徳太子が斑鳩(いかるが)で死去(622)法隆寺釈迦三尊像(623)蘇我馬子の葛城県割譲要求を拒否(624)推古朝以降の暦年は正しいものとみられるので、以後については本欄は西暦で記載する。 **解説** ○小墾田宮は、「庁(役所)」「朝庭」「大殿」などを備えた、のちの律令体制における大内裏の先駆をなすものだった。豊浦集落の入り口にある「古宮土壇(ふるみやどだん)」がそれだとされていたが、近年、飛鳥川の対岸の「雷」という交差点の南あたりにある雷丘(いかずちのおか)東方遺跡で「小治田宮」と書かれた土器が見つかり、このあたりではないかという説が強くなっている。○聖徳太子架空説(厩戸皇子はいたが特別の存在ではなかったという考え方)というのがある。だが、記紀などが成立していった時期は、押坂彦人大兄皇子の孫である天智・天武王朝の全盛期であり、その系統とは対立関係にあった厩戸皇子を嘘まで書いて称揚する動機がない。蘇我馬子など他人の功績まで聖徳太子に帰せられたことはあったかもしれないが、太子に対する非常に高い世評が根底にあってこそのことだろう。○秦漢帝国の正統を継ぎ、華中の地に移ったことで温暖多湿な気候の影響を受けた南朝文明と、北方異民族の出身である隋唐のそれとは大きな違いがある。「和風」と「唐風」はその後も常に対比されるが、「和風」の中身がじつは南朝文化を継承維持したものであることも意外に多い。たとえば、合わせ襟の「呉服」は秦漢時代の服装で隋唐以降の詰め襟と対峙するものだし、やわらかな呉音(たとえば「日」を「にち」と読む)と固い漢音(同じく「じつ」)もそうだ。主食が米か麦かというのもそうともいえる。 **御名** 額田部(ぬかたべ)皇女・豊御食炊屋姫(とよみけかしきやひめ)天皇 **御陵** 大阪府南河内郡太子町大字山田の磯長山田陵(しながのやまだのみささぎ)

第三四代 舒明《じょめい》天皇

越前近江系の血を引く敏達の系統に戻る

誕生・推古天皇元年（593年）（父・敏達天皇皇子押坂彦人大兄皇子　母・糠手姫皇女）
即位・舒明天皇元年（629年）1月4日（37歳　先代・推古天皇）
崩御・舒明天皇13年（641年）10月9日（49歳　次代・妻　皇極天皇）

推古天皇は遺言で竹田《たけだ》皇子の陵墓に葬られた。亡き子への愛情の深さと、その子に皇位を伝えられなかったことの無念が心を打つ。この皇子は物部守屋が滅びた騒動を最後に、足跡が消えてしまう。成人せずに若死にしたのだろう。敏達の男系子孫で蘇我氏の血を引く皇子がいなくなった。

当時は譲位という習慣がなく、推古天皇が三十六年も在位したので、欽明の孫世代をスキップして、曾孫世代から選ぶしかなかった。聖徳太子の子である山背《やましろ》大兄王も候補だったが、蘇《そ》我蝦夷《がのえみし》は推古天皇のやや曖昧な遺言を根拠に田村《たむら》皇子（押坂彦人大兄皇子と、その異母妹である糠手姫《あらてひめ》皇女の子）に即位させた。

蘇我氏と縁が深いのは山背大兄王だから蘇我氏は本来は山背大兄王を推すはずなのだが、山背大兄王は傲慢《ごうまん》で人望に欠けていたらしい。推古天皇としても亡夫の血統からという気持ちはあっただろうし、田村皇子は蘇我馬子の娘（法堤郎女《ほほてのいらつめ》）を妃の一人とし、古人大兄《ふるひとのおおえ》皇子が生まれていたなどの事情があり、田村皇子に落ち着いたのだろう。

このころ隋は滅びており、犬上御田鍬《いぬがみのみたすき》を大使とする第一回の遣唐使が派遣されたが、その帰路に、唐は高表仁《こうひょうじん》を同行させた。朝貢関係を前提とした扱いを要求されると困るところだったが、高表仁は儀礼上のトラブルで天皇に拝謁する前に帰ったので、かえって好都合だった。

舒明天皇は飛鳥岡本宮《あすかおかもとのみや》にあったが、このときから、持統《じとう》天皇によって藤原京《ふじわらきょう》に移るまで、だいたい同じ場所に宮が営まれた。ただ、火災のために何度も移転している。

伊予の道後温泉に行幸していることも注目される。朝鮮半島情勢が動くなかでの示威行動を兼ねた遊興だったのだろう。

主な出来事 遣唐使を派遣する（630）有馬温泉に行幸（631）法起寺創建（638）百済大寺（大安寺の前身）創建。道後温泉に行幸（639）**解説** ○飛鳥の宮の名前は何度も変更されている。その時間的な経緯をここでまとめると次の通りだ。舒明天皇：飛鳥岡本宮（飛鳥京）→田中宮（橿原市田中町。飛鳥京の北東、畝傍中学の北東側にある法満寺付近）→伊予へ行幸→厩坂宮（橿原市大軽町）→百済宮（広陵町）→皇極天皇：板蓋宮（いたぶきのみや）（飛鳥京／明日香村岡）→孝徳天皇：難波長柄豊碕宮→斉明天皇：板蓋宮→川原宮（明日香村川原の弘福寺）→後岡本宮→朝倉橘広庭宮（あさくらのたちばなのひろのにわのみや）（福岡県朝倉市）→天智天皇：近江大津宮→天武天皇こ飛鳥浄御原宮→持統天皇：藤原京。このうち、板蓋宮は、皇極天皇の目前で、中大兄皇子と中臣鎌子（鎌足）が蘇我入鹿を斬殺した大化改新の舞台である。だが、現在見られるのは、同じ場所で再建された天武天皇の飛鳥浄御原宮の遺跡である。石敷き広場や石組みの井戸などが復元され自由に拝観できるが、板蓋宮や岡本宮はさらにその下に埋まっている。○皇后は天皇の弟である茅渟王（ちぬおう）を父とする宝（たから）皇女（皇極・斉明天皇）。**御名** 田村（たむら）皇子・息長足日広額（おきながたらしひろぬか）天皇 **御陵** 桜井市大字忍阪の押坂内陵（おさかのうちのみささぎ）

第三五代

皇極天皇《こうぎょく》

蘇我入鹿暗殺現場に居合わす

誕生・推古天皇2年（594年）（父・茅渟王　母・推古同母弟桜井皇子女吉備姫王）
即位・皇極天皇元年（642年）1月15日（49歳　先代・夫　舒明天皇）
退位・皇極天皇4年（645年）6月14日（52歳　次代・弟　孝徳天皇）

「大化の改新」の幕開けとなった蘇我入鹿《いるか》暗殺事件の現場にいた女帝である。だが、「皇極天皇」であったのはわずか三年に過ぎない。三十歳ごろに舒明天皇と結婚して天智《てんじ》・天武《てんむ》両帝などを生み、三十七歳で皇后に、四十九歳で即位するが、五十二歳のときに蘇我入鹿が暗殺されたことで弟の孝徳《こうとく》天皇に譲位、十年間上皇（そういう肩書きはまだなかったとみられるが）だったが、「斉明《さいめい》天皇」として重祚《ちょうそ》して六年後に崩御した。

舒明天皇との結婚が遅かったのは、その前に、用明天皇の孫である高向王《たかむくおう》と結婚して王子を生んでいるからである。王子は皇極天皇の実子だというので親王扱いされ、漢《あや》皇子と呼ばれる。

蘇我蝦夷・入鹿は舒明天皇の長子で蘇我馬子の娘を母とする古人大兄皇子を皇位につけたかったが、若年でもあり、また、山背大兄王というライバルもあったので、冷却期間を置こうとしたのであろうか。だが、即位の翌年、山背大兄王は、父の蝦夷から大臣の地位を譲られた蘇我入鹿に一族ともども滅ぼされる。一族滅亡はこの時代でも異例である。山背大兄王が自ら一族を道連れにしたとしたら、かなりエキセントリックな性格だったということだろう。
入鹿は、甘樫丘《あまかしのおか》に邸宅を築き「宮門《みかど》」と呼ばせたり、自分の子供を「皇子」と呼ばせたりしたため、反発が強まってきた。ほかの豪族たちはもちろん、蘇我氏内部でも不安が募ってきたし、皇極天皇も先妻の子である古人大兄皇子が即位するのを好むはずがない。
板蓋宮《いたぶきのみや》での中大兄皇子《なかのおおえ》（母は皇極天皇）らによる入鹿暗殺ののち、蝦夷がさしたる抵抗もなく自殺し、古人大兄皇子も死に追い込まれた。一方、新政府のなかでは蘇我石川麻呂《いしかわまろ》とその弟の蘇我赤兄《あかえ》が中心的な地位を占めたのだから、入鹿が裸の王様になっていたことやクーデターが蘇我一族内も含めて広範な支持を得たことがわかる。

主な出来事 山背大兄王と上宮家滅亡（643）蘇我入鹿が殺害される（645） **解説** 〇漢皇子（本来は王子だが、実母が再婚して皇后となったので皇子となった）にはほとんど記録がないことから、これが天武天皇その人ではないかという説がある。天武の生年などが不明確なためである。だが舒明の子でなくとも皇族として皇位継承権はあるのだから、隠す動機もないし、偽装なら天智天皇の孫に当たる光仁天皇のもとで、その事実が明らかにされたはずだ。公式の史書が誇張とか美化を超えた嘘を書くのは、なにか動機があるときだけだし、それが説明できないのに無理な憶測をするのは小説家の世界だ。

第三六代

孝徳《こうとく》天皇

難波長柄豊碕宮で大化の改新を断行

誕生・推古天皇4年（596年）（父・茅渟王　母・推古同母弟桜井皇子女吉備姫王）

即位・孝徳天皇元年（645年）6月14日（50歳　先代・姉　皇極天皇）
崩御・白雉5年（654年）10月10日（59歳　次代・姉　斉明天皇）

蘇我入鹿殺害のあと、「皇極天皇は中大兄皇子に譲位しようとしたが、中大兄は辞退して軽《かる》皇子（孝徳天皇）を推した。軽皇子は三度辞退して古人大兄皇子を一応推したが、古人大兄は辞退し出家した」と『日本書紀』は記す。

クーデターの実行犯である中大兄皇子が登極するのは少し生々し過ぎたし、年齢的にも若すぎた。

孝徳天皇は皇極天皇（斉明天皇）の同母弟で、中大兄皇子にとっては叔父にあたる。皇后は、中大兄皇子と同母姉妹の間人《はしひと》皇女である。

はじめて元号を立てて、大化《たいか》元年（六四五年）とした（ただし、年号が安定するのは「大《たい》宝《ほう》」以降である）。

「大化の改新」についての『日本書紀』の記述は、著しく誇張されているというので、「改新」はなかったのではという見方まである。「改新之詔《かいしんのみことのり》」の文章がのちの時代に改変されたことは細部の語彙《ごい》から明らかだが、律令国家建設については天武天皇の功績である。それを『日本書紀』の編纂者らが孝徳天皇や中大兄皇子の業績としたのである。失われた文面などにつき誤った補完をしたかもしれないが、原型はあったとみるべきだ。

この時代、百済の衰退は明らかだったが、高句麗、新羅との三つどもえの争いは続き、唐の半島進出も三国の好むところではなかった。このために、三国ともに盛んに日本に誼を通じてきたが、新羅の使節が唐風の服装をしていたので追い返される事件もあった。

難波長柄豊碕宮《なにわのながらのとよさきのみや》を宮としたが、六五三年、中大兄皇子は倭京（飛鳥）への還都を提案。孝徳天皇がこれを拒否したにもかかわらず、皇極上皇はなんと（孝徳天皇の）皇后ともども大和へと出発し、失意のなかで孝徳天皇は崩御した。

主な出来事 大化の改新。「大化」の元号を創設。難波長柄豊碕へ遷都（645）宇治橋開通（646）淳足柵（ぬたりのさく）（新潟）造営（647）石川麻呂が自殺（649）「白雉（はくち）」にはじめての改元（650）第1回班田終わる（652）道明が玄奘（げんじょう）から法相宗を学ぶ。中大兄ら飛鳥に還る（653）遣唐使派遣（654）

解説 ○朝堂院の規模は平城京をしのぐもので、大陸で新羅や唐に対抗し、東北経営にも乗り出したなかでの権威づけを狙ったとみられる。大阪城の南側が故地だが、現在みられる遺跡は、同じ地に営まれた聖武天皇の難波京のものである。○歴史上はじめて譲位した皇極天皇には「皇祖母尊」（すめみおやのみこと）という称号を与え、中大兄を皇太子とした。左大臣が阿倍内麻呂（あべのうちまろ）また の名を倉梯麻呂（くらはしまろ）、蘇我倉山田石川麻呂が右大臣、中臣鎌子（鎌足）は内臣となった。伝統的豪族の長老を皇太子とその腹心で挟む人事である。このうち阿倍内麻呂（淳仁天皇の高祖父）は649年に死去し、蘇我倉山田石川麻呂（持統・元明両帝の祖父）は同年、謀反を疑われて自殺した。

御名 軽（かる）皇子・天万豊日（あめよろずとよひ）天皇

御陵 大阪府南河内郡太子町大字山田の大阪磯長陵（おおさかのしながのみささぎ）

第三七代

斉明《さいめい》天皇

筑紫朝倉橘広庭宮で崩御する

重祚・斉明天皇元年（655年）1月3日（62歳　先代・弟　孝徳天皇）

崩御・斉明天皇7年（661年）7月24日（68歳　次代・皇子　天智天皇）

皇極天皇の「譲位」は、神武天皇に始まる皇室の歴史で、はじめてのものだった。斉明天皇としての重祚も前例のない出来事であった。

大陸では高句麗、百済、新羅がいずれも使を遣わして調を進めた。耽羅《たむら》（済州島）も王子・阿波伎《あわぎ》らを派遣してきた。そうした緊迫した状況のかたわら、阿倍比羅夫《あべのひらふ》が蝦夷《えぞ》に遠征し、粛《みし》慎《はせ》と石狩川の河口で戦った。蝦夷の首領で投降した恩荷《おが》を渟代《ぬしろ》、津軽《つがる》二郡の郡領に登用し、胆《い》振《ぶり》（北海道）の蝦夷を饗応した。福島県の三春《みはる》藩主・秋田氏は恩荷の子孫ともいう。

飛鳥でも須弥山《しゅみせん》を築いて外国人や蝦夷などを饗応することが盛んに行われた。危急存亡のときに悠長なようにみえるが、異民族を従える強力な文明国家であることを示す必要があってこそのイベントだった。後飛鳥岡本宮《のちのあすかおかもとのみや》の建設、吉野宮の造営と度重なる行幸は強い非難を受けたが、国家としての威信を示すなかでの必要性は理解できるところだ。イベントは無駄だと言う人もいるが、防衛費だと思えば安いものだ。

だが、その間、百済に唐軍が侵攻し、国王は降伏して長安に送られた。そこで、人質として日本にいた王子の扶余豊璋《ふよほうしょう》による復興を図るため、斉明天皇も自ら九州へ向かった。九州では筑後の朝倉橘広庭宮《あさくらのたちばなのひろのにわのみや》で出兵準備をしたが、そのさなか、斉明天皇が崩御した。中大兄皇子はいったん天皇の棺《ひつぎ》とともに大和へ戻り、あらためて、九州に戻った。

斉明天皇をめぐる心温まる話題は、唖者《あしゃ》であった孫の建皇子《たける》への愛情である。この孫を天皇は深く愛し、夭折《ようせつ》したときには深く悲しみ、のちに御陵に合葬させた。

主な出来事 後飛鳥岡本宮完成（656）阿倍比羅夫が蝦夷に遠征。有間皇子が滅亡（658）漏刻（水時計）をつくる。百済から救援要請（660）斉明天皇が筑紫で崩御（661） **解説** ○九州への途中、伊予の熟田津（にきたつ）の石湯行宮（いわゆのかりみや）に泊まるが、このときに額田王（ぬかたのおおきみ）が詠んだのが「熟田津に 船乗りせむと 月待てば 潮もかなひぬ 今は漕ぎいでな」という有名な歌である。○孝徳天皇の子である有間皇子は、天皇が牟婁（むろ）の湯（白浜温泉）に行幸した留守に、蘇我赤兄（あかえ）が女帝の公共事業への批判を口にしたところ、皇子が反乱の意志を語った。だが、赤兄が心変わりしたのかもともと罠だったか密告され、紀伊藤白坂で「磐代の 浜松が枝を 引き結び ま幸くあらば また還り見む」という辞世の歌を残して絞殺された。 **御名** 宝（たから）皇女・天豊財重日足姫（あめとよたからいかしひたらしひめ）天皇 **御陵** 高市郡高取町大字車木の越智崗上陵（おちのおかのえのみささぎ）

第三八代

天智《てんじ》天皇

律令国家の基を築いた「大帝」

誕生・推古天皇34年（626年）（父・舒明天皇　母・皇極（斉明）天皇）
即位・天智天皇7年（668年）1月3日（43歳　先代・母　斉明天皇）
崩御・天智天皇10年（671年）12月3日（46歳　次代・皇子　弘文天皇）

『小倉百人一首』の最初の歌は「秋の田の　かりほの庵《いお》の　苫《とま》をあらみ　我が衣手は　露にぬれつつ」という天智天皇の御製である。その縁で一月四日から五日にかけて「百人一首かるた祭」が天皇を祀る近江神宮で行われるが、鎌倉時代の藤原定家《ふじわらのていか》が百人一首の冒頭に御製を置いたことからも、「大帝」として中世人にまで意識されていたことがうかがわれる。

斉明天皇が筑紫朝倉橘広庭宮で崩御したのち、皇太子であった中大兄皇子は即位することなく皇太子として政務の実際を指揮した。これを「称制《しょうせい》」という。

中大兄皇子は十二日間のみ喪に服し、百済救援に取りかかった。扶余豊璋に兵をつけて送り返し、上毛野君稚子《かみつけののきみわかこ》、巨勢神前臣訳語《こせのかむさきのおみおさ》、阿倍比羅夫に率いられた二万七〇〇〇の兵を派遣した。だが、百済が内輪もめしているうちに、唐は山東半島方面から大船団で白村江《はくすきのえ》を遡ってきた。これを日本水軍は迎撃したが撃破され、百済の再興はならなかった。敗残の日本軍は、亡命を希望する百済の人々とともに帰国し、唐・新羅軍の侵攻に備え、守りを固めることになった。

博多湾岸にあった那津官家《なつのみやけ》は南の内陸部（太宰府市《だざいふ》）に移転され、前面には水城《みずき》が築かれ、大宰府を見下ろす山上には大野城が築かれた。このほか、大和に高安城《たかやす》、讃岐《さぬき》に屋島城、対馬《つしま》に金田城《かなた》など朝鮮式山城が築かれ、対馬・壱岐・筑紫には防人《さきもり》が配され、通信手段として「烽《すすみ》」という狼煙台《のろしだい》が整備された。

しかも、近江大津宮に遷都した。唐や新羅の侵略がありうる状況のなか、九州に堅固な大宰府を建設したのと同じ発想で、近江が防御上有利だった。その場合に、景行・成務・仲哀三帝の宮があったとされる大津市北部は自然な選択である。

また、大陸経営から撤退したとなれば、新しいフロンティアは東国ということになるから、その点でも好都合だった。さらに、大化の改新の具体化を進めるとなると、旧勢力からある程度、自由で、テロなどから安全な地が求められた（章末コラム参照）。

しかし、このころから朝廷では、後継者問題が浮上する。天皇の跡継ぎは弟の大海人《おおあま》皇子とみられていた。天智天皇の皇后・古人大兄皇子の遺児である倭姫《やまとひめ》には子がなく、皇子たちは母親の出自がいまひとつで皇位継承者にふさわしくないとみられていたのである。しかし、伊賀《いが》采女宅子《うねめやかこ》を母とする大友皇子はことのほか有能で、天皇も徐々に皇子への期待を高めていった。

そんななか、大海人皇子が饗宴で酩酊して槍を天皇の前に突き立てるという狼藉《ろうぜき》を働いたので、天皇はいったん弟に死を命じたが、中臣鎌足の取りなしで許された。だが、その鎌足は翌年、狩猟中の落馬が原因で死んでしまう（発掘された遺骨からもこの事故が立証されている）。天皇は死の直前に大職冠《だいしょくかん》と藤原の姓を与えたが、政権を支えていた彼の死は痛かった。

大友皇子が新たにつくられた太政《だじょう》大臣になるなど、後継者問題が決着していく状況をみて、大海人皇子は髪の毛を切り落とし、病床にあった天皇の許しを得て仏門に入るとして、都をあとにし吉野に向かった。このとき、宇治まで見送りに行った舎人《とねり》は、「虎に翼を与えて放すようなもの」と不吉な予言をした。

主な出来事　称制（662）白村江の戦い（663）筑紫に水城を築く（664）百済人を近江に置く（665）大津宮に遷都（667）即位。668）藤原鎌足死去。山階寺（興福寺）創建（669）庚午年籍。法隆寺若草伽藍全焼（670）時刻の報知はじまる。大海人皇子出家（671）

解説　○大宝律令に先立って「近江令」がつくられたという崇福寺工事中に銅鐸発見されるも何に使うものか誰も分からず（6

記録もあるが真偽は不明。〇大海人皇子と結ばれながら天皇の後宮に入った額田王をめぐる恋の鞘当てもあった。「あかねさす紫野行き標野行き　野守は見ずや君が袖振る」（額田王）、「紫草のにほへる妹を憎くあらば　人妻ゆゑに我恋ひめやも」（大海人皇子）というやり取りが蒲生野でされたのは有名だが、女性問題が兄弟対立の原因ではあるまい。〇近江神宮は大津市の市街地から少し北、琵琶湖を見下ろす丘陵地にある。祭神は天智天皇で、皇紀2600年を記念して、1940年に大津宮にゆかりのこの地に創建された。〇6月10日には、近江神宮時計館宝物館で「時の記念日」を祝う漏刻祭が行われる。これは、671年のこの日に漏刻で時刻を知り、鐘や太鼓ではじめて時刻を知らせたことを記念するものだ。〇三井寺（園城寺）の山門を出て石垣に沿って北へ行くと、皇子丘公園の広やかな緑が広がり、住宅地に入ると突然に空き地が現れて「大津宮跡」という石碑がある。これを「大津京」と呼ぶことは歴史的には文献資料はないが、この都において条坊制などがとられなかったとするのは早計であろう。章末コラムに書くように、新しい都では屋敷地を朝廷が分譲せざるを得ないからである。

御名 中大兄（なかのおおえ）皇子・天命開別（あめみことひらかすわけ）天皇 **御陵** 京都市山科区御陵上御廟野町の山科陵（やましなのみささぎ）

第三九代
弘文《こうぶん》天皇
『大日本史』で即位が主張され明治になって歴代に

誕生・大化4年（648年）（父・天智天皇　母・伊賀采女宅子）
即位・天智天皇10年（671年）12月5日（24歳　先代・父　天智天皇）
崩御・弘文天皇元年（672年）7月23日（25歳　次代・叔父　天武天皇）

天台寺門宗の総本山である三井寺《みいでら》は正式名称を長等山園城寺《ながらさんおんじょうじ》といい、近江八景のひとつ「三井の晩鐘」でも知られている。この寺は、壬申《じんしん》の乱に敗れた弘文天皇の皇子であった大友与多《よたの》王《みこ》が父の霊を弔うために「田園城邑《じょうゆう》」を寄進して創建し、天武天皇から「園城」という勅額を賜わったことが始まりとされている。

弘文帝は『懐風藻《かいふうそう》』にも漢詩のいくつかが収められ、そこに付された解説で体格・容貌ともにすぐれ、博学で文武の才に長じていたとされている。「道徳　天訓を承《う》け　塩梅　真宰に寄す　羞《は》づらくは　監撫《かんぶ》の術《すべ》なきことを　安《いず》んぞ能《よ》く四海に臨まん（天の教えをいただいてこの世の教えとし天の教えに基づいて正しく国家を運営する　しかし、恥ずかしながら私は大臣の器ではない　どのように天下に臨んだらよいのだろう）」という御製は、日本人の手による最初期の漢詩のひとつである。

　この時代の常識としても二十四歳での即位は少し若すぎたが、大友皇子は蘇我赤兄、中臣金《なかとみのかね》連《むらじ》を左右の大臣として政権を握った。壬申の乱をどちらの側から仕掛けたのかは微妙だが、大海人皇子は地盤のある美濃を目指して吉野を脱出し、鈴鹿と不破《ふわ》の関を押さえた。大津の朝廷では意見がまとまらず、大宰府でも外敵への備えが手薄になることを理由に援軍を断った。瀬田唐橋《せたのからはし》の攻防戦で雌雄《しゆう》を決することになり、近江方は大兵力を集中させたが、突破されて総崩れとなり、大友皇子は長等山で自害したといわれる。

解説 ○大津宮の跡地は早々と廃れ、わずか20～30年後にここを訪ねた柿本人麻呂は、「淡海の国の　楽浪の　大津の宮に　天の下知らしめしけむ　天皇の　神の命の　大宮は　ここと聞けども大殿は　ここと言へども　春草の　繁く生ひたる　霞立つ　春日の霧れる　ももしきの　大宮処　見れば悲しも」とか、「さざなみの志賀の唐崎　幸くあれど大宮人の船待ちかねつ」といった歌を『万葉集』に残すことになった。○大友皇子が正式に即位したという記録はなく、とりあえず称制の形をとっていたことも考えられる。しかし、天智天皇の死後、しばらくの間とはいえ、近江朝廷が機能していたのは間違いない。そこで、水戸藩による『大日本史』の強い主張もあって、明治3年に、淳仁（じゅんにん）天皇、仲恭（ちゅうきょう）天皇とともに諡号も決められ、歴代天皇に数えられることになった。**御名** 大友（おおとも）皇子 **御陵** 大津市御陵町の長等山前陵（ながらのやまさきのみささぎ）

コラム：三種の神器と神道

宮中にある「八尺瓊勾玉《やさかにのまがたま》」、伊勢神宮の「八咫鏡《やたのかがみ》」、熱田神宮の「天叢雲剣《あめのむらくものつるぎ》」をもって三種の神器という。中世から皇位継承に不可欠なものとされ、源平の戦いや南北朝ではその争奪戦が繰り広げられた。

太平洋戦争では、伊勢神宮や熱田神宮がある伊勢湾にアメリカ軍が上陸する恐れが終戦の決断を後押ししたとされるし、今回の皇位継承でもそのあり方について熱い論議があった。

『古事記』では天照大御神が天孫降臨の際にニニギに「八尺の勾玉、鏡、草薙剣《くさなぎのつるぎ》」を授けたとされている。『日本書紀』では、「一書にいう」という少し引いた形で、「アマテラスがニニギに、八尺瓊の曲玉及び八咫鏡・草薙剣、三種の宝物を下賜した」とある。

このうち、草薙剣については、スサノオが八岐大蛇《やまたのおろち》を退治した時に、その尾から現れたものとされている。

しかし、神様からもらったというのは神話の世界であるし、日向から神武天皇がそのような家宝をワンセットで持ってきたという可能性は低い。

『日本書紀』の崇神天皇の項目には、崇神天皇がアマテラスの威光を恐れて天叢雲剣と八咫鏡を宮の外に出し、それが伊勢神宮に落ち着き、天叢雲剣はヤマトタケルに貸し与えられたのち、熱田神宮に落ち着いたとある。天皇の即位儀礼では、八尺瓊勾玉の本物と天叢雲剣と八咫鏡の形代《かたしろ》とが使われる。

『日本書紀』には、『魏志』倭人伝でもおなじみの伊都国王が、仲哀天皇が来たので大きな賢木を根から引き抜き、船の舳先に立てて、上枝には「八尺瓊」をかけ、中枝には「白銅鏡」をかけ、下枝には「十握剣《とつかのつるぎ》」をかけて下関海峡の彦島へ迎え、「私がこれらの物を奉りますのは、天皇が八尺瓊の勾っているように、お上手に天下を治めて頂きたいからです。また白銅鏡のように、よく山川や海原をご覧頂き、十握剣を引っさげて天下を平定して頂きたいからです」と言ったとされている。

またほかの領主たちも同様のしつらえで仲哀天皇を迎えている。

これを見ると、「三種の神器」というものがまとまった形で王位継承の儀式に使われるというのは、筑紫地方にはじまった風習が採用されたのかもしれない。

いつ、皇位継承にあって三種の神器が必要な道具として定着したかも不明である。

持統天皇の即位のときに、中臣氏が寿詞《よごと》を読み上げ、忌部《いんべ》氏が鏡と剣を奉ったとあるが、そこに勾玉はない。

なお、草薙の剣は熱田神宮にこっそり見たという記録があり、銅剣のようだ。八尺瓊勾玉は昭和天皇の即位礼のときに手で持って運んだ人の証言によると子供の頭くらいの感触だったそうである。八咫鏡は明治天皇の天覧に供したともいわれるが、そもそも、本物も形代も焼けて失われたこともあるともいわれ、原形を留めているかは不明だ。

伊勢式年遷宮は二十年に一度行われ、内宮《ないぐう》や外宮《げぐう》だけでなく多くの摂社も立て替えられるので、総経費が五四〇億円という大事業である。

このように古い時代から伝えられた行事が維持されていることは結構だが、千数百年も前から変わることなく行事が行われ、建築や風景もそのまま維持されているというわけではない。

伊勢神宮には、江戸時代には神宮寺があって神仏混淆《こんこう》だったし、農業の神である外宮の方が格上だと見られてこちらへの参拝が伊勢参りの主たる目的だった。風景にしても、杉のうっそうとした林も新しいものであり、宇治橋の場所も違うし、橋を渡った内側に繁華街もあった。建物の配置も変化しているし、金色《こんじき》の金具を使う豪華だったわけでもない。古い本殿は、二十年そのままにされて、次の遷宮のときに撤去されていた。

天皇による参拝は持統天皇から明治になるまでなく、一月二日に閣僚が参拝する習慣は佐藤《さとう》栄作《えいさく》内閣がはじめたものだ。

国家神道は、幕末に国学のもとで育まれ、明治になって天皇を頂点とした国家体制を強固にするために構築されたものである。太宰府天満宮のように、現在は神社でも明治以前は寺院だったものも多い。

なお、出雲大社は、明治を待たずに原点復帰をはじめている。平安期からスサノオを祭神としていたが、江戸時代の一六六七年に大国主命《おおくにぬしのみこと》に戻した。仏塔などを撤去し、復古的な建築様式にしている。杵築《きづき》大社から出雲大社に改称したのは明治維新後の一八七一年だ。

神道は、仏教との不明朗な関係を清算して原点回帰を試みたが不完全だった。それは、キリスト教の宗教改革でプロテスタントは原点回帰を志したものの、そこで実現したものが本当にカトリックよりイエス・キリストの時代の信仰と似たものになったわけではないのと同様だ。

それに、①人間の力を超えた霊的存在を信じるアニミズム、②先祖の魂やそれが宿るものへの崇拝、③神と人間をつなぐ巫女《みこ》を通したシャーマニズムといったものは、春秋戦国時代から秦《しん》漢帝国時代には中国の道教系の信仰にもあり、東アジア世界一般に普及していたものだ。日本独自でもないし、こうした個人や集団のご利益《りやく》を求めることは、世界各地の土俗宗教に広く見られる。

各地の神社に祀られている神様は、明治以降に神様になったものを別にしても、記紀にその由来が書いてあるものもあるが、新しいものも多いし、異国に起源があるものも、天神さまのように怨霊を恐れて罪人として処断したはずの人を神様にすることもある。

全国で四万あるといわれる八幡さまは、記紀などに登場せず、宇佐《うさ》八幡神も九州のローカルな神様に過ぎなかったのが、「予言」がよく当たる神様として知られるようになり、大仏建立にあたって守護神とされて人気が出た。

そして、道鏡《どうきょう》事件のときは、道鏡を天皇にしろという神託騒動のきっかけになり、和気清麻《わけのきよま》呂《ろ》が偽神託だと断罪して道鏡を追放した。そして、いつしか九州ゆかりの応神天皇と同一視されるようになった。

平安時代になると、石清水《いわしみず》八幡宮が山城（京都府八幡市）に創建され、伊勢と並ぶ第二の宗廟とされ、元寇のときにも大いに霊験あらたかとなった。また、源氏の氏神とされ、鎌倉の鶴《つるが》岡《おか》八幡宮も創建されて、軍神として全国の武士から信仰を集めた。

八幡神は、元は中国の神様だという伝承があるし、例によって根拠もないのに韓国起源説の法螺《ほら》で半島由来という当てずっぽうをいう人もいるが、信仰が全国に広まった過程で、それが海外に由来するものだと意識された訳でないことは確かだ。

全国で二位は伊勢、三位は天神さまだ。第四位は稲荷で、伏見稲荷は秦氏の支配地だったが、帰化人らしい要素はない。東寺《とうじ》と連携して発展したらしい。

熊野は平安時代から浄土信仰とも結びついて急に巡礼地として流行したのだが、その理由はまったく不明だ。

各地の神社の祭神も、たとえば、天孫降臨の地である日向の一宮は都農《つの》神社だが、その祭神は、大己貴命《おおなむちのみこと》（大国主命）である。これに、何か深い意味があると説明しようとすることは無意味であろう。

これは別に神道に限ったものではなく、スペインのサンティアゴ・デ・コンポステーラに聖ヤコブが、フランスのルールドに聖母マリアが現れたのだというが、これらの地が古代ユダヤと関係があったとして推理することに意味があるとは思えない。

聖地というのは、どの宗教でも長い歴史の中で何か偶然の出来事があり、それをきっかけとして急に発展するものなのである。

第四〇代

天武天皇《てんむ》

「天皇」と「日本」の呼称が確立する

誕生・生年不詳（父・舒明天皇　母・皇極〈斉明〉天皇）
即位・天武天皇元年（６７３年）２月27日（先代・甥　弘文天皇）
崩御・朱鳥元年（６８６年）９月９日（次代・妻　持統天皇）

「天皇」という呼称がいつから使い始められたかの記録はないが、天武天皇の時代のものとみられる木簡でその使用が確認できる。ただし、推古天皇のときに使われたという説も含めてそれ以前に使われたことがないともいえないし、制度的に確立したのは持統天皇の時代になってかららしい。ただし、日本国内での読み方は、スメラギとかスメラミコトであった。

だが、雄略天皇のころから「治天下大王」という言い方はされており、天皇というのも、それの漢語的表現として天武・持統のころ確立したというのが正しいだろう。唐の高宗《こうそう》（六四九年即位）が皇帝に代えて天皇を名乗ったのに触発されたとみるのが普通だ。

この天皇とほぼ同じ時期に「日本」という国号も確立したようだ。

そもそも、中華思想に立つ限りは国名など必要としない。天武天皇以前には、対内的には自分の国の名前など必要としなかったし、王の称号をどう表記するかもどうでもよかったのだが、外交上、どう呼ばれるかが関心事となり、国内法的にも慣習法から成文法に移行するにあたって、君主の称号とか国名が必要になったのであろう。

そのとき、太陽神の子孫として「天皇」という称号がふさわしく、その国の名を「日本」とするのは、ある日、突然に決められたのではなく、さまざまな呼び方が現れたなかで、自然とこうした名に収斂《しゅうれん》して大宝律令《たいほうりつりょう》で確定したのではないか。そうでなければ、いつ誰が決めたのかについて、『日本書紀』などにその経緯が書いてあるはずだ。

そういう考えからすれば、近年において流行している、天武天皇、あるいは藤原不比等《ふひと》に律令国家建設という革命的事業を実現した特別の存在としての役割を認める論議は行き過ぎだ。彼らが集大成したのは事実であるが、天智天皇や藤原鎌足のような革命の担い手であったわけではない。「大君は神にしませば」という壬申の乱ののちに詠まれた歌が『万葉集』にあるが、突然に生まれた思想でもあるまい。

皇室や藤原摂関家の歴史にあっても、天武天皇や不比等が特別の存在として扱われたことはない。奈良時代の天皇について書くときに論じることになるが、天武天皇は天智天皇の正統な後継者だという位置づけであって、天智朝から天武朝に代わったなどという意識が天武朝の天皇たち自身にあったようにはみえないのだ。桓武《かんむ》天皇になって天智直系を意識したのは事実だが、それは別の話である。

壬申の乱で天武天皇は、幅広い支持を得たが、蘇我赤兄をはじめとする政府高官のほとんどは近江方にあった。このことから、高い地位を与えるべき豪族がいなかったために、皇族中心の体制で乗り切った（皇親《こうしん》政治）。

天武天皇は、飛鳥浄御原令《あすかきよみがはられい》の制定をし、大宝律令への道を開いた。また、真人（まひと）朝臣（あそみ・あそん）宿禰（すくね）忌寸（いみき）道師（みちのし）臣（おみ）連（むらじ）稲置（いなぎ）という八色《やくさ》の姓《かばね》を定めて身分秩序を明らかにした。

壬申の乱のとき、伊勢の豪族が味方した経緯から伊勢神宮が重んじられ、皇女を伊勢に常駐させる斎宮《さいぐう》も制度化された。『帝紀』と『旧辞』など修史作業が本格化され、それは、七二〇年になって『日本書紀』の形で集大成する。

天武天皇は「政《まつりごと》の要は軍事《いくさのこと》なり」と記した詔を発し、貴族たちに武芸の鍛錬を命じもしている。地方では諸国の境が定められた。富本銭《ふほんせん》という最初の国産銭を発行したともいう。また、天文・占星の術を得意としたとされ、陰陽寮《おんみょうりょう》を設置した。

主な出来事 対馬から銀が産出（674）占星台をつくる（675）多禰（種子島）から来朝（677）吉野の盟約（679）律令制定。『帝紀』『旧辞』を記す（681）八色の姓を制定（684）伊勢式年遷宮を定める（685）改元「朱鳥」（686） **解説** ◯「チャイナ」と「中国」は語源が違うが、「ジャパン」は「日本」がなまったものだ。「ジャパン」は「日本」をポルトガル人が「ハポン」と聞き、その表記が「J」で始まるのを英語で読むと「ジャパン」になるだけで同根だ。「チャイナ」はむしろ「倭」という呼び方に似て外国人によって与えられた名というべきだ。「倭」の語源は「我が国」と日本人が言ったのを当てはめたのではないかという説が平安時代からあり、北畠親房の『神皇正統記』（じんのうしょうとうき）もそれを支持していて説得力もあるが、あくまで推量でしかない。ただ、日本人は「倭」を「ヤマト」と読んでいたのであって、「わ」ではない。 **御名** 大海人（おおあま）皇子・天渟中原瀛真人（あまのぬなはらおきのまひと）天皇 **御陵** 高市郡明日香村大字野口の檜隈大内陵（ひのくまのおおうちのみささぎ）

第四一代

持統《じとう》天皇

条坊制を持った最初の本格的な都・藤原京を建設

誕生・大化元年（645年）（父・天智天皇　母・蘇我倉山田石川麻呂女遠智娘）
即位・持統天皇4年（690年）1月1日（46歳　先代・夫　天武天皇）
退位・持統天皇11年（697年）8月1日（53歳　次代・孫　文武天皇）
崩御・大宝2年（702年）12月22日（58歳）

『天上の虹　持統天皇物語』（里中満智子）という長編漫画で若い女性にも人気の持統天皇だが、在位中になんと三十一回も吉野宮に行幸している。それほど、ここはこの女帝にとって特別な場所だったのである。

吉野宮は祖母であり、育ての親ともいえる皇極（斉明）天皇が造営したところで、若い日々の思い出の場所である。壬申の乱に先立ち、大津宮から逃亡した天武天皇とともに隠棲《いんせい》し、決起した地でもある。

さらに、即位後には天武天皇とともに、草壁《くさかべ》、大津、高市《たけち》、川島、忍壁《おさかべ》、施基《しき》という六人の皇子（川島、施基は天智の皇子）を引き連れ行幸し、「草壁皇子を次期天皇とする」「母はそれぞれ違っていても天皇の言葉に従い互いに助け合い、争いはしない。もしこの誓いに背くことがあれば命はなく、子孫も絶えるであろう」と誓わせた舞台でもある。

にもかかわらず、天武天皇が崩御（肺結核か）するや、皇后は姉である大田《おおた》皇女の子で、太政大臣だった大津皇子を謀反を理由に死に追い込んだ。

そののち、皇太子となっていた草壁皇子の即位させずに、称制を続けるうちに草壁皇子が死去し、天武天皇の死の三年後に自らが即位した。その間の事情については、すべて憶測に過ぎない。草壁皇子はあまり頑健ではなかったし、有能でもなかったのであろう。

持統天皇のもとでは高市皇子が太政大臣として補佐した。皇子は天武天皇の長子だが、母が九州の宗像《むなかた》一族の出身で皇族でなかったので皇位は継げなかった。壬申の乱で司令官として大功をあげるなど有能な人物だった。

持統天皇の業績の最大のものは本格的な条坊制による藤原京の建設である。

外交では、天武・持統天皇のもとでは、遣唐使は派遣されていない。むしろ、新羅が百済の故地への支配権をめぐって唐と対立したので、新羅が日本に接近して、王子の来日などもあった。

天皇としてははじめて火葬にされ、天武天皇と合葬された。

主な出来事 称制。大津皇子自決（686）草壁皇子死去（689）即位。高市皇子大政大臣に（690）藤原京に遷都（694）高市皇子死去（696） **解説** ○飛鳥京では中国風の本格的な殿舎が整備されてきたが、都市としては自然発生的なものであり、また、宮より北側に都市的景観が広がるという異例なものだった。そこで、少し北側の平野部で、北に耳成山、東に天香具山、西に畝傍山の大和三山に囲まれた土地に条坊制を敷いた本格的な中国風都城を築くことにした。これが藤原京で、天武天皇によって構想され、持統天皇のときに遷都した。奈良盆地には、上・中・下ツ道が造られていたが、このうち中ツ道と下ツ道の中間を朱雀大路とした。平安京や平城京より広く、大和三山を囲い込む規模だった。大官大寺（大安寺の前身）や薬師寺などが造営された。大極殿の土壇が残っており、周辺は史跡公園になっている。◯「春すぎて　夏来にけらし　白妙の　衣ほすてふ　天のかぐ山」が百人一首にも撰ばれている。**御名**　鸕野讚良（うののささら）皇女・大倭根子天之広野日女（おおやまとねこあめのひろのひめ）惑・高天原広野姫（たかまのはらひろのひめ）天皇　**御陵**　高市郡明日香村大字野口の檜隈大内陵（ひのくまのおおうちのみささぎ）

第四二代

文武《もんむ》天皇

藤原不比等とともに「大宝律令」を制定

誕生・天武天皇12年（683年）（父・草壁皇子　母・元明天皇）
践祚・文武天皇元年（697年）8月1日（15歳　先代・祖母　持統天皇）
崩御・慶雲4年（707年）6月15日（25歳　次代・母　元明天皇）

「大宝律令」は大化の改新から半世紀を経てようやく成立した包括《ほうかつ》的な法令集である。「飛鳥浄御原令」では、「令」は制定されたが、「律」が欠けていたのを「大宝律令」をもって完成した。「大宝律令」そのものは残っていないが、平安時代の「令集解《りょうのしゅうげ》」などにおける引用でうかがい知れる。

その影響は今日にまで残っており、たとえば、国とか郡の制度も基本的にはこのときに確立したものである。その立役者が藤原不比等《ふひと》でその娘の宮子《みやこ》が文武天皇の第一夫人だったが、律令国家の完成が不比等一人の仕事であるように言うのは言い過ぎであろう。おそらく、彼は伊《い》藤博文《とうひろぶみ》型の実務に明るくバランス感覚良好なタイプだったのではないか。とくに、文武天皇の母であるのちの元明《げんめい》天皇と二人三脚で仕事をした印象が強い。

文武天皇の即位は、年齢的にも三十歳をひとつのめどとしていた慣習を破る若さであり、かなり無理があったのを、天皇が弱体でも官僚が支える体制を整え、また、長子相続への理論武装を進めることで実現した。知太政官事《ちだいじょうかんじ》（太政大臣）となった忍壁《おさかべ》皇子を名目的な上司として利用したことも適切な政治判断だった。

このほか、元号、文書主義、官僚機構などを定めたが、宮内省とか大蔵省もこのときに確立した。「日本」という国号がここで確定したともいわれる。

天皇自身は、おおらかで感情をあまり表に出さない、また、中国の古典にも通じた貴公子だったといわれるが、病に倒れ、母である阿閇《あへ》皇女に譲位を申し出た。だが、そのまま崩御し、残された首《おびと》皇子（聖武天皇）は七歳だった。このために、阿閇皇女が皇后を経ない初の女帝として即位した。

主な出来事　即位(697)日本最古の妙心寺銅鐘(黄鐘調)(698)屋久・奄美・度感(とから)から来貢(699)火葬のはじめ(700)粟田真人・山上憶良らの第8回遣唐使出発。改元「大宝」。「大宝律令」完成(701)木曽路開く。持統上皇崩御(702)改元「慶雲」。諸国の印を鋳る。遣唐使帰国(704)法起寺三重塔(706)

解説　○このころの国名はいわゆる万葉仮名によるものである。平安時代の「延喜式」で「二字好字」に改められた(たとえば伊制が伊勢に、以豆毛が出雲、大倭が大和)。したがって、国名・郡名はほとんど当て字であって、漢字から語源を推測できるのは近江、陸奥などごくわずかである(拙著『47都道府県　地名うんちく大全』に詳しく解説している)。○藤原不比等は父の鎌足が死んだときは、11歳であるし、その一族は壬申の乱のときに近江方についた者が多かった。順調に出世したわけではないが、娘の宮子を文武天皇の夫人とし、聖武天皇の外祖父となった。文武天皇の乳母だった県犬養三千代(橘三千代)と再婚したのが転機になったようだ。そして、二人の娘が聖武天皇の光明皇后となった(皇后になる9年前に不比等は死んでいる)。また、最初の妻は蘇我氏の出で、いわゆる藤原四兄弟のうち京家の麻呂を除いてはその子である。○宮子は聖武天皇を生むが産後の肥立ちが悪く鬱となり、36年も子供と面会できなかった。だが、皇太夫人の称号を与えられ、歴代皇后に数えられることもある。◯元明天皇即位の詔には、「持統天皇は文武天皇に位を譲りともに天下を治めたが、これは天智天皇が永遠に改まることのない不改常典(かわるまじきつねののり)による政治をしようということだと承知して誰しもが仕えてきたのである」といったことが書いてある。この解釈はいろいろあるが、皇位継承の原則も含めた律令政治のことを指しているのであろう。天武朝の最盛期においてこのような宣言がなされていることも、天智天皇こそが体制の創始者だというとらえ方がされていたことを意味する。**御名** 軽(かる)皇子・倭根子豊祖父(やまとねことよおおじ)天皇・天之真宗豊祖父(あまのまむねとよおおじ)天皇 **御陵** 高市郡明日香村大字栗原の檜隅安古岡上陵(ひのくまのあこのおかのえのみささぎ)

第四三代 元明《げんめい》天皇

平城京を建設した老練な女帝

誕生・斉明天皇7年(661年)(父・天智天皇　母・蘇我倉山田石川麻呂女姪娘)
即位・慶雲4年(707年)7月17日(47歳　先代・皇子　文武天皇)
退位・和銅8年(715年)9月2日(55歳　次代・娘　元正天皇)
崩御・養老5年(721年)12月7日(61歳)

「あをによし　寧楽《なら》の京師《みやこ》は　咲く花の　薫《にほ》ふがごとく　今盛りなり」という歌は、小野老《おののおゆ》が大宰府で都を懐かしんだ歌である。栄華を目《ま》のあたりにして誇らしげに詠んだのではなく、望郷の思いが込められている。

この平城京を建設したのが、女帝である元明天皇である。せっかく我が国における最初の本格的な都城として造営した藤原京を早々に放棄して引っ越しをした理由について、かつては、規模が小さかったからといわれていた。だが、いまでは面積だけなら藤原京の方が平城京や平安京より広かったことがわかっている。

ただ、都城のなかに大和三山があり、しかも、南が山地で北に向かって下る地形だったし、排水に問題があり、測量にもミスがあって道路が不揃いになったりしている。唐を必死になって真似ようとしていた当時の人々には、これが我慢がならなかった。朱雀大路《すざくおおじ》を上り朱雀門を通り大極殿《だいごくでん》へ上る威厳を求めた。

遷都は七〇八年に発表され、その二年後に天皇は新都に移った。大極殿は藤原京から移され、薬師寺《やくしじ》、元興寺《がんごうじ》（法興寺）、大安寺なども旧都から移転した。

主な出来事 和同開珎（わどうかいちん）を鋳造。改元「和銅」。法隆寺再建（708）平城遷都（710）出羽国を置く。『古事記』が完成。唐の玄宗即位（712）『風土記』を編纂。丹後・美作・大隅を創設（713）郷里制を敷く（715）**解説** ○平城京は佐保川などが北から南に流れて、高低2～3メートルの段差がある。尾根や谷を埋めて築かれた。大和盆地を南北に貫く下ツ道が朱雀大路に当たり、中ツ道がほぼ左京の東の外縁である。ただし、二条から五条まで、三坊分が東に張り出しており、これを外京と呼ぶ。**御名** 阿閉（あへ）皇女・日本根子天津御代豊国成姫（やまとねこあまつみしろとよくになりひめ）天皇 **御陵** 奈良市奈良阪町の奈保山東陵（なほやまのひがしのみささぎ）

第四四代

元正《げんしょう》天皇

奈良時代を支えた初の独身女帝

誕生・天武天皇9年（680年）（父・草壁皇子　母・元明天皇）
即位・霊亀元年（715年）9月2日（36歳　先代・母　元明天皇）
退位・養老8年（724年）2月4日（45歳　次代・甥　聖武天皇）
崩御・天平20年（748年）4月21日（69歳）

元明天皇が高齢を理由に譲位したとき、首皇子（聖武《しょうむ》天皇）は、すでに十五歳になっているのに、叔母に当たる元正天皇が即位した。

首皇子は文武天皇の一人息子だが、母親である藤原宮子が皇族出身でなく不比等の娘であり、しかも、出産以来というもの精神を病んで、皇子との対面すらできず軟禁状態だった。

そうなれば、あまたいる天智・天武の皇子や二世王たちからどんな動きが出るやもしれない。まして、元明天皇が太上天皇として後見できる間はよいが、その死後、母である藤原宮子は出自からしても健康状態からしても首皇子の後見になれそうもなかった。

そこで、元明女帝は「慈悲深く落ち着いた人柄であり、あでやかで美しい」（譲位の際の詔）、できのいい娘である元正天皇にいったん譲り、自分の死後に太上天皇となった元正天皇の後見のもとで首皇子を即位させるという手の込んだ手はずを整えた。そして、藤原不比等の死後、高市皇子の長屋王《ながやおう》を政権の要とした。

田地の不足を受けて「三世一身法《さんぜいっしん》」が制定され、新田を開墾した者は曾孫まで私有が認められた。これを律令制の崩壊のはじまりとみるのが伝統的な見方だが、現実性の高い体系への進化だとする意見が近年は強くなっている。

こうして、母の期待に応えた元正天皇は、在位九年にして甥である皇太子（聖武天皇）に譲位した。退位の詔で「我が子」と呼び、退位後も強い発言力を確保した。この元女帝が崩御してから天武朝はがたがたになった。

主な出来事 改元「霊亀」（７１５）武蔵に高句麗人を移住させ高麗郡を置く（７１６）改元「養老」（７１７）能登・安房・石城（いわき）・岩代（いわしろ）国を置く。養老律令（７１８）隼人を征討。藤原不比等死す。『日本書紀』完成（７２０）諏訪国を置く。元明上皇崩御（７２１）三世一身法。筑紫観世音寺創建（７２３）**解説** ○長屋王は天武天皇の高市皇子と天智天皇の御名部（みなべ）皇女（元明天皇の同母姉）の子であり、正妃は元明天皇の娘・吉備内親王で、藤原不比等の娘である藤原長娥子（ながこ）も妃の一人だった。**御名** 氷高（ひたか）皇女・日本根子高瑞浄足姫（やまとねこたかみずきよたらしひめ）天皇 **御陵** 奈良市奈良阪町の奈保山西陵（なほやまのにしのみささぎ）

第四五代 聖武《しょうむ》天皇

大仏造営は日本史上もっとも長く成功した事業

誕生・大宝元年（７０１年）（父・文武天皇　母・藤原不比等女宮子）
即位・神亀元年（７２４年）２月４日（24歳　先代・伯母　元正天皇）
退位・天平感宝元年（７４９年）７月２日（49歳　次代・皇子　孝謙天皇）
崩御・天平勝宝８年（７５６年）５月２日（56歳）

奈良の大仏は、日本人にとって国家統合の象徴のひとつとして大事な意味を持っている。だからこそ平重衡《たいらのしげひら》によって焼かれたものを源頼朝は天下を取ってすぐに再建したし、松永久秀《まつながひさひで》が二度目に焼いたあとは、豊臣秀吉がそれに代わるべき大仏を京都に建立し、徳川綱吉は奈良の大仏殿を再興した。

しかも、『勧進帳《かんじんちょう》』のエピソードのように、全国の人々がその再建に献金したのである。莫大な資金と労働力を動員した事業は庶民にとって負担だっただろうが、これほど人々から人気を集め、千年以上にわたって救いを与えた事業もなく、決して無駄ではなかった。

聖武天皇とその皇后だった光明子《こうみょうし》への評価の揺れは、この大仏をどうみるかということとほぼ重なり合っているように思われる。

聖武天皇の時代の政治的権力者は、初期は長屋王だが失脚し、藤原不比等の子供である四兄弟が権力を握ったが、半島から伝播《でんぱ》した天然痘で死に絶え、橘諸兄《たちばなのもろえ》が政権をとった。唐から帰った吉備真備《きびのまきび》や法相宗《ほうそうしゅう》の僧玄昉《げんぼう》などが諸兄を補佐した。これに反発した藤原広嗣《ひろつぐ》が大宰府で乱を起こしたが、律令制のもとで整備されていた正規軍によってあっさり鎮圧された。

こうした災害、疫病、反乱などのなかで聖武天皇はすっかり弱気になり、平城京を離れ、極端な信仰に走る。とくに、藤原広嗣の乱が起きたときには、壬申の乱の故地を訪ねる東国巡幸に旅立ち、その帰路、太政大臣・橘諸兄の本拠地であった山城相楽《そうらく》郡（現・木津川市）に遷都することを宣言した（恭仁《くに》京）。

ところが、天皇は大仏を近江の紫香楽《しがらき》（信楽）に建立すると言い出し、やがて、ここに遷都した。

恭仁京の跡は山城国分寺とされ、大極殿が金堂として再利用された。現在、遺跡は宮跡というより国分寺跡としてよく整備され保存されている。

紫香楽宮は甲賀《こうか》宮ともいう。離宮を造営し盧舎那仏《るしゃなぶつ》を造営することを発願し、恭仁京の造営を中止して、紫香楽宮の造営を進め、都とした。墾田永年私財法《こんでんえいねんしざいほう》を制定したのも、このころである。しかし、大仏鋳造の技術的失敗や放火などで平城京へ戻ることになった。

難波京は聖武天皇が七二六年に副都として離宮を造営し、七四四年に遷都した。そして再び平城京に戻ったが、長岡京遷都までは陪都《ばいと》として維持された。孝徳天皇の難波長柄豊碕宮と同じく大阪城公園の外堀南側にあって遺構がよく残る。このように聖武天皇は遷都を繰り返したが、結局、平城京へ戻り、紫香楽《しがらき》で失敗した大仏造営にすべてをつぎ込む。そして、その完成にめどがついたところで娘の阿倍《あべ》内親王（孝謙《こうけん》天皇）に譲位した。

主な出来事 改元「神亀」。多賀城を築く（７２４）（７２５）渤海使が入京（７２７）長屋王の乱。改元「天平」。光明子が皇后に（７２９）薬師寺東塔建立（７３０）諏訪国を信濃に併合（７３１）東大寺三月堂（７３３）葛城王が橘諸兄に（７３６）藤原四兄弟死す（７３７）法隆寺夢殿（７３９）藤原広嗣の乱。恭仁京遷都（７４０）国分寺・国分尼寺（７４１）紫香楽で大仏建立始まる。墾田永年私財法（７４３）難波京に遷都（７４４）行基（ぎょうき）が大僧正に。平城京に還都（７４５）石山寺・新薬師寺創建（７４７）陸奥より黄金が献上され「天平感宝」に改元（７４９）

解説 ○長屋王は左大臣で独裁者として君臨していたが、「密かに左道（妖術）を学びて国家を傾けんと欲す」という密告があり、突如、粛清され、妻の吉備内親王（草壁皇子と元明天皇の子）や彼女との子である膳夫王（かしわでおう）などとともに死んだ。○藤原四兄弟は武智麻呂（むちまろ）（南家）、房前（ふささき）（北家）、宇合（うまかい）（式家）、麻呂（京家）。房前の系統がのちに栄える。○橘諸兄は敏達天皇の子孫だが、母の県犬養三千代（あがたのいぬかいのみちよ）が文武天皇の乳母となり、さらに藤原不比等と再婚して光明子を生んで宮中で大きな影響力を持った。仏教の熱心な信者で聖徳太子信仰を確立し、法隆寺にある「橘夫人玉虫厨子」

でも知られる女性である。諸兄は葛城王といったが、母が賜った橘姓を継ぎ、臣下として政権を担った。◯恭仁京は大養徳恭仁大宮というのが正式名称である。大内裏は旧加茂町の木津川北岸に置かれ、朱雀大路は木津川を横切っていた。また、この盆地だけでは土地が狭隘なので、峡谷を越えた下流の旧木津町、旧山城町付近に右京が設けられた。洛陽を模したようだ。◯これまで史跡・紫香楽宮跡とされていた遺跡があるが、その北約1キロメートルの宮町遺跡の発掘が進み、こちらが宮跡で、これまでの「紫香楽宮跡」は大仏が建立されようとした甲賀寺(甲可寺)跡であると考えられるようになった。付近には「宮町」「勅旨」「内裏野」などの地名が残る。紫香楽の立地は、洛陽郊外で石窟寺院が並ぶ龍門に倣ったともいわれる。**御名** 首(おびと)皇子・天璽国押開豊桜彦(あめしるしくにおしひらきとよさくらひこ)天皇・勝宝感神聖武(しょうほうかんじんしょうむ)皇帝 **御陵** 奈良市法蓮町の佐保山南陵(さほやまのみなみのみささぎ)

第四六代

孝謙《こうけん》天皇

大仏が開眼され鑑真和上が来日する

誕生・養老2年（718年）（父・聖武天皇　母・藤原不比等女光明皇后）
即位・天平勝宝元年（749年）7月2日（32歳　先代・父　聖武天皇）
退位・天平宝字2年（758年）8月1日（41歳　次代・淳仁天皇）

孝謙天皇は一度退位したのち称徳《しょうとく》天皇として重祚《ちょうそ》しているが、最初の在位では最後の二年間を除き聖武太上《だいじょう》天皇が在世しており、政治的な指導者は母である光明皇太后の異父兄橘諸兄《たちばなもろえ》であった。

この時代に盛大な大仏開眼が執《と》り行われ、唐・新羅・林邑（ベトナム）の舞いも奉納された。飛鳥時代から「追いつき追い越せ」の精神で大陸文化を取り入れてきた到達点というべきものであった。

如意輪観音のお告げに従い石山寺を創建したところ、陸奥などから産金の報《しら》せが相次いだ。年号は中国の則天武后の時代に倣い「天平感宝《てんぴょうかんぽう》」とされた（しばらく四文字年号が続く）。また、唐から鑑真和上《がんじんわじょう》がやってきた。

聖武上皇は大仏開眼を見届け、天武天皇を祖父とし新田部《にいたべ》親王を父とする道祖王《ふなどおう》を皇太子にする遺言を残して崩御した。その遺品は光明皇太后によって大仏に寄進されたが、これが正倉院御物《しょうそういんぎょぶつ》である。

この時代、徐々に力をつけてきたのが光明皇太后の信頼を得た藤原仲麻呂《なかまろ》（藤原四兄弟の長兄・武智麻呂《むちまろ》の次男）である。恭仁京遷都の失敗以来、力に陰りが出てきた橘諸兄が酒に酔って皇位継承の将来について軽率な構想を語ったために引退に追い込まれ、仲麻呂が事実上の最高権力者になった。

皇太子だった道祖王は聖武上皇の喪中に孝謙天皇の侍童と男色にふけったりしたことから廃され、後任には仲麻呂と近い大炊王《おおい》が「悪い噂がない」ことを理由に選ばれた。その父である舎人親王《とねりしんのう》は、天武天皇の子で『日本書紀』の編纂に当たった人物である。こうしたなかで橘諸兄が死去した。

主な出来事 改元「天平勝宝」（749）『懐風藻』（751）大仏開眼供養（752）鑑真和上来日（754）安禄山の変（755）聖武太上天皇崩御。正倉院（756）改元「天平宝字」。橘諸兄の死と橘奈良麻呂の乱（757）**解説** ○橘諸兄の子の奈良麻呂は多くの皇族たちを巻き込んで反乱を企てるが失敗し、謀反に荷担していたとされる道祖王、黄文王（きぶみおう）、大伴古麻呂（おおともこまろ）、大野東人（あずまびと）などは杖で打たれる拷問により絶命した。歴史上もあまり類例をみない貴人の大最拷問死である。〇孝謙天皇は聖武天皇の娘であるという以上に光明皇后の娘であった。この新しい仏教国家には皇后の血を受け継ぐ天皇が必要だった。聖武天皇は孝謙天皇即位に先だち出家し、神である天皇が僧であり、「三宝（みほとけ）の奴（やっこ）」であるというややこしいことになっていたことも譲位を急ぐ理由だっただろう。

第四七代

淳仁《じゅんにん》天皇

恵美押勝の全盛時代で国力充実進む

誕生・天平5年（733年）（父・天武天皇皇子舎人親王　母・当麻山背）
即位・天平宝字2年（758年）8月1日（26歳　先代・孝謙天皇）
退位（廃帝）・天平宝字8年（764年）10月9日（32歳　次代・称徳天皇）
崩御・天平神護元年（765年）10月23日（33歳）

恵美押勝《えみのおしかつ》というのは、藤原仲麻呂が太政大臣を「太師《だいし》」とするなど、中国風に官職などの呼び方を変えた際、名乗った名前である。仲麻呂がことさらに中国風の風俗や名称を採用するのにこだわったのは、中国への卑屈な気持ちが理由ではない。むしろ、中国と同等の国としての箔付《はくづ》けをするための手段であった。ちょうど明治時代に鹿鳴館《ろくめいかん》で西洋の風俗を真似たのと共通した心理だ。

このころ、唐では安禄山《あんろくざん》の変で玄宗皇帝らが長安を追われ、楊貴妃《ようきひ》が殺害された。こうしたなかで、仲麻呂は渤海《ぼっかい》と結び、新羅を討つ計画もかなり緻密に立てた。実現こそしなかったが、善し悪しは別として成功確率はかなり高かっただろう。これを近代の日韓関係と混同して侵略と受け取る人もいるようだが、古代の国際関係としては、日本固有の領土だった任那の回復や、友好国であった百済の復興が目的であり、正当なものだった。

国内では、雄勝《おかち》・桃生柵《もものうさく》が充実されるなど、東北の支配が強化された。鑑真の来日によって東大寺に設けられた戒壇《かいだん》が、大宰府観音寺や下野《しもつけ》薬師寺にも開かれた。

保良宮《ほらのみや》は七五九年に唐の慣習に倣い平城京とは別に設けた都（陪都）であって、七六一年には孝謙上皇と淳仁天皇がこの近江の宮へ移った。この背景には、近江守をつとめたことがある藤原仲麻呂の影響があろう。

だが、上皇はここで弓削道鏡《ゆげのどうきょう》と出会った。光明皇太后の死によって仲麻呂が後援者を失った翌年のことである。やがて、孝謙上皇は平城京に帰り、淳仁天皇の権限を儀式などに限定する行動に出た。道鏡との関係について苦言を呈したのが原因ともいわれるが、仲麻呂の専制に対して不満が広がっていたのも上皇を強気にさせた理由であろう。

この天皇・仲麻呂連合と上皇方の対立は、水面下で双方が軍事力を蓄える形で推移したが、ついに、上皇方が天皇のもとにあった鈴印《れいいん》（この時代、権力の象徴として扱われていた）を奪取する実力行使に出た。

仲麻呂はかつて国司をつとめたことがある近江に脱出し、道祖王の兄である塩焼王《しおやきおう》を擁して反撃しようとしたが、近江にあった正規軍も上皇の指示に従い、仲麻呂は湖西の高島郡（継体天皇ゆかりの地）に追い詰められ滅びた。

淳仁天皇は平城京にあったが、廃帝されて淡路に流され、翌年、脱出を図ったが失敗して死に追い込まれた。「淡路廃帝」などと呼ばれ、「淳仁天皇」という追号を贈られたのは、明治になってからである。

主な出来事 恵美押勝が官職名を中国風に（758）常平倉設ける。唐招提寺（759）恵美押勝が太師に。光明皇太后崩御（760）保良宮で道鏡が孝謙上皇に会う（761）天皇・上皇不和（762）恵美押勝の乱。官名復旧（764） **解説** ○保良宮の正確な場所は不明だが、大津市国分二丁目には保良の地名を伝える洞神社の旧跡が、国分団地内には宮殿の礎石と伝える通称「へそ石」が残るし、「北大路」などの地名もみられる。国分付近から東レ滋賀事業所敷地にかけてがその跡と考えられる。また、石山寺や瀬田川の東岸の国府跡も関連づけるべき遺跡であろう。○広嗣の乱でも仲麻呂の乱でも正規軍の忠誠は驚くほど強固だった。官僚国家の強みである。 **御名** 大炊（おおい）王・淡路（あわじ）廃帝 **御陵** 兵庫県南あわじ市賀集の淡路陵（あわじのみささぎ）

第四八代 称徳《しょうとく》天皇

道鏡を皇位に就けようとして国家の危機に

重祚・天平宝字8年（764年）10月9日（47歳　先代・淳仁天皇）
崩御・神護景雲4年（770年）8月4日（53歳　次代・光仁天皇）

怪僧・道鏡は、河内に地盤を持つ物部一族の弓削氏出身である。高僧・義淵《ぎえん》の弟子で、孝謙上皇の病気を治したことで信を得たといわれる。太政大臣禅師《ぜんじ》、さらには法王となり、天皇の権限を一部分担して、それを支える法王宮職といった官僚機構も創られた。

大宰府から宇佐八幡宮が道鏡を天皇にするように託宣したいといっていると報告があり、称徳天皇は信任の厚い和気清麻呂《わけのきよまろ》を派遣し意向を伺わせたが、「我が国では君臣の秩序がある。皇室の血筋を引く者から天皇を選ぶように」ということであった。

もともと迷いがあったのか称徳天皇もこれを受け入れたが、なお、道鏡の出身地に由義宮《ゆげのみや》を西京として造営して滞在するなどした。

いずれにせよ、道鏡騒動で誰もが女帝に懲《こ》りた。推古の成功で日常化した女帝は孝謙（称徳）の不評で八百五十年余り廃絶したのである。現代における諸外国の例をみても女帝特有の問題はやはりあり、それを軽視すべきではない。

主な出来事 百万塔を造らせる（764）改元「天平神護」。西大寺創建（765）新薬師寺十二神将。道鏡が法王に（766）改元「神護景雲」（767）春日神社創建（768）和気清麻呂が宇佐八幡宮へ（769）阿倍仲麻呂死去（770）**解説** ○この時代には、伊勢や宇佐に神宮寺が設けられるなど神仏混交が進んだ。○このころの左大臣は藤原永手（北家）、右大臣は吉備真備、大納言は道鏡の弟・浄人だった。**御名** 阿倍（あべ）内親王・宝字称徳孝謙（ほうじしょうとくこうけん）皇帝・高野（たかの）姫尊・倭根子（やまとねこ）天皇 **御陵** 奈良市山陵町の高野陵（たかののみさざぎ）

第四九代

光仁《こうにん》天皇

天武系から天智系へ大政奉還

誕生・和銅2年（709年）10月13日（父・天智天皇皇子施基親王　母・紀諸人女橡姫）
即位・宝亀元年（770年）10月1日（62歳　先代・称徳天皇）
退位・天応元年（781年）4月3日（73歳　次代・皇子　桓武天皇）
崩御・天応元年（781年）12月23日（73歳）

光仁天皇の即位は、「天武朝」から「天智朝」への回帰と説明されることが多い。だが、持統、元明の両女帝は天智天皇の皇女であるし、文武(孫)、元正(孫)、聖武(曾孫)、孝謙・称徳(玄孫《やしゃご》)、淳仁（孫）もすべて天智天皇の血を引いている。

そもそも天武は天智の正統な継承者として登場したので、天智と天武の二系統の対立があったとみるのは正しくない。ただ、天武と持統の子である草壁皇子の子孫に皇位を伝えたいという気持ちはあったようだ。孝謙上皇の淳仁天皇との役割分担を定めるときの詔のなかで「私の母である光明皇后は岡宮天皇《おかみやのすめらみこと》（草壁皇子）の皇嗣は絶えようとしていると言い」というくだりがあるのは、こうした意識を裏付けている。

称徳天皇が崩御したとき、吉備真備は長親王《ながの》（天武天皇皇子）の子である智努王《ちぬ》（文室浄三《ふんやのきよみ》）やその弟の文室大市《おおち》を推挙したが、藤原永手《ふじわらのながて》らは称徳天皇の遺言であると称し、白壁王《しらかべおう》を推した。天智天皇の第七皇子で、草壁皇子を次期天皇とする「吉野の盟約」にも参加した施基《しきの》親王（志貴皇子）の第六子で、母は紀諸人《きのもろひと》の娘・橡姫《とちひめ》である。

聖武天皇の皇女・井上内親王《いのえないしんのう》を妃としたことから重きをなし、恵美押勝の乱の鎮圧に功があって大納言として有能さを示していた。大酒の日々を過ごして凡庸を装っていたともいわれるが、それなりの経歴を積んでいる。まず、道鏡を下野《しもつけ》薬師寺の別当とした。道鏡の主導で寺院以外の墾田私有が禁止されていたのも解除された。

だが、二年後、呪詛《じゅそ》を理由に井上内親王を廃し、皇太子の他戸《おさべ》親王も廃し、翌年には山部《やまべ》親王（桓武《かんむ》天皇）が立太子され、やがて、幽閉されていた前皇后と前皇太子は同じ日に変死した。

光仁天皇は即位のときにすでに六十二歳であり、早期の譲位が予想されていた。ところが、この路線を敷いた藤原永手（北家）が没し、藤原良継《よしつぐ》、百川《ももかわ》、さらには種継《たねつぐ》という式家の者たちが藤原家の中心になっていた。皇后に焦りがあって何か軽率な行動をしたのではないか。廃太子されたとき他戸親王は十二歳。この少年がみずから陰謀を企てるはずもない。

主な出来事 改元「宝亀」。道鏡を下野薬師寺に（770）吉備真備退官（771）山部親王皇太子に（773）室生寺創建（777）『唐大和上東征伝』（779）多賀城が蝦夷に焼かれる。秋篠寺創建か（780） **解説** ○弘文天皇の曾孫である淡海三船（おうみのみふね）が『唐大和上東征伝』を著したのはこのころだが、この人物は、『懐風藻』の撰者ともいわれ、また、「神武天皇」など歴代天皇の諡号をまとめて撰定したともされている。 **御名** 白壁（しらかべ）王・天宗高紹（あめむねたかつぎ）天皇 **御陵** 奈良市日笠町の田原東陵（たわらのひがしのみささぎ）

コラム：歴代天皇の都

飛鳥地方など大和盆地南部に皇居が置かれたころは、豪族たちは農村地帯の村をそれぞれ領地として、そこから皇居に通った。

だが、大和を離れると、彼らも皇居に近いところに邸宅を持ち、そこから通わざるをえなかった。逆にいえば、そのようにして豪族たちをそれぞれの根拠地から離れさせてフルタイムの官僚、あるいは、瞬時に出動できる軍人・警察官にすることが、大和盆地南部の外に都を設ける動機でもあった。

これは千年のちに城下町が形成されていったのと同じプロセスだ。織田信長は、家臣に「兼業禁止」「フルタイム勤務」「社宅住まい」を強制して近代的な武士団をつくり上げた。

徳川家康も居城を岡崎・浜松・江戸・駿府《すんぷ》と移して家臣たちを故郷から切り離したのである。関東移封を家臣たちは嫌がったが、家康としては思う壺だった。

また、隠れ家がいくらでもある飛鳥周辺はテロの危険が大きい。しかし、新しく計画造成された都では治安も維持しやすい。とくに、大きな改革の実施に伴う危険を避けるためには、こうしたタイプの新首都への遷都が有効であることは、モスクワからサンクトペテルブルグ、パリからベルサイユ、ベルリンからポツダムなどの例をみても明らかである。

◎古代の宮都（大和、飛鳥）

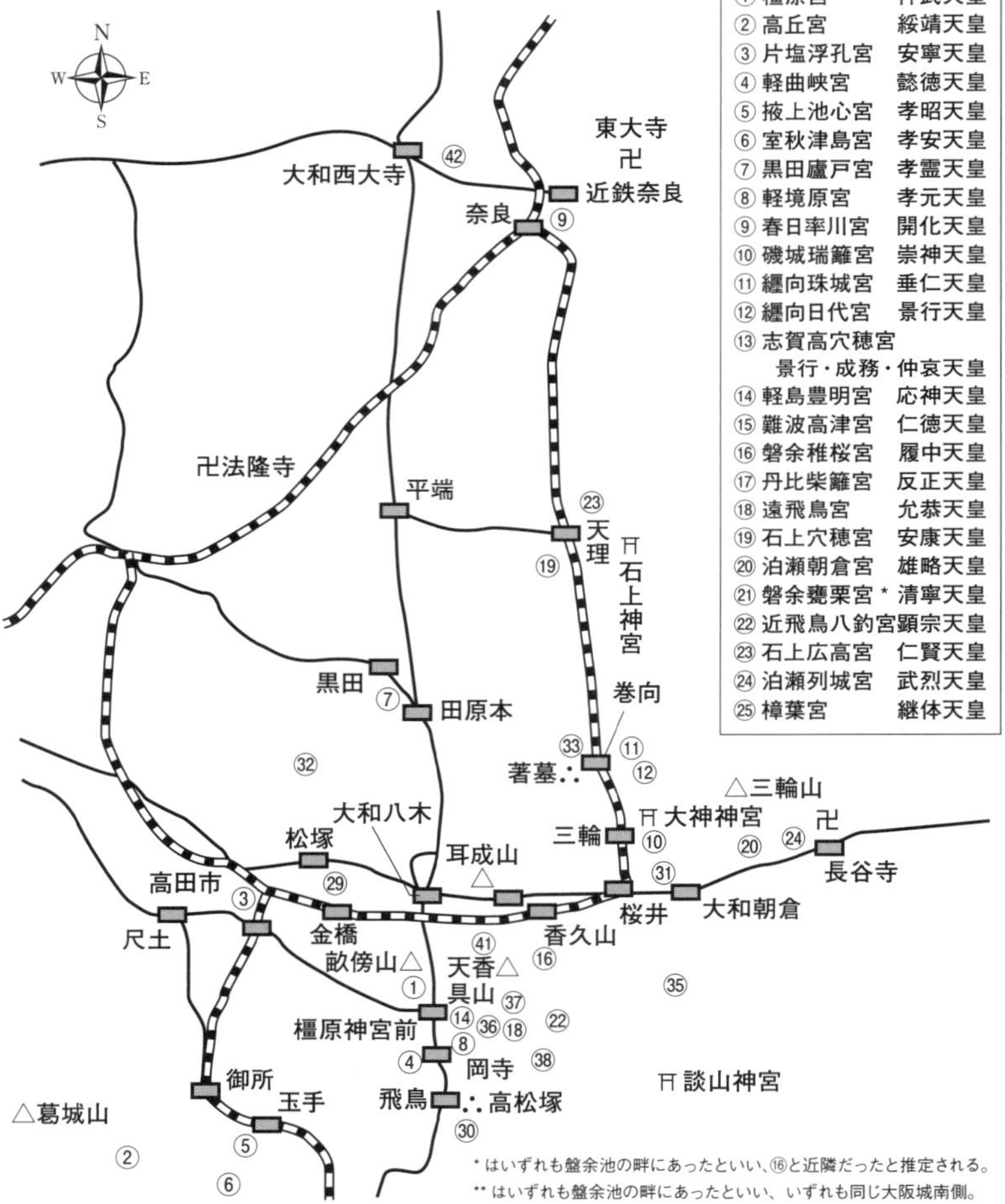

① 橿原宮　神武天皇
② 高丘宮　綏靖天皇
③ 片塩浮孔宮　安寧天皇
④ 軽曲峡宮　懿徳天皇
⑤ 掖上池心宮　孝昭天皇
⑥ 室秋津島宮　孝安天皇
⑦ 黒田廬戸宮　孝霊天皇
⑧ 軽境原宮　孝元天皇
⑨ 春日率川宮　開化天皇
⑩ 磯城瑞籬宮　崇神天皇
⑪ 纒向珠城宮　垂仁天皇
⑫ 纒向日代宮　景行天皇
⑬ 志賀高穴穂宮　景行・成務・仲哀天皇
⑭ 軽島豊明宮　応神天皇
⑮ 難波高津宮　仁徳天皇
⑯ 磐余稚桜宮　履中天皇
⑰ 丹比柴籬宮　反正天皇
⑱ 遠飛鳥宮　允恭天皇
⑲ 石上穴穂宮　安康天皇
⑳ 泊瀬朝倉宮　雄略天皇
㉑ 磐余甕栗宮＊ 清寧天皇
㉒ 近飛鳥八釣宮　顕宗天皇
㉓ 石上広高宮　仁賢天皇
㉔ 泊瀬列城宮　武烈天皇
㉕ 樟葉宮　継体天皇

＊はいずれも磐余池の畔にあったといい、⑯と近隣だったと推定される。
＊＊はいずれも磐余池の畔にあったといい、いずれも同じ大阪城南側。

㉖ 筒城宮　継体天皇
㉗ 弟国宮　継体天皇
㉘ 磐余玉穂宮　継体天皇
㉙ 勾金橋宮　安閑天皇
㉚ 檜隈廬入野宮　宣化天皇
㉛ 磯城島金刺宮　欽明天皇
㉜ 百済大井宮　敏達天皇
㉝ 訳語田幸玉宮　敏達天皇
㉞ 磐余池辺双槻宮＊ 用明天皇
㉟ 倉橋柴垣宮　崇峻天皇
㊱ 豊浦宮　推古天皇
㊲ 小墾田宮　推古天皇
㊳ 飛鳥京　舒明・皇極・斉明・天武天皇
㊴ 難波豊碕宮＊＊
㊵ 近江大津宮　天智・弘文天皇
㊶ 藤原京　持統・文武天皇
㊷ 平城京　元明・元正・聖武天皇等
㊸ 恭仁京　孝謙天皇
㊹ 難波京＊＊
㊺ 紫香楽宮　聖武天皇
㊻ 保良宮　淳仁天皇
㊼ 長岡京　桓武天皇

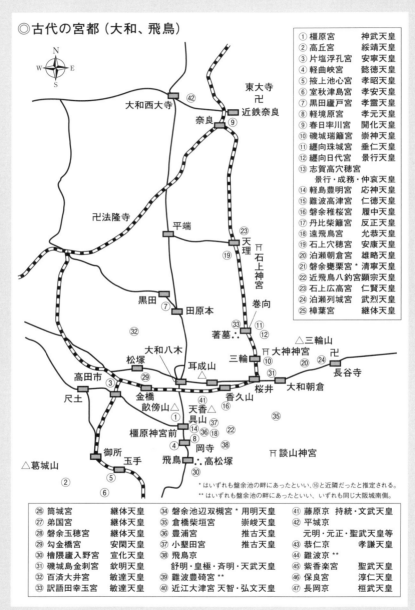

古代の宮都（近畿）

古代にあっては、代替わりごとに新しい宮を建てていた。建築の耐用年数が短かったのも理由だろうし、宗教的な意味があったのかもしれない。

だが、大和盆地南部の内部に都があるときは、豪族や官僚たちは、農村部にあるそれぞれの本拠地から通勤していたとみられる。

したがって、宮といっても、現代の農村部で田畑のなかに寺院や神社があって、そのまわりに小さい集落があるといった趣だっただろう。

だが、近江などに宮を営んだ場合には、豪族たちも別邸を必要としただろうから、ある程度、都市的なものにならざるをえなかったのではないか。

古代の宮跡を地図上に示してみた。異説もあるが、本文で有力としたものを記載した。

なお、このほかにも仲哀・斉明の二帝が、西日本に遠征して宮を営んでいる。

仲哀天皇が穴門豊浦宮（山口県下関市）と筑紫橿日宮（福岡県福岡市東区）、斉明天皇が朝倉橘広庭宮（福岡県朝倉市か）であるが、ここでは省略した。

◎古代の宮都（近畿）

N
W
E
S
山国荘 ◎
比叡山
上賀茂神社
高穴穂宮 ⑬
嵯峨 ◎
下鴨社
大津宮 ㊵
平安京 ◎
三井寺
鳥羽
◎ 山科
◎ 近江国府
保良宮 ㊻
㉗ 弟国宮
長岡京 ㊼
伏見 ◎
石山寺
◎ 宇治
紫香楽宮 ㊺
山崎 ◎
石清水
八幡宮
㉕ 樟葉宮
恭仁京
㊸
㉖ 筒城宮
茨田堤
堀江
◎ 難波宮 ⑮㊴㊹
仁徳陵
⑰ 丹比柴籬宮

第四章

平安王朝文化の華やぎ

第五〇代

桓武天皇《かんむ》

千年の都・平安京を建都

誕生・天平9年（737年）（父・光仁天皇　母・和乙継女高野新笠）
践祚・天応元年（781年）4月3日（45歳　先代・父　光仁天皇）
崩御・延暦25年（806年）3月17日（70歳　次代・皇子　平城天皇）

「日本と韓国との人々の間には、古くから深い交流があったことは、『日本書紀』などに詳しく記されています。韓国から移住した人々や招へいされた人々によって様々な文化や技術が伝えられました。（中略）私自身としては、桓武天皇の生母が百済の武寧王の子孫であると『続日本紀《しょくにほんぎ》』に記されていることに韓国とのゆかりを感じています」と、時の天皇陛下がおっしゃったのは、平成十四年に行われた日韓共催ＦＩＦＡワールドカップのころである。

韓国ではこの「ゆかり発言」によって皇室への感情がだいぶ改善した。ただし、韓国の有力紙のコラムは「日王、王室の根、百済王室から起こると是認」という珍解釈をするなど、誤った優越感の材料になったことは残念だ。事実は光仁《こうにん》天皇がメジャーでない皇族時代の側室である高野新笠《たかののにいがさ》が百済王を先祖に持つ和乙継《やまとのおとつぐ》という渡来人系の下級貴族の娘で（百済の王族といえども、それほど高い扱いは受けられなかったのである）、彼女の生んだ子供が桓武天皇だという以上でも以下でもない。

天武天皇ののち即位した男帝である文武、聖武、淳仁は有能とはいえそうもなかったし、光仁は高齢だった。働き盛りで能力も高い男帝は久々だったのである。しかも、朝廷に影響力のある藤原氏は一枚岩ではなかったし、ほかに抜きんでた政治家もいなかった。桓武天皇のような能力の高い天皇が出れば、強い求心力を持つのは当然のことだった。

桓武天皇は、七八四年に長岡京に移るが、再び平城京に戻り、七九四年に平安京を造営した。桓武天皇を立太子させた功労者は式家《しきけ》の藤原百川《ふじわらのももかわ》、良継《よしつぐ》だが、彼らは即位前に死去した。かわって同じ式家の種継《たねつぐ》が実力者となり長岡京建設の中心となったが、暗殺された。桓武天皇の同母弟である早良《さわら》皇太子は、もともと仏門に入っていたこともあり保守派とのつながりが強く、種継と対立していたが、暗殺への関与を疑われて廃立され変死した。

こうして桓武の独裁は確立したが、そののちに起こる身辺の不幸に悩んだ天皇は、怨霊の仕業と悩み、早良親王を崇道《すどう》天皇と追号し、あわせて井上内親王の墓を山陵と追称し、皇后の位を復した。怨霊の都といわれる平安京の原点がここにある。

山城国への遷都の理由は三つある。第一は中央集権国家であるためには、大和を出る必要があったことだ（第三章末コラム参照）。第二は、大和国の水運の悪さである。大和川の輸送能力は限られており、大きな荷物は木津川から山越えしなくてはならなかった。第三は、平城京が立派すぎて高コストだったことだ。このころ、唐は衰退に向かい、新羅は内乱が相次ぎ日本に対して低姿勢だった。このために、大陸からの侵略を受ける可能性は減少し、大陸に積極的に打って出る理由もあまりなかった。むしろ、フロンティアは東国だった。

そうなると、巨大な常備軍を備える必要性は薄かったし、国際的評価を受けるための装置としての「鹿鳴館」的な首都の効用も減少した。大和を離れようという動きは、大津宮、難波京、恭仁京など何度もあったし、それらはよく似た動機を持っていたのだが、その集大成として長岡京や平安京への遷都があった。

長岡京の水運は理想的だったが、水害の危険が高かった。秦氏など渡来人たちの役割を強調する人もいるが、過大評価すべきではない。遷都後、秦氏が政権中枢を占めたわけでもない。また、水運にめぐまれた山城への遷都に伴い、難波京を陪都として維持する意味がなくなり、難波京では長岡京に大極殿を移転させられ、摂津識という特別なポストも廃止されて摂津守に置きかえられた。

宗教界では最澄《さいちょう》を重用した。山林にこもり修行し、鎮護国家を祈るということであるから、桓武天皇にとって好ましいものであることはいうまでもない。

東北経営は坂上田村麻呂《さかのうえのたむらまろ》の活躍で大いに進展した。陸奥按察使《あぜち》、陸奥守、鎮守《ちんじゅ》将軍、征夷大《せいいたい》将軍《しょうぐん》に任じられ、阿弖流為《あてるい》を降伏させた。その活躍により、朝廷の実質支配は胆沢《いさわ》城、志波《しわ》城など現在の岩手県南部まで及ぶようになった。田村麻呂はのちに右近衛大将・大納言にまで異例の昇進をし、清水寺《きよみずでら》を創建した。

主な出来事　即位（781）改元「延暦」（782）氷上川継伊豆に流される。藤原魚名失脚（782）長岡遷都（784）藤原種継暗殺。早良皇太子廃される（785）延暦寺創建（788）紀古佐美が蝦夷に敗れる（789）このころ『万葉集』完成（790）健児（こんでい）を徴集（792）摂津職を廃止（793）平安遷都（794）東寺、西寺、鞍馬寺創建。『続日本紀』（797）清水寺創建（798）漂流民が綿を伝える（799）早良皇太子に崇道天皇を追号。薩摩・大隅で班田実施（800）胆沢城に鎮守府を移転。富士山爆発で足柄路不通（802）遣唐使、最澄とともに帰国（805）**解説**　○高野新笠の母方は土師（はじ）氏の出だが、桓武天皇はこれも重んじ、やがて、菅原氏や大江氏となる。加賀前田家は菅原氏、長州毛利家は大江氏であるから、近代に至るまで隆盛を保ったということになる。○最澄は後漢の孝献帝に連なる渡来人の出身で、近江坂本で生まれ東大寺で具足戒を受けたが、比叡山に庵を設けて修行した。既存の仏教界にあっても高い評価を受けていたが、桓武天皇の命で第18回の遣唐使に随行し、天台宗を修めるとともに、密教の初歩も学んだ。**御名**　山部（やまべ）親王・日本根子皇統弥照（やまとねこすめろぎいやてり）天皇・柏原（かしわばら）帝・天国押撥御宇柏原（あめくにおしるしめしかしわばら）天皇　**御陵**　京都市伏見区桃山町永井久太郎の柏原陵（かしわばらのみささぎ）

第五一代

平城《へいぜい》天皇

在原業平の祖父だった情熱家

誕生・宝亀5年（774年）8月15日（父・桓武天皇　母・藤原良継女皇后乙牟漏）
践祚・大同元年（806年）3月17日（33歳　先代・父　桓武天皇）
退位・大同4年（809年）4月1日（36歳　次代・弟　嵯峨天皇）
崩御・天長元年（824年）7月7日（51歳）

『伊勢物語』のモデルとして知られる在原業平《ありわらのなりひら》が、平城天皇の孫であると知る人は少ないが、この家系には人妻である藤原薬子《ふじわらのくすこ》と不倫騒動を起こした天皇自身や、仏典を求めて天竺《てんじく》へ旅立った高岳《たかおか》親王など情熱的な人が多い。

平安京を創建した桓武天皇から皇位を引き継いだ平城天皇は、官司の統廃合や年中行事の停止、中・下級官人の待遇改善などを通じて民力休養に努めた。だが、健康に優れず、子の高岳親王を皇太子に立てることを条件に、同じ藤原良継の娘・乙牟漏《おとむろ》を母とする弟の神野《かみの》親王（嵯峨天皇）に譲位した。

そして、天皇が寵愛したのが、藤原薬子である。藤原縄主《ただぬし》の妻で三男二女の母だったが、長女が皇太子時代の平城天皇の宮女となったことをきっかけに宮中へ出入りし、不倫関係となった。桓武天皇はこれを許さず、薬子を追放したが、平城天皇が即位すると薬子は尚侍《ないしのかみ》となる。薬子は兄の藤原仲成《なかなり》とともに天皇を牛耳《ぎゅうじ》り、夫の縄主には大宰帥《だざいのそち》の地位を与えて九州へ送り、父である藤原種継に太政大臣を追贈させた。

平城天皇は、病気を理由に譲位したのち平城京に移ったが、健康の回復とともに藤原薬子とその兄の参議・藤原仲成にそそのかされ、重祚と平城京への還都を狙った。

だが、嵯峨天皇は平安京に留まっていた仲成を素早く殺害するなどして上皇方の動きを抑え、上皇自身は東国に逃れようとしたところを坂上田村麻呂に捕縛させた。ただし、上皇はそののちも手厚く遇されている。

主な出来事 即位。改元「大同」（806）参議を廃止し観察使を置く（807） **解説** ○高岳親王は皇太子を辞したあと出家し、空海の高弟となり、入唐した。しかし、「会昌の廃仏」の時期だったので成果がなく、天竺を目指したが、途中、マレー半島で死去したらしい。○在原業平は天皇の長子である阿保（あぼ）親王の子である。

御名 安殿（あて）親王・奈良（なら）帝・日本根子天推国高彦（やまとねこあめおしくにたかひこ）天皇　**御陵** 奈良市佐紀町の楊梅陵（やまもものみささぎ）

第五二代　嵯峨《さが》天皇

唐の文明に憧れ空海を後援する

誕生・延暦5年（786年）9月7日（父・桓武天皇　母・藤原良継女皇后乙牟漏）
践祚・大同4年（809年）4月1日（24歳　先代・兄　平城天皇）
退位・弘仁14年（823年）4月16日（38歳　次代・弟　淳和天皇）
崩御・承和9年（842年）7月15日（57歳）

「嵯峨」という地名にその名を残し、弘法大師（空海）や橘逸勢《たちばなのはやなり》とともに三筆《さんぴつ》の一人として数えられる知名度が高い天皇である。平安前期を代表する「弘仁《こうにん》文化の花が開いた」というと、唐風文化から国風文化に移行したように聞こえるが、嵯峨天皇は奈良時代の天皇以上に唐に憧れ、それを真似ようとした。

それまで「南殿《なでん》」といっていた建物を「紫宸殿《ししんでん》」と呼ぶようになったのはこの時代であるし、上皇となって住んだ嵯峨院（現在の大覚寺）の名も長安郊外の景勝地・嵯峨山にちなむ。

嵯峨天皇は桓武天皇の第二皇子で平城天皇と同母である。父である桓武天皇にかわいがられ、平城天皇の皇太子となった。

即位の翌年に起きた薬子の乱を手際よく平定したのちは、平安京を都として安定させた。宗教界では最澄が独自の戒壇の設置を願って奈良仏教界と対立し、空海が高野山を開き、讃岐に満濃池《まんのういけ》を築造したのもこのころだ。

「六衛府《りくえふ》」「検非違使《けびいし》」『弘仁格式《きゃくしき》』などが成立し、我が国の実情に合った制度の整備が進んだ。有力氏族の由来を記した『新撰姓氏録《しんせんしょうじろく》』が編まれたが、この記録のおかげで約二割が帰化人系であり、その大部分が漢族であることがわかる。また、死刑を廃止したことも特筆すべきことで、これは保元の乱まで続いた。

退位してからだが、御所の造営や遊興に多額の費用を消費した。

主な出来事 即位(809)改元「弘仁」。蔵人所の設置。薬子の乱。賀茂斎院設置(810)皇族に源姓賜る。『新撰姓氏録』『凌雲集』(814)高野山創建。検非違使を置く(816)『弘仁格式』(820)空海が満濃池築造。藤原冬嗣が勧学院創立(821)最澄死去(822)東寺を空海に与える。加賀国設置(823) **解説** ○『新撰姓氏録』によれば、「諸蕃(しょばん)」と呼ばれる帰化人系の士族のうち、「漢」が163氏、「百済」が104氏、「高麗(高句麗)」が41氏、「新羅」が9氏、「任那」が9氏。漢族の多くは百済経由とみられ、王仁博士、止利仏師など文化人や技術者の子孫、秦氏や漢氏(坂上田村麻呂など)などの氏族が含まれる。百済人は亡命者などが多い。「帰化人」とは統一国家成立後に帰化した者を指すので「渡来人」と言い換えるべきではない。○皇子が多かったので、源姓を与えて臣籍降下させたが、もっとも有名なのが、光源氏のモデルといわれ、六条河原院(現在の渉成園)や棲霞観(嵯峨釈迦堂清涼寺)を創った源融(とおる)である。その子孫からは渡辺(摂津)、松浦(肥前)、蒲池(筑後)などの各氏が出ている。○皇后は橘諸兄の曾孫である橘嘉智子(たちばなのかちこ)(檀林皇后) **御名** 神野(かみの)親王 **御陵** 京都市右京区北嵯峨朝原山町の嵯峨山上陵(さがのやまのえのみささぎ)

第五三代

淳和《じゅんな》天皇

東寺を空海に賜う

誕生・延暦5年（786年）（父・桓武天皇　母・藤原百川女旅子）
践祚・弘仁14年（823年）4月16日（38歳　先代・兄　嵯峨天皇）
退位・天長10年（833年）2月28日（48歳　次代・甥　仁明天皇）
崩御・承和7年（840年）5月8日（55歳）

平安京には奈良の諸大寺は移転を禁止され、羅城門の両側に東寺と西寺がシンメトリックに並ぶだけだった。このうち東寺を賜ったのが空海で、正式名を教王護国寺《きょうおうごこくじ》という。境内の南西にあった羅城門は横長の構造から風に弱く、九八〇年になくなったが、近くの場所に設けられた高塚口は都の南の玄関として扱われ、鳥羽《とば》・伏見《ふしみ》の戦いではここに錦《にしき》の御旗《みはた》が掲げられた。現代においても、東寺の五重塔は名神高速道路・大阪方面から京都の町に入るときのランドマークになっている。

もともと淳和天皇は、桓武天皇にとって最大の恩人である藤原百川（式家）の娘・旅子《たびこ》を母とする有利な立場にあったが、政治的野心に乏しかった。自ら臣籍降下を願い出たこともあったが、兄の嵯峨天皇の願いで皇太子になった。

皇后には、嵯峨天皇と橘《たちばなの》嘉智子《かちこ》皇后の娘である正子《せいし》内親王が当てられたし、上皇となった嵯峨にとって扱いやすい後継者だったのだろう。上皇の贅沢は認めるが、自分は大嘗祭《だいじょうさい》まで簡素化するなど節約に努め、上皇との関係もすこぶるよかったという。

藤原冬嗣《ふゆつぐ》（北家）が没し、藤原百川の子の緒嗣《おつぐ》が左大臣となった。右大臣・清原夏野《きよはらのなつの》のもとで『令義解《りょうのぎげ》』という公式の法令解釈書が編纂されたが、この書のおかげで我々は、原典が残っていない『大宝令』『養老令』なども含めた古代の法制度の全容を知ることかできる。

このころ、皇室の私有地というべき勅旨田《ちょくしでん》の設置が多く行われた。皇室自身が私有地を持つという、論理的にはおかしな制度であるが、律令制による税制からの財政収入が細るなかで、とりあえずは、皇室自身の経済基盤を救うものだった。

主な出来事 延暦寺に戒壇（８２２）即位（８２３）改元「天長」。神護寺創建。義真初代天台座主に。平城上皇崩御（８２４）藤原冬嗣が左大臣に（８２５）空海が綜芸種智院（しゅげいしゅちいん）創立（８２８）武蔵に勅旨田設置（８３０）藤原緒嗣を左大臣に（８３２）清原夏野右大臣らが『令義解』撰上（８３３）**解説** ○即位前や譲位後に住んだのが西院（西大路四条付近。淳和院ともいう）で、阪急電車の駅名として残っている。○もともと大伴（おおとも）という名だったために、古代からの名族大伴氏は天皇の即位を機に伴氏に改姓した。**御名** 日本根子天高譲弥遠（やまとねこあめたかゆずるいやとお）天皇・西院（さいいん）帝 **御陵** 京都市西京区大原野南春日町の大原野西嶺上陵（おおはらのにしのみねのえのみささぎ）

第五四代

仁明天皇《にんみょう》

小野小町を更衣としたとも言われる

誕生・弘仁元年（８１０年）（父・嵯峨天皇　母・橘清友女嘉智子）

践祚・天長10年（833年）2月28日（24歳　先代・叔父　淳和天皇）
退位（出家）・嘉祥3年（850年）3月19日（41歳　次代・皇子　文徳天皇）
崩御・嘉祥3年（850年）3月21日（41歳）

嵯峨天皇の皇后である橘嘉智子（檀林《だんりん》皇后）の人生は歴代皇后のなかでももっともドラマティックなもののひとつである。曾祖父は橘諸兄、祖父は奈良麻呂《ならまろ》。父の清友《きよとも》は「奈良麻呂の乱」で奈良麻呂が刑死したのちに生まれた。

だが、美貌であったことと、姻戚に当たる藤原冬嗣の支援で皇后となり、仁明天皇や正子内親王（淳和天皇皇后）の母となり、淳和天皇が躊躇するのを押してその子で自分の外孫に当たる恒貞《つねさだ》親王を皇太子とした。しかし嵯峨上皇の崩御があると、藤原良房《よしふさ》（冬嗣の子）は承和《じょうわ》の変によって伴健岑《とものこわみね》と橘逸勢《はやなり》などを排斥し、仁明天皇と藤原順子《じゅんし》（女御・皇太后、冬嗣の娘）の子である道康《みちやす》親王（文徳《もんとく》天皇）を皇太子に立てた。

嘉智子は仏教に深く帰依し、日本初の禅院である檀林寺を創建した。死後は遺骸を埋葬せずに放置し鳥獣の餌とするように遺言し、その場所が京福電鉄の駅がある「帷子辻《かたびらのつじ》」である。

承和の変に仁明天皇が自分の子に継がせたいという意図で関わりを持ったかどうかは不明である。天皇は聡明であらゆる芸に長じ、この時代に年中行事などの確立が進んだ。

実質的には最後といってよい第十九回の遣唐使が派遣された。二度の渡航失敗のあと、やっと渡海したが、このとき、同行したのが慈覚《じかく》大師・円仁《えんにん》で、その記録がライシャワーから世界三大旅行記のひとつと絶賛された『入唐求法巡礼行記《にっとうぐほうじゅんれいぎょうき》』である。

主な出来事 即位（８３３）改元「承和」（８３４）空海死去（８３５）観心寺創建（８３６）園城寺黄不動このころか。最後の遣唐使還る（８３９）『日本後紀』（８４０）橘逸勢死去。嵯峨上皇崩御。承和の変（８４２）円仁帰朝（８４７）改元「嘉祥」。山科安祥寺創建。藤原良房右大臣となる（８４８） **解説** ◯遣唐使の副使だった小野篁（おののたかむら）は大使との対立から渡海せず、隠岐に流された。篁は夜になると井戸を通って地獄に降り、閻魔大王に仕えたという伝説の持ち主で、京都東山の六道珍皇寺にその井戸といわれるものが残る。小野小町はこの篁と同族らしいが、一説によると仁明天皇の更衣だったともいう **御名** 正良（まさら）親王・日本根子天璽豊聡慧（やまとねこあまつみしるしとよさと）天皇（和風諡号を奉贈された最後の天皇）。御陵の場所から深草（ふかくさ）帝とも呼ばれた。 **御陵** 京都市伏見区深草東伊達町の深草陵（ふかくさのみささぎ）

第五五代

文徳《もんとく》天皇

木地師の元祖・惟喬親王の父

誕生・天長４年（８２７年）８月（父・仁明天皇　母・藤原冬嗣女順子）
践祚・嘉祥３年（８５０年）３月21日（24歳　先代・父　仁明天皇）
崩御・天安２年（８５８年）８月27日（32歳　次代・皇子　清和天皇）

木地師《きじし》は「手挽《てびき》ろくろ」という道具を使って、お椀などの木地を作る職人で、全国の山林に自由に旅行することや木を切ることが認められていた集団である。その元祖とされるのが文徳天皇の第一皇子で藤原冬嗣の娘・順子を母とする惟喬《これたか》親王だ。

文徳天皇は藤原良房の娘・明子《あきらけいこ》（女御）との間に生まれた惟仁《これひと》親王（清和天皇）を、生まれた年に立太子させたものの、できれば紀静子《きのしずこ》との子である惟喬親王を中継ぎでもよいから即位させようと望んだ。

だが、左大臣・源信《みなもとのまこと》も良房の権勢をおそれて賛成せず、天皇もあきらめざるをえなかった。

そののち、惟喬親王は近江や河内などに隠棲し、在原業平《ありわらのなりひら》などと交流した。

文徳天皇は、ほとんど独自性を発揮できないまま、良房を人臣初の太政大臣に任じた翌年に三十二歳にして急死した。藤原氏と縁の薄い皇族たちが次々と出家させられたのも、このころから始まった風潮である。

主な出来事　即位（850）改元「仁寿」（851）小野篁死去（852）円珍入唐（853）改元「斉衡」（854）奈良大仏仏頭落下。泉涌寺創建（855）檀林寺創建（856）改元「天安」。藤原良房太政大臣、源信左大臣（857）　**解説**　○近江鈴鹿山中の小椋庄（滋賀県東近江市蛭谷町）や君ケ畑（同市君ケ畑町）で、惟喬親王を祭神とする大皇器地祖（おおきみじそ）神社などを中心に全国の木地師たちが組織化された。○東大寺の大仏の頭部が地震で落ちたとか、陸奥で飢饉が起こり警備を強化したといった心配事が続いた。　**御名**　道康（みちやす）親王・田邑（たむら）帯　**御陵**　京都市右京区太秦三尾町の田邑陵（たむらのみささぎ）

第五六代

清和《せいわ》天皇

子孫から清和源氏が出る

誕生・嘉祥3年（850年）3月25日（父・文徳天皇　母・藤原良房女明子）

践祚・天安2年（858年）8月27日（9歳　先代・父　文徳天皇）

退位・貞観18年（876年）11月29日（27歳　次代・皇子　陽成天皇）

崩御・元慶4年（880年）12月4日（31歳）

古代にあって皇后は皇族出身の女性に限られていた時期があったが、藤原不比等の娘である光明《こうみょう》皇后が前例を打ち破った。一方、皇女が臣下に降嫁することもなかったのだが、嵯峨天皇はお気に入りの藤原良房に娘の潔姫《きよひめ》を与えた。ただし、いったん皇女に源《みなもと》姓を与えてからという形がとられた。

だが、良房はなまじ内親王を妻として側室も置かなかったため、子は娘の明子だけだった。これを文徳天皇の女御として得た外孫が清和天皇である。九歳で即位したので、良房は太政大臣として権力を握った。さらにその地位を確かなものにするために、孫の天皇に自分の兄・藤原長良《ながら》の娘である十八歳の高子《たかいこ》を入内《じゅだい》させた。

高子は情熱的な女性で、在原業平と恋に落ちたことは『伊勢物語』でも取り上げられたとおりだが、二十七歳のときに清和天皇の子を生んだ。これが貞明《さだあきら》親王（陽成《ようぜい》天皇）である。

大内裏朝堂院の正門である応天門《おうてんもん》が炎上し、この事件を利用し伴善男《とものよしお》や源信の追い落としに成功した藤原良房は、すでに天皇が成人していたにもかかわらず摂政に任命され、本格的な摂関政治が開始された。

この時代には富士山や薩摩の開聞岳《かいもんだけ》が噴火し、東北では大地震と津波があり（東日本大震災はほぼその再現だった）、大極殿が焼失、出羽で蝦夷が乱を起こし、大宰少弐《だざいのしょうに》が新羅と通じていたことが発覚した。

清和天皇はこうしたことに悩んで退位し、仏門に入ったが、無理な断食がたたり譲位の二年後には崩御した。

皇子のなかに貞純《さだずみ》親王があり、その子の六孫王《ろくそんおう》が臣籍降下して清和源氏の祖である源経基《つねもと》となった（陽成天皇から出ているという異説もあるが公式の系図を覆すほどではない）。王の邸跡と墓所は京都駅西側の新幹線高架近くにあり、六孫王《ろくそんのう》神社となっている。

主な出来事 即位。円珍帰朝。藤原良房摂政に（８５８）改元「貞観」（８５９）このころ石清水八幡宮創建（８６０）円仁死去（８６４）高岳親王マレー半島で死去（８６５）貞観地震と大津波。『貞観格式』撰上。『続日本後紀』（８６９）藤原良房死去。基経摂政に（８７２）開聞岳噴火（８７４）下総・出羽などで反乱。神護寺銅鏡（８７５）大極殿炎上。嵯峨院を大覚寺に（８７６）**解説** ○女御の高子は皇太后となったが、東光寺（真如堂周辺にあった）座主の善祐と恋に落ち称号をいったん剝奪された。○多賀城あたりにまで大被害を与えた貞観地震と津波のことを、もしも歴史家たちがもっと大きく扱っていたら、福島第一原発の事故はなかっただろう。富士山の貞観噴火では、富士五湖が今のような形になった。規模が小さかった宝永噴火でなく貞観噴火を前例に備えをすべきだ。○最澄に伝教大師の諡号が贈られ比叡山の権威が高まる一方、円珍（智証大師）が帰国して両界曼荼羅をもたらすなど天台宗の密教化が進んだ。**御名** 惟仁（これひと）親王、御陵の場所から水尾（みずのお）帝ともいう。**御陵** 京都市右京区嵯峨水尾清和の水尾山陵（みずのおやまのみささぎ）

第五七代

陽成《ようぜい》天皇

乱行で廃位されたが退位してからは元気に

誕生・貞観10年（８６８年）12月16日（父・清和天皇　母・藤原長良女高子）
践祚・貞観18年（８７６年）11月29日（９歳　先代・父　清和天皇）
退位・元慶８年（８８４年）２月４日（17歳　次代・光孝天皇）
崩御・天暦３年（９４９年）９月29日（82歳）

『神皇正統記《じんのうしょうとうき》』や『愚管抄《ぐかんしょう》』といった書物にも、陽成天皇が若くして退位したのは、乱行によるものと書かれていてだいたい支持されている。乳母《めのと》であった紀全子《きのまたこ》の子、源益《すすむ》が内裏で殺害される事件があったが、天皇によって殴殺されたとも噂された。

即位のときには九歳。退位したのは十七歳。母后である藤原高子とその兄で摂政となった基経が実際の権力を争い、対立を深めた結果ともいえる。たびたび譲位を口にし、国政の遂行にも支障があるというので、基経が御所の外に花見を口実に連れ出し譲位させたらしい。

ただし、帝位から離れて気楽になったおかげか、上皇になって六十五年も生きた。歴代天皇でも殿様でも、地位を離れれば元気になることは多い。

主な出来事 即位。改元「元慶」（８７７）藤原保則（やすのり）、小野春風（はるかぜ）に出羽の蝦夷反乱を鎮圧させる（８７８）大極殿完成。『文徳実録』（８７９）在原業平死去。清和上皇崩御（８８０）高岳親王の訃報届く（８８１） **解説** ○退位ののち後継天皇となった光孝天皇の娘・綏子（すいし）内親王（釣殿宮）と結婚し、彼女に詠んで与えた「つくばねの峰よりおつる　みなの川　恋ぞつもりて　淵となりぬる」という歌が百人一首に収められている・ **御名** 貞明（さだあきら）親王 **御陵** 京都市左京区浄土寺真如町の神楽岡東陵（かぐらがおかのひがしのみささぎ）

第五八代 光《こう》孝《こう》天皇

謙虚な人柄が買われて突然の即位

誕生・天長7年（830年）（父・仁明天皇　母・藤原総継女沢子）
践祚・元慶8年（884年）2月4日（55歳　先代・陽成天皇）
崩御・仁和3年（887年）8月26日（58歳　次代・皇子　宇多天皇）

「君がため　春の野に出でて　若菜つむ　わが衣手に　雪はふりつつ」という歌が百人一首に収められている。この作者が光孝天皇（時康《ときやす》親王）である。

かつて廃太子された恒貞親王が打診されたり、嵯峨天皇の第一二男である源融《みなもとのとおる》が自薦したりしたが、結局、謙虚で自分から皇位を求めるようなそぶりもなかった時康親王にお鉢が回ってきた。藤原基経《もとつね》と母同士が姉妹だったことも有利に働いた。仁明天皇の皇子で中務卿《なかつかさきょう》や式部《しきぶ》卿《きょう》など多くの官職を歴任しており、諸親王の筆頭とされていた。

こうした経緯から光孝天皇は、基経に大政を委任する詔を発し、実質的には基経は関白も同然のこととなった。鷹狩りを復活させたとか、親王時代に相撲司別当を務めていた縁で相撲を奨励したという。

聡明で学問を好み、容姿は閑雅《かんが》、謙虚な人柄だったという。

主な出来事　即位。藤原基経を実質的に関白に（884）改元「仁和」（885）源定省（みなもとのさだみ）皇族復帰・立太子（887）

解説　○外祖父の総継（ふさつぐ）は魚名（うおな）の孫で紀伊守だった。四条家の祖である。

御名　時康（ときやす）親王・小松（こまつ）帝

御陵　京都市右京区宇多野馬場町の後田邑陵（のちのたむらのみささぎ）

第五九代

宇《う》多《だ》天皇

臣籍降下ののちに即位

誕生・貞観9年（867年）5月5日（父・光孝天皇　母・桓武天皇仲野親王女班子女王）
践祚・仁和3年（887年）8月26日（21歳　先代・父　光孝天皇）
退位・寛平9年（897年）7月3日（31歳　次代・皇子　醍醐天皇）
崩御・承平元年（931年）7月19日（65歳）

いちど臣籍降下したのちに登極した先例として、最近の皇位継承論争で旧宮家からの復帰可能性とからめて引用されることが多い天皇である。源氏の姓を賜って源定省《みなもとのさだみ》を称したが、もともと高齢だった光孝天皇が、即位後、三年にして重い病気となったので、皇族に復帰し、その翌日、崩御の当日になってあわただしく立太子し、宇多天皇として践祚《せんそ》した。

英明であっただけでなく、基経の妹である藤原淑子《よしこ》の猶子《ゆうし》であったことも有利に働いたとみられる。治世の前半において、基経をはじめて正式の関白《かんぱく》とした。

「宜しく阿衡《あこう》の任を以て、卿の任となすべし」という詔が政治的実権を否定するものだと基経がごねて紛議になった「阿衡事件」で、基経に屈辱的な詔の撤回を強いられた。

これに懲りて、基経の死後は、菅原道真《すがわらのみちざね》を登用して、藤原時平《ときひら》を牽制させた。第二〇回の遣唐使を予定したが、大使に予定された菅原道真の「唐も衰えているので必要ない」との建議で取りやめた。

国司に一国内の租税納入を請け負わせる国司請負などによって律令制の再構築を図り、「滝《たき》口《ぐち》の武士」（清涼殿《せいりょうでん》警護を担当。御溝水《みかわみず》の落ち口近くに詰め所があったことから名付けられた）の創設などを行い「寛平《かんぴょう》の治」といわれた。

多くの女御のなかには藤原基経の娘である温子《おんし》もいたが内親王しか得られず、内大臣・藤原高藤《たかふじ》の娘が生んだ敦仁《あつぎみ》親王（醍醐《だいご》天皇）を皇太子とした。その同母弟の敦実《あつみ》親王からは宇多源氏が出て、近江源氏の佐々木氏、あるいは公家の庭田《にわた》・綾小路《あやのこうじ》・五辻《いつつじ》・大原・慈光寺家となって栄えた。

主な出来事　即位。関白の詔（８８７）阿衡の紛議事件。新羅大乱（８８８）改元「寛平」。高望王、平氏に（８８９）四方拝の始まり（８９０）円珍死去。藤原基経死去（８９１）遣唐使派遣停止（８９４）源融死去（８９５）勧修寺創建（８９６）鞍馬寺毘沙門天像（８９７）**解説**　○画家の巨勢金岡（こせのかなおか）をして御所に絵を描かせるなど庇護し大和絵確立を助けた。○光孝天皇が皇位につく前に住んだ邸宅を勅願寺である仁和寺とし、譲位後にはここに「御室」（おむろ）と呼ばれる僧坊を建てて住んだのが地名となり、付近に工場があった「オムロン」の名の起源にもなっている。現在の金堂は江戸時代の紫宸殿を移したもの。皇室とのつながりの深い寺で、終戦時に近衛文麿は昭和天皇が退位された場合の住まいとして下見までした。○遣唐使の廃止といわれるが、派遣を停止しているうちに唐が滅びて自然消滅したというのが正しい。**御名**　定省（さだみ）親王・亭子院（ていじいん）帝　**御陵**　京都市右京区鳴滝宇多野谷の大内山陵（おおうちやまのみささぎ）

第六〇代
醍醐《だいご》天皇
菅原道真を追放するが祟りを恐れて復権させる

誕生・仁和元年（885年）1月18日（父・宇多天皇　母・藤原高藤女胤子）
践祚・寛平9年（897年）7月3日（13歳　先代・父　宇多天皇）
退位・延長8年（930年）9月22日（46歳　次代・皇子　朱雀天皇）
崩御・延長8年（930年）9月29日（46歳）

京都東山の裏側に広がる盆地が山科《やましな》である。その勧修寺《かじゅうじ》を創建したのが醍醐天皇であるが、この地が母方の祖母の誕生した地だったからだ。『今昔物語』によると、のちに内大臣となった藤原高藤が鷹狩りのおり雷雨に遭って、郡司の邸で一夜を過ごし、その娘と結ばれて生まれたのが、宇多天皇の女御となった胤子《いんし》という。

外祖父の高藤の系統は藤原北家の本流ではないが、「勧修寺流」と呼ばれ、甘露寺、坊城の各家、さらには関東管領《かんれい》上杉家もこの系統に属する。この家系からは島津重豪《しげひで》の側室で斉宣《なりのぶ》の母であるお千万《ちま》も出ているから、近代の島津家やその姻戚の名門につながる。

醍醐天皇が誕生したとき、父の宇多天皇はまだ臣籍降下したままだったから、醍醐天皇も源維城《これざね》という名だった。醍醐天皇が十三歳で即位したとき、宇多上皇は『寛平御遺誡《かんぴょうのごゆいかい》』を与えて心構えを説き、菅原道真らを重用することを求めた。

藤原時平を左大臣、菅原道真を右大臣とし、摂関を置かず親政を行っていたので「延喜《えんぎ》の治」として「聖代」といわれた。だが、急進的に中央集権を図る道真と時平の対立が深まり、道真は娘婿である斉世《ときよ》親王（宇多上皇の子）を皇太弟に立てようとしているという讒言《ざんげん》を受けて大《だ》宰権帥《ざいのごんのそち》として追放された。

ところが、道真の死後に、皇子が次々と死に、清涼殿に落雷して公卿たちが死傷したので、道真の祟りだと恐れた天皇は罪を赦《ゆる》した（のちに、贈正一位太政大臣となった）。清涼殿への落雷から怨霊は雷神と結びつけられ、北野天満宮を建立し祟りを鎮めた。

時平も、最初の荘園整理令を出すなどした。また、『六国史《りっこくし》』の最後を飾る『三代実録』（清和・陽成・光孝の三帝を扱う）は道真によって編纂が進められ、時平が完成した。その時平も三十九歳で死んで、弟だが宇多法皇に近かった忠平《ただひら》が政権を担った。

大陸では、契丹《きったん》の侵攻によって渤海が滅びたが、最後の渤海使がやってきたのがその六年前。滅亡の翌年にも、契丹が建てた東丹国《とうたんこく》が渤海使を名乗って送ってきたが、追い返した。

最初の勅撰和歌集である『古今和歌集』が紀貫之《きのつらゆき》によって撰上された。明治以前は、『万葉集』より『古今集（古今和歌集の略称）』が重視され、古典文学のバイブルとして扱われた。『伊勢物語』や『竹取物語』が成立したのもこのころのようである。

主な出来事　即位（８９７）改元「昌泰」（８９８）宇多上皇が法皇に（８９９）改元「延喜」。道真を大宰権帥に左遷。『三代実録』（９０１）荘園整理令（９０２）道真死去（９０３）宇多法皇が仁和寺に移る（９０４）『古今和歌集』（９０５）『延喜格』撰上。法皇が熊野行幸。唐が滅ぶ（９０７）時平死去（９０９）藤原利仁（芥川龍之介の『芋粥』で知られる）が下野の群盗を鎮圧。高麗建国（９１８）孔雀献上（９１９）渤海使朝貢（９２０）空海に弘法大師号（９２１）改元「延長」。道真復権（９２３）契丹が渤海を滅ぼす（９２６）『延喜式』（９２７）東丹使を斥ける（９３０）

解説　○前田利家は道真の子孫と称し、ゆかりの梅鉢を家紋とした。公家の唐橋、清岡、桑原、五条、高辻、東坊城も菅原氏の系統である。○藤原基経の娘で中宮だった穏子は、朱雀天皇の生母だが、やはり彼女の生んだ康子内親王は藤原師輔の後妻となり、その子である藤原公季の末は閑院流藤原氏といわれ、三条、徳大寺、西園寺家などに分かれて近代まで栄えた（鳥羽天皇の項参照）。○渤海からもたらされた貂（てん）の毛皮は、平安貴族たちに最高のファッションとしてもてはやされた。**御名** 敦仁（あつぎみ）親三 **御陵** 京都市伏見区醍醐古道町の後山科陵（のちのやましなのみささぎ）

第六一代 朱雀《すざく》天皇

承平・天慶の乱を収める

誕生・延長元年（923年）7月24日（父・醍醐天皇　母・藤原基経女穏子）
践祚・延長8年（930年）9月22日（8歳　先代・父　醍醐天皇）
退位・天慶9年（946年）4月20日（24歳　次代・弟　村上天皇）
崩御・天暦6年（952年）8月15日（30歳）

菅原道真の祟りは、醍醐天皇の皇太子で、藤原時平の妹である穏子《おんし》が生んだ保明《やすあきら》親王の命を奪い、その子で皇太子となった慶頼《やすより》王も五歳で死んだ。だが、穏子は三十九歳で寛明《ゆたあきら》親王を生み、幾重にも張られた几帳《きちょう》のなかで育てた。これが、朱雀天皇である。大事に育てられたためか穏和でやや影の薄い天皇だったようだ。

この時代は、叔父でもある藤原忠平《ただひら》が摂政、ついで関白として補佐したが、関東では平将門《たいらのまさかど》の乱、西国では藤原純友《すみとも》の乱が勃発した（承平《じょうへい》・天慶《てんぎょう》の乱）。将門は桓武平氏で高望《たかもち》王の孫、純友は藤原基経を大叔父としていた。

朝廷は純友を懐柔して時間を稼ぎつつ、平国香《くにか》の子の平貞盛《さだもり》や藤原秀郷《ひでさと》（魚名の子孫）を使って将門を滅ぼした。そのうえで純友を鎮圧にかかった。

このころは、恩賞や官位を餌にすれば地方勢力を抱き込むことは容易だったのである。当時、中級貴族は国司として赴任して蓄えをしたものだが、土佐守だった紀貫之が帰京の模様を『土佐日記』に記した。

また、小野道風《おののとうふう》は見事な和風の墨跡を残し、空也《くうや》上人が念仏を説いて都人の共感を得た。

朝鮮半島では、新羅を滅ぼした高麗が、二年後に朝貢してきたが、朝廷はこれを拒んでいる。

天皇は反乱や天変地異に嫌気がさして、同母弟の成明《なりあきら》親王（村上天皇）に譲位し、仁和寺《にんなじ》に住んだ。

主な出来事　即位。藤原忠平摂政に（930）改元「承平」。宇多法皇崩御（931）このころ『士佐日記』。平将門が国香を殺す。高麗が新羅を滅ぼす（935）高麗が朝貢を請うが許さず（937）改元「天慶」（938）将門が「新皇」を称す。藤原純友反乱す（939）将門死す（940）純友死す（941）**解説**　◯将門は一族で争い、さらに武蔵介源経基（六孫王）と争い、謀反を朝廷に報告されたが、このときは申し開きが認められた（清和源氏の歴史への初登場）。だが、翌年に至り常陸国府を襲撃して印璽を奪い、武蔵守・百済貞連と争っていた武蔵守・興世王に「ここまで来れば関東で朝廷と対決せざるをえない」と吹き込まれて、ついには「新皇」を名乗り、関東の大部分を支配下とした。◯純友は伊予掾（いよのじょう）という高官として海賊の取り締まりに当たっていたが、ミイラ取りがミイラになる形で海賊の首領に祭り上げられてしまった。宇和島に近い日振島を本拠に瀬戸内地方全域を荒らし、将門の乱と同じ時期に摂津で反乱を起こした。一時、大宰府まで陥落したが、態勢を立て直した小野好古、大蔵春実（秋月氏の祖）、橘公頼、橘遠保（楠木正成の祖という）らに討伐させた。**御名**　寛明（ゆたあきら）親王　**御陵**　京都市伏見区醍醐御陵東裏町の醍醐陵（だいごのみささぎ）

第六二代

村上《むらかみ》天皇

「天暦の治」として理想化される

誕生・延長4年（926年）6月2日（父・醍醐天皇　母・藤原基経女皇后穏子）
践祚・天慶9年（946年）4月20日（21歳　先代・兄　朱雀天皇）
崩御・康保4年（967年）5月25日（42歳　次代・皇子　冷泉天皇）

源氏のうちで武士として成功したのは清和源氏だが、公家として残ったのは村上源氏で、足《あし》利義満《かがよしみつ》に奪われるまでは「源氏氏長者《うじのちょうじゃ》」であった。その創始者は村上天皇の第七皇子で、文化人として「中書王《ちゅうしょおう》」と褒め称えられた具平《ともひら》親王の子・源師房《もろふさ》である。

師房の姉は平等院を創った藤原頼通《よりみち》の正室だったので、頼通の猶子となり、正室は藤原道長《ふじわらのみちなが》の娘・尊子《たかこ》だった。道長は師房をかわいがり、摂関家を継がせてもよいというまで評価した。師房は右大臣となり、その子孫は摂関家との友好関係のもとで、近代まで続いている。

天皇の治世は「天暦《てんりゃく》の治」といわれ、後世において理想化された。藤原忠平の死後、摂関を置かずに親政が行われたからである。貴族たちの封禄を減らすとか、常平倉《じょうへいそう》を設けて物価対策に取り組んだり、「皇朝十二銭」の最後である「乾元大宝《けんげんたいほう》」が鋳られたりしたので、のちによいイメージがあるのだろう。

だが、積極的な政策はみられず、内裏焼亡という災難もあった。平安京が建設されてからはじめてのことだった。

天皇は歌人としても優れ、『後撰集《ごせんしゅう》』の編纂を下命したし、琴や琵琶《びわ》の名手でもあった。

中国はこのころ五代十国の時代だが、浙江省《せっこう》の杭州《こうしゅう》を首都とする地方政権だった呉越国《ごえつ》が朱雀天皇の時代から交流を求めてきた。しかし朝廷はこれを断った。治世の終わりごろになって宋《そう》が成立した。

院号でなく天皇の称号を諡号《しごう》としたのは、村上天皇が最後で、それが復活するのは江戸時代後期の光格天皇のときである。

主な出来事　即位（９４６）改元「天暦」。このころ呉越が盛んに交易を求めるも謝絶。北野天満宮創建（９４７）陽成法皇崩御（９４９）醍醐寺五重塔（９５１）朱雀法皇崩御（９５２）干魃で飢饉（９５６）改元「天徳」（９５７）最後の皇朝十二銭である乾元大宝（９５８）紫宸殿前に橘を植える（９５９）藤原師輔死去。内裏焼亡。このころ空也が六波羅蜜寺創建（９６０）改元「応和」（９６１）改元「康保」。紫宸殿前に桜を植える（９６４）源高明が右大臣。良源が天台座主に（９６６）

解説　〇久我、中院、土御門、堀川、北畠、岩倉、植松、梅渓、愛宕、久世、千種、東久世、六条家などが村上源氏である。武家でも赤松、奥平、名和などが名乗っている。〇藤原忠平の死後は、その息子である実頼（小野宮流）、師輔（九条流）兄弟が政権の中枢にあった。官位などは実頼が上だが、師輔の娘・中宮安子（あんし）が憲平親王（冷泉天皇）、為平親王、守平親王（円融天皇）、選子内親王（大斎院）などを成したので、のちに本流はそちらに移った。

御名　成明（なりあき）親王。「村上」は御陵の在所から。

御陵　京都市右京区鳴滝宇多野谷の村上陵（むらかみのみささぎ）

第六三代

冷泉天皇《れいぜい》

紫宸殿での即位礼となった元祖

誕生・天暦４年（９５０年）５月24日（父・村上天皇　母・藤原師輔女安子）

践祚・康保４年（９６７年）５月25日（18歳　先代・父　村上天皇）

退位・安和２年（９６９年）８月13日（20歳　次代・弟　円融天皇）

崩御・寛弘８年（１０１１年）10月24日（62歳）

歴代天皇のなかには英邁《えいまい》な君主も多いが、奇行が伝えられている帝王もいる。近親結婚が多いのも理由だろうが、内裏の狭い空間のなかで暮らし、緊張を強いられる儀式の連続であることも関係しているかもしれない。陽成天皇もこの冷泉天皇も退位後にはすっかり生気を取り戻した。

冷泉天皇は村上天皇の第二皇子だったが、第一皇子の広平《ひろひら》親王には後ろ盾がなかったのに対し、藤原師輔《もろすけ》の娘で中宮の安子を母としていたので、生まれてすぐに立太子された。だが、少年時代から、一日中、鞠《まり》を天井の梁《はり》に蹴り上げるのに熱中したとか、病床にあるときや火事で避難する牛車《ぎっしゃ》のなかでも大声で歌い続けていたなどという。

そこで、藤原実頼《さねより》は、大極殿で行うべき即位式を内裏のなかの紫宸殿で簡単にすませることにしたが、これが先例となって昭和天皇のときまで続けられた。

また、政務も心許《こころもと》ないというので、実頼が関白となったが、天皇の行状から早期の交代は必須と考えられ、後継者として同母の為平《ためひら》親王と守平《もりひら》親王（円融《えんゆう》天皇）が浮上した。だが、実頼と弟の右大臣・師尹《もろただ》（姉小路《あねがこうじ》家の祖）は、為平親王の義父が左大臣・源高明《たかあきら》（醍醐天皇皇子）であることを嫌い、「安和《あんな》の変」を起こして高明を大宰府に流した。

主な出来事 即位。藤原実頼が関白に（967）改元「安和」（968）安和の変（969） **解説** ○守平親王の義父はすでに死んでいた師輔であるが、源高明も師輔の娘婿であり、単なる摂関家による他家排除ではない。藤原道長の二人の妻の一人も高明の娘だ。○朱雀帝皇女の昌子（しょうし）内親王を中宮とするが子はなかった。○冷泉天皇は62歳まで長生きして多くの子をなし、皇位は円融天皇の系統と交代で継いだ。花山（かざん）天皇（生母・藤原伊尹の娘・懐子）と三条天皇（生母・藤原兼家の娘・超子。道長の恩人）は冷泉天皇の皇子であり、男系では円融天皇の系統が勝利したが、女系の曾孫である後三条天皇を通じて現在の皇室にもつながっている。

御名　憲平（のりひら）親王。「冷泉」は現在の二条城の東北にあった院の御所で嵯峨天皇の「冷然院」に由来する。**御陵**　京都市左京区鹿ヶ谷法然院町の桜本陵（さくらもとのみささぎ）

第六四代　円融《えんゆう》天皇

中国では宋が中国統一

誕生・天徳3年（959年）3月2日（父・村上天皇　母・藤原師輔女安子）
践祚・安和2年（969年）8月13日（11歳　先代・兄　冷泉天皇）
退位・永観2年（984年）8月27日（26歳　次代・甥　花山天皇）
崩御・正暦2年（991年）2月12日（33歳）

石庭で有名な龍安寺《りょうあんじ》は、もともと円融天皇が法皇として住んだ円融院を徳大寺家の祖である藤原実能《さねよし》が山荘としてその一角に徳大寺を営み、さらに、その山荘を譲られた細川勝元《ほそかわかつもと》が創建したものだ。

円融天皇が兄である冷泉天皇から譲位されたときは十一歳で、藤原実頼《さねより》を摂政としていた。実頼の死後は、母である安子《あんし》の兄弟間の争いが激しくそれに悩まされた。

まず摂政となったのは長兄の藤原伊尹《これただ》だが、その死後は、有能な弟・兼家《かねいえ》が有力だった。しかし、次兄の兼通《かねみち》は妹の中宮安子から「将来、摂関たることとあれば、必ず兄弟の順序で」との書き付けを手に入れており、天皇はそれに従わざるをえず、兼通を関白にした。

さらに兼通は死の直前に参内を強行して、実頼の子である頼忠《よりただ》を後継者にした。兼通の娘・媓子《こうし》を皇后とし、その死後は、頼忠の娘・遵子《じゅんし》を中宮に立てた。だが、いずれも子がなかったのに対し、兼家の娘・詮子《せんし》（女御・のちに皇太后）が懐仁《やすひと》親王（一条天皇）を生んだ。それでも、兼家への冷遇は続いたので、兼家は詮子と懐仁親王を里帰りさせて不満を表した。

結局、師貞《もろさだ》親王（花山《かざん》天皇）に譲位して懐仁親王が東宮に立てられた。円融天皇は摂関家に振り回され続けたが、一条天皇が即位したのちは、天皇の実父として一定の影響力を持った。

主な出来事 即位（969）改元「天禄」。藤原伊尹摂政に。源満仲が現在の兵庫県川西市に多田院を創る（多田源氏の始まり）（970）藤原兼通関白に（972）改元「天延」（973）改元「貞元」。内裏焼亡。大地震（976）藤原頼忠が関白に（977）改元「天元」（978）石清水行幸。宋が中国を統一（979）内裏焼亡。『宇津保物語』（980）天皇のおこり（マラリアの発作）を良源（りょうげん）（元三大師）が鎮める（981）改元「永観」（983） **解説** ○内裏が二度も焼失し、地震で平安京に大きな損害が出た。比叡山では中興の祖といわれる良源が活躍し、壮麗な根本中堂が落成した。 **御名** 守平（もりひら）親王 **御陵** 京都市右京区宇多野福王子町の後村上陵（のちのむらかみのみささぎ）

第六五代

花山《かざん》天皇

西国三十三箇所巡りの元祖

誕生・安和元年（968年）10月26日（父・冷泉天皇　母・藤原伊尹女懐子）
践祚・永観2年（984年）8月27日（17歳　先代・叔父　円融天皇）
退位・寛和2年（986年）6月23日（19歳　次代・従弟　一条天皇）

崩御・寛弘5年（1008年）2月8日（41歳）

西国三十三箇所の霊場というのがあって、普通には那智青岸渡寺《なちせいがんとじ》から始まり、美濃国の華厳《けごん》寺《じ》で終わる。西国というのは、関東からの巡礼者が多かったためだ。ルーツは奈良時代にあるが、忘れられていたのを復興したのが花山法皇である。法皇は巡礼の途中で気に入った摂津三《さん》田《だ》市の東光山に十年以上も隠棲していた。

花山天皇は父である冷泉帝の譲位とともに、叔父・円融天皇の皇太子となった。即位後は、藤原頼忠が関白だったが、最大の実力者は外祖父・藤原伊尹の息子で、花山天皇の叔父に当たる義懐《よしちか》と、乳母の子である藤原惟成《これしげ》だった。荘園整理令の発布、貨幣流通の活性化などの方策がとられたが、突然の出家で懐仁親王（一条天皇）が即位し、その外祖父である兼家一門の全盛期となった。

よく言えば感性豊かな天皇で、深く信頼された側近の一人に陰陽師《おんみょうじ》・安倍晴明《あべのせいめい》がいる。

主な出来事　即位。荘園整理令(984)改元「寛和」。円融上皇出家。良源死去。『往生要集』(985)　**解説**　○出家の引き金となったのは、深く愛していた女御・藤原忯子(しし)が妊娠中に死んだことである。嘆きが大きかったのにつけ込み、蔵人(くろうど)として天皇の側にあった兼家の子の道兼(みちかね)が、自分も一緒に出家すると騙し、山科の元慶寺(花山の麓)に連れ出し出家させたうえで、自分は逃げ出したという。このとき護衛をしたのが、清和源氏三代目の源満仲であった。○安倍晴明は占いのために天文学を習得し、その副産物として数学的素養があった。これを生かして、財務官僚として活躍し、播磨守にもなった。堀川一条の屋敷跡にある晴明神社は近年、大賑わいである。○天皇家の祭祀を司っていた伯家神道(白川流神道)の家元・白川伯王家は、花山天皇の子孫で、明治になって子爵となった。**御名**　師貞(もろさだ)親王。「華山天皇」と表記されていたこともある。**御陵**　京都市北区衣笠北高橋町の紙屋上陵(かみやのほとりのみささぎ)

第六六代

一条天皇《いちじょう》

『源氏物語』と『枕草子』の宮廷

誕生・天元3年(980年)6月1日(父・円融天皇　母・藤原兼家女東三条院詮子)

践祚・寛和2年(986年)6月23日(7歳　先代・従兄　花山天皇)

退位・寛弘8年(1011年)6月13日(32歳　次代・従兄　三条天皇)

崩御・寛弘8年(1011年)6月22日(32歳)

「我、人を得たること延喜《えんぎ》・天暦《てんりゃく》に越えたり」と一条天皇が誇ったように、藤原道長《みちなが》という大宰相を筆頭に、藤原行成《ゆきなり》、公任《きんとう》、斉信《なりのぶ》、源俊賢《としかた》という「四納言《しなごん》」と呼ばれた閣僚たち、清少納言、紫式部、和泉式部といった才女たちなどが宮廷に集い、高い水準の統治が行われ、王朝文化が咲き誇ったのがこの時代である。

本来ならもう少し成長してから即位するべきだが、外祖父の藤原兼家は強引に花山天皇を退位させて、わずか七歳の孫を登極させ、皇太子には花山天皇の弟で兼家の外孫でもある居貞《おきさだ》親王(三条天皇)を立てた。

兼家は摂政となり、子供たちもとんとん拍子に昇進して、それまでの冷遇を一気に取り戻した。兼家の死後も、長男の道隆《みちたか》が関白となり、その死後は、三男の道兼《みちかね》が継ぐがわずか七日で死去し、五男の道長が姉で天皇の生母の詮子の助けで内覧《ないらん》となった。

道長は中宮であった定子《ていし》を一条天皇の皇后とし、娘の彰子《しょうし》を中宮とする、一帝二后（それまでは時間差があって同時ではなかった）の先例となった。この定子に仕えたのが清少納言で、彰子の家庭教師役だったのが紫式部である。

彰子の生んだ敦成《あつひら》親王（後一条《ごいちじょう》天皇）が三条天皇の皇太子となった。

道長と一応の友好関係を保った穏和な天皇であったが、内心忸怩《じくじ》たるところはあったらしく、遺品から「三光明ならんと欲し、重雲を覆ひて大精暗し」という書き付けが出てきたので道長はこれを焼き捨てたという。

比叡山では慈覚大師・円仁と智証《ちしょう》大師・円珍《えんちん》の派閥が争っていたが、ついに、智証大師派は三井寺（園城寺）に移り、以後、両者の争いは朝廷にとっても頭の痛い問題となる。

主な出来事 即位。藤原兼家が摂政に。嵯峨清凉寺釈迦像（９８６）改元「永延」（９８７）尾張守・藤原元命（もとなが）の悪政が領民から訴えられる（９８８）改元「永祚」（９８９）改元「正暦」。藤原道隆が摂政に（９９０）円融法皇崩御（９９１）山門・寺門分裂（９９３）改元「長徳」。藤原道長が内覧に（９９５）源満仲死去（９９７）改元「長保」（９９９）定子が皇后、彰子が中宮に。このころ『枕草子』（１０００）改元「寛弘」（１００４）このころ『和泉式部日記』。安倍晴明死去（１００５）興福寺宗徒強訴（１００６）花山法皇崩御（１００８）内裏焼亡（１００９）

解説 ○定子には敦康親王があったが、定子の父・道隆の正室の実家である高階氏の血筋を口実に排斥された、高階氏は、斎宮・恬子内親王が在原業平に誘惑されてできた子を養子にとったことがあったといわれる。○道長のライバルは道隆の子である伊周（これちか）だったが、色恋沙汰をめぐるトラブルで従者が放った矢が花山法皇の袖を通す事件を起こし、大宰府に追放された。

御名 懐仁（やすひと）親王 **御陵** 京都市右京区竜安寺朱山の円融寺北陵（えんゆうじのきたのみささぎ）

第六七代

三条天皇《さんじょう》

緑内障と道長の横暴に悩まされる

誕生・貞元元年（976年）1月3日（父・冷泉天皇　母・藤原兼家女超子）
践祚・寛弘8年（1011年）6月13日（36歳　先代・従弟　一条天皇）
退位・長和5年（1016年）1月29日（41歳　次代・後一条天皇）
崩御・寛仁元年（1017年）5月9日（42歳）

平安時代は日記文学が盛んで、藤原道長自身も『御堂関白記《みどうかんぱくき》』を残しているが、もっとも史料的価値が高いと評価されているのが、藤原実資《さねすけ》の『小右記《しょうゆうき》』である。

三条天皇は二十五年も東宮として待たされて三十六歳で即位したものの、病気、とくに眼病に悩んだ。緑内障の症状が推定され、さらに、インド原産の呵梨勒《かりろく》や水銀系の丹薬など副作用の多そうな薬をずいぶん使ったらしい。

母は藤原兼家の娘・超子《ちょうし》（女御・贈皇后宮）であるから道長の甥にあたる。さらに、道長は次女の妍子《けんし》（中宮）を入内《じゅだい》させたものの内親王の誕生しかなかった。そこで三条天皇は、長男である敦明《あつあきら》親王を生んだ藤原娍子《せいし》（師尹《もろただ》の孫、済時《なりとき》の娘）を皇后としたので、道長は立号式と同じ日に妍子の参内をぶつけて公卿たちの出席を妨害した。

結局、三条天皇は失明し、孤立し、敦明親王の立太子を条件に譲位して間もなく崩御した。

紫式部の『源氏物語』の存在がはじめて記録に残るのがこの時代である。

主な出来事 即位。冷泉上皇崩御（1011）改元「長和」（1012）道長の東三条院焼亡（1013）道長摂政に（1016）**解説** ○藤原実資は、冷泉・円融帝時代に活躍した実頼の孫で、本来の宗家である小野宮流の惣領だが、閨閥形成で実頼の弟である師輔を祖とする九条流に敗れた。それでも、学識豊かな硬骨漢として尊敬され右大臣となった。『小右記』とは「小野宮右大臣日記」の略であり、982～1032年の分が残っているので、朝廷で起きた出来事を今日の我々も詳細に知ることができる。○『紫式部日記』の寛弘5年（1008年）11月1日に、「わか紫」や「源氏」の記述があることから、この日を『源氏物語』が記録のうえで確認できた日として「源氏物語千年紀」が祝われている。○百人一首にある「心にも　あらでうき世に　ながらへば　恋しかるべき　夜半の月かな」は、退位の際に詠んだ歌である。**御名** 居貞（おきさだ）親王 **御陵** 京都市北区衣笠西尊上院町の北山陵（きたやまのみささぎ）

第六八代

後一条天皇《ごいちじょう》

藤原道長の全盛期と清和源氏の静かな勃興

誕生・寛弘5年（1008年）9月11日（父・一条天皇　母・藤原道長女上東門院彰子）
践祚・長和5年（1016年）1月29日（9歳　先代・三条天皇）
退位・長元9年（1036年）4月17日（29歳　次代・弟　後朱雀天皇）
崩御・長元9年（1036年）4月17日（29歳）

「この世をば　わが世とぞ思ふ　望月の　欠けたることも　なしと思へば」と藤原道長が詠んだのは、後一条天皇のもとに三女の威子《いし》を入内させ、立后の祝いの宴を開いたときのことで、「一家立三后」になった喜びの歌である。

後一条天皇は妃を皇后以外に置かず、二十九歳で崩御したあとは、弟で皇太子になっていた敦良《あつなが》親王（後朱雀天皇）に引き継がれた。天皇の即位とともに道長が摂政となったが、翌年には子で二十六歳の頼通《よりみち》に譲った。ただし、道長はなお十年以上存命して権力をふるい続けた。

この時代の大事件は刀伊《とい》の入寇《にゅうこう》である。女真《じょしん》族とみられる海賊が壱岐・対馬から筑前まで荒らし回ったのに対して、大宰権帥《だざいのごんのそち》・藤原隆家《たかいえ》が九州の豪族を率いて撃退した。

道長は壮麗な法成寺《ほうじょうじ》（鴨沂《おうき》高校付近）を造営し、そこで死んだ。世界遺産になっている宇治《うじ》上《がみ》神社の社殿はこのころの貴重な遺産で、現存神社建築として最古のものであり、『源氏物語』の世界を生で感じさせてくれる。

このころ、道長側近として活躍したのが、源頼光《みなもとのよりみつ》（摂津源氏の祖）と頼信《よりのぶ》（河内源氏の祖）の兄弟である。頼光は道長の土御門第の新築祝いに豪華な調度を贈ったことで知られるが、そののち代々、内裏警備を担当する滝口の武士たちのリーダーとして活躍し、その子孫から源平時代の源頼政《よりまさ》が出る。

主な出来事　即位。藤原道長摂政に。土御門第焼亡（１０１６）改元「寛仁」。藤原頼通が摂政に。三条法皇崩御。敦明親王が皇太子辞す（１０１７）刀伊入寇（１０１９）法成寺無量寿院（１０２０）改元「治安」。源頼光死去（１０２１）改元「万寿」（１０２４）道長死去。改元「長元」。平忠常の乱（１０２８）比叡山と三井寺争う（１０３５）

解説　○後一条天皇即位時に皇太子になっていた三条天皇の敦明親王は、早くに東宮を辞退し、小一条院（准太上天皇）となっていた。諦めがいいとか、道長の横車とみることが普通だろうが、親王は後一条帝より14歳も年上で、即位の見通しが立たなかったのだから、現実的判断をしたともいえる。道長は娘の寛子（かんし）を小一条院に与えて遇した。○刀伊の襲来への藤原隆家らの活躍に対して、朝廷に法に則った指示を求めなかったことが問題にされ、十分な恩賞を与えられなかったという指摘があって『日本国紀』などで取り上げられて有名になった。朝廷の形式主義のほか、隆家が道隆の子で何かと反抗的な人物だったことも影響したというが、朝廷のだらしなさは誇張されているという指摘もある。隆家の子孫は、水無瀬（みなせ）・七条・町尻・桜井・山井などの公家となり、肥後の菊池氏もその子孫と称する。○関東では平忠常（千葉・畠山氏の祖）が反乱を起こした。平直方が討伐を命じられたが果たせず、源頼信がこれを収めた。直方は頼信の子である頼義(よりよし)を娘婿とし、このとき領地だった鎌倉を婚資とした。北条氏は直方の子孫とされる。

御名 敦成(あつひら)親王　**御陵** 京都市左京区吉田神楽岡町の菩提樹院陵(ぼだいじゅいんのみささぎ)

第六九代

後朱雀《ごすざく》天皇

比叡山と三井寺の争いに悩む

誕生・寛弘6年(1009年)11月25日(父・一条天皇　母・藤原道長女上東門院彰子)
践祚・長元9年(1036年)4月17日(28歳　先代・兄　後一条天皇)
退位・寛徳2年(1045年)1月16日(37歳　次代・皇子　後冷泉天皇)
崩御・寛徳2年(1045年)1月18日(37歳)

比叡山延暦寺と園城寺《おんじょうじ》(三井寺《みいでら》)という天台宗の二大寺院の争いが、平安時代から鎌倉時代にかけて最大級の政治問題であったというのは、現代人からはおよそ理解不能である。三井寺にも戒壇を認めるかどうかとか、天台座主《ざす》を山門派(延暦寺)の独占とするか寺門派(三井寺)にも認めるかといった問題が政治中枢を巻き込んでいったのである。

後朱雀天皇の即位前年から退位の年までの十年だけの出来事だけでも、園城寺三尾明神《みおみょうじん》の祭りに延暦寺僧徒が乱入、園城寺僧徒が延暦寺の山上坊舎を焼く、延暦寺僧徒が寺門派明尊《みょうそん》の天台座主任用を不満として入京し奏状を出すなどという事件があり、少しのちには頼通邸である高陽院《かやのいん》に延暦寺僧徒が放火までしている。

これが最大の政治問題にまでなったのは、ひとつには、常備軍が事実上不在のなかで、京都周辺では両寺の僧兵が最大武装集団であるという現実が存在したことで、その状態の解消には源平の台頭を待たねばならなかった（その後も大勢力であり続けたが）。もうひとつは、両寺に膨大な荘園があることから皇室や摂関家の子供たちにとって魅力的な「天下り先」であり、政治中枢にある高僧たちの係累を巻き込んだ経済戦争でもあったことだ。

この時代、頼通が関白を務めた。後朱雀天皇には道長は娘・嬉子《きし》を入内させていたが、皇太子となった親仁親王《ちかひと》（後冷泉天皇《ごれいぜい》）を生んだあとすぐに死去。皇后となったのは尊仁親王《たかひと》（後三条天皇）を生んだ禎子内親王《ていし》（三条天皇皇女）で、道長の孫娘でもあるが、娍子《げんし》（一条天皇の孫）入内などで後朱雀天皇と頼通との関係は悪化していた。そして、重病となった天皇は頼通の異母弟である能信《よしのぶ》（源高明の娘・明子《めいし》が母）と協力して尊仁親王を次期皇太子に遺命して意地を示した。

主な出来事 即位。このころ藤原公任『和漢朗詠集』(1036)改元「長暦」(1037)改元「長久」。荘園整理令(1040)改元「寛徳」(1044) **解説** ○最澄(伝教大師)が唐に渡ったときに通訳を務めた義真(初代天台座主)という僧がいた。唐で同じ師から学んだことから最澄の弟子というより弟分に近い存在であった。そして、最澄の直弟子から円仁(慈覚大師)が、義真の弟子から円珍(智証大師)が出て、教義のわずかな違いと派閥争いが相まって、智証大師派は比叡山を下りて三井寺に拠った。○天台座主の問題は深刻で、公家社会の序列もあって、三井寺側の高僧を座主にしなくてはいけないような場合もあったが、比叡山は入山を認めず、とりあえず就任だけして短期で辞めるといった現実的な解決も行われた。○延暦寺の力はよく知られているが園城寺(三井寺)についてはそれほどでもない。だが、京都周辺でも実相院、聖護院、円満院といった門跡寺院を持つし、大文字送り火で知られる如意ヶ岳(によいがたけ)も三井寺の寺領でそのまま大津の境内につながっていた。比叡山と対立すれば三井寺に庇護されるしかなく、戦国時代には蓮如（れんにょ）もその勢力圏に逃げ込んでいる。○頼通はあの定子（ていし）の忘れ形見である敦康（あつやす）親王の娘・嫄子（げんし）（中宮）を養女として入内させたが皇子は得られなかった。**御名** 敦良（あつなが）親王 **御陵** 京都市右京区竜安寺朱山の円乗寺陵（えんじょうじのみささぎ）

第七〇代

後冷泉《ごれいぜい》天皇

末法の世となり前九年の役が起きる

誕生・万寿2年（1025年）8月3日（父・後朱雀天皇　母・藤原道長女嬉子）
践祚・寛徳2年（1045年）1月16日（21歳　先代・父　後朱雀天皇）
崩御・治暦4年（1068年）4月19日（44歳　次代・弟　後三条天皇）

宇治平等院の鳳凰堂《ほうおうどう》と、その本尊である定朝《じょうちょう》作の阿弥陀如来《あみだにょらい》は、王朝文化の完成形を示す。唐が衰えて積極的に学ぶものがなくなって百年以上経ち、宋の文化からの吸収が始まるには時間があるという時代にあって、京都の優しい自然と融け合った優美な国風文化の結実がここにみられるのである。

後冷泉天皇の時代がそれ以前の時代ほど活写されないのは、『小右記』（日記）を書いた藤原実資が死んでしまったのが理由だ。もちろん、頼通が半世紀に及ぶ独裁政権を率いて君臨していたが、お坊ちゃまらしく無理をしなかったためでもある。

東北では、前九年の役が起きた。陸奥国の衣川《ころもがわ》柵以北では、帰順した蝦夷の族長らによるある程度の自治が認められていたが、そのうち安倍頼良《あべのよりよし》の勢力伸長をみかねた陸奥守・藤原登任《なりとう》が攻撃を仕掛けたが失敗し、後任に源頼義が送り込まれた。

紆余曲折《うよきょくせつ》があるが、頼義は出羽国仙北《せんぼく》（秋田県）の俘囚《ふしゅう》であった清原光頼《きよはらみつより》の力を借りて、頼良の子である貞任《さだとう》や、藤原経清《つねきよ》を厨川柵《くりやがわ》（盛岡）で滅ぼした。このあと、頼義は伊予守に転出させられ、貞任の弟である宗任《むねとう》を同行した。安倍晋三首相はその子孫だとされている。

当時の人々は、永承《えいしょう》七年（一〇五二年）から末法に入ったと信じていたが、たしかに現世への不安はますます高まっていった。

主な出来事 即位。「寛徳の荘園整理令」（１０４５）改元「永承」（１０４６）天台座主・明尊を比叡山が拒否（１０４８）興福寺と国司が戦う（１０４９）前九年の役始まる。日野法界寺創建（１０５１）改元「天喜」。平等院鳳凰堂（１０５３）新立荘園を停止（１０５５）改元「康平」。大極殿・内裏焼亡（１０５８）このころ『更級日記』（１０６０）安倍貞任滅びる（１０６２）鶴岡八幡宮の始まり（１０６３）改元「治暦」（１０６５）春日神社神木入京（１０６６）藤原教通が関白に（１０６８） **解説** ○後冷泉天皇には章子内親王（後一条天皇皇女）、藤原寛子（頼通の娘）、藤原歓子（頼通の弟・教通の娘）と三人の后妃が同時に立てられた。他に類例のないことだ。 **御名** 親仁（ちかひと）親王 **御陵** 京都市右京区竜安寺朱山の円教寺陵（えんきょうじのみささぎ）

◎上皇（退位後も存命した天皇等）一覧

御代	名	御代	名	御代	名
41	持統①	74	鳥羽	北1	光厳④
43	元明	75	崇徳	北2	光明④
44	元正	77	後白河	北3	崇光④
45	聖武	78	二条	北4	後光厳④
46	孝謙	79	六条	北5	後円融
47	淳仁②	80	高倉	100	後小松
49	光仁	82	後鳥羽		後崇光院⑤
51	平城	83	土御門	102	後花園
52	嵯峨	84	順徳	106	正親町
53	淳和	85	仲恭②		陽光院⑥
56	清和		後高倉院③	107	後陽成
57	陽成	86	後堀河	108	後水尾
59	宇多	88	後嵯峨	109	明正
61	朱雀	89	後深草	111	後西
63	冷泉	90	亀山	112	霊元
64	円融	91	後宇多	113	東山
65	花山	92	伏見	114	中御門
66	一条	93	後伏見	115	桜町
67	三条	95	花園	117	後桜町
69	後朱雀	96	後醍醐	119	光格
71	後三条	98	長慶		慶光院⑦
72	白河	99	後亀山	126	（明仁）

①称号成立以前②明治以降に天皇として認められる③後堀河父④北朝⑤後花園父⑥後陽成父⑦光格父

コラム：上皇と院政

大化の改新で皇極天皇が弟の孝徳天皇に譲位するまで、天皇の生前における退位はなかったが、外国では帝王の譲位とか臣下への禅譲もあるということが知られるようになってきた。とくに、唐では高祖《こうそ》が太宗《たいそう》に譲位していたので、それを真似たのではないかと思われる。

大宝律令において太上天皇の称号が定められ、それを上皇と略すことが多いのだが、その第一号は持統天皇である。天皇より上皇の権限が強くなったのは、白河天皇が皇太弟だった異母弟の死をきっかけとするクーデターによって、実子で六歳の堀河天皇を即位させいわゆる院政を始めたことによる。

これ以降、院政の主体になるような上皇・法皇を「治天の君」ともいうが、公式の用語ではない。

いままで何人の上皇がいたのか。数え方にはいろいろあるが、微妙なものとしては、①太上天皇の肩書きが正式でなかった時代の皇極天皇、②廃位されたのちしばらく存命だった淳仁天皇と仲恭天皇(明治以降に歴代天皇に加えられた)、③北朝の五人の上皇、④帝位に就いたことのない四人の上皇（天皇の実父）がいる。

今回の譲位後の明仁天皇については、法律上、上皇であって太上天皇の略ではない。

第七一代

後三条天皇《ごさんじょう》

荘園の整理など摂関政治に挑戦

誕生・長元7年（1034年）7月18日（父・後朱雀天皇　母・三条天皇皇女陽明門院禎子内親王）
践祚・治暦4年（1068年）4月19日（35歳　先代・兄　後冷泉天皇）
退位・延久4年（1072年）12月8日（39歳　次代・皇子　白河天皇）
崩御・延久5年（1073年）5月7日（40歳）

小一条院の東宮辞退により冷泉《れいぜい》系は皇位から遠ざけられたが、円融《えんゆう》系も人材不足に陥っていた。とりあえず後冷泉天皇の弟である尊仁親王が立太子したものの、藤原頼通は歴代の東宮が伝領する「壺切《つぼきり》の剣」も与えないほどで登極の見通しは不透明だった。だが、後冷泉天皇が皇子に恵まれないまま崩御したので、形勢逆転した。

藤原摂関家を外祖父として持たない久々の天皇といわれるが、道長の曾孫であって縁は深い。頼通・教通《のりみち》兄弟には疎んじられたものの、彼らの異母兄弟である能信（母が源高明の娘）に支援されていたが、能信は即位に先立つこと三年前に死んだ。

関白には、道長の遺言を守るようにと上東門院《じょうとうもんいん》彰子が主張して教通がなったが、師実《もろざね》までのつなぎとみる頼通と、自分の子である信長《のぶなが》を関白にしたい教通が対立し、摂関家の強いリーダーがいなかったので、天皇は主導権をとりやすかった。

藤原能長《よしなが》（能信の養子）、源師房《もろふさ》（頼通の猶子）らに助けられ、平安後期最高の知識人だった大江匡房《まさふさ》を重用した。それに、即位したのが三十五歳だから、十分に実務についての知識も備わっていた。

延久の荘園整理令では、記録荘園券契所《けんけいじょ》を設置して実務面から徹底を図り、違法なものは古い荘園でも整理の対象にした。また、「絹布の制」など新しい税制の創出、延久宣旨枡《えんきゅうせんじます》による度量衡の整備、物価安定策としての估価法《こかほう》の制定など高い水準の政策展開が実現した。

治世はわずか四年であったが、歴代でも賢帝の一人と評価されている。

このころ、北宋では王安石《おうあんせき》が政権につき改革を試みていた。朝廷は正式の国交を持とうとはしなかったが、僧などが渡航した。そのうち大雲寺《だいうんじ》の成尋《じょうじん》は宋の皇帝からも重んじられ、日本へ多くの経典などを送って大陸の状況を知らしめた。

主な出来事 即位（1068）改元「延久」。寛徳以後新立荘園停止。記録荘園券契所設置。宋で王安石の改革（1069）延久宣旨枡を制定（1072） **解説** ◯いずれ廃太子になるだろうと皆が思ったのか皇太子妃にさえことかき、東宮大夫の能信が自分の養女・茂子（もし）（閑院流公成の娘）を入内させたほどだった。中宮は馨子（けいし）内親王（後一条天皇皇女）だったが、茂子との間に貞仁（さだひと）親王（白河天皇）があり、娘の聡子内親王の女房だった源基子（きし）（小一条院敦明親王の孫）との間に実仁（さねひと）親王、輔仁（すけひと）親王をもうけた。 **御名** 尊仁（たかひと）親王 **御陵** 京都市右京区竜安寺朱山の円宗寺陵（えんしゅうじのみささぎ）

第七二代

白河天皇《しらかわ》

院政の創始者

誕生・天喜元年（1053年）6月19日（父・後三条天皇　母・藤原公成女茂子）
践祚・延久4年（1072年）12月8日（20歳　先代・父　後三条天皇）
退位・応徳3年（1086年）11月26日（34歳　次代・皇子　堀河天皇）
崩御・大治4年（1129年）7月7日（77歳）

「天下三不如意《てんかさんふにょい》」として鴨川の水、双六《すごろく》の賽《さい》、山法師（比叡山僧兵）をあげた天皇であり、院政の創始者である。

中宮であった藤原賢子《ふじわらのけんし》を深く愛し、重病となっても御所からの退出を許さず、遺骸を抱いて号泣した。天皇が穢《けが》れにふれてはならないと注意されたが、「例はこれよりこそ始まらめ」と聞かなかった。賢子は村上源氏で藤原道長の孫でもある源顕房《あきふさ》（師房と、道長の娘・尊子の子）の娘で、藤原師実の養女である。

治世の初期に藤原頼通、教通、上東門院《じょうとうもんいん》（一条天皇中宮彰子《しょうし》）などが死去し、師実が関白となったものの天皇を抑えるような実力はなかった。政治家として修羅場をくぐり抜けてきた道長以前の摂関家とは違うものになっていたのである。

白河天皇は受領《ずりょう》たちの寄進を当てに、岡崎に法勝寺《ほっしょうじ》を創建し、鳥羽には離宮を建設した。法勝寺には八角九重塔が建築されたが、その高さは八一メートルもあった。現在の京都市動物園のあたりである。

だが、天下不如意のひとつにあげられた山法師と三井寺の紛争はますますエスカレートし、興福寺《こうふくじ》の僧兵も藤原鎌足の墓がある多武峯《とうのみね》（談山神社）を襲うなど暴虐が続いた。

東北では前九年の役による安倍氏滅亡のあと勢力を伸ばした清原氏の内紛に、陸奥守・源義《よし》家《いえ》がつけ込み、清原氏を滅ぼし、藤原清衡《きよひら》の覇権を助けた（後三年の役）。

このころ、高麗王が自らの病を治すために医師の派遣を求めてきたが、失敗すると恥辱だという理由で断るなど、宋との交流にも消極的な立場がとり続けられた。

皇太子には、父である後三条上皇により異母弟の実仁《さねひと》親王があてられ、その次には輔仁《すけひと》親王が皇位につくことが予定されていた。だが、実仁親王は十五歳で死去した。これを機会に、白河天皇は、実子である善仁《たるひと》親王（堀河天皇）を皇太子とし、その日のうちに譲位した。

主な出来事 即位（１０７２）改元「承保」。藤原頼通死去（１０７４）比叡山と三井寺争う。藤原師実が関白に（１０７５）改元「承暦」。法勝寺供養（１０７７）宋の書状が大宰府に（１０７８）比叡山僧徒強訴（１０７９）改元「永保」。興福寺僧徒が多武峯を襲う。比叡山僧徒が三井寺を焼く（１０８１）後三年の役。法勝寺九重塔（１０８３）改元「応徳」（１０８４） **解説** ○鳥羽離宮は現在の名神高速道路京都南インターチェンジのあたりにあって、朱雀大路の延長線上であり、水運も利用できる経済上の要地でもあった。歴代の上皇がここに滞在することを好み、南北朝の戦乱で荒廃するまで重要な施設だった。方除（かたよ）けの神様として知られる城南宮（じょうなんぐう）はその名残である。 **御名** 貞仁（さだひと）親王・六条（ろくじょう）帝 **御陵** 京都市伏見区竹田浄菩提院町の成菩提院陵（じょうぼだいいんのみささぎ）

郵便はがき

1 5 0 - 8 4 8 2

お手数ですが
切手を
お貼りください

東京都渋谷区恵比寿4-4-9
えびす大黑ビル
ワニブックス 書籍編集部

お買い求めいただいた本のタイトル

本書をお買い上げいただきまして、誠にありがとうございます。
本アンケートにお答えいただけたら幸いです。
ご返信いただいた方の中から、
抽選で毎月5名様に図書カード(1000円分)をプレゼントします。

ご住所 〒 TEL(　　-　　-　　)	
(ふりがな) お名前	
ご職業	年齢　　歳 性別　男・女
いただいたご感想を、新聞広告などに匿名で使用してもよろしいですか?　(はい・いいえ)	

※ご記入いただいた「個人情報」は、許可なく他の目的で使用することはありません。
※いただいたご感想は、一部内容を改変させていただく可能性があります。

●この本をどこでお知りになりましたか?(複数回答可)

1. 書店で実物を見て　2. 知人にすすめられて
3. テレビで観た(番組名：　)
4. ラジオで聴いた(番組名：　)
5. 新聞・雑誌の書評や記事(紙・誌名：　)
6. インターネットで(具体的に：　)
7. 新聞広告(　新聞)　8. その他(　)

●購入された動機は何ですか?(複数回答可)

1. タイトルにひかれた　2. テーマに興味をもった
3. 装丁・デザインにひかれた　4. 広告や書評にひかれた
5. その他(　)

●この本で特に良かったページはありますか?

［　］

●最近気になる人や話題はありますか?

［　］

●この本についてのご意見・ご感想をお書きください。

［　］

以上となります。ご協力ありがとうございました。

第七三代

堀河天皇《ほりかわ》

僧兵の横暴と源平の勃興

誕生・承暦3年（1079年）7月9日（父・白河天皇　母・源賢子）
践祚・応徳3年（1086年）11月26日（8歳　先代・父　白河天皇）
崩御・嘉承2年（1107年）7月19日（29歳　次代・皇子　鳥羽天皇）

政略結婚の多かったこの時代、妃が年上であることは珍しくなかったが、堀河天皇の中宮である篤子《とくし》内親王は、後三条天皇の皇女であるから、天皇にとっては叔母に当たり、十九歳も年上だった。

子供のときからすばらしい女性だと憧れ、この人を妻としたいと思っていたのだそうだ。実際、たいへん仲は睦《むつ》まじかったというが、子供を得ることは期待できず、白河院の生母・茂子《もし》の姪である藤原（閑院流《かんいんりゅう》）苡子《いし》を女御として宗仁《むねひと》親王（鳥羽天皇）を得た。

政治の実権は父の白河法皇のもとにあり、いわゆる院政が始まっていたが、延暦寺、興福寺などの僧兵が争い、あるいは、春日神社の神木や日吉大社の神輿を擁して院などに強訴《ごうそ》を繰り返した。こうした動きは越前気比《けひ》神社など地方にも広まった。

治安の悪化に対して院も対策が必要となり、北面《ほくめん》の武士《ぶし》という護衛兵を置くこととなり、ここから平正盛《まさもり》・忠盛《ただもり》親子が力を伸ばしていった。

白河上皇は各地を巡礼したが、熊野にも御幸し、それ以降の熊野詣での大ブームに火をつけた。大江匡房は晩年、大宰権帥をつとめ、大宰府天満宮を創建した。

主な出来事 即位。白河上皇の院政始まる。藤原師実が摂政に（1086）改元「寛治」（1087）上皇が熊野行幸（1090）改元「嘉保」（1094）このころ北面の武士を置く（1095）上皇出家。改元「永長」。石山寺本堂（1096）改元「承徳」。『扶桑略記』（1097）改元「康和」。法親王創設。藤原忠実が内覧に（1099）改元「長治」（1104）改元「嘉承」。このころ僧徒の争乱が相次ぐ。源義家が死去（1106）**解説** ○後三年の役について源義家が恩賞を求めてきたが、朝廷はこれを「私闘」であるとし、むしろ、義家が勝手に戦いのために税を使って国庫へ納めなかったことを責めた。だが、陸奥での功績を評価されて一度限りだが昇殿が認められたり、一方、本拠地である河内で兄弟の紛争があった際は武装しての入京を禁じられたり、次男の義親が出雲で追討されたりと、評価は揺れ動いた。○堀河天皇臨終の様子は乳母の子で典侍だった藤原長子の『讃岐典侍日記』に詳しいが、風邪をこじらせて肺炎になってしまったらしい。三種の神器のひとつである八尺瓊勾玉（やさかにのまがたま）を胸に当てたりしたが効果がなく、ひどく苦しみながら崩御した。**御名** 善仁（たるひと）親王 **御陵** 京都市右京区竜安寺朱山の後円教寺陵（のちのえんきょうじのみささぎ）

第七四代

鳥羽《とば》天皇

祖父・白河法皇の横暴に振り回される

誕生・康和5年（1103年）1月16日（父・堀河天皇　母・藤原実季女苡子）
践祚・嘉承2年（1107年）7月19日（5歳　先代・父　堀河天皇）
退位・保安4年（1123年）1月28日（21歳　次代・皇子　崇徳天皇）
崩御・保元元年（1156年）7月2日（54歳）

鳥羽天皇の即位に際しては、生母の兄である閑院流（のちに三条、徳大寺、西園寺など各家となる）の藤原公実《きんざね》が摂政を望み白河法皇も迷ったが、白河院別当の源俊明《としあき》が「四代もの間、諸大夫として仕えた者が今摂関を望むとは」と反対し、摂関家嫡流から師通の長男である忠実《ただざね》が就任した。

道長子孫の本流が本人の能力にかかわらず摂関となる慣習が確立する一方、ここが大事なところだが、実力の反映でなくなったことで当然ながら摂関の実質的な権威は低下した。忠実も政治力に欠け、白河法皇に押されっぱなしだった。挽回のために荘園拡大を図ったが、脇が甘く、上野国《こうずけ》での五〇〇〇町歩という広大な荘園取得において、院による取り消し勧告を受け入れ面目を失った。

さらに、白河法皇は藤原公実の遺児で、法皇の愛妾・祇園女御《ぎおん》に育てられた藤原璋子《しょうし》（待賢門院《たいけんもんいん》）を忠実の子である忠通に娶《めあわ》そうとした。だが、璋子の発展家ぶりを知っていた忠実はこれを断った。そこで、法皇は自分の孫の鳥羽天皇に中宮として押しつけた。このことで、忠実は法皇に疎まれ内覧を剝奪されて宇治に引き籠もる羽目になった。璋子は法皇の胤《たね》と噂された顕仁親王《あきひと》（崇徳天皇《すとく》）や雅仁親王《まさひと》（後白河天皇）など四人の親王を生んだ。

あいかわらず、比叡山の僧兵たちの横暴は続いたが、強訴を防ぐために出動する源氏や平氏の武士たちはよく働き、その地位を向上させていった。ただし、鳥羽天皇の時代には、源氏が義家の弟や子供たちの内紛でふるわなかったのに対し、平氏は清盛《きよもり》の祖父・正盛が、出雲で反乱を起こした源義親《よしちか》（義家の次男）を討つなどして勢力を伸ばした。摂関家とともに発展した源氏に代わって、院政に取り入った平氏が優位に立ったのである。

主な出来事 即位（1107）改元「天仁」。平正盛が源義親を誅す。源平で比叡山の僧徒を抑える（1108）改元「天永」（1110）改元「永久」（1113）白拍子の始まり。金の建国（1115）検非違使が三井寺強訴を防ぐ（1116）改元「元永」。宋に返書。毛越寺（もうつうじ）の庭園（1118）改元「保安」（1120）『大鏡』。藤原忠通が関白に（1121） **解説** ○「清華家（せいがけ）」は「五摂家」に次ぐ名門公家である。村上源氏の久我、藤原師実の子から分かれた花山院、大炊御門の両家、一条家分家の醍醐、八条宮智仁親王の子が臣籍降下した広幡と、三条、徳大寺、西園寺、今出川（菊亭ともいう。西園寺分家）の各家だが、最後の四家は藤原師輔の十男だった公季の子孫で閑院流と呼ばれる。幕末から明治にかけての活躍で、三条、徳大寺、西園寺の三家がいずれも公爵となったので、平安時代から千年近くの時間をかけて公季の兄・藤原兼家の子孫である五摂家に肩を並べたわけである。○近衛天皇を生んだのは、白河院の近臣・藤原長実（魚名流。光孝天皇生母と同系）の娘で美貌で知られた得子（美福門院）で、近衛天皇即位時に皇后になった。藤原忠実の娘である泰子も譲位後だが皇后になっている（近衛天皇の項参照）。○奥州では、藤原三代の初代・清衡（きよひら）、二代・基衡（もとひら）のもとで平泉が繁栄した。○京では田楽が流行り、身分を超えて市民たちは街頭で踊り狂い不安を紛らわした。 **御名** 宗仁（むねひと）親王 **御陵** 京都市伏見区竹田内畑町の安楽寿院陵（あんらくじゅいんのみささぎ）

第七五代

崇徳《すとく》天皇

白河院から鳥羽院に政権交代して窮地に

誕生・元永2年（1119年）5月28日（父と鳥羽天皇　母・藤原公実女待賢門院璋子）
践祚・保安4年（1123年）1月28日（5歳　先代・父　鳥羽天皇）
退位・永治元年（1141年）12月7日（23歳　次代・弟　近衛天皇）
崩御・長寛2年（1164年）8月26日（46歳）

「表向きは誰それの子だが実は別人の子」といった話は歴史上いくらでもある。島津家始祖の惟宗忠久《これむねただひさ》が源頼朝の隠し子であったと子孫が称しているなどその一例である。荒唐無稽なものも多いし、嘘か真実か確認しようのないケースもある。だが、崇徳天皇が白河法皇の子であることは、『待賢門院璋子の生涯』（角田文衞・朝日新聞社）などでも知られるように記録からもほとんど疑いようがない。

鳥羽天皇は数えで十五歳のときに祖父・白河法皇のお手つきの女性と結婚させられ、そのあとも祖父と妻との関係は続いて、十七歳で身に憶えのない子の父親にさせられ、二十一歳で五歳のその子（崇徳天皇）に皇位を譲らせられたのだから悔しさは格別だっただろう。

だが、その六年後には祖父の白河法皇が崩御したので、鳥羽上皇の院政が始まり、こんどは、崇徳天皇が惨めな思いをすることになる。二十三歳にして二十歳も年下で美福門院を母とする異母弟の体仁《なりひと》親王（近衛《このえ》天皇）に譲位させられたのである。

しかも、ここに摂関家での忠実、忠通、頼長の親子兄弟三つどもえの争いが絡んで、ついには、保元《ほうげん》の乱となるのだが、それは、のちのことである。

崇徳天皇の時代は、白河院政の最後期であり、鳥羽院政の初期である。引き続き悩みのたねとなったのは僧兵たちの横暴で、京では市街戦まで繰り広げられた。

このころ、平忠盛《ただもり》が白河千体観音堂の工事での功績で内裏に武士として初めて昇殿を許された。備前守として海賊討伐に成功し、肥前の神埼荘で院の権威を盾に大宰府を出し抜いて日宋貿易を実施するなどして、公家たちに比べて遜色《そんしょく》ない地位を固めていった。

主な出来事 即位。比叡山の強訴を平忠盛・源為義（ためよし）撃退（１１２３）改元「天治」。中尊寺金色堂（１１２４）法皇・上皇が熊野へ（１１２５）改元「大治」。白河法皇の殺生禁断で魚網の放棄が命じられる（１１２６）宋が南遷（１１２７）藤原清衡死去（１１２８）白河法皇崩御。鳥羽院政開始（１１２９）改元「天承」（１１３１）改元「長承」。忠盛に昇殿許す（１１３２）改元「保延」（１１３５）比叡山僧徒が三井寺を焼く。西行（さいぎょう）出家（１１４０）改元「永治」（１１４１）**解説** ○藤原忠通の娘である聖子（せいし）が中宮となったが、二人の間に子供はなかった。○延暦寺で衆徒たちが座主覚慶を朝廷に弱腰だとして追放し、僧兵たちは御所に突入を図って市街戦になった。高野山では鳥羽上皇から座主に任命された覚鑁（かくばん）が改革路線に反対する勢力から拒否されて根来寺（ねごろじ）で新義真言宗を開いた。興福寺別当と衆徒が争い、検非違使が派遣された **御名** 顕仁（あきひと）親王。讃岐（さぬき）院とも呼ばれた。**御陵** 香川県坂出市青海町の白峯陵（しらみねのみさざぎ）

第七六代

近《この》衛《え》天皇

鳥羽上皇最愛の貴公子だが病弱で早世

誕生・保延５年（１１３９年）５月18日（父・鳥羽天皇　母・藤原長実女美福門院得子）
践祚・永治元年（１１４１年）12月７日（３歳　先代・兄　崇徳天皇）
崩御・久寿２年（１１５５年）７月23日（17歳　次代・兄　後白河天皇）

「五摂家《ごせっけ》」というのは、藤原頼通の玄孫である忠通からすべて始まっている。この忠通一家と鳥羽上皇一家のファミリードラマが、保元の乱から始まる源平争乱の主因だった。このあたりは、皇室だけでなく摂関家の人間関係も頭に入れないと中途半端な理解になる。

家族関係はややこしいが、藤原忠実家では父と長男（忠通）、次男（頼長）の争い、鳥羽天皇家では前妻（待賢門院）と後妻（美福門院《びふくもんいん》）と前妻の長男（崇徳天皇）、四男（後白河天皇）、次男の子（二条天皇）、それに後妻の一人息子（近衛天皇）が登場人物だと理解すると少し整理できるだろう。

白河法皇の死によって忠実は復権した。近衛天皇になってから、忠実は忠通の異母弟である頼長を支援したので、忠通は頼長に氏長者職を譲らされ、引き続き関白であるものの頼長が内覧となって二重権力になった。

一方、近衛天皇は病弱でほとんど御帳から外へも出られない状態のままだったので、鳥羽上皇の時代だったといえる。上皇は、荘園の拡大を抑えるより、自らの荘園を拡大することを図った。これは目前の状況を有利にするためには有益だったが、皇室が自分の財産を殖やすことに奔走し始めては値打ちがなくなってしまった。このことは、「院政」という実際的だが公私のけじめがあいまいな体制をどう評価するかの根本にかかわる問題だ。

武士の力はますます強くなったが、平忠盛・清盛父子が鳥羽院や忠通と結んだのに対して、源為義《ためよし》は崇徳院や頼長と接近した。

こうして暗雲がたち込めるなかで、近衛天皇は子をなさないまま十七歳で崩御した。後継には、崇徳上皇の第一皇子の重仁《しげひと》親王も候補であるはずだったが、美福門院は崇徳の院政を嫌って、崇徳の同母弟・雅仁《まさひと》親王（後白河天皇）の子である守仁《もりひと》親王（二条天皇）を想定していた。だが、近衛天皇が早逝したので、つなぎとして、あまり評価が高くなかった雅仁親王が二十九歳で即位することになった。

主な出来事 即位（1141）改元「康治」（1142）改元「天養」（1144）改元「久安」（1145）平清盛が安芸守に（1146）三千院阿弥陀像（1148）藤原頼長が氏長者に（1150）改元「仁平」（1151）平忠盛死去（1153）改元「久寿」。源為朝九州で暴れる（1154） **解説** ○藤原忠通の子の基実が近衛家を、兼実が九条家を名乗った。そして、基実の曾孫から鷹司家が、兼実の曾孫から一条家と二条家が生まれている。○鳥羽天皇に娘（泰子）を入内させる工作をめぐって白河法皇は忠実と対立し、息子の忠通に関白を譲らされたことはすでに書いた。だが、遅ればせながら、39歳になっていた泰子は鳥羽上皇のもとに念願の入内をし、譲位後にもかかわらず、皇后の称号を得る。子をなすには遅すぎたが、政治的には父の忠実のために影響力を発揮し、弟の頼長の養女・多子（まさるこ）を入内させ皇后とさせた。だが、忠通も養女・呈子（ていし）を入内させて中宮に冊立させた。中宮呈子が妊娠したと思われたこともあったが、これは想像妊娠であった。 **御名** 体仁（なりひと）親王 **御陵** 京都市伏見区竹田内畑町の安楽寿院南陵（あんらくじゅいんのみなみのみささぎ）

第七七代

後《ご》白《しら》河《かわ》天皇

遊び人でつなぎとみられたが日本一の大天狗に

誕生・大治2年（1127年）9月11日（父・鳥羽天皇　母・藤原公実女待賢門院璋子）
践祚・久寿2年（1155年）7月24日（29歳　先代・弟　近衛天皇）
退位・保元3年（1158年）8月11日（32歳　次代・皇子　二条天皇）
崩御・建久3年（1192年）3月13日（66歳）

若いころは、「文にあらず、武にもあらず、能もなく、芸もなし」と同母兄の崇徳《すとく》天皇から評され、「今様《いまよう》狂い」と称されるほどの遊び人で、いまでいえばカラオケが大好きな若旦那といった風情だったようだ。

それが、源頼朝《みなもとのよりとも》から「日本国第一の大天狗《てんぐ》」と罵《ののし》られたほど、武士たちを右往左往させた策略家になったのだが、その場しのぎで大局観には乏しかった。平清盛を抜擢して邪魔者を排斥し、勢力を拡大したが、平家を増長させて収拾がつかなくなった。今度は、あとさき考えずに木曾義仲《きそのよしなか》、源頼朝・義経《よしつね》などを代わる代わる利用しようとして袋小路に入り、鎌倉幕府の誕生を許してしまった。

治世のはじめには、父である鳥羽法皇が存命だったので、鳥羽は自分の死後をにらんで、後白河を崇徳から守る手はずを整えた。その結果が保元《ほうげん》・平治《へいじ》の乱なのだが、この二つの騒乱の鍵を握った人物が、藤原信西《ふじわらのしんぜい》という鳥羽上皇の側近だった。

この信西が、鳥羽の遺志を汲んで、崇徳の排斥を図ったのが保元の乱であり、あまりにも拡大した信西の権勢を排除しようと雑多な反対勢力が見通しもなく起こしたクーデターが平治の乱であるというのが、もっとも単純化した構図である。

崇徳は鳥羽の死期が近いとみて、末期《まつご》の対面を鳥羽に願ったが断られた。さらに、信西は崇徳の影響力復活を警戒して、挑発し、排除することを狙った。崇徳側には藤原忠実、頼長と源為義らがいたが、数にまさる後白河側の圧勝に終わった。頼長は負傷し、死を前に父の忠実に会いたいと願ったが、責任を回避したい忠実は泣く泣くこれを拒絶するしかなかった。

処分は苛烈を極め、崇徳上皇は讃岐に流され、高野山に写経を納めることすら拒否されて絶望し、髪を伸ばし放題にして憤死した。源為義は後白河天皇側についた嫡男・義朝《よしとも》の命乞いも聞き入れられず、義朝自身によって六条河原で斬られた。藤原薬子の乱以来の死刑だったが、これを主唱したのは信西である。

ところが、鳥羽院の未亡人である美福門院は、以前からの約束だった守仁《もりひと》親王（二条天皇）への譲位を強く主張し、保元の乱から二年後、信西もこれを受け入れ、後白河天皇は守仁親王に譲位した。

主な出来事 即位。藤原忠通が関白に（1155）改元「保元」。鳥羽院死去。保元の乱。このころ豊後豊貴寺（ふうきじ）阿弥陀堂（1156）**解説** ○藤原信西はＮＨＫ大河ドラマ『平清盛』で主要人物の一人として扱われて有名になった。鳥羽天皇の近臣にして後白河天皇の乳母の夫だった人物である。藤原南家系の学者の家柄で、もともと待賢門院に仕え、その推挙で鳥羽上皇の側近になった。○保元の乱後の政局でも信西の力は大きく、「保元新制」において記録荘園券契所を再興して荘園への課税を強化し、王権の象徴としての内裏や大極殿を再興するなど、卓越した構想力と事務能力で政治改革を進めた。○中宮は徳大寺公能（きんよし）の娘・忻子（きんし）だが子供はなかった。**御名** 雅仁（まさひと）親王 **御陵** 京都市東山区三十三間堂廻り町の法住寺陵（ほうじゅうじのみささぎ）

第七八代

二条《にじょう》天皇

父である後白河上皇と権力闘争

誕生・康治2年（1143年）6月17日（または6月18日）（父・後白河天皇　母・大炊御門経実女懿子）
践祚・保元3年（1158年）8月11日（16歳　先代・父　後白河天皇）
退位・永万元年（1165年）6月25日（23歳　次代・皇子　六条天皇）
崩御・永万元年（1165年）7月28日（23歳）

皇室の歴史のなかで、二代の天皇の妃だった女性がいる。藤原（徳大寺）公能《きんよし》を父とする藤原多子《まさるこ》で、はじめ叔母が正室だった藤原頼長の養女として近衛天皇の中宮となるが、のちに、二条天皇から望まれて再び入内した。

この二条天皇はたいへん聡明であったので、親政をめざし、美福門院らを中心に側近が形成された。だが、後白河上皇の周辺にも派閥が生まれ、強権をふるう信西はいずれからも恨まれた。

こうしたとき、後白河上皇の周辺で頭角を現わしたのが、藤原信頼《のぶより》である。道長の兄であった道隆の子孫で、後白河に寵愛されたともいわれ、源義朝とも武蔵守などしていたことから近かった。

信頼は信西と不仲であったので、源義朝の助力でクーデターを起こし、信西を死に追い込んだ。さらに、天皇と上皇の身柄を確保し、政権を乗っ取って勝手に除目《じもく》（人事）まで行った。公卿たちはとりあえず、反抗しなかったが、冷淡だった。

このころ、平清盛は熊野詣での途中で、その留守を狙って信頼はことを起こしたのだが、清盛も結局は同調すると期待したらしい。だが、清盛は京に戻るや、態度を曖昧にしながら巧みに天皇、上皇の身柄も奪取し、一挙に反撃に出て、信頼は死罪、義朝は逃亡中に尾張で謀殺された。乱のあとは二条天皇親政派が力を増したが、上皇側も抵抗し、互いに側近の落ち度をあげつらっては追放合戦を展開した。

この対立のなかで、清盛はいずれとも良好な関係を維持するのに成功していた。清盛の正室・平時子《ときこ》は二条天皇の乳母だったが、正室である時子の妹・滋子《しげこ》（建春門院《けんしゅんもんいん》）が後白河上皇の妃となったことで上皇側ともつながり、三十三間堂を上皇のために建立して意を迎えた。

さらに、関白・藤原（近衛）基実に娘の盛子《もりこ》を嫁がせ、摂関家の外戚の地位も得た。ただし、この時点では、権《ごんの》中納言に過ぎず、いわば陰の実力者の域を出るものではなかった。

いずれにせよ、状況は二条天皇に有利で院政も停止されたが、天皇は病に倒れた。

主な出来事 即位。後白河院政開始。藤原基実関白に（1158）改元「平治」。平治の乱（1159）改元「永暦」。源頼朝が伊豆に。磐城白水阿弥陀堂（1160）改元「応保」（1161）改元「長寛」（1163）崇徳上皇崩御。比叡山で天台座主追放。三十三間堂の仏像の一部を建立。『平家納経』（1164）改元「永万」（1165） **解説** ○当時の制度では皇后とか中宮はポストの名称なので、どの天皇の中宮ということではないので改めて立后する必要もなかった。○平治の乱のとき関白は忠通の子である基実だったが、わずか16歳であり、父の忠通も摂関家の所領を奪われないことに汲々とするばかりだった。信西は平清盛を同盟者として重用し、その武力は治安維持の支えとなり、強引な改革を進めることができた。○平時子、滋子の姉妹も桓武平氏だが、清盛らが高望王（たかもちおう）系であるのに対して、高棟王系（たかむねおう）で武士ではなく、在京公家の家柄である。 **御名** 守仁（もりひと）親王 **御陵** 京都市北区平野八丁柳町の香隆寺陵（こうりゅうじのみささぎ）

第七九代

六《ろく》条《じょう》天皇

ゼロ歳児が天皇に

誕生・長寛2年（1164年）11月14日（父・二条天皇　母・伊岐致遠女）

践祚・永万元年（1165年）6月25日（2歳　先代・父　二条天皇）
退位・仁安3年（1168年）2月19日（5歳　次代・叔父　高倉天皇）
崩御・安元2年（1176年）7月17日（13歳）

幼少の天皇が多い時代とはいえ、生後七カ月での践祚は史上最年少である。二カ月後の即位式でも、途中で泣き出したので授乳させたほどである。

二条天皇には身分の高い妃に子供がなく、六条天皇の母も大蔵大輔・伊岐致遠《いきのむねとお》の娘だった。親王にすらなっていなかったものを急ぎ親王宣下《しんのうせんげ》・立太子して、その日のうちに譲位し、その一カ月後に崩御した。

摂政には関白だった藤原（近衛）基実が就任するが、翌年には二十四歳で死んでしまう。そして、天皇も在位二年八カ月で叔父の憲仁《のりひと》親王（高倉天皇）に譲位し（歴代最年少の譲位）、元服を行わないまま十三歳で崩御した。

この六条天皇の治世は、後白河上皇と平清盛による、二条天皇と藤原基通《もとみち》の遺産の山分けというべきものだった。後白河は自分の息子だが疎遠だった二条天皇の死によって存分に院政を展開できるようになり、最愛の平滋子（建春門院）の子である憲仁親王を皇太子とした。

清盛は一門が栄達し多くの受領を獲得し、しかも娘婿である藤原基実が死んだときには、嫡男の基通（母は藤原忠隆の娘）が幼少だったので、その財産の大部分は未亡人で清盛の娘である盛子が引き継ぎ、実質的には清盛が支配した。

摂政には基実の弟の藤原（松殿）基房《もとふさ》がなったが、権力も財産もない名ばかりのものだった。清盛は太政大臣となったが、もともと実質的な意味はあまりないものであり、すぐに辞任した。しばしば誤解されるが、清盛は太政大臣だから権力をふるえたのではない。

主な出来事 即位。広隆寺講堂（１１６５）改元「仁安」。藤原基実死去し基房摂政に（１１６６）平清盛太政大臣に（１１６７） **解説** ○二条天皇の中宮は２人いた。姝子（しゅし）内親王（高松院）は鳥羽天皇の皇女である。密通して子をもうけたという噂があったという。六条天皇の准母となったのは、徳大寺実能の娘で藤原基実の養女である育子である。六条天皇の実母である伊岐氏については生没年とも不明である。伊岐氏というのは秦氏系の一族で松尾神社と関係するが詳細不明である。 **御名** 順仁（のぶひと）親王 **御陵** 京都市東山区清閑寺歌ノ中山町の清閑寺陵（せいかんじのみささぎ）

第八〇代

高倉《たかくら》天皇

平氏にあらずんば人にあらず

誕生・応保元年（１１６１年）９月３日（父・後白河天皇　母・平時信女建春門院滋子）
践祚・仁安３年（１１６８年）２月19日（８歳　先代・甥　六条天皇）
退位・治承４年（１１８０年）２月21日（20歳　次代・皇子　安徳天皇）
崩御・治承５年（１１８１年）１月14日（21歳）

「平氏にあらずんば人にあらず」といったのは、高倉天皇の母である建春門院の兄弟平時忠《たいらのときただ》で、本来は清盛とそれほど近い親戚ではない。だが、同じく姉妹であった時子が清盛夫人となったことで手を結び栄華を誇った。

さらに、清盛の娘である徳子《とくこ》（建礼門院《けんれいもんいん》）が入内し、この平時忠一家を仲介として清盛と後白河院の蜜月関係はますます強まった。ところが、建春門院が死去したあたりから、両者の関係がきしみ出す。このころ、院の近臣で各地の受領となった者が、荘園を各地に持つ延暦寺とトラブルを起こすことが多くなっていた。この対立で、清盛は延暦寺に強硬姿勢をとることに消極的だったことも対立を激化させた。鹿ケ谷《しかがたに》での陰謀を理由に俊寛《しゅんかん》などを処罰したのも、比叡山に対する立場の違いの余波である。

天皇と徳子の間に言仁《ときひと》親王（安徳《あんとく》天皇）が誕生して清盛一門の繁栄は最高潮に達したが、その翌年、後白河は近衛基実未亡人の盛子《せいし》が死去したとき遺産の管理権を没収し、清盛の嫡男・重盛《しげもり》の死に際しては、その知行国だった越前を平氏一門から取り上げるという攻勢をかけた。

これをみて、福原《ふくはら》（現在の神戸市）にあった清盛は兵を率いて上洛し、藤原（松殿）基房らを解任し藤原（近衛）基通を氏長者・関白とさせた。ついで、三歳の言仁親王を即位させ、高倉上皇による院政に移行させたのである。

いずれにせよ、ここに、後白河と清盛の蜜月時代は終わり、清盛の独裁体制に移行した。

どちらが悪いかといえば、後白河である。バランス感覚は清盛の身上であるから、後白河に十分に気を遣っている。ところが、後白河の方から無茶な攻勢をかけ、清盛はそれを受けたに過ぎないが、清盛にとっても後白河をあえて切った代償は大きかった。

主な出来事 即位。栄西・重源帰朝（1168）改元「嘉応」。後白河上皇が法皇に（1169）藤原秀衡（ひでひら）が鎮守府将軍に。法皇が宋人謁見（1170）改元「承安」（1171）平徳子が中宮に。朱子『通鑑綱目（つがんこうもく）』（1172）兵庫島（神戸港）建設（1173）法皇が福原・厳島に行幸。源義経が奥州に（1174）改元「安元」（1175）建春門院崩御。六条上皇崩御（1176）改元「治承」。鹿ヶ谷の陰謀。大極殿焼失し再建されず（1177）平重盛死去。清盛、後白河法皇を鳥羽殿に幽閉。後白河院政停止（1179）

解説 ○平時忠は源平合戦のあと源義経に接近するが、結局は能登に流された。いまも観光名所としてその屋敷が人気がある二つの時国家（ときくにけ）がその子孫である。高倉天皇の時代には、権中納言にもかかわらず、後白河院や清盛の意向を公卿議定に反映する窓口となり、「平関白」ともいわれた。○高倉上皇は色白でやさしげだったといわれるが、政治的関心はあまりなかったとも、結構、積極的だったとも両説あって、もうひとつよくわからない。**御名** 憲仁（のりひと）親王 **御陵** 京都市東山区清閑寺歌ノ中山町の後清閑寺陵（のちのせいかんじのみささぎ）

第八一代

安徳《あんとく》天皇

壇ノ浦で神剣とともに入水

誕生・治承2年（1178年）11月12日（父・高倉天皇　母・平清盛女建礼門院徳子）
践祚・治承4年（1180年）2月21日（3歳　先代・父　高倉天皇）
崩御・寿永4年（1185年）3月24日（8歳　次代・弟　後鳥羽天皇）

栄華を極め、安徳天皇の外祖父としての地位まで得た平家が、わずか数年で滅びてしまったのは、日本の歴史でも蘇我氏の滅亡くらいしか類例がない急展開である。

もともと平清盛には、たいした権威も、軍事力もあったわけでない。だが、緻密な気配りの集積で、その地位を固めていたのである。

皇室の権威を最大限に利用し、摂関家など公家たちの領分を侵さず、延暦寺をはじめとする社寺の保護者として人気を確保し、武士の全般的な地位向上に貢献するという離れ業を実現してきたのである。

ところが、治承三年（一一七九年）の政変ののちは、まず、後白河院に強要して自分の孫を天皇とすることで正統性に傷をつけた。自派になびかぬ公家たちを大量に罷免《ひめん》するなど露骨な人事介入を行ったことで、摂関家だけでなく実務官僚層から反発された。

宗教界には、高倉院の譲位後、はじめての行幸を石清水八幡宮《いわしみずはちまんぐう》や賀茂大社をさしおいて厳島《いつくしま》神社にしようとして信用を失った。

もともと伊勢平氏は、京都周辺での院の警護や、海賊の取り締まりなど局地戦での戦いの実績はあっても、源氏と違って大規模な戦争を戦った実績がなかった。そのうえに、栄達に舞い上がって貴族化し、全国の武士たちから違和感が出てきた。

そこで、後白河院の三男である以仁王《もちひとおう》と、多田源氏で源氏代表として厚遇されていた頼政《よりまさ》が謀って反乱を起こし、諸国の源氏と大寺社に「平家追討の令旨《りょうじ》」を下した。

この反乱そのものは杜撰《ずさん》で大事でなかったのだが、膾《なます》を吹いたのか、清盛はこれを機に福原（神戸）への遷都を強行した。これが、皇室、公家、宗教界の猛反発を招いた。とくに、都の鬼門《きもん》（北東）を護ることに存在価値がある延暦寺にとっては死活問題であり、これを敵に回したことは致命的だった。しかも、平重衡《しげひら》が東大寺や興福寺を焼いてしまうという大失策を犯した。

一方、「平家追討の令旨」は全国的な情報伝達力が貧弱な社会的状況が逆に幸いして、非常に誇張されて各地に伝えられ、伊豆の頼朝や木曾の義仲《よしなか》の蜂起を導き出した。そして、富士川と倶利伽羅峠《くりからとうげ》で平氏側の自滅による源氏の勝利があった。しかも、高倉上皇が崩御し、清盛も熱病で断末魔の苦しみのあげく死去した。

さらに、このころ西日本が干魃《かんばつ》に見舞われ、兵糧米《ひょうろうまい》の調達の増加とも相まって食糧不足が広がり、とくに京都は惨憺《さんたん》たる飢餓状態になった。進退窮まった平氏は、いったん西に下ったが、安徳天皇は同行させたものの、後白河法皇が比叡山に逃げ込むのを許してしまった。

安徳天皇がいなくなった京都では、たまたま京都に残された親王のうち、高倉天皇の三男で平清盛の娘婿だった藤原信隆《のぶたか》の娘・殖子《しょくし》（七条院。母は清盛の娘ではない）を母とする尊成《たかなり》親王（後鳥羽天皇）が三種の神器を欠いたまま践祚《せんそ》した。

ここからしばらく二帝が並立するが、それ以降の展開については、後鳥羽天皇の項で書くことにする。

主な出来事 即位。高倉院政開始。以仁王の乱。福原遷都。頼朝挙兵。義仲挙兵。富士川の戦い。福原から還都。平重衡が東大寺・興福寺を焼く（1180）改元「養和」。高倉上皇崩御。後白河法皇の院政再開。平清盛死去（1181）改元「寿永」（1182） **解説** ◯反乱の動機は、以仁王については安徳天皇の即位に絶望したとか、親王宣下を受けられない不満が爆発した、所領の一部を没収されたことを恨んで、とかいろいろ説明されるが、よくわからない。頼政については、『平家物語』は子の仲綱が持っていた馬を平宗盛に取られて、しかも、侮辱されたことが原因としているが、これも不明である。◯以仁王は三条高倉の屋敷から如意ヶ岳を越えて三井寺に逃げ込み、ここで延暦寺や興福寺にも呼びかけて挙兵した。だが、十分な支援を得られず、宇治に逃げてそこで合流した頼政ともども戦うが、あっけなく敗れた。 **御名** 言仁（ときひと）親王 **御陵** 山口県下関市阿弥陀寺町の阿弥陀寺陵（あみだじのみささぎ）

コラム：藤原氏と皇后たち

皇室の歴史を語る場合、藤原氏など公家衆の動きも並行してとらえるべきだ。それは、武士の時代になっても事情は変わらない。さらにいえば、近衛文麿《このえふみまろ》や細川護熙《ほそかわもりひろ》に至るまで、藤原家は日本の政治に深く関わってきたのである。

藤原姓は藤原鎌足が天智天皇から与えられ、その嫡男である不比等の子孫だけが名乗ったものので、もとは中臣姓である。その先祖は天孫降臨のときニニギに随伴し、その曾孫の神武天皇の東征にも参加した。

大化の改新により鎌足は政界有数の実力者となったが、ほかの豪族と比べて抜きんでた存在になったわけではない。不比等の出世過程は第三章に書いたとおりだが、本当にほかの豪族を圧倒したのは平安時代になってからである。

源平など皇孫系の氏族とのライバル関係は続いたし、藤原氏内部での勢力争いも激しかった。だが、古代の豪族の子孫たちも徐々に官途を得られなくなり、神社の社家となったり、地方に下って武士となったりしていった。

たとえば、大江氏は鎌倉幕府に転じその子孫から毛利氏を生んだし、秦氏一族では惟宗《これむね》姓となって近衛家に仕えていた忠久が源頼朝に仕えて島津氏になった（のちに頼朝の御落胤《ごらくいん》と称し源姓になったが、忠久の在世中は惟宗姓だった）。松尾《まつのお》神社や伏見稲荷の社家として今日まで存続している。

五摂家以外のお公家さん

いずれにせよ、明治になって授爵された旧公家をみると、半数以上が藤原氏であった。摂関については平安時代末期の忠通から分かれた「五摂家」と呼ばれる家系によって独占されて幕末に至った（例外は豊臣秀吉と秀次だけである）。ただし、それは、ほかの家系が摂関家より上の宮職や官位を得るのを排除するものではなく、藤原氏でも松殿、中御門《なかみかど》、花山院《かざんいん》、大炊《おおいの》御門《みかど》、三条、西園寺《さいおんじ》、徳大寺、洞院《とういん》の各家、それ以外でも久我、平、足利、豊臣、徳川から太政大臣が出ているのである。

また、五摂家には幕末までに近衛、一条、鷹司の各家に一度ずつ皇室から養子が入っており、女系ではつながるものの完全な男系主義が貫徹されているのではない。

五摂家以外の公家衆のなかでは、四条（房前《ふささき》の子・魚名《うおな》の子孫）、日野（冬嗣《ふゆつぐ》の兄・真夏《まなつ》の子孫）、勧修寺《かじゅうじ》（冬嗣の孫・高藤《たかふじ》の子孫）、閑院《かんいん》（道長の叔父・公季《きんすえ》の子孫）、中御門（道長の子・頼宗《よりむね》の子孫）の各流が多く生き残った。

皇后陛下はいない時代が多かった

皇后の制度は時代によってひどく違うので、戸惑ってしまうところだ。「皇后」という名は「天皇」の尊号と同じく律令制のもとで創始されたのだが、それ以前から「天皇（大王）の嫡妻《ちゃくさい》」という地位はあったようだ。

はじめのころは出自についてルールがなかったようだが、仁徳天皇の磐之媛命《いわのひめのみこと》(葛城家出身)を最後に皇族に限られるようになった。律令では、皇后の子が即位すれば皇太后、さらに孫に伝えられれば太皇太后ということになった。だが、聖武天皇の皇后に藤原氏出身の光明子《こうみょうし》が当てられたのを皮切りに乱れはじめたし、また、天皇の妻でもないのに皇太后になったりもした。あげくのはては、一人の天皇に複数の皇后が現れたり、結婚もしない独身の内親王が皇后を名乗ったり、母親以上の年齢で名前だけの皇后などがあったりした。もともと皇后の官房のような役所を「中宮職《ちゅうぐう》」といったのだが、やがて「中宮」が皇后の別名になった。あるいは、『源氏物語』の時代の藤原定子と彰子のように先に入内した方が皇后、あとで入った若い方が中宮というように使われたりもした。

さらに、皇后以外の後宮の女性は妃、夫人、嬪《ひん》というように序列があったが、それも崩れ、女御《にょうご》、更衣《こうい》、尚侍《ないし》、掌侍《ないし》などさまざまな肩書きが出現し、とくに南北朝以降は正夫人も女御どまりになった。一方、女院は一条天皇生母が落飾する際に与えられたのが最初だが、やがて天皇の生母でなくとも乱発された。

皇后などに準じる「准后《じゅんこう》」も同じで、北畠親房《きたばたけちかふさ》や足利義満《よしみつ》、醍醐寺三宝院満済《だいごじさんぼういんまんさい》のような男性にまで与えられた。足利将軍・義昭も豊臣秀吉にこの称号を斡旋してもらった。

「皇后」の称号は仁孝《にんこう》天皇妃に遺贈されたことで復活し、明治以降は海外の王妃や皇妃を意識して定着した。敬称も「殿下」に代えて西洋式の「陛下」が使われるようになった。だが、こうした西洋式の皇后は歴史的な観点からは違和感が強い。さらに、現実の問題として、これが単なる天皇の配偶者なのか、それ以上に職業的義務を伴うものなのかなど、難しい問題もいろいろあり、昨今の皇室をめぐる苦悩のなかで矛盾が顕在化している。

◎藤原家系図（鎌足〜平安末期）

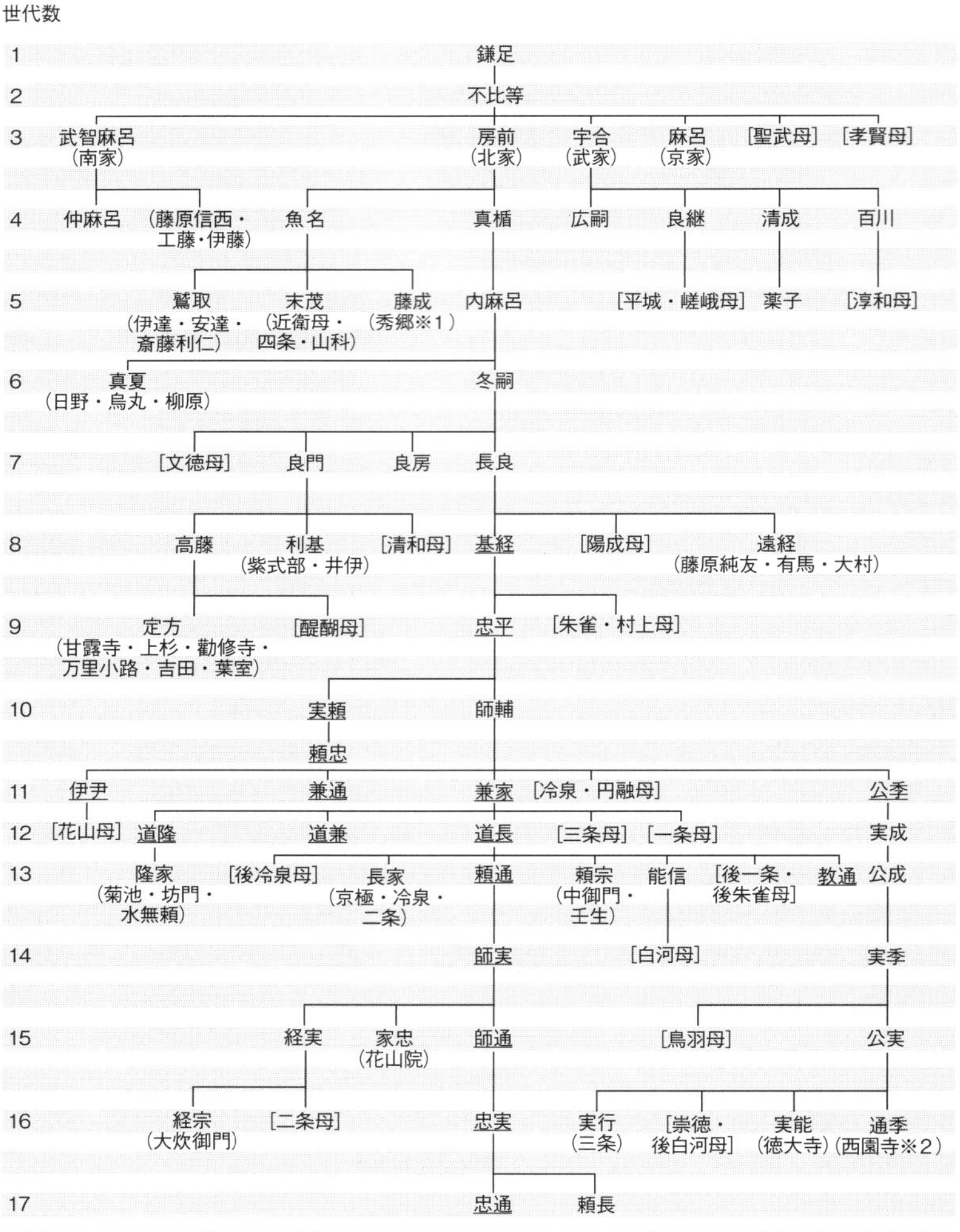

下線は摂生・関白、( ) 内は家 [ ] 内は皇母を表す。※1大友・少弐・武藤・佐藤・奥州藤原・蒲生・筑紫・結城・小山など多くの家系が藤原秀郷の子孫と称す。※2西園寺家からは後深草・亀山・光厳・光明・後宇多・花園の各帝の生母が出る。また、洞院・山階・今出川（菊亭）の各家は分家。

◎五摂家系図

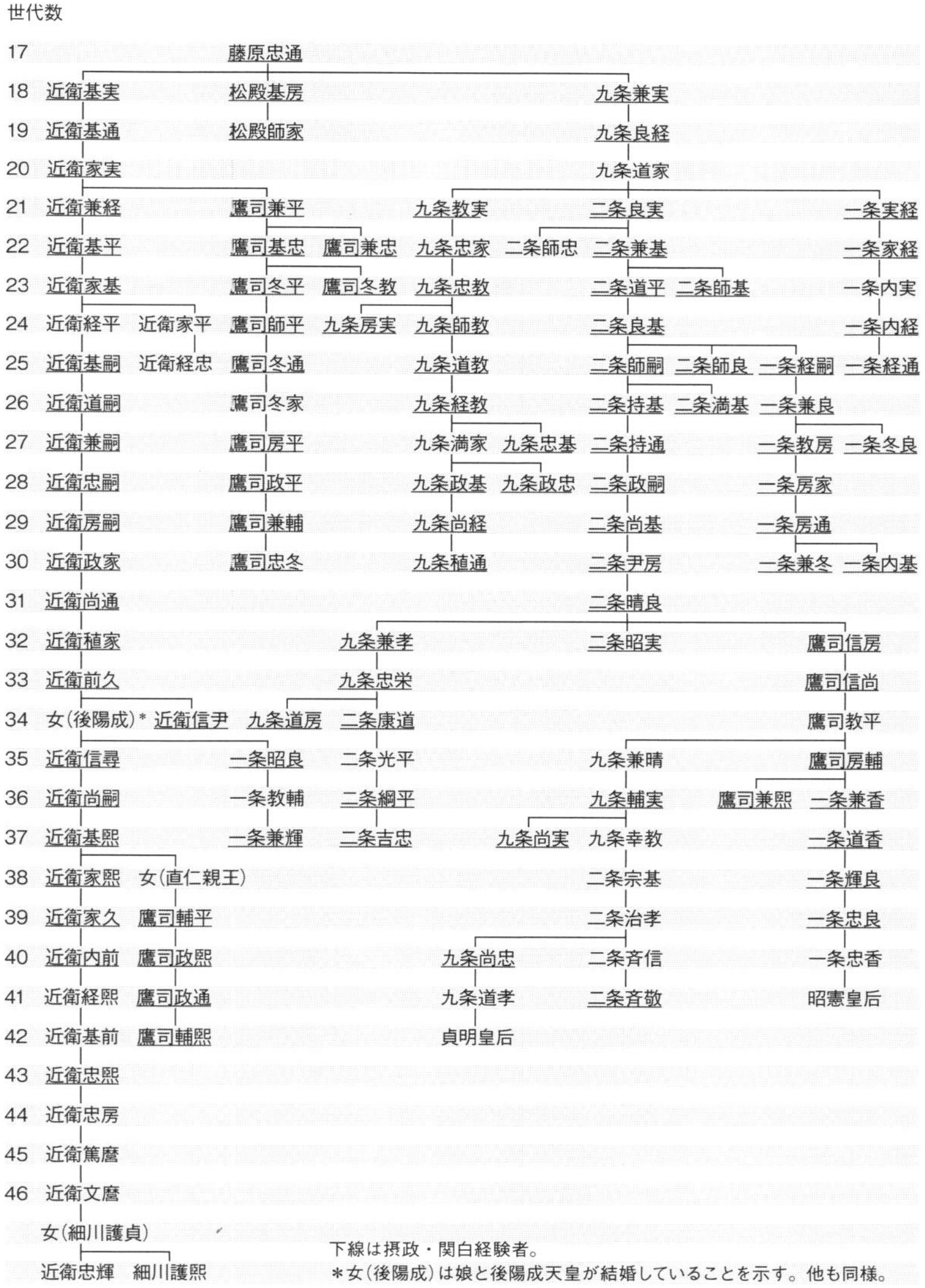
世代数
17 藤原忠通
18 近衛基実 松殿基房 九条兼実
19 近衛基通 松殿師家 九条良経
20 近衛家実 九条道家
21 近衛兼経 鷹司兼平 九条教実 二条良実 一条実経
22 近衛基平 鷹司基忠 鷹司兼忠 九条忠家 二条師忠 二条兼基 一条家経
23 近衛家基 鷹司冬平 鷹司冬教 九条忠教 二条道平 二条師基 一条内実
24 近衛経平 近衛家平 鷹司師平 九条房実 九条師教 二条良基 一条内経
25 近衛基嗣 近衛経忠 鷹司冬通 九条道教 二条師嗣 二条師良 一条経嗣 一条経通
26 近衛道嗣 鷹司冬家 九条経教 二条持基 二条満基 一条兼良
27 近衛兼嗣 鷹司房平 九条満家 九条忠基 二条持通 一条教房 一条冬良
28 近衛忠嗣 鷹司政平 九条政基 九条政忠 二条政嗣 一条房家
29 近衛房嗣 鷹司兼輔 九条尚経 二条尚基 一条房通
30 近衛政家 鷹司忠冬 九条稙通 二条尹房 一条兼冬 一条内基
31 近衛尚通 二条晴良
32 近衛稙家 九条兼孝 二条昭実 鷹司信房
33 近衛前久 九条忠栄 鷹司信尚
34 女(後陽成)* 近衛信尹 九条道房 二条康道 鷹司教平
35 近衛信尋 一条昭良 二条光平 九条兼晴 鷹司房輔
36 近衛尚嗣 一条教輔 二条綱平 九条輔実 鷹司兼熙 一条兼香
37 近衛基熙 一条兼輝 二条吉忠 九条尚実 九条幸教 一条道香
38 近衛家熙 女(直仁親王) 二条宗基 一条輝良
39 近衛家久 鷹司輔平 二条治孝 一条忠良
40 近衛内前 鷹司政熙 九条尚忠 二条斉信 一条忠香
41 近衛経熙 鷹司政通 九条道孝 二条斉敬 昭憲皇后
42 近衛基前 鷹司輔熙 貞明皇后
43 近衛忠熙
44 近衛忠房
45 近衛篤麿
46 近衛文麿
女(細川護貞)
近衛忠輝 細川護熙

下線は摂政・関白経験者。
＊女(後陽成)は娘と後陽成天皇が結婚していることを示す。他も同様。

◎歴代天皇の皇后など

御代	地位	別名	本名	父	子
1	神武皇后		五十鈴媛命	事代主神	綏靖
2	綏靖皇后		五十鈴依媛命	事代主神	安寧
3	安寧皇后		渟名底仲媛命	鴨王	懿徳
4	懿徳皇后		天豊津媛命	兄・息石耳命	孝昭
5	孝昭皇后		世襲足媛命	兄・瀛津世襲	孝安
6	孝安皇后		押媛命	兄・天足彦国押人命	孝霊
7	孝霊皇后		細媛命	磯城県主大目	孝元
8	孝元皇后		欝色謎命	兄・欝色雄命	開化
9	開化皇后		伊香色謎命	大綜麻杵命（物部）	崇神
10	崇神皇后		御間城姫	大彦命（父の兄）	垂仁
11	垂仁皇后		狭穂姫命	彦坐王（崇神の弟）	
			日葉酢媛命	丹波道主命（開化の孫）	景行
12	景行皇后		播磨稲日大郎命	稚武彦命（孝霊の子）	成務
			八坂入姫命	八坂入彦命（崇神の子）	
14	仲哀皇后		神功皇后	気長宿禰王（開化玄孫）	応神
15	応神皇后		仲姫命	品陀真若王（景行の孫）	仁徳母
16	仁徳皇后		磐之媛命	葛城襲津彦	履中・反正・允恭
17	履中皇后		草香幡梭皇女	応神天皇	
18					
19	允恭皇后		忍坂大中姫命	稚野毛二派皇子	安康・雄略
20	安康皇后		中蒂姫命	履中天皇	
21	雄略皇后		草香幡梭姫皇子	仁徳天皇	
23	顕宗皇后		難波小野王	丘稚子王（雄略の孫）	
24	仁賢皇后		春日大娘皇女	雄略天皇	武烈
25	武烈皇后		春日娘子	？	
26	継体皇后		手白香皇女	仁賢天皇	欽明
27	安閑皇后		春日山田皇女	仁賢天皇	
28	宣化皇后		橘仲皇女	仁賢天皇	
29	欽明皇后		石姫皇女	宣化天皇皇女	敏達
30	敏達皇后		広媛	息長真手女	押坂彦人大兄皇子
		推古天皇	額田部皇女	欽明天皇皇女	
31	用明皇后		穴穂部間人皇女	欽明天皇皇女	聖徳太子
34	舒明皇后	皇極・斉明天皇	宝皇女	茅渟王女	天智、天武
36	孝徳皇后		間人皇女	舒明天皇皇女	
38	天智皇后		倭姫王	古人大兄皇子女	

御代	地位	別名	本名	父	子
40	天武皇后	持統天皇	鸕野讃良皇女	天智天皇皇女	草壁皇子
45	聖武皇后	光明皇后	藤原安宿媛	藤原不比等女	孝謙・称徳
49	光仁皇后	吉野皇后	井上内親王	聖武天皇皇女	
50	桓武皇后		藤原乙牟漏	藤原良継女	平城、嵯峨
51	平城皇后	贈皇后	藤原帯子	藤原百川女	
52	嵯峨皇后	檀林皇后	橘嘉智子	橘清友女	仁明
53	淳和皇后		正子内親王	嵯峨天皇皇女	
		贈皇后	高志内親王	桓武天皇皇女	
60	醍醐皇后	五条后	藤原穏子	藤原基経女	朱雀、村上
62	村上中宮	中后	藤原安子	藤原師輔女	冷泉、円融
63	冷泉皇后	三条太皇太后	昌子内親王	朱雀天皇皇女	
64	円融中宮	堀河中宮	藤原皇子	藤原兼通女	
		四条后	藤原遵子	藤原頼忠女	
	円融女御	東三条院	藤原詮子	藤原兼家女	一条
66	一条皇后		藤原定子	藤原道隆女	
	一条中宮	上東門院	藤原彰子	藤原道長女	後一条、後朱雀
67	三条皇后		藤原成子	藤原済時女	小一条院
	三条中宮	枇杷皇太后	藤原妍子	藤原道長女	陽明門院
68	後一条中宮	大中宮	藤原威子	藤原道長女	
69	後朱雀皇后	陽明門院	禎子内親王	三条天皇皇女	後三条
	後朱雀中宮		源子女王	敦康親王女	
70	後冷泉皇后	四条后	藤原寛子	藤原頼通女	
		小野后	藤原歓子	藤原教通女	
	後冷泉中宮	二条院	章子内親王	後一条天皇皇女	
71	後三条中宮	西院皇后	馨子内親王	後一条天皇皇女	
72	白河中宮		源賢子	源顕房女	堀河
73	堀河中宮		篤子内親王	後三条天皇皇女	
74	鳥羽皇后	高陽院	藤原泰子	藤原忠実女	
		美福門院	藤原得子	藤原長実女	近衛
	鳥羽中宮	待賢門院	藤原璋子	藤原公実女	崇徳、後白河
75	崇徳中宮	皇嘉門院	藤原聖子	藤原忠通女	
76	近衛皇后	二代后	藤原多子	藤原公能女	
	近衛中宮	九条院	藤原呈子	藤原伊通女	
77	後白河中宮		徳大寺忻子	藤原公能女	
	後白河女御	建春門院	平滋子	平時信女	高倉
78	二条中宮	高松院	姝子内親王	鳥羽天皇皇女	
		三位殿	藤原育子	藤原実能女	

御代	地位	別名	本名	父	子
80	高倉中宮	建礼門院	平徳子	平清盛女	安徳
	高倉准后	六条局	近衛通子	藤原基実女	
	高倉典侍	七条院	坊門殖子	藤原信隆女	後高倉院、後鳥羽
82	後鳥羽女御	承明門院	土御門在子	法印能円女	土御門
	後鳥羽中宮	宜秋門院	九条任子	九条兼実女	
	後鳥羽女御	修明門院	高倉重子	藤原範季女	順徳
83	土御門中宮	陰明門院	大炊御門麗子	大炊御門頼実女	
84	順徳中宮	東一条院	九条立子	九条良経女	仲恭
	後高倉院妃	北白川院	持明院陳子	持明院基家女	後堀河
86	後堀河皇后	安喜門院	三条有子	三条公房女	
	後堀河中宮	鷹司院	近衛長子	近衛家実女	
		藻璧門院	九条竴子	九条道家女	四条
87	四条女御	宣仁門院	九条彦子	九条教実女	
88	後嵯峨中宮	大宮院	西園寺吉子	西園寺実氏女	後深草、亀山
89	後深草中宮	東二条院	西園寺公子	西園寺実氏女	
	後深草准后	土御門准后	西園寺相子	西園寺公相女	
90	亀山皇后	京極院	洞院佶子	洞院実雄女	後宇多
	亀山中宮	今出川院	西園寺嬉子	西園寺公相女	
		新陽明門院	近衛位子	近衛基平女	
	亀山後宮	昭訓門院	西園寺瑛子	西園寺実兼女	
		五条院	懌子内親王	後嵯峨天皇皇女	
91	後宇多皇后	遊義門院	令子内親王	後深草天皇皇女	
	後宇多後宮	西華門院	堀河基子	堀河具守女	後二条
		談天門院	五辻忠子	五辻忠継女	後醍醐
		永嘉門院	瑞子女王	宗尊親王女	
92	伏見中宮	永福門院	西園寺章子	西園寺実兼女	
	伏見准后	中園准后	五辻経子	五辻経氏女	後伏見
	伏見後宮	顕親門院	洞院季子	洞院実雄女	花園
93	後伏見女御	広義門院	西園寺寧子	西園寺公衡女	光厳、光明
94	後二条中宮	長楽門院	徳大寺忻子	徳大寺公孝女	
	後二条尚侍	万秋門院	一条頁子	一条実経女	
96	後醍醐中宮	新室町院	珣子内親王	後伏見天皇皇女	
		後京極院	西園寺禧子	西園寺実兼女	
	後醍醐後宮	新待賢門院	阿野廉子	阿野公廉女	後村上
97	後村上女御	嘉喜門院	阿野実為女	阿野実為女	長慶、後亀山
99	後亀山中宮	阿佐殿			

御代	地位	別名	本名	父	子
北1	光厳後宮	陽禄門院	正親町三条秀子	正親町公秀女	崇光、後光厳
		徽安門院	寿子内親王	花園天応皇女	
		宣政門院	懽子内親王	後醍醐天皇皇女	
北4	後光厳典侍	崇賢門院	紀仲子	石清水法印通清女	後円融
北5	後円融後宮	通陽門院	三条厳子	三条公忠女	後小松
100	後小松後宮	光範門院	日野西資子	日野I資国女	称光
	後崇光院貞成親王妃	敷政門院	庭田幸子	庭田経有女	後花園
102	後花園後宮	嘉楽門院	大炊御門信子	大炊御門信宗女	後土御門
103	後土御門典侍	蒼玉門院	庭田朝子	庭田長賢女	後柏原
104	後柏原典侍	豊楽門院	勧修寺藤子	勧修寺教秀女	後奈良
105	後奈良上臈	吉徳門院	万里小路栄子	万里小路公房女	正親町
	陽光院誠仁親王妃	新上東門院	勧修寺晴子	勧修寺晴右女	後陽成
107	後陽成女御	中和門院	近衛前子	近衛前久女	後水尾
108	後水尾中宮	東福門院	徳川和子	徳川秀忠女	明正
	後水尾典侍	壬生院	園光子	園基音女	後光明
	後水尾掌侍	逢春門院	櫛笥隆子	櫛笥隆致女	後西
	後水尾典侍	新広義門院	園国子	園基音女	霊元
112	霊元中宮	新上西門院	鷹司房子	鷹司教平女	
	霊元典侍	敬法門院	松木宗子	松木宗条女	東山
113	東山中宮	承秋門院	幸子女王	有栖川宮幸仁親王女	
	東山典侍	新崇賢門院	櫛笥賀子	櫛笥隆賀女	中御門
114	中御門女御	新中和門院	近衛尚子	近衛家熙女	桜町
115	桜町女御	青綺門院	二条舎子	二条吉忠女	後桜町
	桜町典侍	開明門院	姉小路定子	姉小路実武女	桃園
116	桃園女御	恭礼門院	一条富子	一条兼香女	後桃園
118	後桃園女御	盛化門院	近衛維子	近衛内前女	
119	光格中宮	新清和院	欣子内親王	後桃園天皇皇女	
	光格典侍	東京極院	勧修寺青子	勧修寺経逸女	仁孝
120	仁孝女御(贈皇后)	新皇嘉門院	鷹司繋子	鷹司政熙女	
	仁孝女御	新朔平門院	鷹司祺子	鷹司政熙女	
	仁孝典侍	新待賢門院	正親町雅子	正親町実光女	孝明
121	孝明女御	栄照皇太后	九条夙子	九条尚忠	
122	明治皇后	昭憲皇太后	一条美子	一条忠香女	
123	大正皇后	貞明皇后	九条節子	九条道孝女	昭和
124	昭和皇后	香淳皇后	良子女王	久邇宮邦彦女	(明仁)
125	(明仁)皇后	新上皇后	正田美智子	正田英二郎女	(徳仁)
126	(徳仁)皇后	新皇后	小和田雅子	小和田恆女	

第五章

中世の天皇と武士

第八二代

後鳥羽天皇《ごとば》

源平の戦いの時代に玉座に

誕生・治承4年（1180年）7月14日（父・高倉天皇　母・坊門信隆女七条院殖子）
践祚・寿永2年（1183年）8月20日（4歳　先代・兄　安徳天皇）
退位・建久9年（1198年）1月11日（19歳　次代・皇子　土御門天皇）
崩御・延応元年（1239年）2月22日（60歳）

承久の変の主役として、また、『新古今和歌集』を編纂させた歌人として知られる後鳥羽上皇だが、即位したのは、四歳のときで、退位したのが十八歳であるから、ほとんど、個性を打ち出す機会はなかった。前半には後白河法皇の院政が行われたし、後半は源頼朝に近い九条兼実《かねざね》とそのライバルである源通親《みちちか》（村上源氏・久我《こが》家の祖。往年の女優・久我美子《くがよしこ》の先祖）が政局を動かした。

木曾義仲は入洛したとき、以仁王《もちひとおう》の子で自らが還俗《げんぞく》させ保護していた北陸宮《ほくりくのみや》を帝位につけようとした。だが、後白河法皇は、高倉天皇の子のうち、京都に残っていた四歳の尊成《たかひら》親王を選んだ（経緯については異説もある）。ただし、三種の神器は平家が安徳天皇とともに西へ持ち去ったので法皇の詔による異例の践祚となった。

義仲は征夷大将軍（旭将軍と呼ばれる）に任ぜられたが、京の治安維持に失敗し、西国では平氏が息を吹き返した。これを見て後白河法皇は、東海道と東山道の支配権を頼朝に認め、密《ひそ》かに義仲追討を命じた。

怒った義仲は院の法住寺殿《ほうじゅうじどの》を攻撃し、多くの貴人を殺し、関白・藤原基通《もとみち》らを罷免《ひめん》させたが、翌年、源範頼《のりより》軍に瀬田唐橋《せたのからはし》で、宇治橋で義経軍と戦って敗れ、大津市内のＪＲ石山駅に近い粟《あわ》津ヶ原《づがはら》で戦死した。

この源氏の内紛をみて、いったん西国に落ちた平氏が福原に戻ってきた。しかし、義経が背後から奇襲をかけた一ノ谷の戦いで平氏は敗れた。

屋島と壇ノ浦の戦いでは、またもや、義経の奇策が実り、平家一門の多くは海の藻屑《もくず》と消えたのである。このとき、平清盛の未亡人である二位尼《にいのあま》（時子）は、安徳天皇を抱いて入水《じゅすい》し、このために、神剣は永遠に失われた（といっても本物は熱田《あつた》神宮にあるのだが）。

義経は平家の棟梁《とうりょう》だった平宗盛《むねもり》らを連行して鎌倉へ下ったが、頼朝に鎌倉市内に入ることを拒否され、市外で待機のうえ、宗盛親子を連れて再び京都へ戻るよう命じられた。危険な義経を再び京都へ帰すというのも解《げ》せない話だが、頼朝には関東をまず固めるという発想があり、そのためには、危険分子が鎌倉へ入るのを避けることが優先だったのである。

義経は強引に法皇から頼朝追討の院宣《いんぜん》を得たが支持を広げられず、奥州の藤原秀衡《ひでひら》のもとに逃げた。頼朝はこれを利用して法皇から惣追捕使《そうついぶし》（のちの守護）や地頭を各国に置き、国衙領《こくがりょう》

（国司が管理する公領）や荘園からも事実上の税を取ることを認めさせた。

頼朝は東北遠征ののち上洛して、九条兼実の協力を得て、惣追捕使の地位の確認や、征夷大将軍就任の交渉を行った。しかし、法皇は権大納言と右近衛大将の官位しか与えなかったので、頼朝はとりあえずこれを受けたものの、直後に辞任した。

だが、後白河法皇が崩御し、頼朝の後押しで朝廷の主導権を握った兼実の影響が強くなり、念願の征夷大将軍の地位が与えられた。

ついで、頼朝は、かつて木曾義仲の息子・義高と許嫁《いいなずけ》であった長女の大姫の入内を画策した。ちょうど、再建された東大寺の落慶供養があり、頼朝は政子《まさこ》や大姫を連れて上洛し可能性を探ったが、翌年に大姫が世を去り頼朝の目論見は潰《つい》える。

頼朝は、東国の利益を確保することを願いはしたが、あくまでも、朝廷を中心とした論理のなかに位置づけようとしていた。それは、京都で育った貴人という出自ならではの考えであった。この大姫の死ののち頼朝は気力を失ったのか、天皇が譲位して院政を開始することを受け入れ、相模川での落馬事故で死去する。

「治天の君」として院政を敷いたのちの後鳥羽帝についてはおいおい紹介するが、和歌だけでなく、華道、書画、音楽、蹴鞠《けまり》など万般に通じ、刀剣を自ら鍛える多才で活動的な帝であった。

第八三代

土御門《つちみかど》天皇

鎌倉新仏教の創成期

誕生・建久6年（1195年）12月2日（父・後鳥羽天皇　母・法勝寺執行能円女承明門院在子）
践祚・建久9年（1198年）1月11日（4歳　先代・父　後鳥羽天皇）
退位・承元4年（1210年）11月25日（16歳　次代・弟　順徳天皇）
崩御・寛喜3年（1231年）10月11日（37歳）

主な出来事 木曾義仲が法皇を幽閉（1183）改元「元暦」。即位。木曾義仲が将軍に。義仲敗死。一ノ谷の戦い（1184）改元「文治」。屋島の戦い。壇ノ浦の戦いで安徳天皇入水。義経に頼朝追討の宣旨。守護・地頭設置。奈良大仏開眼（1185）九条兼実が摂政に（1186）藤原秀衡死去。『千載和歌集』（1187）義経死す。奥州藤原氏滅亡（1189）改元「建久」。頼朝入京し右近衛大将に。西行死去（1190）栄西帰朝（1191）後白河法皇崩御。頼朝征夷大将軍に（1192）頼朝入京。大仏殿供養（1195）近衛基通が関白に（1196）

解説 ○木曾義仲は都人との文化摩擦だけでなく、飢饉のまっただ中の京都に大軍が入ったこと自体が食糧事情を悪くして評判を落とした。○巴御前（ともえごぜん）との別れや今井兼平（かねひら）の奮闘は『平家物語』でもっとも感動的な場面のひとつであり、この物語がゆえに義仲は悲劇の武将として人々の記憶に残り、それから数百年ののちに松尾芭蕉は望んで義仲の墓の傍らに葬られる（JR膳所駅近くの義仲寺）。○藤原秀衡が義経を保護したのは、舅で陸奥守を務め平治の乱で失脚した藤原基成の思惑に乗ったということらしい。ところが秀衡が没し、頼朝の圧力に負けた泰衡は義経を衣川の居館に襲った。にもかかわらず、頼朝は義経をかくまった罪を問い、自ら先頭に立って東北に遠征する。後白河法皇は義経が死んだ以上は公儀としての意味はないと抵抗したが、結局は追討容認の院宣を出した。○源氏にとって東北を勢力下に置くことは頼義、義家の時代からの悲願である。部下の恩賞を与える土地も欲しかった。この東北との戦いに朝廷のお墨付きを得ることに頼朝は全力を傾注する。伊達、南部など東北の名門の多くは頼朝によって送り込まれた征服者の子孫である。○兼実は娘・任子（にんし）を入内させ中宮としたが親王を得られず、源通親（みちちか）の養女・在子（ざいし）が為仁（ためひと）親王を生んでいた。頼朝は大姫が生んだ親王を鎌倉の後継者にしたかったので、将来、天皇の外祖父となるべき通親と組んだ。○西行法師は北面の武士だったが無常を感じて漂泊の旅に出た。同時代を生きる人たちからも高く評価され、「願はくは　花のもとにて　春死なむそのきさらぎの　望月の頃」と望んだ通りの桜の花が咲く季節に死んだ。

御名 尊成（たかひら）親王。生前は隠岐（おき）院といわれ、顕徳（けんとく）院と諡（おくりな）されたが、後嵯峨天皇のときに後鳥羽院に改められた。

御陵 京都市左京区大原勝林院町の大原陵（おおはらのみささぎ）。島根県隠岐郡海士町に隠岐海士町陵と通称される火葬塚がある。

「日本一の大天狗」と後白河法皇を罵った源頼朝にとって、院政の復活はできれば避けたいところだった。しかし、後鳥羽天皇とすれば、院政という制度への執着は当然にあったし、天皇としての多忙な公務や制約から早く抜け出したいという気持ちもあったから、天皇は頼朝にも丁寧な綸旨《りんじ》を送り同意を取り付けた。

後鳥羽帝にはこのときすでに三人の親王がいたが、籤《くじ》で長男の為仁《ためひと》親王に決定した。天皇の御代の初期には、外祖父である源通親が後鳥羽院別当として上皇を補佐したが、通親が死んだのちは、後鳥羽院自身のやりたい放題になった。摂政関白に近衛基通《もとみち》、九条良経《よしつね》、近衛家実《いえざね》がなったが、実質的な権力はもはやなかった（したがって、「主な出来事」に摂政・関白の交替を書くことをやめる）。

鎌倉では、二代将軍・頼家《よりいえ》が追放された。将軍となった実朝《さねとも》は順調に成長し、政子や北条義《よし》時《とき》の補佐も理に適《かな》ったものだったので、鎌倉にも京都にもつかの間の平和が訪れる。

宗教の世界では、この時代に法然《ほうねん》、親鸞《しんらん》、栄西《えいさい》らが新しい仏教を創りつつあった。一方、後鳥羽上皇は、三〇回ほども熊野詣でを繰り返した。また、後鳥羽上皇は、藤原定家《ていか》らを撰者に『新古今和歌集』の編纂を始めさせ、自分の意見を強く反映し、すべての歌を諳《そら》んじたと伝えられる。

南都の寺社が復興され、運慶《うんけい》・快慶《かいけい》ら一門は写実的な彫刻を彫り上げ人気を博した。

土御門天皇は才気あふれるといった性格ではなく、地味だが、情け深く誠実であったといわれる。しかし、父の後鳥羽上皇にとってはもの足りないところもあったらしく、弟の順徳天皇への早期の譲位ということになった。

承久《じょうきゅう》の乱についても反対していたので、幕府は罰するつもりはなかったが、自ら遠島《えんとう》を希望し、土佐の南西部（現・黒潮町）に、ついで阿波《あわ》国撫養《むや》（鳴門《なると》市）に移り、そこで崩御した。のちに、子供が後嵯峨《ごさが》天皇となる。現在の皇室は、その子孫である。

主な出来事　即位。後鳥羽院政開始。栄西『興禅護国論』（１１９８）改元「正治」。源頼朝死去。東大寺南大門（１１９９）改元「建仁」（１２０１）源通親死去。頼家将軍に。九条良経が摂政に。建仁寺（けんにんじ）創建（１２０２）比企能員（ひきよしかず）滅亡。東大寺南大門仁王像（１２０３）改元「元久」。実朝が将軍に、北条時政が執権に。頼家死す（１２０４）北条義時執権に（１２０５）改元「建永」。高山寺創建（１２０６）改元「承元」。九条兼実死去。法然が流罪に（１２０７）

解説　○母の在子は、平清盛夫人の異父弟であった法勝寺執行能円の娘だったが、能円が備中に流されたあと母が源通親と結婚したのでその養女となっていた。実祖父が僧であったという経歴から異論はあったが、弟たちがあまりにも幼いと通親が主張して強引に決定に持ち込んだ。能円（勧修寺流（かじゅうじりゅう）で兄の子孫は関東管領上杉家となる）の娘だった。○頼家は蹴鞠や狩猟に熱心のあまり、神事を欠席するなど放埓な行動が目立ち側近も反発を強め、頼家が親裁することが停止された。夫人の父である比企能員が巻き返しを図ったが北条時政に誅殺され、頼家も出家のうえ、伊豆の修禅寺に流され、翌年には殺された。ただし、上記のような経緯は北条氏の立場から書かれたもので、比企氏の勢力拡大を怖れた北条時政による比企氏排斥を正当化するためのものだともいわれる。○釈迦入滅後１５００年を過ぎて末法の時代に入ったという意識があり、戦乱、飢饉のもたらす生き地獄が現実にもあるなかで個人の精神を救済できるような宗教が求められた。それは、社寺の建立や寄進といった費用のかかるものや、難しい勉学を必要とする既存仏教と違ったものでなくてはならなかった。美作（みまさか）国の地方官人の家に生まれた法然は、九条兼実の支持を得て、その勧めで『選択（せんちゃく）本願念仏集』を書いた。ところが、弟子が院の女房と密通事件を起こしたので、後鳥羽院は激怒し、法然は四国に流された。弟子の一人で下級貴族である日野氏出身の親鸞も、越後に流されたが、ここで結婚し非僧非俗の世界に生きることになる。栄西は、備中吉備津宮（きびつのみや）の神官出身だが、宋から禅宗を伝え、北条政子や頼家の支援を得て、建仁寺を創建した。○熊野詣では途中、和歌の会などを繰り返す優雅なもので、とくに１２００年に切目王子で開かれた催しはその風雅さが語り草になった。ただし、この熊野詣では、倒幕の準備としての演習であり、熊野衆徒の取り込み策でもあった。

御名　為仁（ためひと）親王・土佐（とさ）院・阿波（あわ）院

御陵　京都府長岡京市金ヶ原金原寺の金原陵（かねがはらのみささぎ）。徳島県鳴門市大麻町池谷に火葬塚がある。

第八四代

順徳天皇《じゅんとく》

後鳥羽上皇の気質を受け継いだ皇室の伝統へのこだわり

誕生・建久8年（1197年）9月10日（父・後鳥羽天皇　母・藤原範季女修明門院重子）
践祚・承元4年（1210年）11月25日（14歳　先代・兄　土御門天皇）
退位・承久3年（1221年）4月20日（25歳　次代・皇子　仲恭天皇）
崩御・仁治3年（1242年）9月12日（46歳）

後鳥羽上皇の親王のうち少年時代から聡明さを示したのが、守成《もりなり》親王であった。母は上皇の育ての親だった高倉範季《のりすえ》（藤原南家）と、平教盛《のりもり》（清盛の弟）の娘との間に生まれた重子《じゅうし》。上皇はこれを愛し、土御門天皇の即位の翌年には早くも親王宣下、さらにその次の年には立太子、十四歳で兄帝から譲位されて帝位についた。

上皇は順徳天皇践祚の少し前のころから幕府を倒す、あるいは、完全に京都の威光のもとに置くという決意を固めた。「奥山のおどろが下も踏み分けて　道ある世ぞと人に知らせん」と詠み、三条白河に最勝四天王寺《さいしょうしてんのうじ》という寺を建て、あるいは「天魔出現」を理由に祈禱をあちこちに命じた。

関東で青年将軍として成長した実朝は、和歌や蹴鞠を好み、京都の文化にも強い関心を示したので関係は良好だった。だが、現実逃避の行動も目立ち、子ができる見込みもなく、母の政子も諦めたのか熊野詣での機会に京都へ上り、後継将軍として親王を迎える相談を上皇の乳母である卿局《きょうのつぼね》にしている。

三井寺（園城寺）で修業ののちに鶴岡八幡宮別当として鎌倉に戻っていた頼家の子・公暁《くぎょう》が、無謀な暗殺事件を起こしたのも、次期将軍は京都から迎えるというのが常識になりつつあったためと考えると理解できる。

しかし、上皇は親王を後継将軍とすることを拒否した。皇統を継げる者が関東にあることは、日本が東西に分かれてしまう危険があるという発想である。この危うさは、のちに、和宮降嫁《かずのみやこうか》のときに至るまで皇室が一貫して意識するのだが、国の統一を保つためには、まことにもっともな憂慮なのである。

そこで、後継将軍候補として、まだ二歳だが、頼朝に少しゆかりのある三寅《みつとら》（のちの九条頼《より》経《つね》）が鎌倉に送られた。のちにこの頼経は、頼家の遺児であり実朝夫人の猶子となった竹御所《たけのごしょ》と結婚する。

しかし、実朝の死という混乱をみて、上皇は倒幕の機が熟したと感じ、順徳天皇も退位して子の懐成《かねなり》親王に譲位し、五月には城南寺に流鏑馬《やぶさめ》のためと称して兵を集めて北条義時《よしとき》追討の宣《せん》旨《じ》・院宣を全国に出した。

この戦いの展開については、仲恭《ちゅうきょう》天皇の項に譲るが、乱ののち順徳上皇も佐渡に流されることになった。越後寺泊《てらどまり》の港から舟に乗り、旧真野《まの》町にある配所で二十一年の月日を過ごして崩御した。「同じ世の別れは猶ぞしのばるるそら行く月のよそのかたみに」は隠岐で後鳥羽上皇が崩御したときの御製である。有識故実《ゆうそくこじつ》の研究に優れ、『禁秘抄《きんぴしょう》』は今日でも古典として評価されているが、皇室の伝統や権威にこだわりを強く持った気骨ある帝だった。

主な出来事 即位(1210)改元「建暦」(1211)『方丈記』(1212)改元「建保」(1213)比叡山僧徒が三井寺を焼く(1214)実朝が宋に渡ることを計画(1217)実朝が右大臣に(1218)実朝が暗殺される(1219)『愚管抄(ぐかんしょう)』(1220)

解説 ○比叡山と三井寺の争いで、延暦寺側が園城寺を焼き払ったのは、1214年が五回目のことであった。それに怒った園城寺側が翌年に坂本を焼き払った。後鳥羽上皇が大津坂本の日吉社で行われた競馬に出かけたところ、衆徒と警備の者の間で諍いが起きて、上皇の桟敷にまで石つぶてが飛んでくる騒ぎがあった。上皇はこうした衆徒の動きを厳しく取り締まったが、これが承久の乱で比叡山が十分に協力しない伏線になっていく。○後鳥羽上皇は、実朝に和歌集を贈り、後に正妻となる従姉妹の坊門信清(ぼうもんのぶきよ)の娘を紹介した。実朝は頼家のように独裁権力を振るう野心も強引さもないが、かといって、母の政子や北条義時らの言いなりになるわけではない。冷淡なわけでもないが、人情の機微への配慮があるわけでもなくドライだった。右大臣になるなど官位をやすやすと受けるので、大江広元(おおえのひろもと)が諌めたところ、「どうせ源氏の命運は尽きるのだから、官位を上げて家の名誉としておきたい」などということを言う。宋人・陳和卿(ちんわけい)から、「中国の医王山の高僧の生まれ変わり」と言われて、実際に舟を造らせて宋へ渡ろうとしたが、遠浅の由比ヶ浜では進水できずに断念した。○将軍頼経は源頼朝の同母妹が一条能保(よしやす)(藤原一族だが摂関家の一条家とは別系統)の妻となり、能保の娘が九条兼実の子の良経(よしつね)の妻となり、その子である摂政・九条道家の子であるから、頼朝からいえば妹の曾孫ということになる。**御名** 守成(もりなり)親王・佐渡(さど)院 **御陵** 京都市左京区大原勝林院町の大原陵(おおはらのみささぎ)。新潟市県渡市真野の真野御陵が火葬塚である。

第八五代

仲恭天皇《ちゅうきょう》

承久の乱は無謀だったと言い切れない

誕生・建保6年(1218年)10月10日(父・順徳天皇　母・九条良経女東一条院立子)

践祚・承久3年（1221年）4月20日（4歳　先代・父　順徳天皇）
退位・承久3年（1221年）7月9日（4歳　次代・後堀河天皇）
崩御・文暦元年（1234年）5月20日（17歳）

鎌倉方の一方的な勝利に終わった結果から、承久の乱は後鳥羽上皇のまったく無謀な企てだったようにいわれる。しかし、最初から勝敗が明らかであったとみるのはおかしい。

京都で上皇が立ち上がったという報せが届いたとき、鎌倉側も驚き、色を失った。総指揮官の北条泰時《やすとき》に父の義時が、「上皇が自ら出陣されれば御輿に弓を引くことなく、兜を脱ぎ弦を切って降伏せよ」と指示したように、鎌倉でも朝廷と戦うことには躊躇する者も多かった。

奇跡的な反撃行動を可能にしたのが有名な政子の名演説である。たしかに上級武士になればなるほど朝廷の威光を恐れるが、一般の武士にとっては、しょせんは遠い存在であり、頼朝が東国政権を樹立して以来の実利的な成果を守ろうという政子の呼びかけは説得力があった（ただし、当時は演説の習慣などないので自分で読んだのではない）。

上皇側にも幕府によって任命された西国の守護などかなり多くの有力武士が味方したし、勝ち馬に乗ればよいという武将も多かった。

しかし、木曽川などでの敗北に上皇らは色を失い、御所に入ると関東方に攻められる口実を与えるため、敗残兵にはいずこにでも速やかに去れという指示を出す。また、関東方に対して、挙兵は「謀臣」によるものとし、洛中で狼藉《ろうぜき》を働かぬように下知《げち》する、「いまさら」という内容の院宣を出した。

しかし、鎌倉側は幕府に内通していた西園寺公経《きんつね》を内大臣として中枢に据え、九条道家《みちいえ》を摂政から解任して、氏長者《うじのちょうじゃ》も近衛家実《いえざね》に替えた。

三上皇に対しても同じ厳しさをもって臨み、後鳥羽上皇は隠岐に、順徳上皇は佐渡にそれぞれ流された。

鎌倉方は土御門上皇を流刑にするつもりはなかったが、院の意向で土佐に赴いた。

天皇は、まだ幼児であったので、外祖父の九条道家の邸に引き取られ、十七歳で崩御するまでひっそりと生きた。

正式な践祚の儀式など経たかどうかも不明で、かつては、歴代に数えられていなかった。しかし、明治三年（一八七〇年）になって、弘文《こうぶん》天皇、淳仁《じゅんにん》天皇とともにその即位を認められ、諡号《しごう》もそのときに決められた。

主な出来事 即位。九条道家が摂政に。承久の乱。六波羅探題（ろくはらたんだい）設置（1221） **解説** ○政子は頼朝以前の時代には朝廷や貴族たちに御所警備など重い負担を要求された東国武士の境遇を語り、三代の墓を守るためにも戦えと奮起を促した。○信濃源氏の一族で美濃、伊勢、伊賀、越前、丹波、摂津という7カ国の守護を兼ねる大内惟信（室町時代に西日本で活躍した大内氏とは関係ない）、近江、長門、石見、淡路、阿波を押さえる佐々木一族なども上皇側についた。ただ、九州など西国の武士が都に上るのが間に合わなかったのが痛かった。○東軍と西軍の戦いの火蓋は木曾三川流域で切られたが、西軍は大敗する。この報せを聞いた朝廷では天皇と三上皇が、坂本に逃げ込んだ。しかし延暦寺では単独の力ではお守りできないと断ったので京都に戻った。宇治の戦いには泰時みずからが駆けつけ勝利したが、もし、ここで手間取っていたら兵站の困難も生じ形勢は逆転していた可能性も高い戦いだった。結果論で単純に論じるべきではない。 **御名** 懐成（かねなり）親王・九条（くじょう）廃帝 **御陵** 京都市伏見区深草本寺山町の九条陵（くじょうのみささぎ）

第八六代

後堀河天皇《ごほりかわ》

平安京の内裏が炎上し廃絶する

誕生・建暦２年（１２１２年）２月18日（父・守貞親王　母・持明院基家女陳子）
践祚・承久３年（１２２１年）７月９日（10歳　先代・仲恭天皇）
退位・貞永元年（１２３２年）10月４日（21歳　次代・皇子　四条天皇）
崩御・文暦元年（１２３４年）８月６日（23歳）

承久の乱で天皇と三上皇が流されたために、新しい天皇選びも院政の再構築も難航した。結局、後鳥羽上皇の同母兄で、平家とともに西国に下り、壇ノ浦でかろうじて助けられ出家していた行助入道親王《ぎょうじょにゅうどう》（守貞親王《もりさだ》）を隠遁先から連れ出して院とし（後高倉院）、その子で十歳の茂仁親王《ゆたひと》を帝位につけた。

幕府軍の大将だった北条泰時は、終戦処理が終わったあとも、そのまま京都に留まった。朝廷の監視、京都市内の警護、西国御家人の統制にあたる六波羅探題《ろくはらたんだい》の創設である。

西日本では守護たちの多くが上皇側についたので、北条一族などが守護職を得た。また、没収された領地には新補地頭《しんぽじとう》が置かれた。

鎌倉では執権・義時が急死したので、六波羅にあった泰時は、二週間後には鎌倉に入り北条政子から、執権として三寅（頼経。将軍宣下は二年後）を後見するように命じられた。

一方、京都では、朝廷の権威がすっかり暴落してしまった。承久の乱の翌年に、朱雀大路《すざくおおじ》を耕作しないようにという命令が出ていることからも、そうした輩《やから》が多くいたことがうかがえる。この荒廃に追い打ちをかけるように、安貞元年（一二二七年）には内裏が炎上する。こののち、平安京大内裏《だいだいり》に内裏が置かれることはなくなり、京都が古代都市から中世都市へ移行する象徴的な出来事になった。

主な出来事 即位。後高倉院院政。後鳥羽上皇らを流罪に（１２２１）改元「貞応」。西園寺公経を太政大臣に（１２２２）後高倉院崩御。新補地頭の取り分決まる（１２２３）改元「元仁」。北条泰時執権に。親鸞『教行信証』（１２２４）改元「嘉禄」。大江広元（おおえのひろもと）、北条政子死去（１２２５）九条頼経が将軍に（１２２６）改元「安貞」。道元帰朝（１２２７）九条道家関白に（１２２８）改元「寛喜」（１２２９）九条教実（のりざね）が関白に。土御門上皇崩御（１２３１）改元「貞永」。関東御成敗式目。『新勅撰和歌集』（１２３２）

解説 ○泰時は、名門武士と実務官僚を組み合わせた「評定衆（ひょうじょうしゅう）」という近代的な内閣にも似た政権運営の仕組みを創設するなどして、幕府の安定を図った。「御成敗式目（貞永式目）」を制定したが、これは論理的な整合性を少し犠牲にしても武士社会の常識を実現しようというもので、公家法の管轄には適用されず、全国的に適用されたものではなかった。○承久の乱の結果、九条道家に替わり近衛家実が摂政に、そして、西園寺公経が内大臣として最大実力者となった。だが、飢饉が続き凶兆とされた彗星まで出現したので、九条道家の娘・竴子（じゅんし）（中宮）との間に生まれた秀仁（みつひと）親王（四条天皇）に譲位し院政を開始したが、後堀河上皇はわずか２年で崩御した。皇后は三条公房の娘・有子（ゆうし）、近衛家実の娘・長子（ちょうし）を中宮とした。○国際関係では、１２２３年に日本の船が高麗の金州を襲った。広い意味での倭寇（わこう）の始まりである。ただし活発化するのは元寇のあとである。○源通親の子である道元が宋で曹洞宗（そうとうしゅう）を修めて帰国したが、このとき一緒に帰った加藤景正（かげまさ）が新しい製陶技術を持ち帰った。瀬戸焼の創始である。○京都市街地で古い建築は本当に少ないのだが、大報恩寺本堂（千本釈迦堂）は１２２７年に建築されたもので、最古である。

御名 茂仁（ゆたひと）親王

御陵 京都市東山区今熊野泉山町の観音寺陵（かんのんじのみささぎ）

第八七代

四《し》条《じょう》天皇

鎌倉の全盛期・荒れ果てる京の都

誕生・寛喜3年（1231年）2月12日（父・後堀河天皇　母・九条道家女藻壁門院竴子）
践祚・貞永元年（1232年）10月4日（2歳　先代・父　後堀河天皇）
崩御・仁治3年（1242年）1月9日（12歳　次代・後嵯峨天皇）

天皇がわずか二歳で即位した背景には、外祖父として権力をふるいたかった九条道家や、さらにその舅の西園寺公経《さいおんじきんつね》らの意向があった。北条泰時は、難色を示したが、道家の願いを受け入れた。

このころ、京都では貴族たちの倫理は低下し、寺社の衆徒たちの争いも醜さを増すばかりであった。京都の治安も悪かったが、六波羅探題が設置した夜間に火を絶やさず警戒する「篝《かがり》屋《や》」の評判は上々であった。

鎌倉では名執権《しっけん》といわれた北条泰時の全盛期で、京都の貴族たちが飢饉になすすべもなく、御所での儀式だ、賀茂での競馬だと私利私欲を満たすことにばかり熱心だったのに対して、泰時は自らも食事を簡素にするなどし、救民対策にも熱心に取り組んでいることが京都にも聞こえていた。

京都と鎌倉の双方の人々を悲しませたのが、将軍頼経の正室・竹御所《たけのごしょ》の死である。源頼家の娘で頼朝と北条家の血を引くこの女性の死は幕府体制の安定に大きな打撃を与えた。そして、大人になった九条頼経と北条執権家の衝突も避けがたくなってくる。

十一歳で元服したその翌年、御所の廊下にろう石を塗りつけて人が転ぶのを面白がろうという子供らしいいたずらをしていたところ、自身が倒れて怪我をしてそれが原因で死んだ。

主な出来事 即位(1232)改元「天福」(1233)改元「文暦」。仲恭上皇、後堀河上皇崩御(1234)改元「嘉禎」。「小倉百人一首」(1235)東福寺創建。叡尊(えいそん)が西大寺に(1236)近衛兼経が摂政に(1237)改元「暦仁」。将軍頼経が上洛(1238)改元「延応」。後鳥羽上皇崩御(1239)改元「仁治」(1240)

解説 ○比叡山の山上で無動寺と南谷の僧同士が衝突して戦った。高利貸しをしていた日吉神社の法師が取り立てをめぐるトラブルで六波羅の武士と争い殺されたのに比叡山が怒って、祭を中止すると脅し、朝廷が六波羅に要請して武士を九州に流す事件もあった。○後鳥羽上皇は何度も帰京を噂されながら、隠岐で崩御した。それから何十年かにわたって北条家の人々が早死にするたびに怨霊のことが語られることになった。御在所があったのは、のちに後醍醐天皇が流された島後(大きい島)ではなく、島前の中之島の海士町という小島である。上皇はここで20年近い日々を過ごした。隠岐での御製は数多いが「浪間なき隠岐の小島のはまびさし久しくなりぬ都へだてて」もそのひとつである。遺骨は洛西の大原陵に納めた。○後鳥羽帝が離宮を営んだゆかりの地であり、サントリー山崎醸造所がある大阪府島本町に水無瀬神宮(廃仏毀釈〈はいぶつきしゃく〉までは水無瀬御影堂)がある。後鳥羽上皇は崩御の14日前に朱で御手掌を押した御置文を、水無瀬離宮に下し、後生を弔うよう依頼した。それが今も残る。○佐渡に流された順徳上皇が崩じたのは、もう少し後の四条天皇崩御と同じ年である。○和歌の世界では藤原定家が、嵯峨野二尊院の裏にある小倉山の草庵で撰定した『小倉百人一首』がある。○京都では羅城門をはさんで東寺と並んでいた西寺でわずかに残っていた塔が焼失した。

御名 秀仁(みつひと)親王 **御陵** 京都市東山区今熊野泉山町の月輪陵(つきのわのみささぎ)

第八八代 後《ご》嵯《さ》峨《が》天皇

両統迭立の原因をつくる

誕生・承久2年(1220年)2月26日(父・土御門天皇 母・源通宗女通子)
践祚・仁治3年(1242年)1月20日(23歳 先代・四条天皇)
退位・寛元4年(1246年)1月29日(27歳 次代・皇子 後深草天皇)
崩御・文永9年(1272年)2月17日(53歳)

四条天皇の崩御の結果、もはや、承久の乱の敗者である後鳥羽上皇の子孫以外に皇位を継ぐべき者がいないことになってしまった。九条道家と西園寺公経は、順徳帝の子である忠成《ただなり》王を登極させようとした。対して、村上源氏の一党は土御門帝の遺児である邦仁《くにひと》王（後嵯峨天皇）を推した。

この対立を九条道家から諮《はか》られた北条泰時は、鶴岡八幡宮の神意と称して邦仁王を選んだ。幕府とすれば、承久の乱にあって後鳥羽上皇を助け、なお佐渡の配所でご存命の順徳上皇の子を帝位につけることには逡巡《しゅんじゅん》があった。上皇の帰京、さらには、院政ということも視野に入れなければならないのだから当然である。

将軍・九条頼経との緊張関係が高まりつつあった北条執権家としては、父である九条道家の権勢が強くなりすぎるのも疎ましかったにちがいない。道家がとった鎌倉の意向を聞くという奇策は、四条帝が一月九日に崩御してから二十日の即位までの空位を生じさせただけでなく、結果としても、完全に裏目に出たのである。

元寇を半世紀後に控えたこの時期は、宋との貿易が最後の輝きをみせていた。西園寺公経が派遣した渡宋船は、水牛とか鸚鵡《おうむ》といった珍しい動物が都人を喜ばせたが、同時に、銭一〇万貫がもたらされた。貨幣経済が本格化し始めていた。

天皇は在位四年で久仁《ひさひと》親王（後深草《ごふかくさ》天皇）に譲位した。院政が通常のこの時代にあって、後嵯峨天皇の時代は即位の経緯からしても、さしあたり天皇親政にならざるをえなかったので、後嵯峨帝は即位からわずか四年後に、久仁親王が四歳になったのを待って早々に譲位した。母親は中宮だった姞子《きつし》（大宮院《おおみやいん》）で、太政大臣・西園寺実氏《さねうじ》の娘だった。

二十六年に及ぶ院政ののち、蒙古《もうこ》の襲来を目前にして慌ただしさが増すなか、五十三歳で崩御した。

後嵯峨帝の政治については、上皇となってからの事績についてこののち語っていくが、ひとことでいえば、北条執権政治の全盛時代にあって、幕府との友好関係を活用しながら、荒廃した朝廷の復興に成果をあげた。しかし、贅沢《ぜいたく》も過ぎたし、両統迭立《りょうとうてつりつ》という不幸の原因をつくったのも事実であり、いささか評価が分かれるのもやむをえない。

主な出来事 即位。皇嗣につき幕使上洛。二条良実（よしざね）が関白に。北条経時執権に。順徳上皇崩御（１２４２）改元「寛元」（１２４３）九条頼嗣が将軍に。永平寺創建。このころ『平家物語』（１２４４）

解説 ○九条道家とすれば、土御門帝の母が幕府からあまりよく思われていなかった源通親の養女であるなどから、鎌倉がそちらの肩を持つこともないと踏んだ。だが、やはり通親の子である土御門定通の妻は北条泰時のきょうだいだった。○後嵯峨帝は、御所の造営をたいへん好み、嵯峨殿、吉田泉殿、鳥羽殿などを建てた。管弦、蹴鞠、その他の美しい行事を催し、高野山などへ行幸もしばしばした。和歌の道では『続後撰』『続古今』の勅撰和歌集を編纂させた。優れていたのは仏教の研究で真言・天台・浄土の各宗に深い学識を示した。○帝が即位された年、鎌倉では名執権といわれた泰時が60歳で没した。その子供たちはすでに早死にしていたので、孫の経時が19歳で執権となった。これをみて将軍・頼経の周囲には得宗家に対する不満分子が集まったので、幕府は頼経の子の頼嗣をわずか6歳で元服させ、征夷大将軍の宣下を受けさせて頼経を排除した。

御名 邦仁（くにひと）親王 **御陵** 京都市右京区嵯峨天竜寺芒ノ馬場町の嵯峨南陵（さがのみなみのみささぎ）

第八九代

後深草天皇《ごふかくさ》

持明院統の創始者

誕生・寛元元年（１２４３年）６月10日（父・後嵯峨天皇　母・西園寺実氏女大宮院姞子）
践祚・寛元４年（１２４６年）１月29日（４歳　先代・父　後嵯峨天皇）
退位・正元元年（１２５９年）11月26日（17歳　次代・弟　亀山天皇）
崩御・嘉元２年（１３０４年）７月16日（62歳）

北条時頼《ときより》が鎌倉幕府で執権として権力をふるった時代は、後深草帝の御代《みよ》にほぼ一致する。即位の二カ月後に執権・北条経時《つねとき》は、病を理由に弟の時頼に職を譲った。北条一族の名越光時《なごえみつとき》が前将軍・頼経らと謀って時頼の排除を企んだが、頼経は京都へ送り返される羽目になった。こうした騒動の影響で頼経の父である九条道家の権力基盤も崩れ、幕府は関東申次《もうしつぎ》に西園寺実氏をあてることを要求した。院の評定衆《ひょうじょうしゅう》が設けられ、その人選にも幕府の承認を要求したことから、院の行動にも幕府の強い統制が及ぶことになった。

それでも京都で策謀をめぐらす頼経の行動にたまりかね、時頼は九条頼嗣《よりつぐ》をも将軍から放逐して後深草帝の庶兄に当たる宗尊《むねたか》親王（母は平氏一門だが実務官僚の家系に過ぎなかった）が将軍として下向することになった。これ以降、鎌倉幕府が滅びるまで親王将軍の時代が続く。

海外へ目を向けると、モンゴル帝国の勢いが増し、高麗へ侵入し、雲南の大理国も滅ぼすなど南宋に対する包囲網が狭められていった。こういう時代背景のもと、安房《あわ》の小湊で日蓮《にちれん》が朝日に向かい「南無妙法蓮華経」を唱え、ここに日蓮宗が誕生した。

後深草天皇は足腰に問題があり身体が傾いていたというが、女性関係は華やかであった。まだ十三歳のころに母である大宮院の妹で十一歳も年長の西園寺実氏の娘・公子《こうし》（東二条院）を女御とし、これを中宮としている。洞院愔子《いんし》（玄輝門院《げんきもんいん》）との間の熙仁《ひろひと》親王がのちに伏見《ふしみ》天皇になっているが、その父・洞院実雄《さねお》は後宇多《ごうだ》、伏見、花園《はなぞの》という三代の天皇の外祖父である。

帝は、男女関係でも飲酒の際でも、あまり優雅な振る舞いぶりではなかったようで、そのことが、弟の亀山天皇の方に父の後嵯峨院や母の大宮院の気持ちが傾く原因となり、両統迭立《りょうとうてつりつ》の伏線になったのは惜しまれる。十七歳のとき、父・後嵯峨院の意向で、弟の恒仁《つねひと》親王に譲位した。これが亀山天皇である。

こののち、後深草院は皇位を子孫に伝えるために厳しい闘いを続けたが、崩御したときは亀山天皇の孫の後二条天皇の御代であった。

主な出来事　即位。北条時頼が執権に。前将軍頼経が京都に送還される。蘭渓道隆（らんけいどうりゅう）来朝（１２４６）改元「宝治」。宝治合戦（１２４７）改元「建長」（１２４９）宗尊親王が将軍に。鷹司兼平が摂政に。五摂家が分立。鎌倉大仏鋳造（１２５２）日蓮が鎌倉で布教（１２５３）改元「康元」。北条長時（ながとき）が執権に（１２５６）改元「正嘉」。鎌倉大地震（１２５７）改元「正元」（１２５９）

解説　○北条氏に次ぐほどの勢力を持った三浦一族は宝治合戦で敗れ、頼朝の墓所に籠もり一族数百人とともに壮烈に自害した。○地方では地頭の力が増すことにより荘園領主との争いが頻発したが、いっそのこと領地を分けてしまおうかとの解決もみられ、伯耆国東郷荘で歴史の教科書によく載っている「下地中分」の図が作成されたのもこのころである。○北条時頼は出家し、息子である時宗が成長するまでのつなぎとして長時が執権となったが、実権は時頼が握り続けた。○宋から蘭渓道隆が来日した。それまでの禅は栄西に代表されるように、他宗と兼学するなどしたものだったが、より純粋な形の禅宗が示され、厳しい作法も導入されて室町時代に全盛を迎える伏線となっていく。○後深草天皇の私生活については、譲位されたのちに女房となった中院雅忠の娘・二条が書いた『とはずがたり』という日記によって知られている。二条は14歳のときに院の女房となり寵愛を受けながら、浮き名を流し続けた女性であり、この時代のいささか退廃した宮廷の雰囲気を知るうえで貴重な資料である。○持明院統と呼ぶのは、同志社大学新町校舎の東、上立売新町のあたりにあった持明院に住んだからだといわれる。**御名**　久仁（ひさひと）親王　**御陵**　京都市伏見区深草坊町の深草北陵（ふかくさのきたのみささぎ）

第九〇代

亀山《かめやま》天皇

福岡県庁の近くに巨大銅像がある元寇を撃退した上皇

誕生・建長元年（1249年）5月27日（父・後嵯峨天皇　母・西園寺実氏女大宮院姞子）
践祚・正元元年（1259年）11月26日（11歳　先代・兄　後深草天皇）
退位・文永11年（1274年）1月26日（26歳　次代・皇子　後宇多天皇）
崩御・嘉元3年（1305年）9月15日（57歳）

福岡県庁の横にある東公園に巨大な銅像がある。高い台の上に立っているので、まさに聳《そび》えているというにふさわしい。威儀を正した堂々たる姿でたいへんよく目立つのだが、はじめて県庁を訪れる人は「誰の像か」といぶかしく人に聞くことになる。

そして、このあたりが元寇《げんこう》の古戦場であり、銅像が当時の天皇・上皇であった亀山帝のものであることを知る。近くには日蓮聖人《しょうにん》の銅像もあり、福岡では元寇の思い出が決して風化したものでないことを実感する。

亀山天皇は後嵯峨帝の第三皇子で、後深草帝と同母である。明るく賢い性格が両親からたいへん愛され、早くも十歳にして兄の皇太弟とされ、翌年には帝位についた。

これを父の後嵯峨帝は「いろいろに　枝を重ねて　咲きにけり　花も我が世も　いまさかりかも」と詠んで喜んだ。

北条時宗《ときむね》への権力移行期であり、対外的には元寇襲来へのカウントダウンが始まっていた。NHK大河ドラマ「北条時宗」で「元寇襲来まであと何日」という十朱幸代《とあけゆきよ》の印象的なナレーションが流れていたのは、だいたいこの時代のことである。

鎌倉では日蓮が本格的な布教活動を始めていた。この日蓮の予言が当たったかのように、通交と親睦を求め、受け入れられない場合は武力行使をするとした元皇帝のフビライと高麗国王の国書を持って高麗人潘阜《はんぷ》が大宰府へ現れた。

この国書は幕府を経由して朝廷にも提出されたが、返書を送らないことと決し、異国降伏の祈禱がはじまり、御家人には異国襲来に備えた準備が命じられた。

北条時宗が執権に就任し、二十五歳になった宗尊《むねたか》将軍を危険だとして京都に送り返して、子で三歳の惟康《これやす》親王に交代させるなど独裁体制が強まった。

こうしたなかで後嵯峨上皇が崩御した。院政を行う治天《ちてん》の君《きみ》を誰にするか遺言では明確ではなかったが、中宮で後深草、亀山両帝の母であった大宮院姞子《おおみやいんきつし》は遺志が亀山天皇にあったことを明言し、遺産のほとんどが亀山天皇に引き継がれることになって、後深草院は著しく冷遇された。ただし、後嵯峨院の書き付けなどはなかったので、混乱は続いた。

すでに亀山帝の皇子である世仁《よひと》親王が皇太子になっており、しばらくの親政ののち譲位した。

このように兄の後深草帝にまさる待遇を受けた帝であったが晩年は後深草院の反撃を受け、やや失意のうちに禅の道に帰依《きえ》していった。亀山帝が営んだ禅林寺はのちに南禅寺《なんぜんじ》となった。

主な出来事　即位（1259）改元「文応」（1260）改元「弘長」。二条良実（よしざね）関白に。日蓮流罪に（1261）日蓮を許す。高麗が倭寇取り締まりを要求（1263）改元「文永」。北条政村が執権に（1264）一条実経が関白に（1265）惟康親王が将軍に（1266）高麗使来朝（1267）蒙古の使いを拒む。北条時宗が執権に（1268）日蓮を佐渡に流す。伊勢に敵国降伏祈願（1271）本願寺創建。後嵯峨法皇崩御（1272）

解説　○従来の形式的にせよ武士たちの公的な合議で意思決定をする形から、北条家の当主である得宗（とくそう）がその私邸で会議を主宰する「得宗政治」に移行していく。元寇襲来の前夜には、九州で力を持っていた名越時章（なごえときあきら）と時宗の異母兄で六波羅探題南方の時輔（ときすけ）が滅ぼされる「二月騒動」が起きた。○日蓮は執拗に布教に努めたが幕府には容れられず、伊豆に流されたり、小松原の法難で九死に一生を得たり、佐渡に流されたりしたが、元寇を前に許された。○この時期に鎌倉で力を得たのが奈良西大寺を本拠とする律宗（りっしゅう）で、忍性（にんしょう）が極楽寺で悲田院など福祉施設を運営して人気を得て、その師の叡尊も鎌倉に滞在して北条時頼の帰依を受けた。○比叡山と三井寺の争いはあい変わらずだが、幕府の後ろ盾を得た三井寺の戒壇設立をめぐってますます先鋭化した。○京都の三十三間堂がこの時期に再建され、今に残る仏像のほとんどはこのときに運慶の子である湛慶（たんけい）らが手がけたものである。○現在の近江八幡市にある奥島荘で1262年にムラの掟を文書化したものが今に残るが、これは、現在の市町村に発展していくムラの自治について、記録によって知られる最初の動きである。

御名　恒仁（つねひと）親王・禅林寺（ぜんりんじ）殿。亀山殿は嵯峨天皇皇后・橘嘉智子（たちばなのかちこ）の檀林寺の故地にあった離宮で、のちに足利尊氏が後醍醐天皇を弔うために天竜寺とした。

御陵　京都市右京区嵯峨天竜寺芒ノ馬場町の亀山陵（かめやまのみささぎ）

第九一代

後《ご》宇《う》多《だ》天皇

元襲来のときの天皇で後醍醐天皇の父

誕生・文永4年（1267年）12月1日（父・亀山天皇　母・洞院実雄女京極院佶子）
践祚・文永11年（1274年）1月26日（8歳　先代・父　亀山天皇）
退位・弘安10年（1287年）10月21日（21歳　次代・従弟　伏見天皇）
崩御・元亨4年（1324年）6月25日（58歳）

いかに後嵯峨上皇が亀山帝を好み、その子孫に皇統を伝えたいと欲したとしても、兄である後深草帝の皇子を差し置くにはそれなりの口実が必要だった。ここで、世仁《よひと》親王（後宇多天皇）の母である藤原佶子《きつし》が格上の皇后であったことが決め手となった。外祖父は左大臣・洞院実雄《とういんさねお》である。

帝が即位した年の十月、ついに元軍が博多湾に上陸した。高麗の合浦《がっぽ》を出発し、対馬、壱岐で住民を虐殺しての来襲だった（文永《ぶんえい》の役）。

一二八一年にも、第二次の元寇があった（弘安《こうあん》の役）。

この間、朝廷周辺は祈禱に全力をあげた。とくに石清水八幡宮では、文永の役の際には真言律宗の叡尊《えいそん》が神風を起こしたとの伝説を生み、弘安の役のときには亀山上皇が自ら参籠《さんろう》して祈った。結果的に神風も吹いて敵を撃退したので、「日本は神国」との意識を生じさせた。「祈っていただけ」というのは現代人の感覚で、当時の人は皇室にそういうことを期待していたのだから仕方がない。

鎌倉では、執権・北条時宗が三十四歳で没したあと、得宗《とくそう》家の私的な家臣である御内人《みうちびと》の力が増した。だが、元寇での報奨が十分に与えられずに不満が高まり、荘園の私的な管理人のなかから「悪党《あくとう》」が力を得た。

後嵯峨上皇や大宮院は、皇位は亀山帝の系統に継がせ、長講堂領と呼ばれる一群の荘園を私有財産として後深草帝の子々孫々に伝えさせればよいと考えた。しかし、後深草帝としては口惜しい思いがあり、とくに、皇室伝来の坂上田村麻呂のものだったという宝剣が弟帝のもとに留められたことなど我慢がならなかった。そこで、鎌倉にも不満を伝え、そののちの幕府の介入を招いていくことになる。

時宗は特段の過失もない兄の後深草帝の系統が閉め出されるのはいかがかとして、亀山上皇を口説いて後深草帝の熙仁親王を亀山上皇の猶子《ゆうし》としたうえで皇太子とすることとさせ、両帝の系統が交互に帝位を占めるように図った。時宗としては、元寇のさなかに朝廷が混乱するのを避けたいとの思いもあったのだろうが、これが皇統継承に混乱をもたらし、鎌倉が亀山天皇の大覚寺統《だいかくじとう》から恨まれて倒幕の遠因ともなった。

主な出来事 即位。文永の役。このころ身延山（みのぶさん）創建（１２７４）改元「建治」。元使を斬る。九州探題を置く（１２７５）改元「弘安」（１２７８）弘安の役（１２８１）日蓮死去（１２８２）北条時宗死去。貞時（さだとき）が執権に（１２８４）霜月騒動（１２８５）

解説 ○洞院家は西園寺家の分家で、その後断絶したが、分家が正親町家（おおぎまちけ）などの名で残っている。○14歳の北条貞時を補佐したのが安達泰盛（あだちやすもり）と平頼綱（たいらのよりつな）だが、泰盛は貞時の外祖父であり、御家人の最有力者、平頼綱は御内人の筆頭であった。だが、霜月騒動で安達泰盛一族は誅せられ、その余波は全国に及び、弘安の役の英雄である少弐景資（しょうにかげすけ）・安達盛宗（もりむね）も殺されてしまった。○承久の乱の場合と違って、今回は敗者から没収できる領地も何もなかった。そこで、寺社に対しては一種の徳政令を適用して元の領地を取り戻すとか、鎮西武士に対してはこれまで事実上でしか認めていなかった領地の支配権を下し文を出して公認するとかいった変則的な形で恩賞がひねり出された。○元寇の余波でこれまで本人は鎌倉に住んで代理を九州に送っていた守護や地頭が移住した。島津・大友両氏が九州に定住したのはこのときだ。○荘園の管理者たる荘官や御家人などで法秩序を無視して平気で狼藉を働く者が増えてきた。彼らを「悪党」と呼んだ。楠木正成（くすのきまさしげ）の出身層である。○伊賀国名張の黒田荘で元荘官らが領主である東大寺に従わないので、東大寺は六波羅探題に取り締まりを要請したが、地域全体を領主が一円支配しているときは領主が自分で処理すべきであると逃げることもあった。○このころ京都では、嵯峨清凉寺の大念仏狂言や壬生（みぶ）狂言が創始された。○とりあえずは、両統の共存となり、１２８５年には、両院の母である大宮院のそのまた母親である四条貞子（北山准后）の90歳の祝いが盛大に催された。その祖父は後白河法皇の側近で平清盛の娘を正室とした四条隆房（たかふさ）であるから、平清盛の曾孫ということになる。生まれたのが１１９６年で死んだのが１３０２年であるから、３世紀にまたがり鎌倉時代のほぼ最初から最後まで生きたという女性である。この老女の祝いには、後宇多天皇、後深草上皇、亀山上皇、大宮院、後深草帝の女御・東二条院（藤原公子）、新陽明門院（藤原位子）、東宮（とうぐう）（のちの伏見天皇）が臨席し、いまは鹿苑寺金閣である西園寺第で未曾有の盛儀として催された。○一遍上人は信濃臼田で踊り念仏を創始した。在世中だけでいえば親鸞よりよほど重要人物だった。

御名 世仁（よひと）親王・大覚寺（だいかくじ）殿。後二条天皇と後醍醐天皇の治世の最初においても院政を敷いた。大覚寺に住んだので、亀山天皇の系統を大覚寺統というようになった。**御陵** 京都市右京区北嵯峨朝原山町の蓮華峰寺陵（れんげぶじのみささぎ）

第九二代

伏見《ふしみ》天皇

幕府の介入で持明院統が復活

誕生・文永２年（１２６５年）４月23日（父・後深草天皇　母・洞院実雄女玄輝門院愔子）

践祚・弘安10年（１２８７年）10月21日（23歳　先代・後宇多天皇）

退位・永仁６年（１２９８年）７月22日（34歳　次代・皇子　後伏見天皇）

崩御・文保元年（1317年）9月3日（53歳）

大覚寺統から持明院統へ帝位が移されたことは、立太子が十年も前に行われていたのだから、早くから予定されていたことである。ただ、直接には、幕府による変則的な介入で行われた。これを背後で操ったのは、関東申次《かんとうもうしつぎ》・西園寺実兼《さねかね》である。

この実兼の娘である鏱子《しょうし》が翌年には入内し中宮となった（永福門院《えいふくもんいん》）。この中宮には皇子が生まれなかったが、五辻経氏《いつつじたかうじ》（宇多源氏）の娘・経子《けいし》の子である胤仁《たねひと》親王を中宮の皇子として、さっそくその年に立太子させた。

持明院統による皇位継承を図るこうした強引な動きに大覚寺統の不満は高まり、不穏な空気が流れていた。紫宸殿《ししんでん》の御帳の前にある獅子狛犬《ししこまいぬ》が破裂するという怪異が起きて不吉の前兆と人々はおののいたが、案の定、富小路《とみのこうじ》内裏に甲斐国小笠原一族の浅原為頼《ためより》らが乱入し、伏見天皇を暗殺しようとする事件が起きた。天皇は女装して春興殿《しゅんこうでん》に無事脱出し、為頼らは紫宸殿で壮烈な自害をした。

小笠原一族が後宇多天皇時代の霜月《しもつき》騒動に連座したのが原因らしいが、亀山上皇が刺客を放ったのではないかと持明院統の人々は考えた。そこで亀山院側近の三条実盛《さねもり》父子が逮捕され、西園寺実兼の子である公衡《きんひら》は承久の乱になぞらえて亀山院を六波羅に移すべきと迫った。

亀山院もさすがにあわてたのか、この事件に関与していないとする告文（誓紙《せいし》）を幕府に提出し、それを信じようということで事件は収束となった。

このころ、伏見天皇の周囲では、京極為兼《きょうごくためかね》（藤原定家の曾孫。定家の子孫は二条、京極、冷泉家に分かれた）が政治・文化両面で最大の権力者になっていた。天皇は為兼の指導で優れた歌を詠み、能筆家としては藤原行成《ゆきなり》の書に倣い、それを上回るというほどの評価を得て現在でも珍重されている。

五辻経子との子が後伏見天皇、実母の妹・洞院季子《とういんのきし》との子が花園天皇となる。

主な出来事 後深草院政（1287）改元「正応」。即位（1288）亀山上皇出家。久明親王が将軍に（1289）後深草上皇出家（1290）改元「永仁」。鎌倉大地震（1293）このころ『蒙古襲来絵詞』。弘安の役恩賞打ち切り（1294）永仁の徳政令（1297） **解説** ○鎌倉では、平頼綱（得宗家の被官。のちに一族が長崎氏を名乗る）の恐怖政治が行われ不満が高まっていた。しかし、成人した北条貞時は、大地震による社会不安のなかで平頼綱を討つことを決意し自ら権力を握った。貞時は御家人の利益を図り、「永仁の徳政令」を出した。 **御名** 煕仁（ひろひと）親王・持明院（じみょういん）殿。伏見は上皇として愛した御所にちなむ。豊臣秀吉の第一次伏見城（指月山（しげつやま））の場所である（後陽成天皇の項参照）。 **御陵** 京都市伏見区深草坊町の深草北陵（ふかくさのきたのみささぎ）

第九三代

後伏見天皇《ごふしみ》

琵琶の名手だが十四歳で退位させられる

誕生・正応元年（1288年）3月3日（父・伏見天皇　母・五辻経氏女経子）
践祚・永仁6年（1298年）7月22日（11歳　先代・父　伏見天皇）
退位・正安3年（1301年）1月21日（14歳　次代・後二条天皇）
崩御・建武3年（1336年）4月6日（49歳）

マルコ・ポーロが戦争で捕虜となった獄中で口述筆記させた『東方見聞録』の成立は、ちょうどこのころである。

弘安の役から二十年近い年月ののちで、元の姿勢も柔軟なものになってきていた。その元から派遣された最後の使者が僧・一山一寧《いっさんいちねい》で、正安《しょうあん》元年（一二九九年）に鎌倉に入って執権・北条貞時《さだとき》に国書を提出した。内容は穏やかに交易を願うものだったが、貞時はこれを無視した。むしろ、筥崎《はこざき》の石塁を強化し、鎮西《ちんぜい》における統治機構の整備を行うなど守りを固めた。

後伏見天皇の即位後、両派の幕府に対する裏工作は熾烈《しれつ》を極めたが、幕府は後宇多天皇の皇子である邦治《くにはる》親王（後二条天皇）を皇太子とすることを望んだ。そして、後伏見天皇はわずか十四歳で譲位を迫られ、後二条天皇（大覚寺統）が誕生する。皇太子には後伏見天皇の弟である富仁《とみひと》親王（花園天皇）が立てられた。

琵琶に巧みで、能筆家としても知られる。「あてになまめかしくおはします」といわれたように優雅な貴公子だった。

主な出来事　即位。伏見上皇院政（1298）改元「正安」。鎮西評定衆・引付衆（ひきつけしゅう）を置く。マルコ・ポーロ『東方見聞録』（1299）　**解説**　○一寧は重んじられ、建長寺、円覚寺、南禅寺の住持となり、朱子学をはじめて紹介した。○のちに後伏見上皇は弟の花園天皇のときと、西園寺寧子（ねいし）（祖父が実兼、父は公衡）との子である光厳（こうごん）天皇（北朝）のときの二度、それぞれ短期間だが院政を敷いた。　**御名**　胤仁（たねひと）親王　**御陵**　京都市伏見区深草坊町の深草北陵（ふかくさのきたのみささぎ）

第九四代

後二条天皇《ごにじょう》

世襲宮家がはじめて誕生する

誕生・弘安8年（1285年）2月2日（父・後宇多天皇　母・堀川具守女西華門院基子）
践祚・正安3年（1301年）1月21日（17歳　先代・後伏見天皇）
崩御・徳治3年　延慶元年（1308年）8月25日（24歳　次代・花園天皇）

現代の皇室には三笠《みかさ》宮、秋篠《あきしの》宮、常陸《ひたち》宮、高円《たかまど》宮といった世襲の宮家があるが、こうした宮家という仕組みの歴史はそれほど古くない。その最初は亀山法皇の最晩年に関東申次を務めた西園寺実兼の娘・瑛子《えいし》が生んだ恒明《つねあき》親王から出た常磐井《ときわい》宮家だった。ついで、後二条天皇の皇子である邦良《くによし》親王から始まる木寺《きでら》宮家である。詳しい事情は左記の解説を見ていただきたいが、いずれも大覚寺統で皇位を継承するはずが、できなかった親王の処遇策だった。

後二条天皇は取り澄まし落ち着いた風情だったというが、蹴鞠が好きな青年であり、なかなかの能筆である。

関東では、幕府の要職を務め御内人を統率した北条宗方《むねかた》（時宗の甥）と、貞時《さだとき》（時宗の嫡子）隠退後嫡子・高時《たかとき》までのつなぎで執権となった北条師時《もろとき》（時宗の甥。貞時の娘婿）の対立が激化。宗方は連署《れんしょ》（執権の補佐）・北条時村《ときむら》を殺害したが、宗方もまた誅《ちゅう》せられた。

主な出来事　即位。後宇多上皇院政。北条師時が執権に（1301）　改元「乾元」（1302）改元「嘉元」（1303）後深草法皇崩御（13

０４）亀山法皇崩御（１３０５）改元「徳治」。後宇多上皇出家（１３０６）守邦親王が将軍に（１３０８）**解説** ○亀山法皇は孫の後二条天皇のあと、大覚寺統を継がそうとして恒明親王に多大な遺産まで引き継がせたが、後宇多上皇は皇統がさらに分裂してしまうとして鎌倉幕府に働きかけた。結局、後二条天皇が24歳で崩御したあとは、その皇子の邦良親王が幼少なのでいったん尊治（たかはる）親王（後醍醐天皇）をたて、そのあと邦良親王に引き継がせることにした。○後醍醐天皇も自分の子に跡を継がせて邦良親王を排除したので、親王は北朝側と行動をともにし、木寺宮家となった。こうして邦良親王の系統は皇位からはずされ、それに伴って西園寺家も勢力を失ったが、常磐井宮家は戦国中期の天文21年（１５５２年）まで存続した。○皇后は徳大寺忻子（きんし。父は太政大臣・公孝）、邦良親王の母は五辻宗子（そうし。父は参議・宗親）である。○このころ、荘園領主に対して農民が負担増を拒否したり（東大寺領大和櫟本郷）、凶作を理由に年貢減免を要求する（若狭多良荘）といった事件が相次いでおり、民衆の自覚が進んだことをうかがわせる。**御名** 邦治（くにはる）親王 **御陵** 京都市左京区北白川追分町の北白河陵（きたしらかわのみささぎ）

第九五代

花園《はなぞの》天皇

詳細な日記を残した歴代最高の知識人

誕生・永仁５年（１２９７年）７月25日（父・伏見天皇　母・洞院実雄女顕親門院季子）
践祚・延慶元年（１３０８年）８月26日（12歳　先代・後二条天皇）
退位・文保２年（１３１８年）２月26日（22歳　次代・後醍醐天皇）
崩御・正平３年（１３４８年）11月11日（52歳）

古代における『六国史《りっこくし》』ののち正史が編まれることはなかったが、平安時代以降、貴族たちが詳細な日記を残していることが多く、我々はそこから歴史を正確に再現することができる。

歴代天皇の日記も多く残っているが、花園天皇は十四〜三十六歳までのものが現存している（『花園天皇宸記《しんき》』）。

長雨が続くと民の苦しみに思いをはせるなど天候に一喜一憂し、火事が多いと「朕《ちん》の不徳であろうか」と『般若経《はんにゃきょう》』を読み、心を痛めた思いが綴《つづ》られている。そうした心を持つことは、君主として最高の徳というべきだろう。

花園天皇の即位にあたっては、次には大覚寺統の尊治《たかはる》親王が即位すること、次に、その皇太子にはやはり大覚寺統の邦良《くによし》親王が就き、その次の皇太子には持明院統の量仁《かずひと》親王ということで話がついていた（両統迭立の議）。

そこで、在位が十年になったところで、年長の皇太子である尊治親王（後醍醐天皇）に譲位した。

このころ、鎌倉では、執権・師時とその義父である貞時が相次いで病死した。やがて、貞時の子で時宗の嫡流の孫である高時が家督を継いだ。わずか九歳である。高時は十四歳で執権になったが、補佐すべき一族有力者も次々と死んで、実権は長崎高綱《ながさきたかつな》や安達時顕《あだちときあき》に移った。

主な出来事 改元「延慶」。即位。伏見上皇院政。尊治親王（後醍醐天皇）立太子（1308）改元「応長」。北条宗宣が執権に（1311）改元「正和」（1312）伏見上皇院政・出家（1313）北条基時が執権に（1315）北条高時が執権に（1316）改元「文保」。両統迭立の議を定める。伏見法皇崩御（1317） **解説** ○歴代天皇のなかでも最高の読書家の一人であり、量仁親王にも念入りに帝王学を仕込んだ。その御所のあとが現在の妙心寺になった。この地を花園といい、妙心寺が経営する大学も花園大学という。趣味は笛や囲碁で、絵を描くことも上手だった。○花園帝は当時としては珍しく写実的な肖像画を描かせており、国宝に指定されている（藤原豪信筆）。○歯痛に悩まされ、同囲の反対を押し切って抜歯をしたら治ったという記録もある。○東大阪市花園ラグビー場との関係はない。 **御名** 富仁（とみひと）親皇・萩原（はぎわら）院 **御陵** 京都市東山区粟田口三条坊町の十楽院上陵（じゅうらくいんのうえのみささぎ）

コラム：日本の仏教①

日本に仏教が伝来したのは、538年に百済の聖明王が、欽明天皇に金銅の仏像や経典を贈ったときとされている（異説あり）。仏像などが日本に輸入されたことはあったかもしれないが、本格的な導入は、新しい神様が加わるというだけでなく、国家とか社会とか文化を根底から揺るがす提案だった。

やがて、四天王寺や飛鳥寺（法興寺）が創立されたが、こうした寺院の建設は、建築、仏像、仏具づくりだけでもたいへんなことであり、経典を理解するには漢文の学習も不可欠だったので、総合的な大陸文明の受容となった。

とくに、奈良時代に総国分寺として東大寺、総国分尼寺として法華寺が設けられ、各国に国分寺と国分尼寺を建設したことは、列島全体の文明開化に絶大な効果があった。

仏教が目新しかったのは、個人や小さな集団の幸福だけでなく、飢餓や疫病や戦乱をなくすとか、国家の安定を図る鎮護国家といったより高次元なものを目指したことだ。民衆を教化し行動させた行基《ぎょうき》や、悲田院を設立して慈善事業をはじめた光明皇后がその好例である。

ところが、仏教の教えは高尚《こうしょう》すぎて、個人の悩みを解決してくれないという不満が出てきた。また、寺院や僧侶への保護の結果、僧侶が増えすぎて、平城京の大きな割合が寺院に占拠されてしまうという弊害も出てきた。

仏教は贅沢な道具や建築を伴うので、南北朝時代の中国でも、唐の末期には銅が使用されすぎて貨幣経済を歪めるほどになり、「会昌《かいしょう》の廃《はい》仏《ぶつ》」という大事件に発展した。それが、平城京から平安京に遷都される理由のひとつにもなった。

嵯峨天皇は、最澄（伝教大師）や空海（弘法大師）が唐から持ち帰った天台宗や真言宗を保護し、最澄はもっとも大乗仏教的な経典である法華経の優位性を主張し、修行する人自身の成《じょう》仏《ぶつ》（仏の境地になること）より、「万人の成仏」を目指した。また、最澄は死後の幸福を期待する浄土思想や、瞑想から真理へ近づこうという禅の考え方も輸入した。

空海は「密教」を紹介し、秘密の教義と儀礼を師資相承《ししそうじょう》によって伝持し、加持祈禱《かじきとう》により現実を変えることができると喧伝《けんでん》した。護摩《ごま》などを使う儀式や所作《しょさ》が神秘的で魅力的であることや、個人の悩みに個別的に対処し、雨を降らせるとか、病気を治すまでしてくれるから人気が出た。また、本地垂迹《ほんじすいじゃく》説に基づき日本古来の神様は仏様の生まれ変わりだといって歓迎された。比叡山の麓の日吉大社では、大日如来と日吉権現と天照大神が同一だといったりした。

９６６年に天台座主となった良源（元三《がんざん》大師）は、宗派の運営実務で抜群の力を発揮した。弟子として藤原師輔《もろすけ》と雅子《がし》内親王の間に生まれた尋禅《じんぜん》を受け入れ、天台座主とし、摂関家の庇護のもと、荘園の拡大を図った。

このころ、延暦寺は最澄直系の円仁派と弟分だった義真《ぎしん》の系統の円珍派が対立して、後者は園城寺（三井寺）に寄ったことは第四章で解説した。この延暦寺と園城寺それぞれを拠点にして、僧兵まで擁して争った。

そして、この両寺や東大寺や興福寺も皇族や摂関から子弟を迎え入れ、荘園を多く持った。摂関家や皇室からすれば余った子供たちの天下り先である。贅沢はできるが一代限りで済むメリットがあった。自由奔放なセックスを楽しみ、子供をまき散らしても、この仕組みのお陰でなんとか必要以上に相続争いを起こすことなく済んだのである。

そして、大衆とか神人《じにん》と呼ばれた、なかば僧侶だが、結婚して家族をもった者たちが、荘園から得た収入で金融業を営み莫大な利益を上げた。室町時代になっても京都の金融業者はほとんど坂本（現在の大津市内・延暦寺の僧侶たちが日常生活を送る里坊の所在地）の住人だった。

彼らは武装し、借金の取り立てもしたし、場合によっては春日大社の神木とか日吉大社の神輿を担いで、それを盾にして暴虐を働いた。

律令制が崩れて正規軍・警察が弱体となったので、京都周辺で最強の武装集団は延暦寺と興福寺の僧兵となったが、院や摂関家は源平などの武士を育ててそれに対抗した。

しかし、実は寺社の功績も大きい。経済分野では、プロフェッショナルなコングロマリットとして地域開発、貨幣経済の導入、貿易などにまで力を発揮した。また、教学という意味では比叡山延暦寺などは、まさに「大学」として機能した。そして、僧侶たちは貴族や武士の家庭教師兼秘書となって、権力に近づいた。

また、比叡山は教義の面ではおおらかだったから、仏教としてもさまざまな考え方の僧侶が研究を行い、鎌倉仏教として開花することになった。

ただし、奈良仏教も健在で、北条泰時にはじまる「道理」の政治は南都《なんと》六宗《ろくしゅう》のひとつ律宗の考え方に影響されたものという意見もあるくらいだ。

天台宗や真言宗は朝廷の宗教であり続け、上級武士もそれを真似した。ただ、檀家を持たないことが多かったので、明治の廃仏《はいぶつ》毀釈《きしゃく》と農地改革のために衰えた。

鎌倉仏教は、釈迦入滅後千五百年（一〇六六年と信じられていた）を過ぎて末法の時代に入ったという意識のもと、戦乱、飢饉のもたらす生き地獄から個人の精神を救済できるような宗教が求められていた時代背景があった。しかも、それは、社寺の建立や寄進といったような、費用がかかったり、難しい勉学を必要としたりする、既存仏教と違ったものでなくてはならなかった。

浄土信仰は念仏を唱えることにより安らかに死を迎えられるというホスピスのような位置づけもあって、藤原道長などは現世に極楽を再現しようと寺院をつくった。そして、末法の時代に入って信奉者が増えた。

美作国の地方官人の家に生まれた法然は、天台宗の高僧だったが、複雑な修行などしなくても念仏さえ唱えれば凡夫《ぼんぷ》でも極楽へ行けるという説を唱え浄土宗を開いた。その弟子で中級貴族である日野氏出身の親鸞も、越後に流されたが（異説もあるが）、こちらは、「悪人」であっても救われるとしたのが目新しかった。

ただし、親鸞は新宗派を開いたという意識はなかったし、教団の勢いもなかった。本願寺が大発展をするのは戦国時代の蓮如《れんにょ》が大衆動員に成功してからだ。浄土真宗では村人を身分にかかわらず堂内に入れるという発想を始めたので、他の宗派の寺に比べて御堂の規模が桁違いに大きい。また、近江の荒見《あらみ》にいるときに発案した御文《おふみ》（信者に回覧させる手紙型のメディア）は布教に絶大な威力を発揮した。

日蓮は安房《あわ》の生まれで、やはり、比叡山で学んだ。天台宗が法華経を究極の教典としながら、浄土・密教・禅なども重視することは素朴に考えておかしいと思う人がいて当然だが、時代的雰囲気を採り入れて、「南無妙法蓮華経」という題目を唱えることで現世において救われるとしたのである。

日蓮は、「念仏無間《ねんぶつむけん》・禅天魔《ぜんてんま》・真言亡国《しんごんぼうこく》・律国賊《りつこくぞく》」といって他宗を厳しく批判した。そして、邪教を保護していると国難がやってくると預言したら、本当に元寇がやってきた。

ただし、浄土真宗ほどではないが、日蓮宗も本当に勢力が拡大したのは戦国時代のことだ。戦乱のなかで京都の町衆に支持されたのだ。商工業者には、来世よりも現世での救済をめざすほうが受けが良かったし、現代でも、いわゆる仏教系新興宗教のほとんどが日蓮宗系であることも同じ理由だと思う。

現在、自己申告による日本の宗教団体の信者数は、①神社本庁、②幸福の科学、③創価学会、④浄土真宗本願寺派、⑤浄土宗、⑥立正佼成会、⑦高野山真言宗、⑧日蓮宗、⑨天理教、⑩霊友会（週刊ダイヤモンドの記事より）だそうだが、このうち創価学会、立正佼成会、霊友会が日蓮宗と関連している。

実質的に「最強の宗教団体」とされている創価学会は、日蓮宗から分離した日蓮正宗の信徒団体として発足し、やがて独立したものだ。

第九六代

後醍醐天皇《ごだいご》

建武の中興に成功するが南北朝時代に突入

誕生・正応元年（1288年）11月2日（父・後宇多天皇　母・五辻忠継女談天門院忠子）
践祚・文保2年（1318年）2月26日（31歳　先代・花園天皇）
崩御・延元4年（1339年）8月16日（52歳　次代・皇子　後村上天皇）

北朝初代

光厳天皇《こうごん》

山国郷の花の名所・常照皇寺に隠棲する

誕生・正和2年（1313年）7月9日（父・後伏見天皇　母・西園寺公衡女広義門院寧子）
践祚・元徳3年（1331年）9月20日（19歳）
退位・正慶2年（1333年）5月25日（21歳　北朝次代・弟　光明天皇）
崩御・貞治3年（1364年）7月7日（52歳）
（元号は南北朝それぞれのもので表記）

「建武の中興」の立役者である後醍醐天皇は、後宇多天皇の第二皇子だが、祖父・亀山上皇のもとで育てられた。幼少のころから英明な資質を示し、兄である後二条天皇をさしおいて大覚寺統のプリンスとなることも期待された。とりあえず、長幼の順に従うことになったが、後二条天皇の死で花園天皇の東宮《とうぐう》となった。

もともと花園天皇より年上だったので、即位のときにはすでに三十一歳であり、まさに満を持しての登極であった。当初は父親である後宇多上皇の院政が行われたが、即位後三年にしていよいよ天皇親政が始まった。

帝は記録所を設け、政務に励み、ライバルである花園上皇ですら「政道淳素に帰す、君すでに聖主たり」と感嘆するしかなかったほどであった。「後の三房」と呼ばれた北畠親房《きたばたけちかふさ》・万里小路宣房《までのこうじのぶふさ》・吉田定房《よしださだふさ》などを側近として、実務経験も積んだうえでの即位で、あちこちに関所があったのを大津と樟葉《くずは》以外すべて廃止したことなど広く歓迎された。

このような実績を積んだ後醍醐天皇だが、兄である後二条の皇子・邦良親王、それについで持明院統の量仁親王《かずひと》（光厳天皇。母は西園寺公衡の娘）と順番待ちの親王たちの周辺が後醍醐天皇の早期の譲位を期待し鎌倉に工作をかけて天皇をいらだたせていた。

このころ、幕府では、北条高時が執権であったが、内管領の長崎高資《たかすけ》の専横が御家人たちの不満をかきたてていた。これを見た天皇は一気に行動に出て、「正中《しょうちゅう》の変」と「元弘《げんこう》の変」を起こしたが失敗し、持明院統の量仁親王に譲位せざるをえなくなり、三種の神器も渡し、自身は隠岐に流されてしまった。

ところが、各地の騒乱はもはや収まらず、息子の護良《もりなが》親王や楠木正成《くすのきまさしげ》、播磨の赤松則村《のりむら》らが活躍し騒然とするのを見て、後醍醐天皇は隠岐を小舟で脱出し、伯耆《ほうき》の名和長年《なわながとし》とともに船上《せんじょう》山《さん》に籠《こも》り、各地の武士に綸旨《りんじ》を下して討幕を呼びかけた。幕府は源氏の最有力者である足利尊氏《あしかがたかうじ》を討伐に派遣したが、これが寝返って京は反乱軍の手に落ち、鎌倉は新田義貞《にったよしさだ》に落とされた。

後醍醐天皇は詔を出して光厳天皇を廃し、いわゆる建武《けんむ》新政が始まった。

やがて、尊氏は天皇と対立し、九州へ落ち延びるが、錦《にしき》の御旗《みはた》のあるなしの違いを痛感して光厳院を担ぐことに成功し（九州へ下る途中の備後の鞆《とも》で院宣がもたらされた）、楠木正成を神戸の湊川《みなとがわ》で敗死させた。この途中、桜井（大阪府島本町）の駅での楠木親子の別れが、有名な「青葉繁れる桜井の～」にはじまる唱歌のテーマである。

後醍醐天皇は、比叡山に逃れ、光厳上皇と皇弟・豊仁《とよひと》親王が尊氏と入京し、親王が神器のないまま即位して光明《こうみょう》天皇となる。後醍醐天皇は正成につづき名和長年が戦死したので和睦に応じ、神器を光明天皇に授けた。

後醍醐天皇は京都を脱出して大和の吉野に逃れ、先の神器は偽物だったとして譲位を取り消し、「南北朝時代」が始まった。やがて新田義貞や北畠顕家《きたばたけあきいえ》（親房の子）も敗死し、尊氏が征夷大将軍となって、室町幕府が成立した。

こうした暗い情勢のなか、後醍醐天皇は病におかされて、吉野でその生涯を終え、義良《のりよし》（憲良）親王が即位した。後村上《ごむらかみ》天皇である。

なお、後醍醐天皇のとき西園寺実兼の娘である禧子《きし》と後伏見天皇の娘・珣子《じゅんし》内親王が中宮とされたが、これ以降、後水尾《ごみずのお》天皇のときまで皇后や中宮は立てられなかった。また、戦乱がゆえもあって、有力者が娘を入内させることに奔走するといったこともなくなり、中級クラスの公家の娘が後宮の主流となった。

光厳天皇は北朝の天皇といわれるが、厳密にはおかしい。正規の手続きで譲位され即位したのだが、のちに、京に復帰した後醍醐天皇に譲位は無効だったとされたのである。ただし、太《だい》上《じょう》天皇の尊号は認められた。南北朝になってからは天皇でいたことはないので、「北朝初代」というのもおかしいのだが、普通にはそう呼んでいる。

花園上皇に教育されただけあって中国の史書にも通じ、学識豊かで和歌の道でも優れていた。

主な出来事　後醍醐天皇即位。後宇多法皇院政。邦良親王立太子（１３１８）改元「元応」（１３１９）後醍醐親政。改元「元亨」。記録所復活（１３２１）津軽の安東氏の紛争に派兵（１３２３）改元「正中」。後宇多法皇崩御。正中の変（１３２４）改元「嘉暦」。邦良親王死去。執権が金沢貞顕、ついで赤橋守時に（１３２６）改元「元徳」（１３２９）南都北嶺（なんとほくれい）に行幸（１３３０）改元「元弘」（南朝）。元弘の変。このころ『徒然草』（１３３１）改元「正慶」（北朝）。後醍醐天皇が隠岐に流される。光厳天皇即位（１３３２）足利尊氏帰順し、後醍醐天皇京都に還る（１３３３）改元「建武」。建武の中興（１３３４）中先代（なかせんだい）の乱（１３３５）改元「延元」（南朝）。尊氏九州へ。湊川の戦い。北朝・光明天皇。後醍醐天皇が吉野へ（１３３６）新田義貞敗死。尊氏将軍に（１３３８）『神皇正統記（じんのうしょうとうき）』。西芳寺（さいほうじ）庭園。後醍醐天皇崩御。南朝・後村上天皇（１３３９）

解説　○「正中の変」は、日野資朝（ひのすけとも）や俊基（としもと）らを中心に無礼講や読書会と称して仲間を募り六波羅探題を襲撃しようとしたのだが、計画は事前に漏れた。天皇は自分は無関係であると主張し、なんとか難を逃れた。○「元弘の変」では、再び陰謀が発覚し、後醍醐天皇は三種の神器を持って京都府南部にある笠置山（かさぎやま）に逃げ込んだ。各地の不満分子である「悪党」らが呼応して幕府を苦しめたが、もっとも活躍したのが、河内長野で挙兵した楠木正成である。驚いた幕府は大軍を派遣したので笠置山も落ちて、天皇は譲位せざるをえなかった。○尊氏への幕府の鎮圧命令は妻子を人質にとった強引なものだった。こうした幕府の仕打ちに反発を深め、三河や近江で吉良（きら）、細川や上杉（母の実家）ら親族と意見交換しつつ西へ向かった。京都を通過し山陰に向かう途中、亀岡の手前の篠村に立ち寄ったとき、尊氏は八幡宮の社前で旗を揚げて寝返りを宣言し、信濃の小笠原、石見（いわみ）の益田、あるいは島津、大友など九州の武士にまで加勢を求めた。丹波には母の実家の上杉荘が綾部にあり、地元ではここが生地だとしている。○足利尊氏の寝返りのあと、後伏見、花園両上皇と光厳天皇は、六波羅にあった北条仲時に伴われて京を脱出したが、近江番場宿（滋賀県米原市。「瞼の母」の舞台でもある）で野武士らに囲まれ、蓮花寺の本堂前で仲時ら四三二人は自害した。「血はその身を浸して、あたかも黄河の流れのごとくなり。死骸は庭に充満して、屠所の肉に異ならず」という惨状のなかで天皇と両上皇は捕らわれた。〇後醍醐親政では記録所を復活して重要政務を担当させ、恩賞方・雑訴決断所に恩賞問題や所領訴訟の処理にあたらせたが、誤って同じ土地を複数の者に与えるなどして、不公平も多く、内裏造営の費用を諸国に課したことも評判を落とした。後醍醐天皇とその側近は京都府庁として貴族同士や寺社の仲裁などしている分には、そこそこ水準の高い仕事をしていたのだが、幕府に代わる中央政府として機能する官僚組織を持たなかったし代替措置も考えなかった（反官僚主義に凝り固まっている人には申し訳ないが、優秀な官僚組織なしには政府は機能しない）。〇このころ、政府内では武士たちの棟梁である尊氏と、それを警戒する護良親王が対立し、護良親王は鎌倉へ護送され幽閉された。しかも、北条高時の遺児・時行が挙兵して鎌倉を攻めた「中先代の乱」が起こり、混乱のなかで尊氏の弟である直義（ただよし）が親王を殺した。関東情勢の急変を見て、尊氏は征夷大将軍と諸国惣追捕使に任ぜられ時行を討ちたいとしたのだが、征夷大将軍には成良（なりなが）親王があてられた。だが、尊氏は天皇の許しのないまま京都を出発し、鎌倉を回復した。尊氏は鎌倉にとどまろうとしたので、あわてた天皇は、尊氏を従二位に叙するなど懐柔策をとるなどしたが不調に終わり、尊氏は新田義貞を箱根で討って入京した。だが、北畠顕家が奥州より上京したので、尊氏は西国へ逃れた。〇光厳帝は、のちに南朝側に拉致されたりしたが、京に帰ってからは禅に没頭し、丹波山国（たんばやまぐに）荘の常照皇寺に隠棲した。周山街道を高雄からさらに奥へ進んだところにあり、遅咲きの桜の名所である（京から若狭へ抜けるのには、八瀬大原から近江の葛川や朽木を経て小浜に抜けるのが普通だが、周山街道から若狭西部に抜ける方法もあり、山国荘はその途中にある。ここから園部に抜ける道もある）。山国郷の人々は戊辰（ぼしん）戦争でも活躍し「時代祭」の先頭の鼓笛隊で知られる。**御名** **御陵** 後醍醐天皇（尊治〈たかはる〉親王）。奈良県吉野郡吉野町大字吉野山字塔ノ尾如意輪寺内の塔尾陵（とうのおのみささぎ）。**御名** **御陵** 光厳天皇（量仁〈かずひと〉親王）。京都市右京区京北井戸町の山国陵（やまくにのみささぎ）。

第九七代

後《ご》村《むら》上《かみ》天皇

全国各地を転戦ののち吉野に戻り即位

誕生・嘉暦3年（1328年）（父・後醍醐天皇　母・阿野公廉女新待賢門院廉子）
践祚・延元4年（1339年）8月15日（12歳　先代・父　後醍醐天皇）
崩御・正平23年（1368年）3月11日（41歳　次代・皇子　長慶天皇）

北朝第二代

光明《こうみょう》天皇

儒学を帝王の学問として重視

誕生・元亨元年（１３２１年）12月23日（父・後伏見天皇　母・西園寺公衡女広義門院寧子）
践祚・建武３年（１３３６年）８月15日（16歳　北朝先代・兄　光厳天皇）
退位・貞和４年（１３４８年）10月27日（28歳　北朝次代・甥　崇光天皇）
崩御・康暦２年（１３８０年）６月24日（60歳）

北朝第三代

崇光《すこう》天皇

すべての宮家はここに始まる

誕生・建武元年（１３３４年）４月22日（父・光厳天皇　母・三条公秀女陽禄門院秀子）
践祚・貞和４年（１３４８年）10月27日（15歳　先代・叔父　光明天皇）
退位・観応２年（１３５１年）11月７日（18歳　次代・弟　後光厳天皇）
崩御・応永５年（１３９８年）１月13日（65歳）

北朝第四代

後光厳天皇《ごこうごん》

女院の命で践祚した異例の天皇

誕生・暦応元年（1338年）3月2日（父・光厳天皇　母・三条公秀女陽禄門院秀子）
践祚・観応3年（1352年）8月17日（15歳　先代・兄　崇光天皇）
退位・応安4年（1371年）3月23日（34歳　次代・皇子　後円融天皇）
崩御・応安7年（1374年）1月29日（37歳）

吉野で即位した後村上天皇は、後醍醐天皇の第七皇子である。後醍醐天皇の二人の中宮には皇子はなく、後村上天皇の母は藤原氏閑院流《かんいんりゅう》で天皇の近臣だった阿野公廉《あのきんかど》の娘である。幼いころから各地を転戦したのち吉野に戻り、そこで立太子、さらには登極した。

このころ、常陸に入った北畠親房《きたばたけちかふさ》は南朝の拠点づくりに奮闘し、『神皇正統記《じんのうしょうとうき》』を書くなどして関東の武士に南朝への加勢を求めたが失敗し、吉野に帰った。楠木正行《まさつら》も河内の四条畷《しじょうなわて》で敗死し、後村上天皇も吉野より南の賀名生《あのう》に逃れた。

京では光明天皇が同母兄である光厳天皇の皇子である興仁《おきひと》親王に譲位した。これが崇光天皇である。だが、足利幕府では尊氏と直義《ただよし》兄弟の不和から内紛（観応《かんのう》の擾乱《じょうらん》）が起こり、尊氏も一時南朝に降伏して、北朝は一時的にだが、廃絶された。

直義の死でとりあえずは一族の内紛は収まったが、光厳、光明、崇光の三上皇は南朝側が京から撤退する際に拉致《らち》され、河内国東条、さらには、吉野賀名生へと連れ去られ幽閉されていた。尊氏は仕方なく、後伏見上皇妃・広義門院の命というまったく異例の形で、光厳天皇の皇子で崇光天皇の同母弟である弥仁《いやひと》親王を即位させた。これが北朝第四代の後光厳天皇であるが、この崇光系と後光厳系の間でのちに皇位継承争いが起きる。

尊氏を継いだ二代目将軍の義詮《よしあきら》の母は北条一族の赤橋久時《ひさとき》の娘・登子《とうし》である。義詮は、一族の斯波義将《しばよしまさ》を執事に任命するなどして、幕府の安定を図った。

三代目の義満《よしみつ》の母は石清水八幡宮検校《いわしみずはちまんぐうけんぎょう》の善法寺通清の娘・紀良子《きのよしこ》で、後円融天皇の生母仲子と姉妹である。将軍・義満が幼少であったので、実権は管領《かんれい》・細川頼之《よりゆき》が握った。幕府内の綱紀を正し、義満の元服の儀・判始《はんはじめ》・諸社参詣など、事あるごとに将軍の権威を高め、威厳を飾るための盛大な行事を催した。

こうしたなかで、南朝の後村上天皇が大坂の住吉で崩じた。

北朝の天皇では、第二代の光明天皇は儒学を帝王の学問として重視し研究した。幽閉後に京へ還ったのち各所を巡礼し、大和の長谷寺《はせでら》で崩御した。

第三代の崇光天皇は京へ帰還後には伏見殿に住んだ。

第四代の後光厳天皇は絵が上手であった。

主な出来事　光明天皇即位（北朝）（１３３７）改元「暦応」（北朝）（１３３８）後村上天皇践祚（南朝）（１３３９）改元「興国」（南朝）。天竜

寺船が元へ（1340）改元「康永」（北朝）。懐良（かねよし）親王が九州へ。幕府が五山十刹（ござんじっさつ）を定める（1342）改元「貞和」（北朝）。安国寺を創建。天龍寺を供養（1345）改元「正平」（南朝）（1346）後村上天皇が賀名生に移る。花園法皇崩御（1348）崇光天皇即位（北朝）（1349）改元「観応」（北朝）（1350）北朝いったん断絶（1351）改元「文和」（北朝）（1352）後光厳天皇即位（北朝）（1353）近江土一揆（1354）改元「延文」（北朝）（1356）光厳・崇光両院が河内から京へ帰る（1357）足利尊氏死去（1358）改元「康安」（北朝）。南朝一時的に京を回復（1361）改元「貞治」（北朝）（1362）懐良親王が大宰府で九州平定（1363）光厳院崩御（1364）高麗が倭寇禁圧求める。足利義詮死去。細川頼之執事に（1367）改元「応安」（北朝）。元滅び明創建。後村上天皇崩御（1368）**解説**○後村上天皇は父の命令で北畠顕家らと多賀城に派遣されたが、尊氏の反乱で後醍醐天皇が比叡山に籠もったときには行動をともにした。のち多賀城へ向ったが、再び吉野に戻った。○鎌倉時代に足利家は三河守護をたびたびつとめ、次男以下が多く土着した。細川、吉良、今川、一色（いっしき）などはそうしたなかから出た。畠山、斯波も足利氏一門から出ている。ほかの有力大名では、山名氏は平安時代に足利氏と分かれた新田氏一族、佐々木氏（六角、京極）は宇多源氏、赤松氏は村上源氏、土岐（とき）氏は多田源氏、大内氏は百済王家の末裔、上杉氏は藤原氏勧修寺（かじゅうじ）家の分家である（当時の有力武士の通例で足利宗家は鎌倉に常駐していた。なお、下野の足利を尊氏が訪れたことはないようだ）。

御名 **御陵** 後村上天皇（憲良〈のりよし〉親王）。大阪府河内長野市寺元の檜尾陵（ひのおのみささぎ）**御名** **御陵** 光明天皇（豊仁〈とよひと〉親王）。京都市伏見区桃山町泰長老の大光明寺陵（だいこうみょうじのみささぎ）**御名** **御陵** 崇光天皇（興仁〈おきひと〉親王）。京都市伏見区桃山町泰長老の大光明寺陵 **御名** **御陵** 後光厳天皇（弥仁〈いやひと〉親王）。京都市伏見区深草坊町の深草北陵（ふかくさのきたのみささぎ）

第九八代

長慶天皇《ちょうけい》

大正になって認められた吉野生まれの天皇

誕生・興国4年（1343年）（父・後村上天皇　母・阿野実為女嘉喜門院勝子）
践祚・正平23年（1368年）3月（26歳　先代・父　後村上天皇）
退位・弘和3年（1383年）（41歳　次代・弟　後亀山天皇）
崩御・応永元年（1394年）8月1日（52歳）

北朝第五代

後円融天皇《ごえんゆうてんのう》

北朝でも正嫡争い起きる

誕生・延文3年（1358年）12月12日（父・後光厳天皇　母・広橋兼綱女崇賢門院仲子。実父は石清水八幡宮検校善法寺通清。）
践祚・応安4年（1371年）3月23日（14歳　先代・父　後光厳天皇）
退位・永徳2年（1382年）4月11日（25歳　次代・皇子　後小松天皇）
崩御・明徳4年（1393年）4月26日（36歳）

後村上天皇の第一皇子であり、吉野で誕生した長慶天皇については、即位したかどうかの証拠さえ確たるものがない。

後村上天皇が崩御した翌年には、楠木正儀《まさのり》（正成の子・正行の弟）が細川頼之《よりゆき》の工作に応じて北朝側に帰順して南朝にとっては大打撃になった。行宮《あんぐう》も河内の天野山金剛寺《あまのさんこんごうじ》、大和の榮山寺、吉野などを転々とした。

しかし、九州では南朝方が懐良親王を奉じて健闘していたので、細川頼之は今川了俊《りょうしゅん》（貞世《さだよ》）を九州探題に起用した。少弐《しょうに》・大友・島津という頼朝によって送り込まれた守護たちの支持も得て、大宰府を占領して懐良親王を肥後の菊池に追い込み、九州のほぼ全土を制圧した。

このころ、京都では、後光厳天皇の第二皇子である緒仁《おひと》親王が即位した。後円融天皇である。この即位にあたっては、後光厳天皇の兄である崇光上皇が自らの皇子である栄仁《よしひと》親王への譲位を強硬に主張した。しかし、幕府は天皇の意向を尊重し後円融天皇の即位となった。ただし、のちに、後光厳天皇系は絶え、結果的には、現在の皇室は崇光天皇の血を引いている。

幕府では、細川頼之の独裁に対する不満は高まり、斯波・土岐・山名・佐々木らが、義満に頼之の罷免をせまった。義満はやむなく頼之を免じ、足利一族の名門・斯波義将《しばよしまさ》を管領に任命した。とき、義満は二十二歳で、ここに義満が名実ともに権力を握った。

主な出来事 義満将軍に(1368)朱元璋(しゅげんしょう)倭寇禁圧を懐良親王に求む(1369)改元「建徳」(南朝)(1370)今川了俊が九州へ。このころ『太平記』(1371)改元「文中」(南朝)(1372)義満が観阿弥(かんあみ)の猿楽を鑑賞(1373)後光厳院崩御。後円融天皇即位(北朝)(1374)改元「天授」(南朝)「永和」(北朝)(1375)花の御所造営(1378)改元「康暦」(北朝)。細川頼之が失脚(1379)光明院崩御(1380)改元「弘和」(南朝)「永徳」(北朝)(1381)義満左大臣。後小松天皇に譲位(北朝)。二条良基が摂政に。相国寺創建(1382)後亀山天皇に譲位(南朝)。義満が源氏長者・淳和奨学院別当に(1383) **解説** ○古文書の研究によって天皇を名乗っていたことをうかがわせる文書が出てきたとして、長慶天皇は大正15年(1926年)になって正式に皇統譜(こうとうふ)に記載されることになった。正式の即位儀礼などが行われたか不明である。母の出自についても阿野家とも近衛家出身ともいう。○後円融天皇の母の実家である広橋家は日野家の分家である。日野家は藤原冬継(ふゆつぐ)の兄・真夏(まなつ)の子孫で親鸞の実家だが、南北朝時代に人材を多く出し、義満夫人を皮切りに足利将軍家の正室を多く出した。大正天皇の生母の実家である柳原家も同系統である。**御名** 御陵 長慶天皇(寛成〈ゆたなり〉親王)。京都市右京区嵯峨天竜寺角倉町の嵯峨東陵(さがのひがしのみささぎ)。**御名** 御陵 後円融天皇(緒仁〈おひと〉親王)。京都市伏見区深草坊町の深草北陵(ふかくさのきたのみささぎ)

第九九代

後亀山《ごかめやま》天皇

三種の神器を京に戻す

誕生・生年不詳(父・後村上天皇 母・阿野実為女嘉喜門院勝子)

践祚・弘和3年（1383年）（先代・兄長慶天皇）
退位・元中9年（1392年）閏10月5日（次代・後小松天皇）
崩御・応永31年（1424年）4月12日

第一〇〇代（北朝第六代）
後小松《ごこまつ》天皇
南北朝合流したときの天皇で一休禅師の父親

誕生・永和3年（1377年）6月27日（父・後円融天皇　母・三条公忠女通陽門院厳子）
践祚・永徳2年（1382年）4月11日（6歳　先代・北朝　父　後円融天皇　南朝　後亀山天皇）
退位・応永19年（1412年）8月29日（36歳　次代・皇子　称光天皇）
崩御・永享5年（1433年）10月20日（57歳）

後小松天皇の即位は、足利義満の全盛期の象徴である。後円融天皇の第一皇子であるが、日野資教《ひのすけのり》のもとで養育され、やがて、室町殿に移され、わずか六歳で即位した。その即位礼では足利義満が補佐をした。一方、吉野では、長慶天皇の弟で後村上天皇の第二皇子であった熙成《ひろなり》親王が即位した。南朝最後の天皇となった後亀山天皇である。

義満は専横が目立った土岐・山名両氏を討って守護勢力を抑えた（明徳《めいとく》の乱）あと、南朝との和平の交渉を推し進めた。これを受けて、明徳三年（一三九二年）閏《うるう》十月、南朝の後亀山天皇は奈良興福寺を経て京都大覚寺に還幸した。両統迭立が講和の条件だったが、結果的には守られなかった。後亀山天皇は足利義満と天竜寺で会い、上皇の尊号を申し出られたがそれも断り、出家して仏門に入った。

この南北朝合一の前後から、義満の一四〇八年の死に至るまで二十年ほどの時代は、「日本国王」を名乗るまでに増長した足利義満の絶頂期であった。

すでに准三后《じゅさんごう》の処遇を受けていたが、さらに、太政大臣に昇進した。その年の暮れには将軍職を息子の義持《よしもち》に譲り、出家した。これ以降の義満は、儀礼のうえでも法皇と同格の扱いを受けることになって、比叡山大講堂の落成法要では、法皇の古式に則った儀礼と服装が使用された。院政の持つ法的な論理性の曖昧さにつけ込まれたといえるだろうか。

このころ、北山文化が絶頂期を迎える。その象徴のひとつが、古くから名園とされていた西園寺家の別荘を買い取って改造した北山第《きたやまてい》で、義満はここに移り住み金閣を建て、後小松天皇の行幸を迎えた。

もうひとつ都人の度肝を抜いたのは、相国寺《しょうこくじ》の高さ一〇九メートルという七重塔である。現代の京都タワーが一三一メートルだが、相国寺の付近は標高が京都駅周辺より高いし、周りに高い建物などなかった時代であるからおそろしく目立ったにちがいない。

こうして九州の支配も揺るぎないものにした義満は、明との外交・通商に本格的に乗りだした。応永八年（一四〇一年）には、博多の商人・肥富《こいとみ》らによる遣明船が出発し、翌年には明からの使節が到着した。国書のなかで義満は「日本国王源道義」と呼び、義満はこの名で明帝に返書を出した。天皇をないがしろにすることへの反発は当然にあり、二条良基は「書様はもってのほかであり、天下の重事である」と日記に記している。

海外へ目を移せば、南北朝合一と同じ年には、李氏朝鮮が建国されて明への忠誠を深めたし、琉球では北山、中山、南山の三王国が競って明帝国へ接近した。また、この時期に酒屋・土倉への課税が強化され、これが銅銭など日明貿易での下賜品とともに幕府の経済的基盤となっていく。

義満はお気に入りの子供である義嗣《よしつぐ》を天皇の養子にさせ帝位簒奪《さんだつ》を図ったという見方もあるが、さまざまな行為は将軍を義持から義嗣に交代させる根回しとして十分に説明できる。義持が将軍で義嗣が天皇というのは考えにくいから、その場合の将軍は誰だったかも含め説明しなければ完結した人事構想として成り立たない。むしろ、義満は京都で生まれた公家的な人物で、足利家を摂関家に負けない存在にしたかったと見るべきだ。

いずれにせよ、義満は突然に死去した。朝廷は太上法皇の称号を与えようとしたが、義満の政治姿勢に不満を持っていた将軍義持はこれを辞退し、幕府と朝廷の関係も正常化していく。幕府は北山第から三条坊門（御池通高倉付近）に移り、関東にあっては鎌倉公方《かまくらくぼう》・満兼の死によっていち早く戦国の争乱が始まろうとしていた。

後小松天皇は退位後も、上皇として院政を行い、後花園天皇の御代まで生きた。

かたや、後亀山法皇は嵯峨に隠遁していたが、応永十七年（一四一〇年）、突如として吉野に戻った。経済的な困窮や南北朝合一の際に交わされた約束が守られないことを不満としてのことだとみられた。しかし、六年後に帰京し小倉山で静かな余生を送った。

主な出来事 後小松天皇即位（北朝）（1382）改元「元中」（南朝）「至徳」（北朝）（1384）改元「嘉慶」（北朝）（1387）義満富士山観光（1388）改元「康応」（北朝）（1389）改元「明徳」（北朝）（1390）明徳の乱で山名氏没落（1391）南北朝合一（1392）後円融院崩御（1393）改元「応永」。長慶法皇崩御。義持将軍、義満太政大臣（1394）崇光院崩御。金閣完成（1398）明と国交樹立（1401）勘合貿易（かんごうぼうえき）開始（1404）世阿弥『花伝書』（1406）義満死去（1408）**解説** ○南北朝合一の条件は、①後亀山天皇から後小松天皇に正式に譲位の儀式（三種の神器委譲）を行う、②以後の皇位は持明院統・大覚寺統で迭立とする、③諸国国衙領（こくがりょう）はことごとく大覚寺統の管領とするが、長講堂領は諸国分すべて持明院統の管領とするということだった。しかし、三種の神器は正式な儀式もなく土御門東洞院内裏にあった後小松天皇に譲られたし、ほかの条件も少なくとも結果的には守られることがなかった。また、年号も北朝が使っていた「明徳」がそのまま使われ、南朝の年号である「元中」は廃止となった。○義満は両統迭立に否定的でなかったのに、義持が義満への不満もあって反古にしたという可能性を『足利義満　消された日本国王』（小島毅）では指摘している。○九州については、南朝の懐良親王が勝手に明帝国から「日本国王良懐」にしてもらい独立性を強めていたのを今川了俊を送って抑えさせたが、了俊の勢力拡大は対明外交・貿易の主導権を義満が自ら獲得する際に支障になる恐れがあった。そこで、島津氏ら土着勢力の不満などを理由にして九州探題を解任した。そののちに西国の最大勢力になったのは、山名氏の追討や南北朝合一の功労者だった大内義弘であるが、鎌倉公方や南朝残存勢力まで含むかなり広い義満への不満分子を糾合する気配があったので排除された。○後小松帝は一休禅師の父親であるといわれており、晩年になって38歳になっていた禅師にただ一度だけの面会をしたと伝えられる。○しばしば「冊封体制」という言葉が使われるが、戦後日本史学の媚中派学者によるガラパゴス概念でしかなく、中国では存在しない。「冊封関係」も同様で、時代や相手国によって様々で、東アジアの国際関係における普遍的ルールではなく、中国でもさほど重視されていない。また、帝国という呼称も明治以降にエンパイアの訳として登場したものだ。**御名** **御陵** 後亀山天皇（熙成〈ひろなり〉親王）。京都市右京区嵯峨鳥居本小坂町の嵯峨小倉陵（さがのおぐらのみささぎ）。**御名** **御陵** 後小松天皇（幹仁〈もとひと〉親王）。京都市伏見区深草坊町の深草北陵（ふかくさのきたのみささぎ）。

第一〇一代 称光天皇《しょうこうてんのう》

対明外交姿勢がもとに戻る

誕生・応永8年（1401年）3月29日（父・後小松天皇　母・日野資国女光範門院資子）
践祚・応永19年（1412年）8月29日（12歳　先代・父　後小松天皇）
崩御・正長元年（1428年）7月20日（28歳　次代・後花園天皇）

南北朝合一のときの条件では、後小松天皇のあとは、大覚寺統《だいかくじとう》から出すべきであった。だが、天皇の皇子でまだ十二歳だった躬仁《みひと》親王が応永十八年（一四一一年）に立太子し、翌年に即位した。ただし、後小松院が院政を行い、その在世中に天皇が崩御した。

称光天皇の時代は、四代将軍・義持《よしもち》とその子で五代将軍だった義量《よしかず》の時代に合致する。後亀山法皇が吉野に出奔していた間に称光天皇の即位は行われたが、これに抗議して伊勢国司・北畠満雅らが挙兵した。この騒ぎは、短期間で収まったが、南朝の皇胤《こういん》を擁しての反乱は数十年後の応仁《おうにん》の乱のあたりまで散発的に続く。

明とは、義満の屈辱外交に対する世論の不満を受けて、義持は永楽帝《えいらくてい》の使節に入洛を許さず、事実上の国交断絶となった。これで民族としての誇りは守られたが、幕府は有力な財源を失った。

このころ、関東で上杉禅秀《ぜんしゅう》の乱が起きた。こののち、関東では騒乱が絶え間なく続くこととなり、畿内に先駆けて事実上、戦国の世に突入した。

将軍義持は、将軍職を息子の義量に譲り出家したが、義量は早世し、後任の将軍は籤で青蓮院門跡になっていた義教《よしのり》となった。

称光天皇は、武芸を好み、不満があると周囲の人々を打ち据えたり矢を射かけたりと乱暴な面があった。天下の珍木の供出を持ち主に求めたり、琵琶法師の語る『平家物語』を御所で聞きたいと所望したものの後小松院から難色を示されると出家すると駄々をこねて困らせたりと、子もないまま二十八歳で崩御した。

これで後光厳天皇の系統は絶えてしまった。これをみて、南朝の皇子たちもかすかな期待を抱いたようだが、皇統はあの気の毒な崇光天皇の系統である伏見宮家に移った。

伏見宮家は彦仁《ひこひと》親王の弟である貞常親王が継ぎ、この子孫から戦後になって臣籍に降りた諸宮家がすべて出ている。もし、現皇室の男系が絶え、男系子孫から皇位継承者を求めるとすれば、なんと、この貞常親王の男系子孫まで遡るしかない。

主な出来事 後小松上皇院政（1412）即位（1414）上杉禅秀の乱（1416）明使を義持引見せず（1418）応永の外寇（1419）義持が高麗に大蔵経を求める（1422）義量が将軍に（1423）後亀山法皇崩御（1424）義量が死去。吉備津（きびつ）神社本殿（1425）興福寺五重塔（1426）改元「正長」。このころ日親が京で日蓮宗を広める。義持死去。将軍と関東不和（1428）

解説 ○このころまで朝鮮半島との間では、比較的自由に往来や貿易がされ、日本語、朝鮮語、中国語の入り交じった言葉が話されたりしていた。しかし、李王朝はより統制された姿にすることを望み、対馬の倭寇を襲い（応永の外寇）、貿易の窓口も現在の釜山、鎮海、蔚山の3カ所に絞るなどした。○足利尊氏は、次男の基氏（もとうじ）を鎌倉公方とし、母方実家の上杉家を関東管領としてお目付役にしておいた。守護たちは京に常駐が原則だが、関東の守護たちは鎌倉に常駐した。だが、歴代の関東公方は京からの独立性を高

第一〇二代

後花園《ごはなぞの》天皇

崇光帝の末で伏見宮家から登極

誕生・応永26年（1419年）6月18日（父・伏見宮貞成親王後崇光院　母・庭田経有女敷政門院幸子）
践祚・正長元年（1428年）7月28日（10歳　先代・称光天皇）
退位・寛正5年（1464年）7月19日（46歳　次代・皇子　後土御門天皇）

める誘惑にかられた。上杉禅秀の乱も、鎌倉公方持氏が将軍に近しい家臣の領地を取り上げたことに抗議して持氏の弟や叔父を誘って反旗を翻したものである。このときは、義持は意外にも持氏の肩を持ったのだが、これは弟で父義満にかわいがられていた義嗣と反乱軍が連携していると疑ってのことだった。〇義量は少年時代から酒に溺れ、19歳の若さで没した。義持は「黒衣の宰相」といわれた三宝院満済の提案で石清水八幡宮の神前で次期将軍を籤引きで決めた。籤の結果は、義持の死後に開封され、義持と同腹の弟である青蓮院義円が新しい将軍となった。のちの義教である。しかし、髪の毛が伸びないと着冠できないという理由で将軍宣下は延期され、4年にもわたって将軍は空席だった。〇称光天皇は親王がいなかったので、弟の小川宮に継がせたいと考えたらしいが、小川宮は兄帝が愛玩動物としてかわいがっていた羊を所望して自分のものとしたあと撲殺したとか、宮中で妹を犯そうとしたとか芳しくない逸話を残して兄帝に先立ち22歳で没した。〇後光厳帝の後継をめぐって、天皇の皇子である後円融天皇と、天皇の兄である崇光帝の皇子である栄仁（よしひと）親王とが争った末に後光厳系の勝利に終わったことはすでに紹介した。栄仁親王は崇光上皇とともに伏見御所にあったが、崇光上皇の死後は所領の相続を許されずに没収され出家させられた。

だが、後小松院に秘蔵の笛である「柯亭」を献上するなどの工作が実り、子の治仁（はるひと）親王が宮家を継いだ。しかし、親王は翌年に変死し、弟の貞成（さだふさ）親王が伏見宮となり、子の彦仁親王を皇嗣として認めさせることに成功した。称光天皇がいよいよ危篤となったとき、就任早々の将軍義教は、南朝などの策謀を排するために、彦仁親王を密かに東山の若王子神社に移し、後小松上皇の猶子とするという条件で後光厳系と崇光系の宿命の対立の調停に成功したのである。親王宣下なしに皇位につくという異例の昇進だった。伏見宮の名は伏見殿に由来する。〇この時代に、畿内では民衆の力が強まった。大津の馬借（ばしゃく）（運送業者）が京都の祇園社に乱入し、延暦寺が設けた関所の撤廃を要求し幕府に呑ませた事件は、近世へ向かう歴史の流れをつくった象徴的な意味を持つ。〇世阿弥が「秘すれば花なり」という言葉でも有名な『風姿花伝』を著し、社会風刺が効いた狂言が好まれ上演されるようになってきた。〇崇光天皇の典侍（ないしのすけ）で栄仁親王を生んだ資子は宇多源氏の庭田（にわた）家出身だが、庭田家からは後花園天皇、後柏原天皇の生母も出ている。**御名**　躬仁（みひと）（実仁（さねひと））親王　**御陵**　京都市伏見区深草坊町の深草北陵（ふかくさのきたのみささぎ）

後花園帝の御代は三十六年にも及んだ。最初の五年は後小松法皇の院政が行われたが、約三十年の親政が行われ、譲位後も六年間の院政を行った。将軍でいえば前半が六代・義教《よしのり》、短い七代・義勝《よしかつ》を経て、後半が八代・義政《よしまさ》の時代である。東山文化が花開いた時期でもあった。

籤《くじ》引きというなんとも頼りない手段で選ばれた義教だったが、請われてその地位についたことをいいことに、強引で恐ろしげな権力を行使していった。幕府官僚や直属軍を充実させ、守護大名の家督争いに露骨に介入し、関東の騒乱をあおった。

鎌倉公方・持氏《もちうじ》と関東管領・上杉憲実《のりざね》の紛争を機に、上杉氏の肩を持ち、「永享《えいきょう》の乱」で持氏を滅ぼした。だが、大名や公家の所領没収などを次々と行う「万人恐怖」「薄氷を踏む」ような政治が長続きするはずがない。かねてより将軍に追いつめられつつあった播磨守護・赤松満祐《みつすけ》は結城《ゆうき》合戦の祝勝会とカルガモの親子見物にこと寄せて義教を西洞院《にしのとういん》二条の屋敷に招き、背後から刺客に襲わせて殺害した（嘉吉《かきつ》の乱）。

この将軍暗殺は、後花園帝の政治的な重みをにわかに際だたせた。天皇は永享の乱のときにも綸旨《りんじ》を出したが、赤松満祐への追討軍にも積極的に自ら文案を練って綸旨を発給した。

翌年、義教の子である義勝が将軍を継いだが、この少年は八カ月後に赤痢で死んでしまった。跡を継いだのはのちの義政だが、将軍宣下《せんげ》を受けたのは一四四九年であるから六年間の空位が続いた。

この間隙を狙ったのが南朝の残党で、土御門内裏を襲い火をかけたうえ、神璽《しんじ》と宝剣を奪い去った（禁闕《きんけつ》の変）。首謀者は後亀山帝の弟・聖護院宮の孫である金蔵主《こんぞうす》で、比叡山延暦寺に逃げ込んだが山徒たちに殺害された。この変への関与を疑われて南朝にとって正統的な皇位要求者だった勧修寺宮教尊《きょうそん》も隠岐へ流罪にされた。宝剣はすぐ取り戻されたが、神璽が取り戻されたのは十五年ものちのことである。

国際関係に目を移すと、将軍義持の時代には中断していた遣明船が再開された。相変わらず屈辱的だという意見もあったが、明の国書を受け取るときに立ったままで行うなどの現実的な解決が図られた。しかし、徐々に幕府の直轄というより、守護たちや寺社も参加した民間貿易に近いものになり、船団も大きくなりすぎて明側の不信を買い、枠を削減された。

このころに起きた寛正の大飢饉（一四六一年）では、一日に数百人の餓死者を出した。ところが、将軍義政は室町第の庭造りに没頭し、有効な対策を出そうとしなかったので、後花園帝は「満城の紅緑誰のためにか肥ゆる」などとした詩を義政に与えて叱責したが、自身も加持祈禱をするなど以上の有効な対策は何も打てなかった。

天皇が皇子である成仁《ふさひと》親王に譲位したのは、応仁の乱があと三年後に迫ったときであった。それより三カ月前に将軍義政が催した下鴨神社東側・糺河原《ただすがわら》での勧進能の華やかさは、戦国の

時代を間近に控えた、とにもかくにも平和な中世の日々の最後の輝きであった。

主な出来事 正長の土一揆(1428)即位。改元「永享」。義教が将軍に(1429)勘合貿易復活(1432)後小松法皇崩御(1433)三宝院満済死去(1435)永享の乱(1438)足利学校を充実(1439)八坂の塔(1440)改元「嘉吉」。琉球に島津氏の独占権認める。嘉吉の乱。嘉吉の土一揆(1441)「禁闕の変」。義勝が将軍に。山口瑠璃光寺(るりこうじ)五重塔(1442)朝鮮と対馬の嘉吉条約(1443)改元「文安」(1444)改元「宝徳」。義政将軍に(1449)龍安寺創建(1450)改元「享徳」(1452)改元「康正」。江戸城享徳の乱で鎌倉焼亡。古河公方創設(1455)改元「長禄」。江戸城築城。堀越公方創設(1457)神璽(しんじ)が戻る(1458)改元「寛正」(1460)寛正の大飢饉(1461) **解説** ○義持の後継将軍としての可能性もあるかと自重していた鎌倉公方・持氏が、独立性を高め、改元にすら応じずに従来の年号の使用を続けた。かろうじて関東管領・上杉憲実が持氏を諫めていたがついに衝突し、幕府は2万5000の追討軍を送った。これが「永享の乱」である。持氏は箱根で戦ったが敗れ、幽閉され自害した。遺児たちは結城氏朝に匿われたが幕府軍によって攻略された(結城合戦)。○幕府は持氏の四男で京都にあった成氏を公方にして融和を狙ったが、父の敵として上杉家を敵視したのでかえって混乱が深まった。幕府は駿河の今川範忠(義元の曾祖父)に命じて鎌倉を占領させた(「享徳の乱」)。このとき、鎌倉は今川軍に徹底的に破壊された。我々が現在目にする鎌倉には、鎌倉時代の面影はほとんどないうえに(円覚寺舎利殿も南北朝時代のものらしい)、室町時代に関東の首都として再建されたものもこのとき破壊され、それが部分的に江戸時代に復興されたのが今日の鎌倉である。○新しい鎌倉公方の後任には義政の弟の政知があてられたが、政知は関東武士の支持を十分に得られず、伊豆の堀越(現在の伊豆の国市)に留まり「堀越公方」と呼ばれた。成氏は下総の古河に移り、こちらは「古河公方」と呼ばれた。西関東を勢力圏にした上杉氏は、山内・扇谷両系統の対立もあって力を発揮できなかった。この対立を収めて古河公方へ圧力を強めようとした武将の一人が太田道灌で、彼が古河側への備えとして築城したのが江戸城である。○南朝の子孫と称する尊秀王は自天親王(北山宮)と称し、上北山村小橡の龍泉寺を行宮としていた。ここへ赤松一党が味方をするとして近づき、自天親王を殺め、神璽を奪い取った。いったんは、南朝に忠実な川上郷民に奪還されたが、翌年、再び取り戻して後花園帝の手に戻したのである。それでも、郷民たちの間では、南朝の思い出は生き続け、いまも寺尾地区には「後南朝　最後の古戦場」などの碑があり、川上村神之谷にある金剛寺には「南帝自天皇陵」という墓所があり、遺品とされるものは国の重要文化財に指定され、尊秀王が即位したとされる2月5日には朝拝式が金剛寺において行われている。京では大覚寺統だが後醍醐帝の子孫でない常磐宮家に親王宣下をして牽制した。○近江から始まった土一揆は「徳政令」を要求して畿内全域に広がり、「日本開闢以来初めての土民一揆」と興福寺大乗院門跡の尋尊は日記に記した(正長の土一揆)。「嘉吉土一揆」では、京都に各方面から一揆が押し寄せてあらゆる借財に対する徳政を要求し、公家や武士にも同調者がみられた。○琉球では、第一尚氏による統一(1429年)、第二尚氏の王朝樹立(1469年)を経て、明との密接な関係を背景にした貿易王国へ突き進み、南蛮船の到来で交易主導権を取られるまで「南海の雄」としての全盛期である「万国津梁の時代」となった。○朝鮮王国は、対馬の宗氏との間で嘉吉条約を結び、年50隻枠の運用ルールなどが定められた。○能や狂言、さらには美女たちによる女猿楽、軍記物を軽快な音楽に合わせて舞う幸若舞などが盛んに興行され人気を博した。池坊専慶が生け花を確立したのもこのころである。 **御名** 彦仁(ひこひと)親王 **御陵** 京都市右京区京北井戸町の後山国陵(のちのやまくにのみささぎ)

第一〇三代

後土御門天皇《ごつちみかど》

戦国時代が始まり譲位を希望するも予算なく断念

誕生・嘉吉2年（1442年）5月25日（父・後花園天皇　母・藤原孝長女嘉楽門院信子）
践祚・寛正5年（1464年）7月19日（23歳　先代・父　後花園天皇）
崩御・明応9年（1500年）9月28日（59歳　次代・皇子　後柏原天皇）

「応仁の乱」という戦国時代の幕を開いた事件のきっかけは、将軍家といくつかの守護家の跡目争いに過ぎなかった。しかし、そのありふれたホームドラマが京都の町を焼け野原とし、やがては全国に騒乱を広げて中世社会を破壊しつくし、近世の幕を開いた。そして、皇室をめぐる風景も大きく変わったのである。

そもそも、室町幕府が江戸幕府などより弱体だったというのは嘘である。ただ、江戸幕府が大名たちに争いごとをさせないように水も漏らさぬ体制を構築したのに対して、室町幕府は守護たちの内部対立をあおってその仲介者として権威を維持しようとしたのが違うのである。

応仁の乱のきっかけとなったのも、畠山氏（河内・能登《のと》・越中など）と斯波《しば》氏（越前・尾張など）の跡目争いである。幕府では内紛がなく一族の結束を誇った細川家の勝元《かつもと》が最大実力者だったが、幕府官僚の有力者だった伊勢貞親《いせさだちか》が将軍義政のお守り役的な立場から並び立った。

足利義政と日野富子《ひのとみこ》の間には子がなかったので、義政は弟の浄土寺門跡・義尋《ぎじん》を還俗させて後継者と決めた。のちの足利義視《よしみ》である。これを見届けて後花園帝は退位し、子の成仁《ふさひと》親王が践祚した。これが後土御門帝である。

ところが、翌年になって、日野富子が男子を出生する。のちの義尚《よしひさ》である。そして、細川勝元が義視の、山名宗全が義尚の後見人となったのが応仁の乱の原因とされてきた。ただし異説もある。

後土御門帝の践祚に伴う大嘗会が終わることを待っていたかのように、河内にあった畠山義就が山名宗全とともに上洛して細川寄りの管領・畠山政長を追う構えを見せ、同志社大学の北側にある上御霊《かみごりょう》神社で戦端が開かれ、戦いの火蓋が切って落とされた。このとき、西軍と呼ばれた山名方の本陣が設けられたあたりが、のちに「西陣《にしじん》」と呼ばれることになる。

後花園上皇や後土御門帝は御所を抜け出して室町殿に難を避け、上皇は出家した。しかも、山名討伐の院宣を出すなど、生半可に介入して翻弄されていく。そして、この戦火で京都の町はほとんど焼き尽くされたので、それ以前の建築は現在の京都の町にまったくといってよいほど残っていない。

後土御門帝の御代は、この騒乱の開始から三十七年後の一五〇〇年まで続くのだが、細川勝元と山名宗全が世を去り、足利義尚が将軍となり、大内、畠山などの諸将が領国に引き揚げ、将軍職を要求していた義視は土岐氏を頼って岐阜に移った。これをもって、応仁の乱は終焉したとされている。

前将軍・義政は政治を放棄して東山殿（銀閣寺）で風流を追求し、日野富子は自ら高利貸しを営むなどいわば私企業としての足利家を支える女社長として辣腕《らつわん》をふるった。義尚はわがままでしばしば家出などしつつも、将軍家の権威を回復したいという意欲だけはあったが、実力が伴わなかった。

近江では寺社や貴族の荘園が武士に横領されることが多かったので、将軍義尚は返却に応じない武士たちの頭目である守護六角氏を討つべくきらびやかな武者絵巻のような行列を仕立てて出陣した。だが、六角《ろっかく》氏は甲賀郡に雲隠れし（忍者たちまで出動させて）攪乱《かくらん》した。こうして戦線が膠着するなかで義尚は、酒に溺れながら鈎《まがり》の陣（栗東市）で病死した。

一方、義尚の後継者には義視の子の義材《よしき》（義稙《よしたね》）がつくが、細川政元（勝元の子）により追放されて越中へ追われ、堀越公方の子で京都の寺に入っていた義澄が将軍となった。富子は晩年、土御門帝を訪れて語ることが多かったという。

後土御門帝は、戦乱の終息を願い、あるいは、出家をたびたび希望したが、新しい天皇の即位には多額の費用がかかることもあってかなわず、崩御するまで帝位にあった。

主な出来事　後花園上皇院政。足利義視が還俗（１４６４）日野富子が義尚を生む。即位。蓮如が近江へ（１４６５）改元「文正」（１４６６）改元「応仁」。応仁の乱。雪舟が渡明（１４６７）一条教房が土佐へ（１４６８）改元「文明」（１４６９）小倉宮挙兵。後花園上皇崩御（１４７０）細川勝元、山名宗全が死去（１４７３）一休宗純が大徳寺住持に（１４７４）応仁の乱終わる（１４７７）蓮如、山科に（１４７

9）山城の国一揆（1485）改元「長享」（1487）加賀の一向一揆（1488）改元「延徳」。銀閣完成。義尚が近江陣中で死去（1489）義政死去。義材将軍に（1490）北条早雲が伊豆を制圧（1491）改元「明応」。コロンブス米大陸発見（1492）義澄が将軍に（1493）蓮如が大坂石山坊創設（1497）明応地震津波。バスコ・ダ・ガマがインドに（1498）**解説** ○大ベストセラーとなった呉座勇一『応仁の乱』は、細川と山名、義視と日野富子の対立をいずれも否定する。しかし有力な異論もある。中世史は戦国時代後期以降のように組織の対立ではないため、対立構図は明確でなく、時間的な変化も激しい。○将軍義尚の近江出陣に参加していた加賀の富樫氏は、留守中に一向一揆に蜂起され、これから1世紀にわたって加賀は事実上、「百姓持ちの国」になった。浄土真宗の勢力は関東などが中心で（高田派）、本願寺は親鸞の墓守といった程度だった。ところが、蓮如が登場して、台頭してきた大衆を重視し、近江にあることから「御文」という手紙形式の広報手段を開発して大宗教集団に発展させることに成功していたのである。○関東では、足利義尚の近臣だった伊勢新九郎（北条早雲）が、妹が嫁いだ今川氏の協力で伊豆に進出し、堀越公方の地位を簒奪しようとした茶々丸（義澄の庶兄）を滅ぼし、さらに扇谷上杉氏と提携して小田原城を攻略した。その子孫は同じ平氏ということで北条氏を名乗り、やがて関東の主に成長していく。ただし、早雲の行動はもともと将軍家の意向に沿ったものだったし、秀吉に滅ぼされるまで古河公方を名目的には奉じていた。また、その政策も幕府がしたくてもできなかったものを新天地で実現していったとみるべきもので、「戦国の奸雄（かんゆう）」というイメージではない。○西日本では、それまで守護はすべて京都に住み、守護代などが実際の統治をしていたのが応仁の乱で崩れ、守護自身が領国に住んだり、あるいは、守護代などが守護を追い出したりして戦国大名化していった。1471年に斯波氏の家臣であった朝倉氏が細川氏の思惑から守護となったのが嚆矢（こうし）ともいわれるが異論もある。○戦乱のなか、天皇は室町殿に身を寄せ、ついで北小路仮内裏にあったが、1480年ごろまでには土御門内裏の修理も終わり、とにもかくにも、もとの御所に戻った。○応仁の乱のさなかで南朝の遺臣が小倉宮の末と称する皇子をかついで紀伊で兵を挙げ、西軍が京都に迎えた。だが、戦局を動かす鍵とはなりえず、やがて小倉宮は、西軍から見放され各国を流浪したあげく1479年に高野山にいたのを最後に消息を絶ち、南朝は現実の世界から消えたのである。皇室そのものの権威が落ちるなかで、実力を伴わぬ正統論だけでは通じなくなったのだ。○明応地震津波で浜名湖は海とつながり、安濃津は遠浅になって港湾都市としての機能を失った。南海トラフ地震の最悪例としてこれを基準に対応を急ぐべきだ。○派手な結婚をするお金がなかったのか、名門同士の閨閥を求めての婚姻もあまり流行らなくなったようだ。後土御門天皇の母は、藤原孝長という下級貴族の娘であるが、和気郷成の猶子から、藤原保家の猶子になり、さらに大炊御門信宗の猶子として入内し、後土御門天皇を生んだ。結局、後花園天皇に正室らしきものはなく、この女性が准三后扱いされただけだった。後土御門天皇の生母は藤原信子で、後柏原天皇の母は准三后とされた庭田朝子であるが、いずれもその母については不明である。**御名** 成仁（ふさひと）親王 **御陵** 京都市伏見区深草坊町の深草北陵（ふかくさのきたのみささぎ）

第一〇四代

後柏原《ごかしわばら》天皇

細川氏が内部分裂し幕府が機能しなくなる

誕生・寛正5年（1464年）10月20日（父・後土御門天皇　母・庭田長賢女朝子）
践祚・明応9年（1500年）10月25日（37歳　先代・父　後土御門天皇）
崩御・大永6年（1526年）4月7日（63歳　次代・皇子　後奈良天皇）

祇園会の山鉾《やまほこ》巡行は、後小松帝がたっての希望で内裏巡行を招致したというほど都人に人気のある祭となっていたが、応仁の乱により中絶していた。それが、ようやく再開されたのが一五〇〇年のことであった。鉾はひとつだけという寂しいものではあったが、町衆の力が向上してきた象徴的な出来事であった。

後土御門帝が崩御し、その皇子である勝仁《かつひと》親王が即位したものの、皇室と幕府の困窮は極まっており、先帝の葬儀すら行えず、遺骨は四十九日もそのままにされたのち葬礼が行われるありさまだった。

即位礼についても、奇人管領だった細川政元は「即位礼を挙行したところで、実体のないものは王とは思わないし、そんなものはしなくとも自分は国王であると認めているし、末代には不相応なものだ」とにべもなかった。

さらに元日節会《せちえ》など諸行事のほとんども行われなくなった。ようやく即位礼が挙行されたのは、践祚から二十一年後のことだった。

後柏原帝がさみしく崩御したのち、次男である知仁《ともひと》親王が即位することとなったが、践祚の儀式を行う費用にも事欠き、剣璽渡御を省略するなどした。しかし、葬礼は泉涌寺などの努力で翌月に無事行えたことがせめてもの慰めであった。

幕府では修験道《しゅげんどう》に凝って女性を寄せ付けなかった細川政元の横死により、鉄の団結を誇っていた細川氏も三人の養子による内紛が泥沼化し、ますます収拾がつかなくなった。「細川氏だけはしっかりしていた」のが戦国時代前半で、「細川氏が混乱の原因」になったのが戦国時代後半である。

だが、京は美しく再建され、『洛中洛外図屏風』に描かれた世界が出現した。全国的にも人口が増加し、経済も活性化した。人口の三分の一が失われ経済も衰退したドイツの三十年戦争と日本の戦国時代はまったく違ったのである（ここはとても重要なポイントである）。

こうしたなか、大内義興《よしおき》が越中から移ってきていた前将軍・義稙（義材）を奉じて上洛し、管領代になった。戦国期にこうした形で上洛した第一号で十年も京を支配したが、地元で尼子氏が台頭してきたので帰国せざるをえなかった。

国際関係では、明の寧波《ニンポー》で細川・大内両氏が争いを起こした。明は対外交流に消極的で、中国人の海外渡航を認めず、貿易も朝貢貿易に限定し民間貿易を厳しく取り締まった。唐・宋・元の時代に日本が朝貢貿易に頼らなくてよかったのは民間貿易が盛んだったからであり、貿易の需要はあるのだから密貿易が横行するのは当然で、その結果が倭寇の跋扈《ばっこ》となった。

　そこで明は、少し原則をゆるめて日本との間でも、政府有力者や商人も一枚かんだような、やや怪しげな勘合貿易に目をつぶっていた。だが、その帰結が寧波事件であった。この事件の後処理を通じて大内氏が貿易を独占するようになるが、パイプは細り、大内氏の滅亡で休止する。この過程で倭寇などによる非合法貿易が活発化したのは当然の帰結で、王直《おうちょく》のように中国人でありながら平戸などを根拠地に倭寇として暗躍する者も出てきたし、東アジア交易の主役をポルトガルに担わせるという馬鹿げた結果ともなった。

　すべては、明が身勝手な通商政策をとったことから起きた混乱であり、遣明船をめぐる日本国内の混乱、倭寇の跋扈、西洋人のアジア進出、秀吉の大陸侵攻も根本原因と第一義的な責任はこの愚かな明帝国の政策にあることをしっかり憶えておくべきだ。

主な出来事　改元「文亀」(1501)改元「永正」(1504)細川政元暗殺される(1507)義稙が大内義興と入洛し将軍に(1508)大徳寺大仙院創建(1509)朝鮮三浦の乱(1510)亡命先の近江八幡の岡山城で義澄が死去し、義晴が生まれる(1511)根来寺多宝塔(1515)大内義興帰国(1518)即位。改元「大永」。足利義晴将軍に(1521)マゼラン世界一周(1522)寧波で細川・大内争う(1523)　**解説**　◯後柏原天皇の即位礼の費用は幕府が何とか調達したほか本願寺実如の拠出によった。実如は蓮如の後継者だが、朝廷との関係も良好で、この寄付をすることにより准門跡に補された。◯のちに織田信長が京に腰を落ち着けなかったのは大内義興の教訓をよく活かしたといえる。また大内氏は百済王家の末であることが明らかだったので、源氏や平氏を名乗れず、それも理由なのか管領代に留まらざるをえなかった。　**御名**　勝仁(かつひと)親王。諡号の「柏原」は桓武の意味である。　**御陵**　京都市伏見区深草坊町の深草北陵(ふかくさのきたのみささぎ)

第一〇五代

後奈良《ごなら》天皇

南蛮船がついに来る

誕生・明応5年（1496年）12月23日（父・後柏原天皇　母・勧修寺教秀女豊楽門院藤子）
践祚・大永6年（1526年）4月29日（31歳　先代・父　後柏原天皇）
崩御・弘治3年（1557年）9月5日（62歳　次代・皇子　正親町天皇）

戦国の動乱による皇室の衰微について語られるときに必ずといってよいほど引き合いに出されるのが、後奈良帝のころには御所の簾に紙と銅銭をくりつけておけば、宸翰《しんかん》（天皇直筆の書）がいただけたという話である。

先帝の後柏原帝の御代は、衰えたとはいえ足利幕府もそれなりに機能していたが、この時代になるとそれもなくなった。後奈良帝は一四九六年の生まれだが、これとほぼ同時代人は、斎藤道三、武田信虎、毛利元就といったところで、武田信玄、上杉謙信、織田信長らが天下統一を狙って競い合う戦国のクライマックスよりちょうど一世代前ということになる。

在位中の将軍は第一二代・義晴とその子の第一三代・義輝である。この時代、将軍は細川家の内部対立に巻き込まれてしばしば近江に逃げ、天皇に替わって政務を司るとか、皇室の保護者としての機能はほとんど働かなくなっていたのである。

天皇はこうした政情を嘆いて祈禱をさせ、また、『般若心経』を盛んに写経した。その奥書に「朕《ちん》民の父母となりて、徳覆うこと能《あた》わず。甚だ自らを痛む」と書いたことはよく知られている。諸国に勅使を派遣して宸筆の『般若心経』を納めるなどした。また、官位の乱発を控えて権威の回復を試みたことが、やがて、信長や秀吉が天下統一を図り国家秩序を再建しようとするときに皇室をたのむこととなる伏線となった。

西日本では、防長や筑前での大内氏の隆盛が続いたが、毛利や尼子の台頭を抑えることはできず、中央政界への影響力を失った。そして、陶晴賢《すえはるかた》の乱で大内義隆が殺害され、西の都・山口の栄華は突然に終わりを告げた（大内氏は大友氏の庇護下で幕府も了解して再建されるが明は継承を認めず、やがて防長は毛利氏の支配下に入る）。

一方、鉄砲やキリスト教が伝来したのも後奈良帝の時代である。一五四三年に種子島に漂着した南蛮船によって鉄砲が日本にもたらされ、早くも七年後には京都で細川晴元の軍勢が三好長慶方へ鉄砲を発射している。

一五四九年には鹿児島にザビエルが上陸した。ザビエルは翌々年の一月に京都へ上り朝廷や幕府から布教の許しを得ようとしたが、何しろ、前年に将軍となった義輝が三好長慶の占領する京都に入れずに堅田《かたた》にあった時期である。あまりの都の荒廃ぶりに落胆して山口に戻り、ここを布教の中心とすることにした。

後奈良帝が崩御したとき、すぐに、子の方仁《みちひと》親王が践祚したが、例によって葬儀のための費用もままならず、遺骸は二カ月半も放置されたままであった。

主な出来事 改元「享禄」。将軍・義晴が近江朽本に退く(1528)改元「天文」(1532)即位。天文法華の乱(1536)武田晴信、家督を奪取(1541)鉄砲伝来(1543)河越夜合戦(1546)キリスト教伝来。三好長慶入京(1549)大内義隆亡ぶ(1551)改元「弘治」(1555) **解説** ○将軍・義晴の後ろ盾になったのは細川高国だったが、三好元長や細川晴元らが義晴の弟である義維をかついで堺を本拠に将軍職をうかがうなかで義晴は近江の朽木に退き、高国は三好元長に敗れて自刃した。ところが、翌年には、元長と晴元が内紛を起こし、晴元と本願寺とに攻められた元長は敗死し、義維は阿波に逃げた。細川晴元は一転して将軍・義晴と和解することとし、義晴はいったん京都へ戻った。後奈良帝の即位礼が、即位から10年後に、大内、北条、今川、朝倉らの大名たちの寄進をえてようやく行われたのは、この小康状態の間隙をぬってのことだった。義晴は、近江坂本に逃げたが、晴元と和解し将軍職を譲られた義輝ともども京都に戻り、三好長慶に押されて晴元とともに坂本に再び逃れた。堅田に逃げた義輝は六角定頼の仲介で京都へ戻ったが、晴元は若狭へ逃亡し、義輝は再び朽木に移った。○こうした複雑な動きにあって将軍家の保護者として隠然たる力を持ったのが近江守護の六角定頼と義賢親子である。京都を押さえるほどには強くないが、後背地で食糧の供給地でもある近江への外部勢力の浸透を排除する力があった六角氏の領国は、将軍家にとって絶好のサンクチュアリ(避難所)として機能し、居城の観音寺城は中世最大の城郭として繁栄した。○関東では、河越夜合戦で両上杉家と古河公方の旧勢力連合が北条氏康と戦ったが完敗した。これで武蔵の扇谷上杉は滅亡し、上野の山内上杉は越後の長尾景虎を頼り、古河公方は北条氏の保護の下に入る(すでに書いたが小田原落城まで古河公方は健在だった)。○各地の大名は本格的な地方主権を狙った分国法などを制定して近代的な領国経営に乗りだしたが、その代表が、朝倉、武田、今川、長尾、織田、今川、毛利などであり、この時代の皇室財政もこれらの大名たちからの援助が支えるようになっていた。○仏教界では法華一揆が山科本願寺(本願寺は、大谷→近江→越前→山科と移転してきた)を焼き討ちしたので、証如は本拠を石山(大坂)に移した。その後、法華一揆は町衆の中核となり京の警察権まで得たが、これが山門の警戒を招き、延暦寺の僧徒らが六角定頼の応援を得て、京のおもだった日蓮宗寺院二一寺を破壊し尽くすという騒ぎになった(天文法華の乱)。**御名** 知仁(ともひと)親王。諡号の奈良は平城天皇を指す。**御陵** 京都市伏見区深草坊町の深草北陵(ふかくさのきたのみささぎ)

コラム：「源平」など臣籍降下と武士の世界

天皇や皇族は多くの妻妾を抱えたから、放っておくと皇族がどんどん多くなる。そこで、律令のもとでは六世以降は王号を与えないとされ、朝臣の上位に位置する「真人《まひと》」という姓《かばね》を与えて臣籍に降下させた。

古いところでは神功《じんぐう》皇后らを出した息長《おきなが》真人などがその典型であり、淡海三船《おうみのみふね》（弘文天皇子孫）、六歌仙の一人である文屋康秀《ふんやのやすひで》（天武天皇皇子長《なが》親王の子孫）などが知られる。長く栄えた家としては、長屋王子孫の高階《たかしな》氏、舎人《とねり》親王子孫の清原氏（清少納言を出した）がいる。

だが、平安時代になってからは朝臣に統一されるとともに、嵯峨源氏を皮切りに源姓や、桓武平氏から始まる平姓が与えられるようになった。もっとも遅い例としては、正親町《おおぎまち》源氏の広《ひろ》幡《はた》氏がある。ほかに、良岑朝臣《よしみねのあそん》（桓武天皇子孫）、在原《ありわら》朝臣（平城天皇子孫）の例もある。

源氏、平氏といってもルーツはさまざまだが、同姓としての意識はあり、「源氏氏長者」ははじめ村上源氏の久我《こが》氏だったが、のちに清和源氏の足利、徳川氏に移った。

しかし、徳川氏や織田氏において典型的にみられるように、清和源氏、桓武平氏の子孫だという主張に十分な論拠がないものも多い。だが、少なくともこうした系図は朝廷による公的な承認を得たものであるから、今日において戸籍に記載されているのと同じ意味を持つ。それを考えれば事実がどうであれ、意味のないものとして排斥するのは適当ではない。

また、昔は養子になったわけでもないのに、親戚の名跡を継いだり、将軍や大名の命令で名跡を復活させたりするのも珍しくなかったし、「朝臣」についても、何らかの根拠があれば変更するのも珍しくなかった。

たとえば、島津氏は、本来は惟宗《これむね》朝臣だが、近衛家に仕えていたことから藤原朝臣と称したり、本当は源頼朝の隠し子が生母の結婚に際して惟宗家に入ったのだという理屈で源朝臣になったりしたが、べつに特別な処理ではない。現実に頼朝の墓は島津家が管理してきたし、節目ごとの追悼でも祭祀継承者という位置づけにいまもなっているから、系図を否定すると現実の祭祀秩序があちこちで破綻するのである。

なお、公家には源平でも藤原でもない古代豪族の子孫も何家か残っている。菅原、大江、卜部《うらべ》、安倍などの系統である。

江戸大名の多くは、源平藤橘など家門を誇っているが、信頼性の高いものも、そうでもないものもある。

室町幕府の三管領家はいずれも清和源氏足利一門だが、大名として生き残ったのは、細川（熊本）のみ。ただし、傍流の和泉守護家である。

蜂須賀（徳島）は斯波一門を称す。やはり清和源氏で八幡《はちまん》太郎義家の弟である新羅三郎義光《しんらさぶろうよしみつ》の子孫からは、南部（盛岡）、佐竹（秋田）、小笠原（小倉）などが出ている。池田（岡山・鳥取）や浅野（広島）は多田源氏と称するが信頼度は低い。

宇多源氏の佐々木氏は京極（丸亀）が嫡流で、朽木《くつき》（福知山）、黒田（福岡）などは傍流である。

有馬（久留米）は村上源氏赤松氏の一党だ。

藤原氏では、上杉（米沢）が勧修寺流で宗尊親王が鎌倉将軍になったときに同行した。伊達（仙台）は魚名（房前《ふささき》の子）、井伊（彦根）は良門（冬嗣の子）の子孫を名乗る。山内（高知）は首藤一族で師尹《もろただ》（忠平の子）の末という。鍋島（佐賀）は藤原秀郷《ひでさと》流少弐《しょうに》一族、本多（岡崎など）は豊後本多郷にあった兼通《かねみち》（師輔《もろすけ》の子）の子孫、津軽（弘前）は近衛家庶流とそれぞれ称している。

毛利（萩）は大江広元の子孫が相模毛利荘にあって名乗った。相馬（中村）は平将門の子孫である。前田（金沢）や水野（山形）は菅原道真の末を称す。

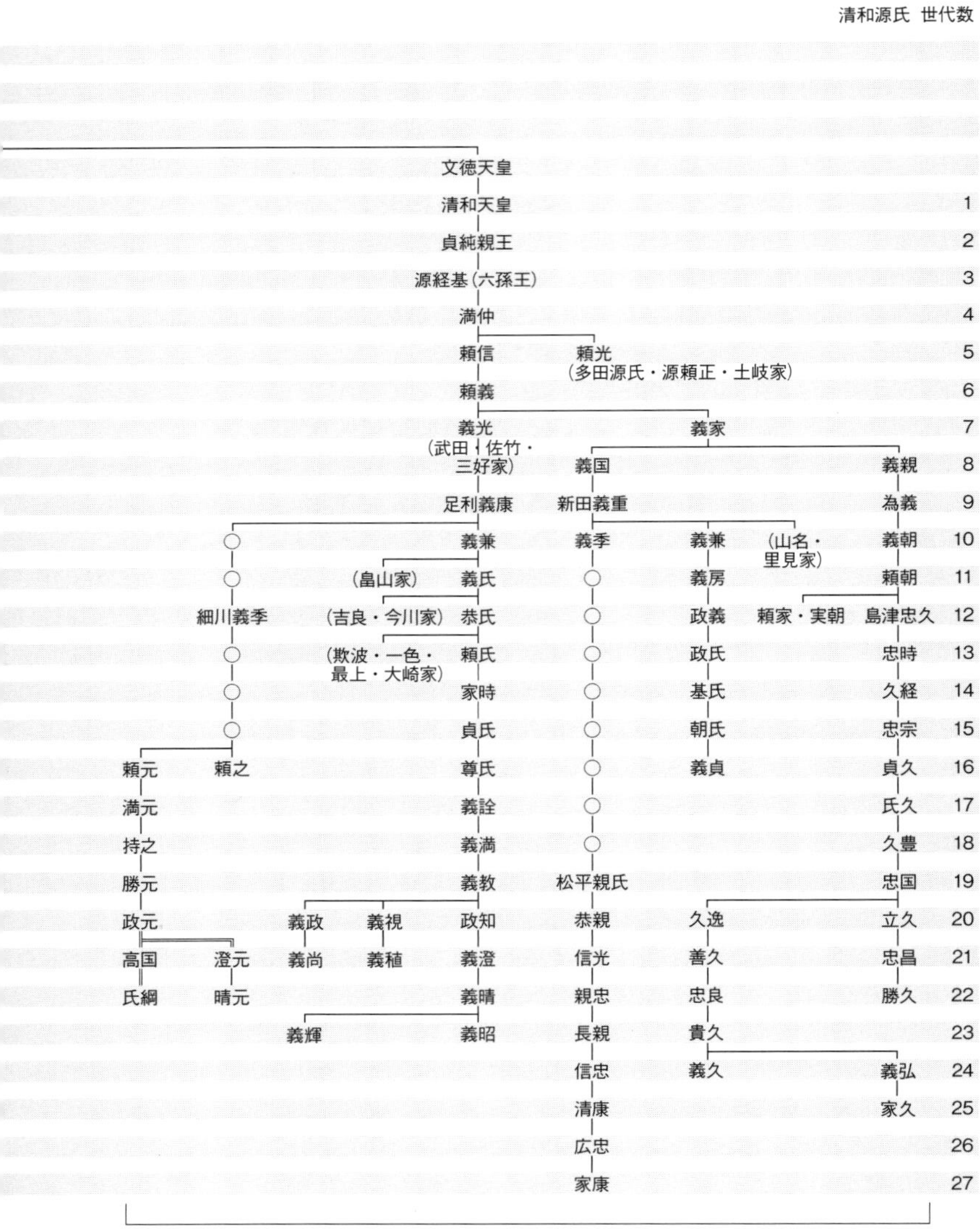
清和源氏 世代数
文徳天皇
清和天皇 1
貞純親王 2
源経基（六孫王） 3
満仲 4
頼信 頼光（多田源氏・源頼正・土岐家） 5
頼義 6
義光（武田・佐竹・三好家） 義家 7
義国 義親 8
足利義康 新田義重 為義 9
義兼 義季 義兼 （山名・里見家） 義朝 10
（畠山家） 義氏 義房 頼朝 11
細川義季 （吉良・今川家） 泰氏 政義 頼家・実朝 島津忠久 12
（斯波・一色・最上・大崎家） 頼氏 政氏 忠時 13
家時 基氏 久経 14
貞氏 朝氏 忠宗 15
頼元 頼之 尊氏 義貞 貞久 16
満元 義詮 氏久 17
持之 義満 久豊 18
勝元 義教 松平親氏 忠国 19
政元 義政 義視 政知 泰親 久逸 立久 20
高国 澄元 義尚 義稙 義澄 信光 善久 忠昌 21
氏綱 晴元 義晴 親忠 忠良 勝久 22
義輝 義昭 長親 貴久 23
信忠 義久 義弘 24
清康 家久 25
広忠 26
家康 27
（清和源氏）

◎源平略系図

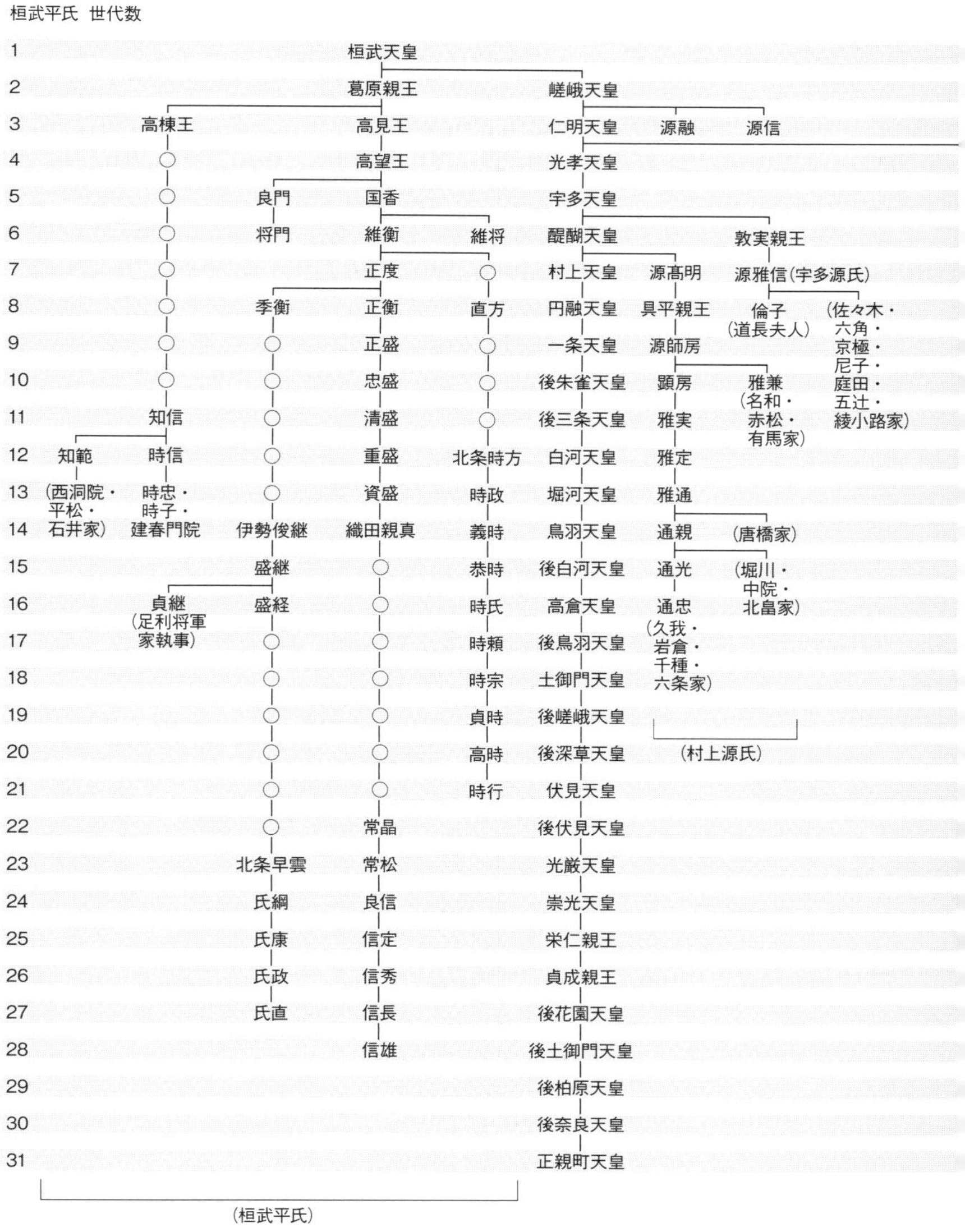
桓武平氏 世代数
1 桓武天皇
2 葛原親王 嵯峨天皇
3 高棟王 高見王 仁明天皇 源融 源信
4 高望王 光孝天皇
5 良門 国香 宇多天皇
6 将門 維衡 維将 醍醐天皇 敦実親王
7 正度 村上天皇 源高明 源雅信（宇多源氏）
8 季衡 正衡 直方 円融天皇 具平親王 倫子（道長夫人） （佐々木・六角・京極・尼子・庭田・五辻・綾小路家）
9 正盛 一条天皇 源師房
10 忠盛 後朱雀天皇 顕房 雅兼（名和・赤松・有馬家）
11 知信 清盛 後三条天皇 雅実
12 知範 時信 重盛 北条時方 白河天皇 雅定
13 （西洞院・平松・石井家） 時忠・時子・建春門院 資盛 時政 堀河天皇 雅通
14 伊勢俊継 織田親真 義時 鳥羽天皇 通親 （唐橋家）
15 盛継 泰時 後白河天皇 通光 （堀川・中院・北畠家）
16 貞継（足利将軍家執事） 盛経 時氏 高倉天皇 通忠（久我・岩倉・千種・六条家）
17 時頼 後鳥羽天皇
18 時宗 土御門天皇
19 貞時 後嵯峨天皇
20 高時 後深草天皇 （村上源氏）
21 時行 伏見天皇
22 常晶 後伏見天皇
23 北条早雲 常松 光厳天皇
24 氏綱 良信 崇光天皇
25 氏康 信定 栄仁親王
26 氏政 信秀 貞成親王
27 氏直 信長 後花園天皇
28 信雄 後土御門天皇
29 後柏原天皇
30 後奈良天皇
31 正親町天皇
（桓武平氏）

第六章

近世の政治と皇室

第一〇六代

正親町天皇《おおぎまち》

織田信長の保護者として戦国を終わらせる

誕生・永正14年（1517年）5月29日（父・後奈良天皇　母・万里小路賢房女吉徳門院栄子）
践祚・弘治3年（1557年）10月27日（41歳　先代・父　後奈良天皇）
退位・天正14年（1586年）11月7日（70歳　次代・孫　後陽成天皇）
崩御・文禄2年（1593年）1月5日（77歳）

突然変異ともいうべき天才児だった織田信長は、日本を中世の世界から近世へ突入させる奇蹟をもたらした。

正親町帝が践祚《せんそ》したとき、京都は三好長慶《みよしながよし》の支配下にあった。将軍・義輝《よしてる》は朽木谷《くつきだに》にあったが、政治的地位が有名無実だったことは、その年の春に「弘治《こうじ》」から「永禄《えいろく》」に改元されていたことが将軍には伝達されず、三カ月も「弘治」を使い続けるという不祥事を起こしたことが象徴している。

しかし、六角義賢《ろっかくよしかた》の調停で義輝は都に復帰し、それから七年間は、義輝と長慶が組んだ政権が続き、京都はしばし首都らしい機能を発揮した。義輝は幕府の権威を取り戻すために積極的な外交を展開したので、関東管領《かんとうかんれい》になった上杉謙信が平和裡に兵を率いてやってきたし、若手のホープ織田信長も少人数でのおしのびながら挨拶にやってきた。正親町天皇もこの小康状態を利用して、毛利元就《もうりもとなり》の献金で即位礼を挙行できた。

このとき楠木正成《くすのきまさしげ》の子孫である正虎が松永久秀《まつながひさひで》の右筆《ゆうひつ》だったことから、正親町帝が赦免を認め「朝敵」の汚名から解放されたのは大楠公《だいなんこう》にとって思わぬ幸運だった。またイエズス会のヴィレラも義輝から布教の許可を得て四条坊門（四条と五条の中間。仏光寺通り）姥柳町に居を構えた。

しかし、それなりに伝統的権威を尊重していた細川晴元《はるもと》や三好長慶が死去してしまい、あとに残った松永久秀や三好三人衆《みよしさんにんしゅう》（三好一族の武将たち）といった幕府に寄生して私利を貪っているだけの者たちは、義輝の親政が疎ましくなってこれを襲撃し殺した。

三好三人衆は、堺公方《さかいくぼう》・義維《よしつな》の子の義栄《よしひで》を将軍に擁立するつもりだったが、久秀と仲間割れを起こしたことと、朝廷へ献納する資金を調達できなかったことで実行に移せなかった。

一方、織田信長のもとには、正親町帝の綸旨《りんじ》に加え、義輝の弟の義昭《よしあき》も援助を求めてやってきた。信長は美濃攻略が完了したのち、岐阜を出て近江に入り（六角義賢はとりあえず避難しただけのつもりだったが、二度と復帰できなかった）、義昭とともに入洛した(この年の初めに、ようやく、義栄も将軍宣下《せんげ》を受けたのだが、京都に入れないまま摂津富田《とんだ》で死去した)。

だが、信長と義昭の間には徐々に政権イメージの齟齬《そご》が出てくる。義昭は信長をその主君である斯波《しば》氏の継承者として扱い、管領にしようとした。だが、信長は関東における北条氏と古《こ》河公方《がくぼう》のように、実質的な支配者と名目上の主君というようにしたかったのである。

それでも、姉川の戦いや比叡山焼き討ちのころでも同盟は維持されており、本当に対立したのは、幕府滅亡の半年前に武田信玄が上洛を決意して動き出してからである。だが、信玄は途中で死去し、それを知らない義昭は早まって宇治槙島城に籠城して信長に攻められ河内《かわち》に移った。それでも、毛利氏の仲介で京への帰還交渉は続いたが、義昭の方が人質を信長に要求したので決裂し、義昭は備後《びんご》の鞆《とも》に去った（義昭が将軍でなくなったのではない）。

織田家では父の信秀《のぶひで》が御所の修理に拠出をしており、信長も義昭に皇室を敬うように要求はしていたが、直接の接触はあまりしてこなかった。ところが、ここで方針転換し、わずか三年で弾正忠から右大臣にまで駆け上がった。桓武平氏である信長は、北条氏の路線から平清盛のやり方に乗り換えたのである（拙著『戦国大名　県別国盗り物語』〈ＰＨＰ文庫〉参照）。

信長を伝統の破壊者のように言う人が多いが、私のみるところ、信長こそ歴史をよく研究し、伝統的な権威を活用する達人であって、まさにそれが、ほかの田舎大名とひと味違ったのだ。

この間、信長は家督を長男・信忠《のぶただ》に譲り、天下人の城として安土城を新築し岐阜から移る。壮麗な天守閣や高い石垣、それに本格的な城下町を持つ近世的城郭の原点である。信長は足利義満が北山第に後小松《ごこまつ》天皇を迎えたように、天皇の行幸を期待していたことはほぼ間違いない。

信長が死の直前に天皇は太政大臣、関白、征夷大将軍のいずれでも与えると言い、信長はとりあえず謝絶しているが、真意がどこにあったかは不明である。

ただ、全体の流れから考えれば、武田を滅亡させ、中国攻めが完了して、天下平定にめどがつけば、たとえば正親町天皇が譲位して院政を始めることを認め、信忠を将軍にして自分は太政大臣か准三后などになって足利義満のような立場となることを想定していたのではないかと私は推測している（義満が息子を天皇にしようとしたという話にも賛成できないというのはすでに書いたとおりだ。信長は石山本願寺との交渉でも天皇に仲介を依頼しており、利用価値は十分に認めていたのである）。

また、信長は国内統一を進めるためにも、巧みに伝統勢力との協力を進めている。もともと武田信玄とは密接な協力関係にあったし、晩年は北条、大友、三好などを取り込んだ。

ただ、信長はいったん帰順した相手や、古い家臣を利用価値がなくなると容赦なく切り捨てる傾向があった。それが、誰にとっても不安をかき立てていくなかで、本能寺の変は起こるべくして起こったのである。

信長の事実上の後継者となった秀吉は、近衛前久《このえさきひさ》の猶子《ゆうし》となる形で関白となった。これは、将軍になれなかったからではない。天皇は信長にも将軍就任を提案しているのだから、源氏でなければいけないということはない。

そんなことより、大事なことは、秀吉は京に住むことを嫌がらなかったということだ。信長は大内義興《おおうちよしおき》や三好長慶の轍《てつ》を踏まないようにするためか、京に住まずに、はじめ岐阜、のちに安土を本拠にして、そのかわりに京で変事があれば瞬時に動けるように交通路を整備した。大津と京都の間の山中越《やまなかごえ》や米原《まいばら》の摺鉢峠《すりばちとうげ》はそのときにハイウェーとして整備された軍用道路だし、琵琶湖の湖上には大船を浮かべ、湖岸には城を築いた。京を直接支配するコストの高さと、儀式などの煩雑さが嫌だったのだ。

ところが、秀吉はそういう社交は大好きだし、京の治安については、大都市改造で対処した。そのあたりは、後陽成《ごようぜい》天皇の項で書こう。

秀吉は正親町帝との関係に気を配り、宮中で能を催したり大坂城から金の茶室を選んで茶を振る舞ったりもした。延暦寺の再興を許可したことも天皇にとっては大きな喜びであった。現在の日吉大社はそのときの建築である。

主な出来事 改元「永禄」（1558）即位。桶狭間の戦い（1560）川中島の戦い（1561）将軍義輝殺される（1565）大仏殿焼かれる（1567）京に南蛮寺。信長入京。義昭将軍に（1568）改元「元亀」（1570）延暦寺焼き討ち（1571）改元「天正」。義昭追放される（1573）長篠の戦い（1575）安土城築城（1576）本能寺の変。天正遣欧使節（1582）豊臣秀吉が関白に（1585）

解説 ○松永久秀は三好三人衆側が立て籠もった東大寺大仏殿に火をかけて焼いた。久秀は将軍を殺し、次期将軍の入京を阻止し、大仏殿を焼き、奈良の町を見下ろす丘の上に壮麗な天守閣を持つ城を築いたのである。まさに革命児であるが、朝廷や将軍といった古い権威を敵に回してしまった。○義昭は、奈良にあったが監視をくぐって脱出し、近江甲賀郡油日を経て、野洲郡矢島で六角義賢の保護のもとに還俗した。矢島は、かつて一休宗純（いっきゅうそうじゅん）や蓮如（れんにょ）も身を寄せた村である。さらに、そこから、若狭、越前を経て岐阜に入った。○織田信長の初代は平資盛（すけもり）の子であり、それが近江の津田家で育ち、越前の織田氏（藤原氏）の養子になったというのが、公式の系図である。本当かどうかはしれないが、いわば「戸籍上」はたしかにそうなのである。信長と信玄は桶狭間以降、今川を挟んで同盟関係にあった。武田勝頼の最初の夫人は信長の養女である。信玄の関心は長らく信州制圧だけで、死の5年前から駿河に野心を持った程度で、それにも信長の協力が不可欠だった。信玄が信長と対立したのは、足利義昭と信長が決裂した死の半年前からに過ぎない。〇信長は関東では同じ平氏である北条氏とよい関係を維持し上杉氏と対立した。西国では大内氏の跡目を、大友氏と毛利氏が争って、信長が大友氏を選んだということである。大内氏の名跡継承を幕府から公式に認められていたのは、大友宗麟（そうりん）であり、中国攻めに際して、信長は防長の二国を大友氏に与える約束までしている。四国では当初は長宗我部と協調したが、三好残党との提携の方を選んだ（このことが明智光秀謀反の引き金になったかもしれない）。あるいは、実子を北畠氏の養子にするとか、明智光秀に惟任（これとう）といった九州の名族の名を名乗らせるなどきめ細かく伝統的な権威を活用している。〇信長の天下を京と全国に知らしめたのは、一五八一年に御所の東側の馬場で挙行された馬揃えである。宿舎であった四条西洞院の本能寺を出た信長の服装は、唐冠に梅の花、蜀江錦の小袖、紅緞子と桐唐草の肩衣、白熊の皮の腰蓑というもので、室町通から一条通を行進し会場に着いた。京の人々は「このような結構なものを見ることができる世の中に生まれて幸せ」と感涙にむせび、正親町帝は感激のあまり数日後の再挙行を所望された。その評判は全国を駆けめぐり、戦国の終わりが近いことを知らしめた。天下を取るには戦争に強いだけではなく、派手なイベントも大事なのだ。そのことは、現代の内政・外交でも同じであって、それを無駄としか思えない人は人間社会の本質を理解していないというべきだ。〇本能寺の変の原因は、老臣が次々と失脚させられたのを見て、次は自分かと不安になったとき、たまたま、信長と嫡子信忠が小兵力だけと京都に滞在しているのをみて出来心を起こしただけだ。四国について明智を窓口にして長宗我部と提携してきたのを、信長が三好との協力に切り替えたことはひとつの要因だがその程度のことは主因にはなりえない。失敗の原因は秀吉の反転が予想より素早かったことに尽きる。

御名 方仁（みちひと）親王　**御陵** 京都市伏見区深草坊町の深草北陵（ふかくさのきたのみささぎ）

第一〇七代

後陽成天皇《ごようぜい》

豊臣秀吉と二人三脚で皇室の権威を高める

誕生・元亀2年（1571年）12月15日（父・誠仁親王〈陽光太上天皇〉 母・勧修寺晴右女新上東門院晴子）
践祚・天正14年（1586年）11月7日（16歳　先代・祖父　正親町天皇）
退位・慶長16年（1611年）3月27日（41歳　次代・皇子　後水尾天皇）
崩御・元和3年（1617年）8月26日（47歳）

生前の譲位で上皇として院政を行うという中世的な常道は、後小松帝を最後に廃《すた》れてしまっていた。正親町天皇はその復活を願い、準備も進めていたのだが、後継者である誠仁《さねひと》親王が急死してしまった。家康もようやく上洛することになっていた大事な時期であり、秀吉は朝廷の権威を大いに活用しようとしていたが、七十歳という老齢の正親町天皇にとっては公務がいささかきつく感じられていた。

そこで、誠仁親王の嫡男である周仁《かたひと》親王が十五歳になっていたので、これに位を譲ることになった。母親は勧修寺晴右の娘・晴子（新上東門院）であった。

この即位の経緯から察せられるように、後陽成天皇は秀吉とは二人三脚ともいうべき親密さを持って天下統一を進めていった。その姿は、新政府と協力して日本を近代国家へ脱皮させていった明治天皇を彷彿《ほうふつ》とさせるものがある。

天皇は秀吉の天下統一のための戦いに、官軍としての「錦の御旗」的なお墨付きを与えた。小田原の北条氏に対しても、「北条氏直《うじなお》は天道の正理に背いて帝都に対して奸策を企てている。どうして天罰を蒙《こうむ》らずにすむものだろうか。勅命に従わぬ者には誅伐を加えないでおかれようか」といった書を与えて上洛を促し、一五九〇年の秀吉の小田原出陣に際しては、秀吉の挨拶を受け、杯まで与えた。

それに先立つ一五八八年には、天皇は聚楽第《じゅらくてい》に行幸した。滞在は五日間に及んだが、その二日目には、二九名の大名が誓紙《せいし》を奉った。そのなかで、各大名は禁裏、公家、門跡の所領を侵さないことや関白秀吉への忠誠を誓った。

一方、秀吉も禁裏、上皇、皇弟・八条宮《はちじょうのみや》の御料《ごりょう》の進上、公家・門跡領の設定を行い、皇族・公家の生活が安定し、文化活動や伝統的な儀式の復興を図れる経済的な基盤が確立された。南北朝以来、とくに足利義満の時代から曖昧になっていた、皇室が日本という国の正統性の象徴であるという考え方がここに再確認されたことの意義は深い。

文化面においても、天皇はみずから書や和歌、絵画、学問に優れていただけでなく、公家の子弟が学問に励むことを奨励した。また、勅版《ちょくはん》という形で信頼性の高い古典の刊行事業を主導し、まさにルネサンスの帝王にふさわしい業績を残している。

この時代に、京都の町も大きく変貌し、現在の街並みの骨格が出来上がった。町のまわりには土塁と空堀からなる御土居《おどい》がめぐらされ、鰻《うなぎ》の寝床型の京の町家の原型が成立したのである。豊臣秀吉こそが、桓武天皇の建都以来の本格的な都市改造を行い、現在の京都の町をつくった恩人である。

また、豊臣政権は大坂ではなく京（伏見を含む）を中心に運営されており、秀吉の墓も東山阿弥陀峰にある。大坂城は豊臣家の私的な居城とみるべきものだ。

だが、秀吉の死後は徳川との軋轢《あつれき》が暗雲を投げかけた。天皇は秀吉の死の直後の一五九八年に弟の八条宮に譲位しようとしたが、関白・九条兼孝《かねたか》や徳川家康の反対にあって断念した。

天皇は関ヶ原の戦いののちの現実のなかで一六〇三年に家康を征夷大将軍に任じたが、このとき家康は伏見城にあり、必ずしも、関東への権力移転を意味したものではなかった。

こうした不愉快な事件の続くなか、天皇は三男の政仁《まさひと》親王への譲位を願ったが、家康の五女・市姫《いちひめ》が死んだことなど筋違いな理由で引き延ばされ、ようやく、家康と豊臣秀頼《ひでより》の二条城会談を機に実現した。

上皇が亡くなったのは、大坂夏の陣の翌々年、家康の死の翌年の一六一七年である。天皇の力強い書は、秀吉を祀った豊国《とよくに》神社の扁額《へんがく》にみることができる。

ところで、秀吉は天下統一のあと大陸遠征に踏み切ったが、これを愚挙として一方的に断罪する風潮が一般的である。明《みん》が朝貢貿易以外を認めなかったことの不条理と、それが倭寇《わこう》の跋《ばっ》扈《こ》に結びついたことはすでに書いた。そして、十六世紀中盤になるとポルトガル船が東アジア各国間交易で支配的な地位を占める状況を生み出した。

そんななか、豊臣政権が、自由な貿易と互恵平等の新しい国際秩序を要求したのは当然のことだし、明はそれに応じなかったのだから、威嚇《いかく》行動や軍事行動を起こされるのも当然だ。

そういう意味で、秀吉の朝鮮侵攻は、文禄の役では性急に進めたが兵站がついて行かず、いったん休戦し和平を試みたが決裂し、慶長の役となった。こんどは、慎重に南部の根拠地を固め、戦況は有利に展開しており、明の征服はともかく、朝鮮半島で優越的な地位を占めるとか、対明貿易を認められるとかいうことを通じて東アジアの国際関係を有利に再構築することは可能だっただろう。明も秀吉の死で窮地を脱したという認識だった。

いずれにせよ、大航海時代にふさわしい東アジア新秩序の樹立が必要だという発想自体はまったく正しいもので、それが成功しておれば、のちの西欧諸国によるアジアの植民地化などは避けられたに違いない。

朝鮮出兵に当時の日本人がみな反対していたとか、懲りたとかいうのも間違いである。のちに家康も第三次出兵を匂わせながら朝鮮と交渉しているし、鄭成功《ていせいこう》から救援要請があったときには、「今度こそ」と意欲満々の野心家がいくらでもいたのである。

また、朝廷がこの計画に消極的だったと強調しすぎるのも疑問である。正親町上皇が秀吉の渡海をやめるように諫言《かんげん》したのは事実だが、この戦争に反対していたと一般化できるかは疑問だ。なにしろ、大陸への進出は皇室にとっても白村江の戦い以来の悲願だったはずである。

主な出来事　即位。秀吉太政大臣となり豊臣姓賜わる（１５８６）聚楽第完成。九州平定。キリスト教禁止（１５８７）天下統一。遣欧使節帰朝（１５９０）改元「文禄」。文禄の役（１５９２）豊臣秀次（ひでつぐ）切腹（１５９５）改元「慶長」（１５９６）慶長の役（１５９７）秀吉死去（１５９８）関ヶ原の戦い（１６００）東本願寺創建（１６０２）家康将軍に。出雲の阿国（おくに）歌舞伎始める（１６０３）東海道に一里塚（１６０４）朝鮮と国交。林羅山（はやしらざん）が家康と会う（１６０５）北野天満宮再建（１６０６）島津が琉球制圧。オランダ商館平戸に。姫路城（１６０９）名古屋城（１６１０）

解説　○御土居の内側は平安京の東の3分の2ほどの地域を東西とし、北は上賀茂神社あたりまで伸ばした範囲である。この御土居はいまはほとんど消滅し、北野天満宮の境内などにわずかに名残をとどめるだけだが、京都の人の心のなかには根強く残っている。京都人が「京都の町」と考えるのはだいたいこの御土居のなかに鴨川の東側の一帯を加えた範囲と考えれば間違いない。平安京の町割りでは、各区画はだいたい１４０メートル四方の正方形だったので、各区画の中央は空き地になり耕地などに使われていた。それをこの時代に南北にもうひとつ通りを通した。この結果、一区画の東西は70メートルになり、東西を玄関とした30メートル余の鰻の寝床型の京の町家の原型が成立したのである。○応仁の乱で焼失した寺院の復興は徐々に進んでいたが、この時代には、現在の寺町通ができてそこに市内のあちこちから寺院が移転した。また、西本願寺が現在の場所に落ち着いたのもこの時代である。○秀吉の朝鮮出兵のどこが間違っていたのかといえば、陸軍力を主体に朝鮮や中国を短期間で征服し支配することで目的を達しようという発想に根本的な無理があったことだ。正しくは、海軍力の強化で制海権を握り、場合によっては大陸沿岸に基地を確保して、軍事的な圧力もかけつつ主導権を握るべきであった。同じ時代のポルトガルや、少しのちの英国はまさにそうした海洋国家の論理で成功したのである。ポルトガルの植民地はゴアやマカオなど沿岸だけだし、英国はジブラルタルやマルタやカリブ海の島々を確保し、フランス、ドイツ、スペインの動きを封じ込め、自由貿易によって利益を得たのである。秀吉は倭寇を取り締まったが、これも戦術的には愚策だった。同じような時期に、英国やフランスは、スペインが新大陸との交易を独占したのに反対し、（表向きにではないが）海賊を支援してスペインの牙城を崩したのである（映画の『パイレーツ・オブ・カリビアン』の世界だ）。○八条宮は、こののち優れた文人として活躍し、関ヶ原前夜には丹後田辺城（舞鶴）で細川藤孝（ふじたか）から古今伝授を受けた。桂離宮を造営したのもこの親王である。○猪熊（いのくま）一件という宮中スキャンダルが発生した。広橋典侍ら女官たちと猪熊侍従ら若い公達（きんだち）たちの密通事件が発覚し、後陽成天皇はこれに厳罰を加えようとしたのだが、母后や女御らは天皇みずからが処分にかかわるのは帝王らしからぬ振る舞いと考え、徳川家康に介入を依頼した。その結果、家康は駿府に関係者を呼びだし、猪熊侍従を死罪、女官やその他の公卿を遠島などの処分にした。こうした形で、幕府の介入を許したことがのちに「禁中並公家諸法度」で京都への幕府のがんじがらめの支配を許す導火線になった。 **御名** 和仁（かずひと）（周仁〈かたひと〉）親王 **御陵** 京都市伏見区深草坊町の深草北陵（ふかくさのきたのみささぎ）

第一〇八代

後《ご》水《みず》尾《のお》天皇

徳川幕府との厳しい関係に悩む

誕生・文禄5年（1596年）6月4日（父・後陽成天皇　母・近衛前久女中和門院前子）
践祚・慶長16年（1611年）3月27日（16歳　先代・父　後陽成天皇）
退位・寛永6年（1629年）11月8日（34歳　次代・皇女　明正天皇）
崩御・延宝8年（1680年）8月19日（85歳）

徳川家康の出身地である三河は、鎌倉時代に足利氏が守護をつとめたところで、細川、今川、吉良《きら》、一色《いっしき》などは三河出身の分家である。古代から皇室との縁が深い尾張と違って、親皇室とは言いがたい雰囲気を引きずっていたように思える。家康や秀忠には「抵抗勢力」としての皇室を押さえ込もうという意図が強くみえるのだ。

ではなぜ、徳川秀忠の娘である和子《まさこ》（東福門院《とうふくもんいん》）を入内《じゅだい》させたか。どうしたわけか、江戸時代と違って、大名が公家などから妻を迎えることは少なく、逆は多かった。

皇室の方でも入内そのものを嫌がったのでもなく、和子は中宮《ちゅうぐう》となり、二男五女を得ている。だが、入内以前に後水尾天皇と別の女性との間に子供が生まれたことへの非難がましい介入や、幕府のスパイというべき取り巻きが和子とともに入り込んだことには反発した。

さらに、大坂夏の陣のあとには、「禁中並公家諸法度《きんちゅうならびにくげしょはっと》」が制定され、「天子諸芸能ノ事、第一御学問也」と天皇の行動にすら枠をはめ、政治への介入に歯止めをかけ、武家伝奏《でんそう》と呼ばれる職にある公卿を通じて幕府にお伺いする体制が確立された。

元和九年（一六二三年）には、伏見城で徳川家光が将軍宣下を受け、寛永三年（一六二六年）には、秀忠と家光が上洛し、小堀遠州《こぼりえんしゅう》の差配で今日みるような御殿や庭園に整備された二条城に行幸を迎えて五日間にわたって能楽、蹴鞠《けまり》、和歌の会などが行われた。豊臣秀吉時代の聚楽第行幸に劣らぬ華やかなもので、徳川家なりに朝廷を尊重する姿勢をみせたものではあった。

だが、天皇が幕府と相談することなく沢庵和尚《たくあんおしょう》（大徳寺住職）ら多数の僧に紫衣《しえ》を与えたことで幕府が僧たちを流罪などにした翌年の事件や、無位無冠のお福《ふく》（春日局）を参内させたその二年後の騒動に反発し、後水尾天皇は、娘の興子《おきこ》内親王（明正天皇）に強行譲位した。在位のままだと、玉体に灸《きゅう》を据えることができないというのが口実とされたという。

豊臣と徳川の世代わりについては、親豊臣だったはずの朝廷が家康の将軍宣下などを通じて徳川に力を貸したのが奇異のようにもみえる。だが、征夷大将軍の位を授けるということが徳川の天下になるということだったのかどうかは疑問である。

家康の官位は秀頼より一貫して上だったが、秀忠のそれは秀頼に劣後したままだった。秀頼が右大臣のとき、義父（千姫の父）である秀忠は内大臣だった。秀忠が将軍になって同時に秀頼が関白になりそうだという噂が公家社会でもあったが、大事なことは、公家の目からみてもそれがおかしくないと考えられたことである。

そもそも、平安時代の上皇と関白、鎌倉時代の摂関と鎌倉のような複雑な権力関係はいくらでもあり、それもありえたのである。関ヶ原の戦いのあとの大名配置も、京を境に見事に東西分割した感がある。豊臣、徳川の両立の可能性がなくなったとすれば、それは、二条城会談の失敗の結果である。

外戚となった徳川秀忠が死んだのは譲位の三年後であった。秀忠は福島正則《ふくしままさのり》のような豊臣系大名から、反抗的なわがままを続ける弟の松平忠輝《ただてる》までを改易するなど非情に徳川幕府の政権基盤を確立していったが、天皇もまた秀忠の厳しい朝廷対策と対峙《たいじ》しなくてはならなかった。

だが、秀忠の死後はとげとげしい関係も緩和され、結局、七人もの女性との間に三十四人もの子供をもうけた。その子供たちが四人も連続して即位し、事実上の院政が八十五歳で崩御するまで続いた。八十五歳という寿命は欠史《けっし》八代《はちだい》のような古代の天皇を除くと、昭和天皇までその記録は破られなかった。

主な出来事 即位。方広寺（ほうこうじ）鐘銘事件。大坂冬の陣（1614）改元「元和」。大坂夏の陣。「禁中並公家諸法度」「武家諸法度」（1615）家康死去（1616）後陽成上皇崩御（1617）東福門院入内。支倉常長（はせくらつねなが）帰朝。桂離宮着工。知恩院山門。東南アジアに日本人町（1620）徳川家光将軍に（1623）改元「寛永」。スペイン船来航禁止。東照宮陽明門（1624）二条城完成（1626）紫衣事件（1627）南禅寺山門（1628）春日局参内（1629）**解説** ○伏見城は大坂の陣が終わってしばらくして取り壊しになって、跡形もなく消えてしまった。桃山城と呼ばれることがあるのは、その跡に桃の木などが植えられたからである。その本丸跡は明治天皇陵になっていて、少し離れたかつての城の一角に鉄筋コンクリートの天守閣が再現されている。このように伏見城が廃城になったのは、太閤秀吉の思い出を消すためという俗説が広く信じられているが、事実ではない。それどころか、伏見城は徳川家の畿内における居城であり、家康、秀忠、家光の葵三代が将軍宣下を受けた記念すべき場所だった。ところが、万事、現実主義者である秀忠は、大坂落城を機に、西日本の押さえは大坂城、朝廷の監視は二条城という仕分けをして、伏見城の機能を分解再配置したのである。○秀忠夫人の江与（えよ）は秀忠と結婚する前に豊臣秀次の弟である羽柴秀勝（ひでかつ）と結婚して娘を得ている。これが淀殿の猶子として九条幸家と結婚し、九条道房（摂政）、二条康道（摂政）などを得ており、この結婚を通じて豊臣家のＤＮＡは現皇室にまで伝えられている。その延長線で考えれば、和子の入内は自然なものだった。○後水尾天皇が印位した翌日に行われた二条城会談で、豊臣・徳川両家の雪解けが進むかと期待されたのだが、秀頼の堂々とした立ち居振る舞いと気位の高さを見て取った家康は、「女子供のような男かと聞いていたが、どうして人の下に立ちそうもない」と嘆き、豊臣家を滅亡させるしかないと心に決める転機になってしまった。加藤清正らの思惑はまったく裏目に出たのである。京都市民の豊臣人気を再確認したことも癪（しゃく）の種だったという。○「国家安康」（「家」と「康」が切り離されている）という鐘銘が大坂の陣の口実にされた方広寺の大仏殿が再建されるなど、豊臣秀頼の援助で再建された社寺は数多く、これも、豊臣家の存在感を高めていた。

御名 政仁（ことひと）親王。「水尾」は清和天皇にちなみ、清和源氏を名乗る徳川家に対する優越感を示そうとしたのだろうか。

御陵 京都市東山区今熊野泉山町の月輪陵（つきのわのみささぎ）

第一〇九代

明正天皇《めいしょう》

近世になってはじめての女帝

誕生・元和9年（1623年）11月19日（父・後水尾天皇　母・徳川秀忠女東福門院和子）
践祚・寛永6年（1629年）11月8日（7歳　先代・父　後水尾天皇）
退位・寛永20年（1643年）10月3日（21歳　次代・弟　後光明天皇）
崩御・元禄9年（1696年）11月10日（74歳）

「鎖国肯定論」というのがある。そうしなければポルトガルやスペインに植民地にされただろうというものだが、これほど無知のなせる主張もあるまい。植民地化の危険など露ほどもなかったのである。

この時代にポルトガルはゴアやマカオのような海岸の要衝を貿易の根拠地として確保していただけ。スペインが植民地にしたのは馬も鉄器も持たなかったインカ帝国やアステカ帝国、国家らしきものがなかったフィリピンなどであった。

もし、幕府がカトリック国はそこまで危険だと信じていたのだとしたら、それは、貿易独占をねらうオランダに騙されていたというだけだ。

ヨーロッパ諸国による世界分割は十九世紀のことである。日本は鎖国の結果、軍事や産業の技術進歩に遅れてしまった。植民地化の本当の危険はそうした鎖国の結果として生じたものだ。

島原の乱（一六三七年）ではキリシタンたちの抵抗は激しかったが、鎮圧され、これから大《おお》塩平八郎《しおへいはちろう》の乱まで幕府に武力で反抗する者は現れなかった。

幕府は、鎖国をするという意識はなく、さまざまな措置を重ねていっただけだが、普通には島原の乱の二年後にポルトガル船の来航を禁じたことをもって鎖国という。

幕府も天皇が将軍の姪であるだけに朝廷に慎重な心遣いが必要になり、また、天皇の母である東福門院の発言力が高まった。譲位後の後水尾上皇は多くの側室に子供を生ませるなど自由な生活を楽しんだが、東福門院は次々と生まれる子供たちを統制する立場に立つとともに、幕府との窓口として強い権力を持った。そのもとで、朝廷と幕府の関係にそれなりの安定がもたらされたのである。

一六三四年には家光が三〇万人を供奉《ぐぶ》させて上洛し、後水尾上皇に院領七〇〇〇石を献上し、朝廷のことは上皇の意志を尊重すると約束するなどした。

だが、このときに派手で大規模にやりすぎたために、将軍の上洛は幕末の家茂《いえもち》の時代まで途切れてしまう。前例に従うと、莫大な予算が必要になったからである。

明正天皇は手芸や押し絵の制作が好みで、紅葉の名所として知られる岩倉実相院などにいまも作品が残る。また、山科にある勧修寺《かじゅうじ》にある宸殿と書院は、明正天皇が生活した御殿を移築したものである。

だが、女帝の宿命として結婚もできず、徳川の血は皇統から排除されることになった。

明正天皇は七歳で即位、二十一歳で譲位し、七十四歳まで生きた。

五〇〇〇石の院領を与えられ経済的には豊かな半生であったが、父の後水尾天皇も母の東福門院も長生きしたので、政治的な力をふるうことはなかった。

主な出来事 即位（1630）秀忠死去（1632）奉書船以外の渡航と邦人帰国禁止（1633）中江藤樹（なかえとうじゅ）近江で家塾（1634）詩仙堂（しせんどう）創建（1636）島原の乱（1637）ポルトガル船来航禁止（鎖国の完成）（1639）**解説** ○将軍上洛のかわりに、将軍は日光東照宮への参拝をもって武威を示すイベントとするのだが、西日本における将軍の不在はやがてボディーブローのように利いてくることになる。○鎖国の主たる動機はキリスト教対策である。だが、西日本に海外から新しい技術が入ってきたりすると関東中心のパワーバランスが崩れるのをおそれたのも理由だ。江戸前期は戦国時代に軍事目的で土木技術が進歩したのが民政転化されて新田開発が進んだ。そのおかげで年貢だけで財政が結構豊かで、貿易による利益を当てにする必要をあまり感じなかった。○明正天皇は、奈良時代の孝謙（こうけん）（称徳）天皇以来久しぶりの女帝である。母・東福門院の兄に当たる徳川家光が将軍であった期間のちょうど中期が在位期間と重なる。年号は即位から譲位まで寛永である。即位の3年後には秀忠が死去し家光の親政が始まり、その翌年には家光の弟の忠長（ただなが）が切腹させられた。家光の正室は鷹司信房の娘で、その母は佐々成政（さっさなりまさ）の娘であり、側室にも京出身の女性たちが次々と入った。**御名** 女一宮（おんないちのみや）興子（おきこ）内親王。「明正」は元明天皇と元正天皇から取ったという。**御陵** 京都市東山区今熊野泉山町の月輪陵（つきのわのみささぎ）

第一一〇代

後《ご》光《こう》明《みょう》天皇

雛人形はこの時代の宮廷風俗

誕生・寛永10年（1633年）3月12日（父・後水尾天皇　母・園基任女壬生院光子）
践祚・寛永20年（1643年）10月3日（11歳　先代・姉　明正天皇）
崩御・承応3年（1654年）9月20日（22歳　次代・弟　後西天皇）

雛人形の服装や髪型は平安時代のものではなく、寛永《かんえい》のころのものだといわれている。東福門院は、幕府の援助で贅沢な生活を楽しみ、尾形光琳《おがたこうりん》・乾山《けんざん》兄弟の実家である「雁金屋《かりがねや》」を贔屓《ひいき》にして、王朝文化を基礎にしつつ江戸時代らしい簡潔さを備えたモダンなファッションを好んだ。現代の雛人形も、この寛永時代の宮中風俗をもとにしたものといわれ、妃殿下たちのおすべらかしといわれる髪型も、このころ市中で流行っていたのを採り入れたものだ。

後光明天皇は後水尾天皇の第四皇子である。十一歳で即位し、二十二歳で崩御したが、その間に三代将軍家光の死去と四代将軍家綱《いえつな》の将軍宣下《せんげ》があった。ただし、家綱は伏見城で将軍となった家康、秀忠、家光と違って江戸で勅使《ちょくし》を迎えて済ませてしまった。上洛することなく生涯を終えた最初の将軍である。

このころ、中国では満州族が北京を陥落させ、明《みん》の皇族は南方で抵抗を続けていた。日本人の血を受ける鄭成功《ていせいこう》らが幕府に救援を求めてきた。おりしも、浪人が増え、また、天下泰平に飽きた大名たちの間からこれを受けようという声が強く出た。とくに、紀州の南竜公頼宣《なんりゅうこうよりのぶ》は、みずから総大将としての渡海を申し出たが、「豊太閤の愚挙を忘れたか」と井伊直孝《いいなおたか》に反対され沙汰やみになった（にべもなく鄭成功の申し出を拒否したのでないことも大事な視点だ）。

天皇は剛毅《ごうき》な性格で剣術を好んだので、板倉重昌《しげまさ》が「やめていただかなかったら切腹する」と脅したところ、「武士の切腹をみたいからそうするがよい」と切り返したとか、後水尾上皇の病気見舞いを幕府に伺いを立ててからと言われて「渡り廊下をすぐに作ってでも行く」と言い強行したといった逸話が知られる。学問では朱子学《しゅしがく》を好み、藤原惺窩《ふじわらせいか》の遺作に序を寄せた。

主な出来事 即位（1643）改元「正保」（1644）小堀遠州死去。輪王寺（りんのうじ）門跡創設（1647）改元「慶安」（1648）家光死去（1651）改元「承応」（1652）隠元（いんげん）来朝（1654）

解説 ○幕府の要請で毎年、日光東照宮に例幣使を遣わすことになり、二百年も途絶えていた伊勢例幣使の復活も実現した。○このころの京都では華やかな絵柄が人気を博し、史上最高の陶工の一人といわれる野々村仁清が活躍するなど元禄文化の予兆があった。○東福門院の入内より前に四辻与津子が賀茂宮（かものみや）を生み、東福門院も二人の男子を得たがいずれも夭折しているので、後光明天皇は実質的には第一皇子である。母は園光子（壬生院。園家は道長次男・頼宗〈よりむね〉の子孫の持明院〈じみょういん〉家分家）でほかに一男三女を生んでいる。そのうち一人が天台座主・初代輪王寺宮門跡として江戸に移り住んだ守澄（しゅちょう）親王である。

御名 素鵞宮（すがのみや）・紹仁（つぐひと）親王

御陵 京都市東山区今熊野泉山町の月輪陵（つきのわのみささぎ）

第一一一代

後西《ごさい》天皇

修学院離宮ができる

誕生・寛永14年（1637年）11月16日（父・後水尾天皇　母・櫛笥隆致女逢春門院隆子）

践祚・承応3年（1654年）11月28日（18歳　先代・兄　後光明天皇）

退位・寛文3年（1663年）1月26日（27歳　次代・弟　霊元天皇）

崩御・貞享2年（1685年）2月22日（49歳）

三代将軍家光は、男色に耽《ふけ》り女性を近づけなかったのだが、京都の公家である六条家の娘で伊勢慶光院《いせけいこういん》門跡だった満子（お万の方）の清楚な姿に惹かれて強引に還俗させて側室とし、女性開眼した。吉屋信子作の『徳川の夫人たち』の主人公で、「大奥」といったドラマではしばしば取り上げられるこの女性が、春日局の後任として大奥の取締役となり、大奥はそれまでの戦国武将らしい武張《ぶば》った流儀でなく、どんどん京風に染まっていった。

後西天皇の時代は、江戸では四代将軍家綱《いえつな》の時代である。戦国の覇者である徳川家が武威によって天下を治めるという口実がなくなり、朝廷から統治を任されているということに権力の正統性の根拠を求めるようになる。また、古い伝統に基づいた儀典こそが幕府の正統性を担保するという考えが強くなってきた。

京都では、後水尾上皇が修学院離宮《しゅうがくいんりきゅう》を幕府の援助も得て造営した。一方、桂離宮は後陽成天皇の後継候補だった八条宮智仁《ともひと》親王によって基礎が築かれ、このころまで代々の八条宮によって整備が続けられたものだ。

後西天皇は、やはり後水尾天皇の皇子で、母は櫛笥《くしげ》隆子(櫛笥家は四条家分家。魚名《うおな》の子孫)である。和歌を愛し得意とした。

この時代、全国各地で災害が続発した。明暦《めいれき》の大火、内裏の炎上、大坂城天守閣の焼失などがそうで、天皇の徳が足りないからだという議論も出たが、もともと次の霊元天皇までのつなぎの天皇と広く考えられていたので、災害は早期譲位の口実に使われたということだろう。

また、こうした災害が故に、年号は承応から明暦、万治、寛文とめまぐるしく変わった。後西というのは、平安時代の淳和《じゅんな》天皇が「西院」と呼ばれたことにちなむ。

主な出来事 改元「明暦」（１６５５）即位（１６５６）『大日本史』編纂着手。江戸の明暦大火（１６５７）改元「万治」（１６５８）黄檗山万福寺。修学院離宮完成（１６５９）改元「寛文」。清の康熙帝即位（１６６１）方広寺大仏を鋳つぶす（１６６２）**解説** ○後西天皇には四男四女の同母兄弟がいる。後光明天皇とは歳もあまり違わなかったが、先帝が若くして亡くなったこともあって即位した。仙台藩主・伊達綱宗と母親同士が姉妹だったので幕府は躊躇したが、東福門院の説得で承諾した。○黄檗山万福寺が建立されたが、これは福建省にある同名の寺に倣ったものである。室町時代の禅宗文化は宋の色が濃いものだったが、万福寺は純粋に明・清風の文化が流れ込む窓口となった。のちに島津重豪などもここを訪れ、「中華料理」としての普茶料理を賞味した。○江戸では明暦の大火が起こり、市中のほとんどが焼失した。その再建に当たって会津藩主で将軍の叔父にあたる保科正之（ほしなまさゆき）の進言で天守閣は再建されなかった。天下泰平には無用だという考えだったが、将軍家のカリスマ性を確保するシンボルとしての機能に考えが及ばなかったのは失策だった。この火事を機会に大大名の屋敷が郊外に移転され、尾張（防衛省）、紀州（赤坂御所・迎賓館）、水戸（後楽園）、加賀（東京大学）とそれぞれ今日でもその輪郭をとどめている。**御名** 秀宮（ひでのみや）・桃園宮（ももぞののみや）花町宮（はなまちのみや）良仁（ながひと）親王 **御陵** 京都市東山区今熊野泉山町の月輪陵（つきのわのみささぎ）

第一一二代

霊元天皇《れいげんてんのう》

皇威を強化するが近衛基熙と対決する

誕生・承応３年（１６５４年）５月25日（父・後水尾天皇　母・園基音女新広義門院国子）
践祚・寛文３年（１６６３年）１月26日（10歳　先代・兄　後西天皇）
退位・貞享４年（１６８７年）３月21日（34歳　次代・皇子　東山天皇）
崩御・享保17年（１７３２年）８月６日（79歳）

五代綱吉《つなよし》の母のお玉（桂昌院《けいしょういん》）は、京都堀川の八百屋の娘で、母が二条家に仕える本庄《ほんじょう》氏という侍と再婚したことが縁になって大奥に入った。増上寺《ぞうじょうじ》の廟所《びょうしょ》から発掘された遺骨から類推すると、なかなか近代的な顔立ちの丸顔美人だったようだ。

この京都生まれの母に感化されたのか、綱吉はごく自然に朝廷へ敬慕の念を持っていた。そのおかげで、霊元天皇としてはたいへん恵まれた状況で儀式の復興や皇室の権威向上に取り組めた。

綱吉の正室は天皇の中宮の異母姉である鷹司信子だが、その母は、東福門院《とうふくもんいん》の入内の前に後水尾天皇の娘として生まれた文智《ぶんち》女王である。綱吉との間に子供はできなかったが、大奥ではそれなりの力をふるい、桂昌院とともに京風文化を導入した。

とくに、信子は妹である新上西門院（霊元天皇中宮）を通じて、朝廷きっての才女といわれた典侍・常盤井局《ときわいのつぼね》（右衛門佐）を招聘《しょうへい》した。右衛門佐は大奥総取締となり、また、その縁で大典侍、新典侍といった公家の娘が綱吉の側室となった。

霊元天皇は子だくさんだった後水尾天皇の第一九皇子だが、現在の皇室もこの天皇の血統にある。母親である園国子（新広義門院）は後光明天皇の母と従姉妹であり、後光明天皇が死の直前に養子とし、後西天皇の儲君《ちょくん》とした。

即位したのが十歳で三十四歳で譲位したが、二十七歳までは後水尾上皇が在世していたので、親政は、それ以降であり、子である東山天皇、孫の中御門天皇の時代にも力を持ち続けた。治世は四代将軍家綱時代の後半から、綱吉時代の初めであり、院政を敷いたのは吉宗時代の半ば過ぎにまで及ぶ。

剛毅で才気煥発だが人をよく叱った。我慢強く冬でも火鉢をあまり使わなかった。

家綱の死に当たっては、大老・酒井忠清《ただきよ》は鎌倉幕府にならって後西天皇の第二皇子である有《あり》栖川宮幸仁《すがわのみやゆきひと》親王宮を将軍として迎えることを主張したが、堀田正俊《ほったまさとし》が家綱に直訴して綱吉に決定したという。

この時代に議奏《ぎそう》というポストが新設された。いわば、秘書官であり、のちに重い意味を持つ。

主な出来事 即位（1663）酒井忠清大老に（1666）河村瑞賢（ずいけん）が東回り航路開く（1671）改元「延宝」。三越の前身である越後屋の開業（1673）東福門院崩御（1678）綱吉将軍に（1680）改元「天和」（1681）改元「貞享」（1684）後西上皇崩御（1685）「生類憐みの令」（1687）**解説** ○綱吉は「武家諸法度」の第一条に「文武弓馬の道、もっぱらたしなむべきこと」とあったのを、「文武忠孝を励まし、礼儀をただすべきこと」と変えさせた（1683）。各藩でも、岡山藩の池田光政（みつまさ）に代表されるように、仁政を行う名君が登場した。財政赤字がまだ目立つ前の時代であり、とりあえずは、無理なく庶民の喜ぶ政策を実現できるよい時代であった。○思想面では、山崎闇斎（あんさい）による垂加（すいか）神道が尊皇思想に道を開き、山鹿素行（やまがそこう）が古文辞学を開いた。徳川光圀（みつくに）（水戸黄門）による『大日本史』の編纂事業もこの時代に始まった。○綱吉の側室となった公家の娘・大典侍は自分の姪を綱吉の養女とさせたが、これが、のちに島津継豊の正室となり、外様大名である島津家を徳川一門に準じるような扱いとさせることに成功して明治維新の伏線をつくった竹姫である。○京都では宮崎友禅（ゆうぜん）が画期的なプリント染色技術を開発し、細かい模様の和服が爆発的な人気となった。商品経済の発達が町人による文化創造を活発にし、上方の坂田藤十郎や江戸の市川団十郎といった人気歌舞伎役者が登場した。井原西鶴が『好色一代男』を書いたのもこのころである。**御名** 高貴宮（あてのみや）・識仁（さとひと）親王。「霊元」は孝霊・孝元両帝からくる。**御陵** 京都市東山区今熊野泉山町の月輪陵（つきのわのみささぎ）

第一一三代
東山《ひがしやま》天皇
大嘗祭の復活なり、元禄文化が花開く

誕生・延宝3年（1675年）9月3日（父・霊元天皇　母・松木宗条女敬法門院宗子）

践祚・貞享4年（1687年）3月21日（13歳　先代・父　霊元天皇）
退位・宝永6年（1709年）6月21日（35歳　次代・皇子　中御門天皇）
崩御・宝永6年（1709年）12月17日（35歳）

浅野《あさの》内匠頭《たくみのかみ》の松の廊下刃傷事件というのは、勅使饗応役の浅野が緊張のあまりか儀典長ともいうべき高家《こうけ》筆頭・吉良義央《きらよしなか》に斬りつけた事件である。このころ、綱吉が熱望していた桂昌院《けいしょういん》への従一位贈呈が微妙な時期だったので綱吉は激怒し、浅野は切腹させられた。

京都でこれを聞いた帝は「御喜悦の旨、仰せ下し了《おわ》んぬ」だったと近衛基熙《このえもとひろ》の日記にある。高家として朝廷に対して高圧的な態度をとったこともある吉良に好感を持っていなかったためともみられる。

高家は室町時代以来の名門を儀典係として、禄高は旗本だが、官位は国持大名並みの待遇としたもので、義央も従四位上だった（米沢、佐賀、熊本でも従四位下）。討ち入り事件のあと吉良家は断絶となったが、その子孫から上杉鷹山《ようざん》が出ている。なお、高家は、明治の華族制度創設のときに高い官位にもかかわらず、爵位を与えられずに没落した。大名と違って利用価値がなかったからである。

この時代は、五代将軍綱吉が柳沢吉保《やなぎさわよしやす》を重用して個性的な政治を展開していた。元禄文化が花開き、京都では尾形光琳《おがたこうりん》や乾山《けんざん》が活躍した。松尾芭蕉は「奥の細道」を旅したのち、大坂で死に大津の義仲寺《ぎちゅうじ》に葬られた。

天皇の母は松木家（中御門《なかみかど》ともいい藤原道長《みちなが》次男・頼宗《よりむね》の系統）出身。直仁親王《なおひと》（崇光《すこう》天皇皇太子）のときから三百年ぶりの立太子を行い、さらに譲位後は、新天皇の大嘗祭《だいじょうさい》が二百二十一年ぶりに略儀ながら復活された。

幕府との関係は円滑で、皇室領は一万石から三万石に増加した。山陵調査も本格化された。

霊元帝の強引な推挙で即位した帝であったが、やがて、近衛基熙も絡んだ三つどもえの権力争奪戦に突入した。そもそも、基熙は後水尾上皇の皇女・常子《つねこ》内親王を正室とし、上皇の側近であった。ところが、小倉《おぐら》事件（解説参照）で霊元帝に批判的だったこともあり、左大臣であったにもかかわらず、関白になれず不遇のときを送る。それが東山天皇の御代となって関白となり、さらに、天皇が両親の信任厚い議奏・中御門資熙を疎ましく思い排斥するのに協力して信任を得た。

娘の熙子《ひろこ》（天英院《てんえいいん》）は徳川家宣《いえのぶ》（綱豊《つなとよ》）の正室だったが、家宣が将軍世子となったことで力を得て、異例の江戸下向を行い、綱吉とも会談した。こうして、基熙は親幕派として霊元上皇に対抗する基盤を持ったのだが、この緊張関係は中御門天皇のときに、より深刻なものとなる。

東山天皇は、近衛基熙との協力のもと譲位後は父である霊元法皇と実権を競ったが、まもなく天然痘で崩御した。

主な出来事 即位（1687）改元「元禄」。柳沢吉保が側用人（そばようにん）に（1688）荻原重秀（おぎわらしげひで）が貨幣改鋳（1

695）赤穂浪士の討ち入り（1702）改元「宝永」（1704）富士山の宝永噴火（1707）京都大火で御所も焼ける（1708）徳川綱吉が死去し、家宣が将軍に（1709）**解説**　○「生類憐みの令」は最初の意図からはずれて暴走したので評判が悪いが、適切な貨幣改鋳や商工業の振興策もあって経済的には空前の繁栄期を迎えた。○嵐山の渡月橋（とげつきょう）がいまのような形になったのもこのころだが、桂昌院は江戸だけでなく関西の寺社に莫大な寄進をした。洛西の善峯寺（よしみねでら）はその代表だが、東大寺の大仏殿の再建は最大の事業だった。京都や奈良の隠れた恩人である。ただ、1708年には、京都で江戸時代になって最初の大火があって、御所も焼けてしまった。○後水尾上皇は、霊元帝の第一皇子の一の宮（済深〈さいしん〉法親王）を儲君に決めていたのだが、霊元帝はこれを嫌い、出家を命じた。幕府や左大臣・近衛基熙は反対したが、就任早々の綱吉は天皇との関係悪化を嫌いこれを承認した。ところが、一の宮の外祖父・小倉実起（さねおき）は厳しく抵抗したので追放された（小倉事件）**御名**　五宮（ごのみや）・朝仁（あさひと）親王。「東山」は泉涌寺の山号。**御陵**　京都市東山区今熊野泉山町の月輪陵（つきのわのみささぎ）

第一一四代
中御門《なかみかど》天皇
新井白石の進言で閑院宮が創設される

誕生・元禄14年（1701年）12月17日（父・東山天皇　母・櫛笥隆賀女新崇賢門院賀子）
践祚・宝永6年（1709年）6月21日（9歳　先代・父　東山天皇）
退位・享保20年（1735年）3月21日（35歳　次代・皇子　桜町天皇）
崩御・元文2年（1737年）4月11日（37歳）

東山天皇は父である霊元上皇の力を抑えるためにも早々に譲位して上皇となることを望み、第五皇子で八歳の長宮《ますのみや》を立太子し、翌年には帝位を譲った。

その直後に綱吉が薨去《こうきょ》して家宣《いえのぶ》が将軍になったので近衛基熙《もとひろ》の発言力が強まり、近衛前久《さきひさ》から百二十七年ぶりに公家出身の太政大臣となった。だが、翌年には東山上皇が崩御し、それ以降は、霊元上皇と近衛基熙の激しい対立が続いた。

近衛基熙は、再度、江戸に下向し、二年以上も神田御殿に滞在して、将軍の顧問のような立場にあった。当時は新井白石《あらいはくせき》が将軍側近として活躍しており、明晰な頭脳で基熙の助言をさばいていった。これに霊元上皇は怒り、下御霊神社《しもごりょう》に「私曲邪佞《しきょくじゃねい》の悪臣」である基熙を呪詛《じゅそ》する願文を自ら書いたほどだった。

だが、家宣はこの義父に心酔し、大奥もますます京都風となって、東山上皇の第六皇子である直仁親王に閑院宮《かんいんのみや》を創設してくれた。

さらに、意外な展開をみせたのは、霊元上皇が自らの第一三皇女である八十宮吉子《やそのみやよしこ》内親王を七代将軍・家継と婚約させたことだ。近衛基熙が将軍家に娘を送り込んで権勢をふるったのをみて、それなら、自分の娘を送り込めば幕府を取り込めると考えたらしい。

しかも、この計画を主導したのが、基熙の娘である天英院だったから話はややこしい。天英院は父親の思惑を離れて徳川家の権威向上のためにこの婚約を図ったらしいのだ。基熙の方は、そんな結婚は皇室の値打ちを下げると苦い顔をするしかなかった。

この結婚は家継が八歳で夭折したために実現しなかったが、吉子内親王は生涯三〇〇俵の手当をもらって「元婚約者」としての穏やかな人生を送った。

中御門天皇が即位したのは、六代将軍・家宣が将軍となったのと同じ年で、八代将軍・吉宗《よしむね》時代の前半から中盤まで在位した。

新井白石は外交政策でも、長崎貿易を縮小したほか、朝鮮との国交に当たって将軍に「日本国王」の肩書きを使ったりしたが、対馬藩の藩儒であった雨森芳洲《あめのもりほうしゅう》や林家《りんか》から皇室との関係でも疑義を呈され、吉宗の時代になると元に戻された。

中御門天皇は、あまり政治的な行動はなかったが、朝廷の古い儀式を研究し、とくに多くの節会《せちえ》の復興に力を尽くした。また、笛の名人であったという。天皇は二十七年も在位し、譲位の二年後に崩御した。

主な出来事 即位。閑院宮創立。善光寺本堂（１７１０）改元「正徳」（１７１１）家継将軍に（１７１３）吉子内親王降嫁勅許（１７１５）改元「享保」。吉宗将軍に。尾形光琳死去（１７１６）足高の制（１７２３）霊元法皇崩御（１７３２）**解説** ○元禄文化のもとでデザインが向上したおかげで、全国に呉服商が栄えた。伏見で大丸が古着屋として創業したのは１７１７年のことだ。○京都で「禁裏御用」「仙洞御所御用」の看板を掲げることが禁止された。○商人たちに自信も出てきて、京都では石田梅岩（いしだばいがん）が商人の活動を積極的に肯定する心学（しんがく）の塾を開いて多くの門人を集めた。○安南から象がやってきたので、「広南従四位白象」との称号を与えて参内させた。これを見て喜んだ天皇は、「時しあれは　人の国なる　けたものも　けふ九重に　みるがうれしさ」と詠んだ。○大坂で近松門左衛門が『国姓爺合戦』などで大当たりをとった。京都では菊市が人気を博し、江戸では霧島ツツジの栽培が盛んになるなど、花卉（かき）が人気を博した。○家継の死で秀忠の血筋は絶えたので、紀州藩主として実績を上げていた吉宗が将軍となり、享保の改革を行った。たしかに有能な政治家である吉宗のもとで、幕藩体制の箍の締め直しはそこそこ成功したが、米の生産に対する年貢を税収の基本とするのは変えないという発想に根本的な無理があった。また、大名の移封などを原則しない代わりに財政再建への協力を求める政策は、実質的な連邦国家への道を開いて、諸侯の自立性を高め、幕府への求心力を弱めた。人材登用を図るために職務在職中だけ加増する足高の制度を設けたが、世襲の幹部との不公平を際だたせ、賄賂など役得（フリンジベネフィット）追求に奉行たちを走らせた。**御名** 長宮（ますのみや）・慶仁（やすひと）親王。中御門は御所の待賢門（たいけんもん）の別名。**御陵** 京都市東山区今熊野泉山町の月輪陵（つきのわのみささぎ）

第一一五代

桜町《さくらまち》天皇

新嘗祭が復活し延喜・天暦の治以来の聖代といわれた

誕生・享保5年（1720年）1月1日（父・中御門天皇　母・近衛家熙女新中和門院尚子）
践祚・享保20年（1735年）3月21日（16歳　先代・父　中御門天皇）
退位・延享4年（1747年）5月2日（28歳　次代・皇子　桃園天皇）
崩御・寛延3年（1750年）4月23日（31歳）

幼少で即位する天皇が多かったこの時代にあって、桜町天皇は十六歳で登極した。また、生母である近衛尚子（新中和門院。死後に皇太后を追贈）も近衛家熙（基熙《もとひろ》の子）の娘で後水尾天皇の曾孫であり、加えて六代将軍・徳川家宣の猶子でもあった。だが、この生母は産後の肥立ちが悪く死去した。のちに御所を拡張するとき、天皇はこの母が住んだ奥御殿を改造することを拒んだという。

天皇の即位に際しては、東山天皇のときに簡略化して再興された大嘗祭《だいじょうさい》が本格的に行われた。また、将軍吉宗に支持されて、二百八十年ぶりに新嘗祭《にいなめさい》を、また、春日大社や宇佐八幡宮への奉幣使《ほうへいし》派遣も復活した。あるいは歌道にも優れていたことから、「延喜・天暦の治以来の聖代である」という評価もされたという。生まれが元日であることなどから、聖徳太子の再来ともいわれたそうだ。

二十八歳まで在位したのち譲位し、その三年後に脚気衝心《かっけしょうしん》で崩御した。治世は八代将軍吉宗の末期から九代将軍家重の初期だが、吉宗の大御所としての実権が維持されていた時代である。

このころ中宮、皇后などへの立后はあまりされず、天皇の正室というべき二条舎子《いえこ》（青綺門院《せいきもんいん》）も女御でしかなかった。だが、青綺門院はこののち幼帝や女帝が続くなかで皇室の要として重きをなした。彼女の母方の祖父は加賀の名君・前田綱紀《つなのり》である。

主な出来事　即位（1735）改元「元文」（1736）改元「寛保」（1741）改元「延享」（1744）吉宗隠退し家重、将軍に（1745）

解説　○相変わらず増収を図る幕府は、「百姓は菜種油と同じで絞れば絞るほどよく取れる」と豪語した勘定奉行・神尾春央が畿内の天領で検地をして強引な年貢取り立てをし、朝廷にまで不満が訴えられた。こうした行き詰まりのなかで吉宗は家重に将軍を譲り、大御所となった。○お茶の産地である宇治では、永谷宗円（ながたにそうえん）が煎茶を発明して、お茶の消費を伸ばした。○大坂では竹田出雲らによって人形浄瑠璃が確立され、『菅原伝授手習鑑』『義経千本桜』などが人気を博した。

御名　若宮（わかのみや）・昭仁（てるひと）親王。京都仙洞御所の正式名称「桜町殿」にちなむ。

御陵　京都市東山区今熊野泉山町の月輪陵（つきのわのみさざき）

第一一六代　桃園《ももぞの》天皇

竹内式部をめぐる宝暦事件が御所を震撼させる

誕生・寛保元年（1741年）2月29日（父・桜町天皇　母・姉小路実武女開明門院定子）
践祚・延享4年（1747年）5月2日（7歳　先代・父　桜町天皇）
崩御・宝暦12年（1762年）7月12日（22歳　次代・姉　後桜町天皇）

二条城の天守閣というのは、徳川家康が関ヶ原の戦いのあと再建した伏見城のものを移築したものだった。だが、これが落雷で炎上し、幕府支配のシンボルが京から消えた（一七五〇年）。桃園天皇の在位は九代将軍家重より二年遅れて始まり、二年のちに終わったから、ほぼ重なり合っていたといえる。最初の四年は大御所吉宗が在世していた。吉宗は上洛して朝幕関係を緊密化したいと考えていたと言われるが実現しなかった。

三代将軍家光以来、天皇と将軍が会ったことすらないというのは不自然であるし、さらに、経済や人口の重心が江戸前半には東日本に少し振れたものの、米中心経済の崩壊から徐々に西に移っていくなかで、西日本対策が重要であるというのは正しい認識であった。

本当は、このあたりの時代に、思い切って将軍が大坂に移ることでもすれば、公武合体といった方向に無理なく動いたようにも思えるのだが、大御所の上洛すら実現しなかったのである。

桃園天皇は桜町天皇のただ一人の皇子で、生母は姉小路家（閑院流三条家の分家）出身。七歳のときに即位した。一条富子を女御とし、後桃園天皇をもうけている。

この時代の最大の事件は、宝暦《ほうれき》事件である。竹内式部《たけのうちしきぶ》は越後の医者の子だが、公家の徳大寺家に仕え、垂加《すいか》神道を信奉していた。このころ、摂関家は幕府の意を反映するのみであるとの不満が若手公家の間で高まっていたが、竹内は彼らにこの新思想を講じた。さらに、天皇の側近だった徳大寺公城《きんむら》らは、天皇にこの思想を紹介し、やがて、式部自身が進講するようになった。

ところが、これを心配した天皇の養母である青綺門院や関白・一条道香《みちが》、近衛内前《うちさき》、鷹司輔《たかつかさすけ》平《ひら》らは京都所司代と組んで徳大寺らの追放に踏み切った。

この竹内式部らの思想がそれほど危険なものであったとは思えないが、摂家の人々は若手公家衆が若い天皇を取り込んで自分たちの基盤を揺るがすことを警戒したのである。江戸中期にあっては、五摂家が幕府に取り込まれて、朝廷を監視するというような形ができあがっていたのである。

この事件によって天皇は孤立し、摂家衆との関係修復も十分できないままに二十二歳で脚気衝心のために崩御した。

主な出来事 即位（1747）改元「寛延」（1748）桜町上皇崩御（1750）改元「宝暦」。徳川吉宗死去（1751）閑院宮家の五十宮が将軍世子・家治夫人に（1754）宝暦事件（1758）家治、将軍に。清水焼始まる（1760）家重死去（1761） **解説** ○家重の時代には、細川重賢（しげかた）を藩主とする熊本藩で「宝暦の改革」が進められたが、とくに、その藩校・時習館（じしゅうかん）は高い名声を獲得し、全国的な藩校設立ブームの嚆矢となった。○徳島藩の藍取引の規制など専売制度が幅広く行われる一方、それに対する反発も強まった。 **御名** 八穂宮（やほのみや）・茶地宮（さちのみや）・遐仁（とおひと）親王。「桃園」の語源は記録がない。 **御陵** 京都市東山区今熊野泉山町の月輪陵（つきのわのみささぎ）

第一一七代 後桜町《ごさくらまち》天皇

最後の女帝

誕生・元文5年（1740年）8月3日（父・桜町天皇　母・二条吉忠女青綺門院舎子）

践祚・宝暦12年（1762年）7月27日（23歳　先代・弟　桃園天皇）
退位・明和7年（1770年）11月24日（31歳　次代・甥　後桃園天皇）
崩御・文化10年（1813年）閏11月2日（74歳）

桜町天皇の皇女で、最後の女帝として、このところ注目されることが多い。母は青綺門院だが、上皇に近いような役割を担った母が手元に置いておきたいと考え、尼門跡などにしなかったのだろう。桃園天皇が崩御したとき、皇子・英仁《ひでひと》親王（後桃園天皇）は五歳で、それまでの前例では即位してもおかしくなかったが、宝暦事件のあとだっただけに、幼少の天皇は避けたかった。

表面上は、桃園天皇の遺詔があったということにして、幕府にも諮らずに決めた。久々の女帝だが、江戸時代になってから明正天皇の前例もあり、さほどの抵抗はなかった。大嘗祭《だいじょうさい》なども滞りなく行われた。

それなりの政治センスを持った母のもとで育てられただけに、天皇としても意見を言い、上皇になってからも光格天皇即位についての難しい状況を乗り切った。また、日記など多くの書かれたものが残っている。譲位後に漢学を学んだのは、女性の学問が盛んになってきた時代的背景もあってのことだろうか。

新嘗祭にも一度しか出ないとか、庭で行う四方拝《しほうはい》は出御しないなど、儀式への参加は省略されることが多く、その意味でも「つなぎ」としての即位だったことをうかがわせる。後桜町天皇の在位期間は、一〇代将軍家治時代の前半である。家治の側近といえば田沼意次《たぬまおきつぐ》だが、権勢が絶頂期に達するのは譲位後にあたる後半である。

主な出来事 即位(1763)改元「明和」(1764)明和事件(1767)『雨月物語』(1768) **解説** ○宝暦事件の続編として明和事件があった。上野国小幡藩の内紛から家老の吉田玄蕃(げんば)が私淑していた垂加神道と国学の師である山県大弐(やまがただいに)が死罪となり、そのあおりで伊勢に隠棲していた宝暦事件の竹内式部も八丈島に島流しになる途中で三宅島で病死した。○商品経済化が進むなかで、長州藩が撫育方(ぶいくかた)を創設して積極的に産業政策を進める体制を整えた。幕府は尼崎藩領だった神戸・西宮を天領にしたが、これは、灘の酒や菜種油の生産を奨励し、税収源とすることを狙ったものだった。○京都画壇では円山応挙(まるやまおうきょ)が活躍を始め、池大雅(いけのたいが)と与謝蕪村(よさぶそん)が「十便十宜画冊(じゅうべんじゅうぎがさつ)」を作成した。○松平不昧公(ふまいこう)(松江藩)が大名茶を確立する。 **御名** 以茶宮(いさのみや)・緋宮(あけのみや)・智子(としこ)内親王 **御陵** 京都市東山区今熊野泉山町の月輪陵(つきのわのみささぎ)

第一一八代 後桃園《ごももぞの》天皇

「明和九年」は「迷惑」なので改元

誕生・宝暦8年(1758年)7月2日(父・桃園天皇　母・一条兼香女恭礼門院富子)
践祚・明和7年(1770年)11月24日(13歳　先代・伯母　後桜町天皇)
崩御・安永8年(1779年)10月29日(22歳　次代・光格天皇)

「明和九年」には、運悪く江戸の「行人坂《ぎょうにんざか》の大火」、桜島の大爆発、各地での洪水など災害が多かったので、「迷惑」に通じるとして安永に改元する羽目になった。

後桃園天皇は桃園天皇の皇子であり、十一歳で立太子し、十三歳で即位した。近衛維子《これこ》が女御となり、その間にもうけた欣子《よしこ》内親王は、光格天皇の中宮(新清和門院)となった。

この時代は一〇代将軍家治の後半であり、田沼意次が老中として思うがままの政治を行ったときである。米沢藩では、上杉鷹山《うえすぎようざん》が改革を本格化させ、財政改革、人材登用、藩校の設立、特産品の開発と専売といった政策がワンセットで行われた。

京都では御所への物品納入をめぐる横流しや賄賂が発覚し、天皇が寛大な措置を求めたにもかかわらず、二名が死罪となるなど大粛正が行われ、所司代が経理面から監視を強めることになった。

天皇はどちらかといえば虚弱で、二十二歳で崩御し、皇子がなかったので、皇統は断絶の危機を迎えた。

主な出来事 即位（1771）改元「安永」。田沼意次が老中に（1772）

解説 ○比較的に自由な時代雰囲気のなかで、前野良沢や杉田玄白が『解体新書』の翻訳を完成させ、平賀源内（ひらがげんない）が「エレキテル」の実験を公開するなど科学的精神の発露がみられた。また、西洋画の技法を採り入れた蘭画が人気を博した。 **御名** 若宮（わかのみや）・英仁（ひでひと）親王 **御陵** 京都市東山区今熊野泉山町の月輪陵（つきのわのみささぎ）

コラム：日本の仏教②

臨済宗の開祖とされる栄西は、備中吉備津宮の神官出身だが、宋から禅を伝え、北条政子や頼家の支援を得て建仁寺を創立した。

大陸文明は、遣唐使の廃止以降、大がかりな輸入が行われなかった。宋の時代は軍事的にはともかく、経済や文化には学ぶべきものが多い中国史上で最高の時代とも言えたのに、平氏の没落とか政権の中心が関東に移ったこともあり、十分に紹介されていなかった。それを、室町時代になると宋・元・明の文化を、禅を通じてまとめて受け入れようとしたのである。

京都や鎌倉の五山や全国各地に設けられた安国寺は明治の文明開化の時代における帝国大学と鹿鳴館をあわせたような役割を担った。

このときに、朱子学も禅の体系の処世術部門のようなかたちで入ってきたが、本格的普及は、文禄・慶長の役で捕虜となった李氏朝鮮の高級官僚・姜沆に藤原惺窩が学んで、弟子の林羅山と日本の朱子学を確立してからである。

江戸時代には禅僧にかわって儒者が、大名たちの家庭教師兼秘書をつとめるようになり、後期になっていわゆる藩校もできたが、ついに、日本は上級武士以外にも開かれた学校制度を持たないまま明治維新を迎えることになった。江戸時代の日本が教育先進国だったなどということはありえないことだ。

もうひとつの禅宗である曹洞宗の開祖である道元は、鎌倉初期に京都政界で最高権力者だった源通親の子である（孫という説もある）。

臨済宗で座禅を組むときは、いわゆる禅問答の回答を探すような思索をする。それに対して、曹洞宗では「只管打坐」といって、ひたすら座禅を組めば自ずから悟りは開けるとした。

道元は祈禱や祭礼を、さらには、礼仏、読経などにも否定的だったたし、出家者重視で一般への布教には熱心でなかったが、孫弟子で総持寺の開基で知られる瑩山紹瑾は、祈禱や祭礼を積極的に採り入れ、葬儀についても、現在の仏式の葬式の形は曹洞宗が編み出したものといわれるほどだ。

こうした修行の厳しさや質素さ、土俗信仰や祈禱や葬式などを大事にする一方で、知的な学習はあまり問わないところが、地方の武士に受けて勢力を拡大した。

江戸時代は日本の歴史のなかでも、もっとも信教の自由が圧迫された時代だったが、経済的な面だけいえば、宗教団体にとってはこんな安楽な時代はなかった。

徳川幕府は、仏教からも牙を抜くことに全力を挙げた。「檀家制度」では、国民は必ずどこかの寺院に所属し、人別（戸籍）を寺で登録することになった。

新たな顧客獲得が禁じられているし、逆に、客を取られる心配もないので、いかに多く金を出させるかが関心事となり、江戸時代以前は一周忌の法事を行うくらいだったのが、どんどん何回忌とかが増えていき、「村八分」

などの人権侵害行為にも関わった。

　戦国時代に蓮如上人によって民衆のための宗教として生まれ変わり権力と戦ったはずの浄土真宗さえ見る影もなく、本願寺は内紛のあげく東西に分裂し、東本願寺は、徳川幕府の支援に依存した。

　江戸時代には藩ごとにもさまざまな形での宗教弾圧が行われ、薩摩藩では浄土真宗が禁止され、保科正之や池田光政のような儒教に凝った殿様の領国では多くの寺院が破却された。

　明治四年（１８７１年）に、寺請制度は廃止されて戸籍制度が始まり、宗教の変更も自由になった。東西浄土真宗などは近代宗教としてある程度の成長を見せ、日蓮宗からは創価学会をはじめ、現代人の求めるものに対応した、多くの新しい宗教が生まれて今日に至っているが、それでも、伝統仏教は、「葬式仏教」としてのメリットに甘えたままである。

第一一九代

光格《こうかく》天皇

近代皇室の礎を築いた英主

誕生・明和8年（1771年）8月15日（父・閑院宮典仁親王　母・医師岩室常右衛門女磐代）
践祚・安永8年（1779年）11月25日（9歳　先代・後桃園天皇）
退位・文化14年（1817年）3月22日（47歳　次代・皇子　仁孝天皇）
崩御・天保11年（1840年）11月19日（70歳）

江戸時代には皇位のほか、たまたま空席となった宮家とか五摂家を継がない皇子たちは、有力寺院の門跡となるのが通例だった。結婚できないという不幸はあったが、生活についていえば豊かで気楽だったからそう嫌がられたわけではない（当然のことながら、どこの門跡かによって大きな待遇差はあったので、運不運が大きかったのは確かである）。

だが、この制度のために、多くの男子をもうけた天皇が多かったにもかかわらず、何代か子供の少ない天皇が続くと皇統は断絶の危機を迎えた。

中御門天皇には六人の皇子と八人の皇女がいたが、桜町天皇以外は出家し、桜町天皇は桃園天皇のみが皇子、桃園天皇には後桃園天皇のほかに貞行《さだもち》親王がいたが伏見宮を継いだあと夭折、後桃園天皇には崩御の年に生まれた欣子《よしこ》内親王がいただけだった。

そこで、欣子内親王と将来において娶《めあわ》すことを前提に人選が進められ、年齢が近い伏見宮嘉《か》禰《ね》（貞敬《さだよし》）親王と閑院宮祐宮《さちのみや》家の師仁親王の二人が候補となった。後桜町上皇と近衛前久は前者を推したが、関白・九条尚実《なおざね》らが後者を推して十日間に及ぶ議論の末に勝利を収めた。

ここで注目されるのは、継承候補だった二人は、男系で光格天皇が御桃園天皇と八親等、貞敬親王が二十五親等離れていたことだ。二十五親等離れていても問題ないという判断がされていたし、その後も幕末から明治にかけても伏見宮系の継承はあり得ることと認識されてきたわけで、遠すぎるからダメだというのは、伝統的な認識を覆す平成以降の新しい意見だということになる（ちなみに徳仁《なるひと》新陛下と旧宮家の当主はだいたい三十七親等離れている）。

天皇の生母・磐代《いわしろ》は倉吉を領した荒尾家（鳥取藩の家老）の家臣・岩室《いわむろ》常右衛門の娘である。九歳のときに、医師となった父と上京し、櫛笥家を経て中御門天皇皇女成子内親王に仕えた。内親王は閑院宮典仁《すけひと》親王と結婚したが子女がなく、磐代が家女房となり師仁《もろひと》親王を生んだ。徳仁新陛下は、このとき以来の、庶民の娘を生母とする天皇ということになる。

光格天皇は三十八年間も皇位にあった。即位したときには、まだ一〇代将軍・家治の時代だったが、すぐに一一代将軍・家斉に代わり、家斉は五十年も将軍だったので、その前半が光格天皇の在位期間ということになる。だが、天皇は当時としては長寿である七十歳まで生きたので、崩御したのは家斉の死の一年前である。

また、幕閣の実力者は、即位当時は田沼意次であるが、やがて寛政の改革で松平定信が老中となり、辞任後も、「寛政の遺老」と呼ばれる人たちが政権を握っていた。

松平定信は、勤王の志は篤く、将軍家斉にも「六十余州は朝廷からの預かり物であり、ゆめゆめ自分のものであるなどと考えてはいけません」と諭していたくらいである。

ところが、なにしろ堅物である。家斉が父である一橋治済《はるさだ》を西ノ丸に迎えて大御所扱いすることにも頑強に反対したが、光格天皇が父である典仁親王に太上《だじょう》天皇の称号を与えようとしたのにも反対して紛争となった。最後は、後桜町上皇に天皇が「皇室の長久こそ孝行だ」となだめられて収まった。

京都御所が焼失したので、聖護院を仮御所としたが、その再建に当たって、古式に則ったものにしたいと主張した。それまでの御所は、書院造りの影響が強い折衷的なものだった（京都周辺の寺院に残る御所から移築した建物からも明らかだ）。ところが、このころになると、平安時代の建築の研究が進んでいたので、寝殿造りのものにしたいということになったのである。

この提案には、松平定信も動かされ、規模は縮小されたものの、紫宸殿や清涼殿については、だいたい、復元構想が実現したのである(今日的な視点からはなお折衷的な様式ともいえるが)。現在の京都御所は、このときのものが安政年間に焼けたあと、また、同様に再建したものだ。

ところで、田沼意次の失脚の原因のひとつである天明の大飢饉が起こったのは、アイスランドのラキ火山や浅間山、岩木山の噴火などに起因する世界的な天候不順のためとされ、それはフランス革命の原因ともいわれる。日本でも東北を中心に空前の飢饉となったが、京都ではフランス革命の二年前の一七八七年に御所に救済を願う群衆が集まり「御所千度参り」を始め、その数は七万人にも上ったという。これに動かされて朝廷から所司代に救済の申し入れをしたが、このことをもって、朝廷が政治的な意見を表明するきっかけとなった。

主な出来事　即位（1780）改元「天明」（1781）天明の大飢饉（1783）田沼意次失脚。林子平『海国兵談』。最上徳内が千島探検（1786）家斉将軍就任。定信老中に（1787）改元「寛政」。尊号問題（1789）京都御所落成（1790）ラクスマン根室に（1792）改元「享和」（1801）改元「文化」。朝鮮使節を対馬で応接。レザノフ長崎に（1804）間宮林蔵が樺太探検。フェートン号事件（1808）後桜町上皇崩御（1813）**解説**　〇閑院宮初代の直仁親王の子供には、光格天皇の父である典仁親王のほか、鷹司輔平や一〇代将軍家治の御台所となった八千代宮などがいる。鷹司輔平の子孫には幕末の実力者であった鷹司政通や首相となった西園寺公望もいる。〇ロシア船の来航が始まり、田沼意次は蝦夷地を開拓して対抗しようとしたが、松平定信は未開地のままにしておいた方が安心とした。英国船やフランス船も現れたが、定信は鎖国は「祖法」であるから変更の余地はないと、かたくなな態度に終始し、『海国兵談』を著した林子平を罰し、蘭学も役に立たないと排斥するなど、ひたすら現実から目を背けた（日本人と西洋人の身体は違うと言って医学まで否定した！）。〇朝鮮通信使も、知識人が競って教えを請うのは教育水準の低さをさらけ出して不名誉だなどとして対馬で応接し追い返すことにした。〇同じころ、薩摩では将軍家斉の正室・茂姫（しげひめ）の父でもある島津重豪（しげひで）が、積極的な近代化を進め、自ら中国語やオランダ語を学び、シーボルトとも交流するなどして、着実な近代化に成功しつつあった。徳川が泰平の眠りについているとき、薩摩は世界史とともに歩み始めたのだ。〇松平定信は湯島聖堂を改革して昌平坂学問所とし、全国的な藩校設立ブームを起こした。藩校における教育は儒学のみといっても過言ではなく実用的でなかったが、上級武士たちの国語能力向上にだけは役立った。〇本居宣長が『古事記伝』を完成させ（1798年）、蒲生君平（がもうくんぺい）による山陵調査が進んだのもこのころである。〇全国的な旅行ブームのなかで十返舎一九の『東海道中膝栗毛』や『京都名所図会』が大ベストセラーとなり、金閣寺は拝観料を取っていたと記録にある。〇与謝蕪村、円山応挙、伊藤若冲（じゃくちゅう）、呉春（ごしゅん）などの没年はいずれも、光格天皇の時代であった。

御名　祐宮（さちのみや）・師仁（もろひと）（兼仁〈ともひと〉）親王

御陵　京都市東山区今熊野泉山町の後月輪陵（のちのつきのわのみささぎ）

第一二〇代 仁孝天皇《にんこうてんのう》

学習院の創始者

誕生・寛政12年（1800年）2月21日（父・光格天皇　母・勧修寺経逸女東京極院婧子）
践祚・文化14年（1817年）3月22日（18歳　先代・父　光格天皇）
崩御・弘化3年（1846年）1月26日（47歳　次代・皇子　孝明天皇）

「諡号《しごう》」と「追号《ついごう》」はしばしば混同されるが、諡号が生前の行いの評価をふまえて明法博士などによって選定されたものであるのに対して、追号は通称としての意味しかない。御所のあった場所などをとったり、敬愛する過去の天皇に「後」をつける加後号だったりする。

諡号の場合は、「仁孝」のように好字があてられる。「徳」がつくのは、崇徳、安徳、順徳のように配流地で亡くなられた天皇の怨霊を慰めるためのものである。諡号を贈る習慣は平安時代を最後に途絶えていたのだが、仁孝天皇の時に先帝である光格天皇のために復活された。九百五十年ぶりのことであった。

光格天皇には多くの皇子がいたが、成長したのは第六皇子であった恵仁《あやひと》親王のみであったので、十八歳のときに譲位を受けた。父帝が長生きし、治世のほとんどの時期において後見したので、政治的に難しい状況はあまりなかった。

孝明天皇の母となったのは、正親町《おおぎまち》（西園寺《さいおんじ》家の分家である洞院《とういん》家のまた分家）雅子《なおこ》である。

有名な和宮は、橋本（西園寺分家）経子が天皇の崩御後に生んだ子である。

学問好きだった仁孝天皇は、公家の子弟の教育機関を設けようとし、一八四五年に建設を始めた。開設は崩御後になってしまったが、これが、「学習院」の始まりである。

仁孝天皇の時代は、将軍でいえば最初の約二十年は家斉で、一二代家慶に代わったあと、家斉が大御所として実権を持った時期が五年、家慶の親政期が五年ということになる。

家斉の時代は老中にも優れた人材がおらず、まさに失われた五十年であった。反面、何もしないがゆえに天下は安定し、江戸の町には軽く通俗的だが粋で大衆にも分かりやすい化政文化が栄えた（現代の東京文化の原点と言えるかもしれない）。

だが、風紀の乱れは宗教界にまで及び、京都でも妙心寺、知恩院、南禅寺、本願寺などの僧が逮捕されて三条大橋で晒され流罪にされた。こうした風潮を苦々しく思っていた家慶は、家斉が薨去するや水野忠邦を登用して、「天保の改革」を行わせた。

水野による経済改革は現実離れして失敗したが、国防については近代的な感覚をもっていた。アヘン戦争が起こり、外国船の来航が盛んになるなかで水野忠邦は、開国が不可避であると主張したが、阿部正弘を筆頭とする事なかれ主義の保守派老中に妨害され、せっかくのオランダ王による開国勧告も聞き流してしまった。

主な出来事　即位（1817）改元「文政」（1818）伊能忠敬（いのうただたか）の地図完成（1821）異国船打払令（1825）徳川家

斉太政大臣に。『日本外史』を松平定信に進呈。シーボルト開塾（1827）改元「天保」。お陰参り（1830）大塩平八郎の乱。家慶将軍に（1837）天理教始まる（1838）家斉死去。天保の改革始まる（1841）水野忠邦失脚（1843）改元「弘化」。フランス船琉球に（1844）**解説** ○女御だった鷹司繋子（新皇嘉門院）は若くして死んだが、1824年に皇后の称号を遺贈された。後宇多天皇の奨子内親王に贈られて以来、500年ぶりの皇后であった。○政治体制や外交については、近代的な考えの持ち主だった。もし幕藩体制を存続させようとすれば、大名の再配置や領地の交換によって、割れたビスケットのように細切れになった幕府、旗本、大名の領地を整理することが不可欠だった。このために、庄内藩・川越藩・長岡藩の領地を三角トレードしようとしたのだが、譜代筆頭庄内藩の猛反対でつぶれ、大きな大名の領地は不可侵に近いことが確認されてしまった。また、江戸と大坂周辺を天領にすべく領地の交換を提案したが、次席老中であった土井利位が自藩の利益にならないので反対してこれも失敗した。いずれも幕府を支えるべき人々によるオウンゴール（自殺点）のようなものだ。○天保年間あたりになると、寺子屋が多くなった。欧米では近代的な学校制度ができあがりつつあるころだから、遅れは明白だが、明治になって近代的な教育制度が輸入される下地にはなった。○大名や武士で優れた学識を持った者も出てきたが、明治天皇の曾祖父にあたる平戸藩主・松浦静山（まつらせいざん）は1820年からあしかけ21年間にもわたって『甲子夜話（かっしやわ）』というすぐれたエッセイを書き続けた（中山忠能（なかやまただやす）夫人は静山の娘）。○京都上京に市議会の前身というべき大仲という組織が認められた。○四三〇万人が参加したというお蔭参り、島原の乱からはじめての幕府への挑戦となった大塩平八郎の乱、突然に京の町で市民が仮装して踊り狂った豊年踊りなど、着実に幕末の動乱の足音は聞こえてきた。**御名** 寛宮（ゆたのみや）・恵仁（あやひと）親王 **御陵** 京都市東山区今熊野泉山町の後月輪陵（のちのつきのわのみささぎ）

第一二一代

孝明天皇《こうめい》

攘夷を主張し政局を動かす

誕生・天保2年（1831年）6月14日（父・仁孝天皇　母・正親町実光女新待賢門院雅子）
践祚・弘化3年（1846年）2月13日（16歳　先代・父　仁孝天皇）
崩御・慶応2年（1866年）12月25日（36歳　次代・皇子　明治天皇）

『旧皇族が語る天皇の日本史』（竹田恒泰・PHP新書）に、「孝明天皇の崩御がもう少しでも前後していたら、おそらく今の日本はない」「崩御がより早ければ、倒幕の尊攘派《そんじょうは》が育つことはなく、もし崩御がより遅ければ、天皇親政による政府構想は成立するはずもない」とあるが、それほどまでに、孝明天皇は幕末の激動期にみずからの意見を言い、行動した天皇だった。

孝明天皇が即位したのは十六歳のときである。身体は壮健で、よく学問をし、健啖家《けんたんか》で酒も好んだという。

践祚《せんそ》した弘化年間にはすでに異国船来航が相次いでおり、即位の年に海防の強化と情勢報告を要求する勅書を幕府に出した。このころ、朝廷では鷹司政通《たかつかさまさみち》という大実力者がいた。その祖父は閑院宮《かんいんのみや》家からの養子であるから、仁孝天皇の又従兄弟《またいとこ》である。「気迫雄渾《きはくゆうこん》」「容貌魁偉《ようぼうかいい》」で、一八五六年まで三十四年も関白をつとめ、しかも、正室が水戸の徳川斉昭《なりあき》の妹であることから、幕府の内情や異国船についての情報にも精通していた。

孝明天皇はこの人物を大の苦手とした。何か言えば何倍も言い返されて論破されるのが常だった。鷹司邸の向かいに住む九条尚忠《くじょうひさただ》に、一人で政通と応対するのは嫌だから、「政通が屋敷を出たらすぐに御所に来て同席してくれ」と頼んでいるくらいである。こんなふうだから、条約勅許《ちょっきょ》問題で決別するまでは、朝廷の主導権はこの政通がとっていた。

この鷹司政通は開国論者で、「ペリーの国書は穏当かつ仁愛に満ちたものだし、近来の武士は怠惰でとても外国にかないそうもない。往古は諸外国と貿易をしており、貿易を始めるのはかまわない」といった物わかりのよさだった。

それもあって、和親条約締結の事後承認を求められたときも、「やむなし」で済んだ。ただ、このときは限られた公卿の意見しか聞かなかったが、公家たちのなかにも異論はあった。そして、家定《いえさだ》（篤姫《あつひめ》の夫）への将軍宣下《せんげ》のために江戸に下向した三条実万《さねつむ》に対して老中・阿部正弘《あべまさひろ》は、「朝廷から意見があれば遠慮なく言っていただきたいし、ご意向に則って対処したい」と不用意な発言をしていた。

安政五年（一八五八年）、幕府は日米修好通商条約締結の可否を諸大名に諮《はか》ったところ、勅許を求めてはという意見が出たので、老中・堀田政睦《ほったまさよし》が勅許を得るべく京都にやってきた。ここで天皇は、開国派の鷹司政通を封じるために現任の公卿全員の意見を求めた。

関白・九条尚忠は幕府に説得されて「幕府一任」でとりまとめようとしたのだが、公家衆が連名で反対論を唱えるなど騒然としたなかで、鷹司政通が天皇と歩調をそろえたので、「諸大名の意見を朝廷としても聞きたい」という事実上の拒否回答を行った（このときの公家衆の動きの黒幕が天皇の側近だった岩倉具視《いわくらともみ》だといわれる）。

これで面目丸つぶれになった堀田は罷免《ひめん》され、井伊直弼《いいなおすけ》が大老となって無断調印につっ走る。天皇は譲位を口にし、関白にも相談せずに徳川斉昭を通じて諸侯に「密勅」を送り、条約に朝廷は反対であることを伝えた。ところが、これをクーデターとみた井伊大老は「安政の大獄《あんせいのたいごく》」を行い、「承久の先例」まで口にするが、反発した水戸藩関係者らによって暗殺された。

だが、両派の間で妥協が成立し、「和宮降嫁《かずのみやこうか》」と「将来の攘夷決行」のワンセットで合意に達する。しかし、京都では尊攘派によるテロが始まり、天皇は不安になる。そこへ、島津久光《しまづひさみつ》が上洛し、「幕政改革」と「過激派取り締まり」を献策し、あわせて寺田屋事件で藩内過激派を討ち取ったところ天皇は大喜びし、勅使・大原重徳《おおはらしげとみ》に久光を同行させて江戸に下向させ、ほぼ全面的に要求を呑ませた。

朝廷でも尊攘派《そんじょうは》が復権し、新たに設けられた国事御用掛書記といった正式の機関にも入り、一方、岩倉具視など公武合体に理解を示すグループはテロを恐れて身を引いた。このように、攘夷という自らの意向を実現するために尊攘派を助け登用もして利用したのは孝明天皇自身なのだが、それを制御できなくなったのである。

文久三年（一八六三年）には将軍家茂《いえもち》が家光以来二百三十年ぶりの上洛を行ったが、朝廷では巧みに将軍が天皇の臣下であることを演出し、将軍の権威は地に墜ちた。しかも、幕府は攘夷実行の約束をしたものの、実際には実行するつもりはなかったのだが、長州藩は単独で本当に幕府の命令通り下関で外国船砲撃を実行し発言力を強めた。

ところが尊攘派は朝廷を牛耳り、大和親征などを企図し、次々と天皇の名による勅命を出し始めた。天皇は内心反対だったが、つねに「ふんふん」（天皇自身の表現）と同意した。鷹司政通との場合でもそうだが、天皇は強く迫られると、その場で強く抑え込んだり、先延ばしにしたりするのが苦手で、同意してしまう傾向があり、それを知る周囲もあえて強い言葉で天皇に接するのが常だったようだ。

いったん承知はしたものの後悔した天皇は、「八月十八日の政変」で長州藩と三条実美《さんじょうさねとみ》らの尊攘派を追放した。さらに、「禁門の変」では、会津に加えて、一橋慶喜《ひとつばしよしのぶ》や薩摩も天皇の意向に沿って長州などを退けた。

その後、中川宮《なかがわのみや》（青蓮院宮《しょうれんいんのみや》）、松平春嶽《しゅんがく》、島津久光、山内容堂《やまうちようどう》らも加わって協議したが、慶喜が薩摩の突出を抑えようとしたので久光は帰国し、一歩引いた立場になる。そして、慶喜や会津藩主・松平容保《かたもり》が天皇の直接の信任を得て政権を壟断《ろうだん》した。

この体制のもとで、天皇は条約を勅許し、無謀な攘夷には賛成しないという立場に転換したが、この結果、天皇は朝廷の内外において尊攘派の信頼と影響力を失ってしまった。

幕府は第一次長州征伐を開始するが、薩摩など雄藩は幕府が強くなりすぎることを警戒したので、ゆるやかな講和条件で講和になった。これに幕府は反発して第二次征伐を起こすが、このころには、密かに薩長同盟が成立しており、敗報が続くなか、家茂は大坂城で病死した。

慶喜は孝明天皇にも支持されて自ら出征しようとするが、小倉城が落ちたのを聞いて取りやめたので、天皇の石清水八幡宮などへの戦勝祈願はばつの悪いものになってしまった。

将軍となった慶喜は、薩摩とともに対長州融和路線に傾き、会津は孤立する。それまで、新撰組などを使って当時の法意識からいっても疑問の多い荒っぽい勤王派取り締まりをしてきたことから立場がなくなってしまったのである。

こうして、攘夷を放棄する一方で、嫌っていた過激な尊攘派の復帰が不可避になり、信頼していた会津は孤立するという状況のなかで孝明天皇は崩御した。

孝明天皇について惜しまれるのは、「側近」「腹心」といいうる人物の不在である。天皇はそれぞれの場面で、自分の意見を言うのだが、しばしば極端で現実性がなかった。そうしたとき、公家社会では鷹司政通や尊攘派の公家のように天皇を論破してして黙らせる人が多かった。

一方、松平容保は京都守護職《きょうとしゅごしょく》という幕府から派遣されたお目付役だというのに、天皇の非現実的な意向に沿いすぎてかえって状況を複雑化した。容保は孝明天皇に対するイエスマンではあるが、忠臣ではなかったし、幕府にとっては役割を忘れた裏切り者だった。本当に天皇に惚れ込み、面子《メンツ》は立てつつも、その場に応じて必要な軌道修正へ誘導する腹心に欠けていたことが惜しまれる。いるとすれば岩倉具視なのだが、早々に追放されていた。

とはいえ、孝明天皇の積極的な行動が朝廷への求心力を強め、明治維新への道を開いたことは誰にも否定できないだろう。

また、天皇がなお存命であれば維新はなかったのかといえば、そうとも言い切れない。痘瘡《とうそう》で崩御したのが、まさに、慶喜が大政奉還《たいせいほうかん》路線に転換していく兆候が見えだすなど大きな転換点にあったときであり、あまりにもタイミングがよすぎる死には（病気の記録は残っており真面目に議論するようなものでないが）毒殺説もあるほどだ。

だが、私は孝明天皇がなお存命だった場合に、どういう立場をとったかはわからない。たしかに、慶喜が頼みとする天皇の死で立場を弱くしたのは事実だが、かといって、孝明天皇が健在だったら、慶喜が天下の支持を得たかというと、とうていそうは思えない。

そのとき、孝明天皇が幕府にいつまでも頼ろうとしたとも思えない。むしろ、孝明天皇なりに岩倉具視あたりの知恵を借りて朝廷を中心とした政治に復帰するしかないと決断されたのではなかろうか。

主な出来事 即位（1847）改元「嘉永」（1848）ペリー来航（1853）改元「安政」（1854）井伊直弼大老に。日米修好通商条約。安政の大獄（1858）改元「万延」。桜田門外の変（1860）改元「文久」（1861）島津久光東下と幕政改革（1862）八月十八日の政変（1863）改元「元治」。禁門の変（1864）改元「慶応」。長州征伐。条約勅許（1865） **解説** ○海防の情勢報告要求の勅書は、文化年間に幕府から蝦夷地（えぞち）へのロシア船来航を知らせたことがあるので、その前例によることを論拠にした。さらに、石清水八幡宮で「異国船が来たら風波を起こして太平を守ってほしい」という「辞別（ことわく。特別に神に申し上げること）」を読み上げさせた。ペリー来航の3年前には、「万民安楽　宝祚（ほうそ）長久の御いのり」を七社七寺にさせ、幕府にたびたび海防を厳重にするようにと申し入れた。七社は伊勢、石清水、賀茂、松尾、平野、稲荷、春日。七寺は仁和寺、東大寺、興福寺、延暦寺、園城寺（おんじょうじ）、東寺、広隆寺。○文久2年の島津久光東下は普通にいわれているよりはるかに重要な出来事である。これによって、薩摩の意向を無視しては何事も決められなくなり、参勤交代や大名家族の江戸住まいも事実上、終わった。幕府を中心にした中央集権体制の構築はこのときに不可能になったのだ。 **御名** 統仁（おさひと）親王。幼称は熙宮（ひろのみや）。九条夙子（くじょうあさこ）（英照〈えいしょう〉皇太后）との間には皇女のみ。 **御陵** 京都市東山区今熊野泉山町の後月輪東山陵（のちのつきのわのひがしやまのみささぎ）

コラム：平安京と京都を歩く

平安京と現在の京都市街地を比べると、だいぶ、北東へ移動している。南東部は湿気の多い土地が多かったので、高燥な北東部に生活の場が移っていったのである。御所も鎌倉時代から平安京大内裏を捨てて、平安京の北東の隅に当たる現在の京都御苑に移っている。

それでは、本来の平安京はどの範囲かといえば、都の東北の隅は、いまの京都御所のなか、西北は御室《おむろ》小学校のあたり、東南は福稲柿本町という九条通の鴨川付近、西南は吉祥院堤外町で桂川の東側河川敷である。

現在の京都駅前から北に延びる通りは烏丸通だが、かつての朱雀大路はいまの千本通である。そして、大極殿があったのは、石碑は少し北に建っているが、本来は、千本丸太町の交差点の真ん中である。

大路の間隔は、たとえば、三条通と四条通の間隔は五五〇メートルでこれが原則だが、例外もある。まず、一条通と二条通の間はその二倍半である。というのは、一条通は大内裏の北側、二条通は南側にあって、普通より幅が広いのである。

もうひとつの例外は、五条通である。五条大橋に弁慶と牛若丸の銅像があるが、実は、二人が戦ったのは二つ北の通りであるいまの松原通である。これが本来の五条通で、この道をまっすぐ東山に登っていくと清水寺がある。

五条通が引っ越したのは、豊臣秀吉が大仏をつくってからだが、いまでは、これが、東京からの国道一号線や山陰からの九号線の入り口になっている。

さらに、この大路に囲まれた街区は南北に四等分されていた。京都の通りの名前を読み込んだ歌で「姉さん六角蛸錦」とかいうが、これは、姉小路・三条・六角・蛸薬師・錦小路通が一三〇メートル強の間隔で続くことを意味する。

だが、正方形の区画だと、どうしても、真ん中に空閑地ができてしまう。それが田畑などになっていたのだが、これを無駄と考えたのが豊臣秀吉で、南北の通りをそれぞれの区画に一本ずつ増やして、原則、七〇メートル間隔にした。そして、東西七〇メートル間隔の半分ずつの家の玄関を両側につくつて、長さが三五メートルだが軒口が狭い鰻の寝床ができあがったのである。さらに、御土居という土塁と空堀で左京とその北部を囲い込み、また、市内の寺をいわゆる寺町や寺之内などに集めた。

御所（内裏）は、はじめは大内裏のなかにあったが、火事などで貴族の館などを里内裏として使うようになり、南北朝時代からは現在の京都御所（土御門殿）に定着した。その周囲には公家の邸宅が密集しており、現在のような広々とした空間は明治になって、公家の屋敷を撤去し、即位礼の際に多人数が集まれるようにした結果生まれたものである。京都迎賓館を造営するときに反対運動があったが、現状は歴史的景観から大きく外れたものであって、守る理由がない。御所でも城跡でも樹木が多く生えているのは本来の姿でない。

◎平安京と里内裏

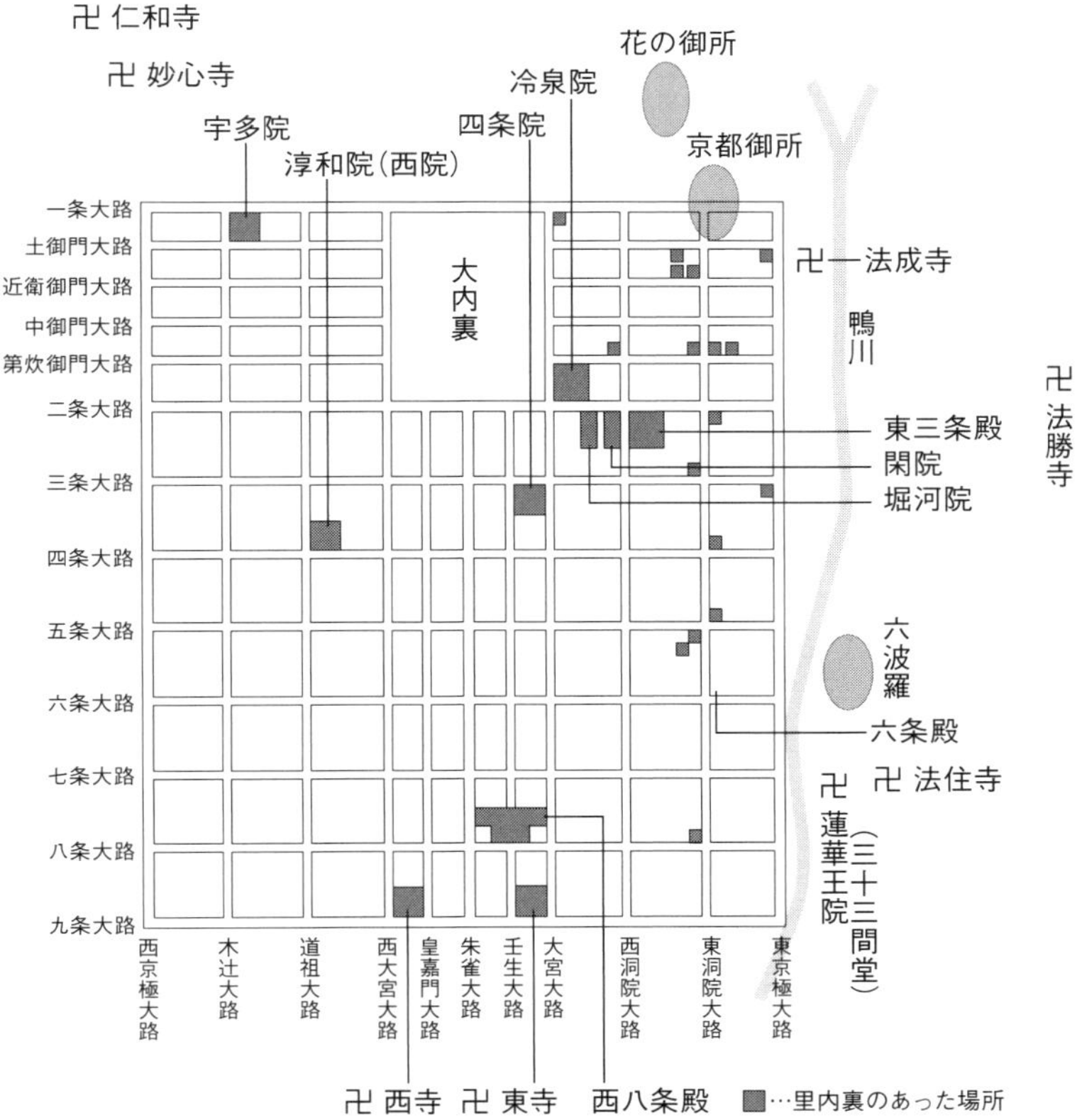

卍 仁和寺
卍 妙心寺
宇多院
淳和院（西院）
四条院
冷泉院
花の御所
京都御所
卍一法成寺
鴨川
卍 法勝寺
大内裏
東三条殿
閑院
堀河院
六波羅
六条殿
卍 法住寺
卍 蓮華王院（三十三間堂）
一条大路
土御門大路
近衛御門大路
中御門大路
第炊御門大路
二条大路
三条大路
四条大路
五条大路
六条大路
七条大路
八条大路
九条大路
西京極大路
木辻大路
道祖大路
西大宮大路
皇嘉門大路
朱雀大路
壬生大路
大宮大路
西洞院大路
東洞院大路
東京極大路
卍 西寺
卍 東寺
西八条殿
■…里内裏のあった場所

◎御土居と豊臣時代の京都

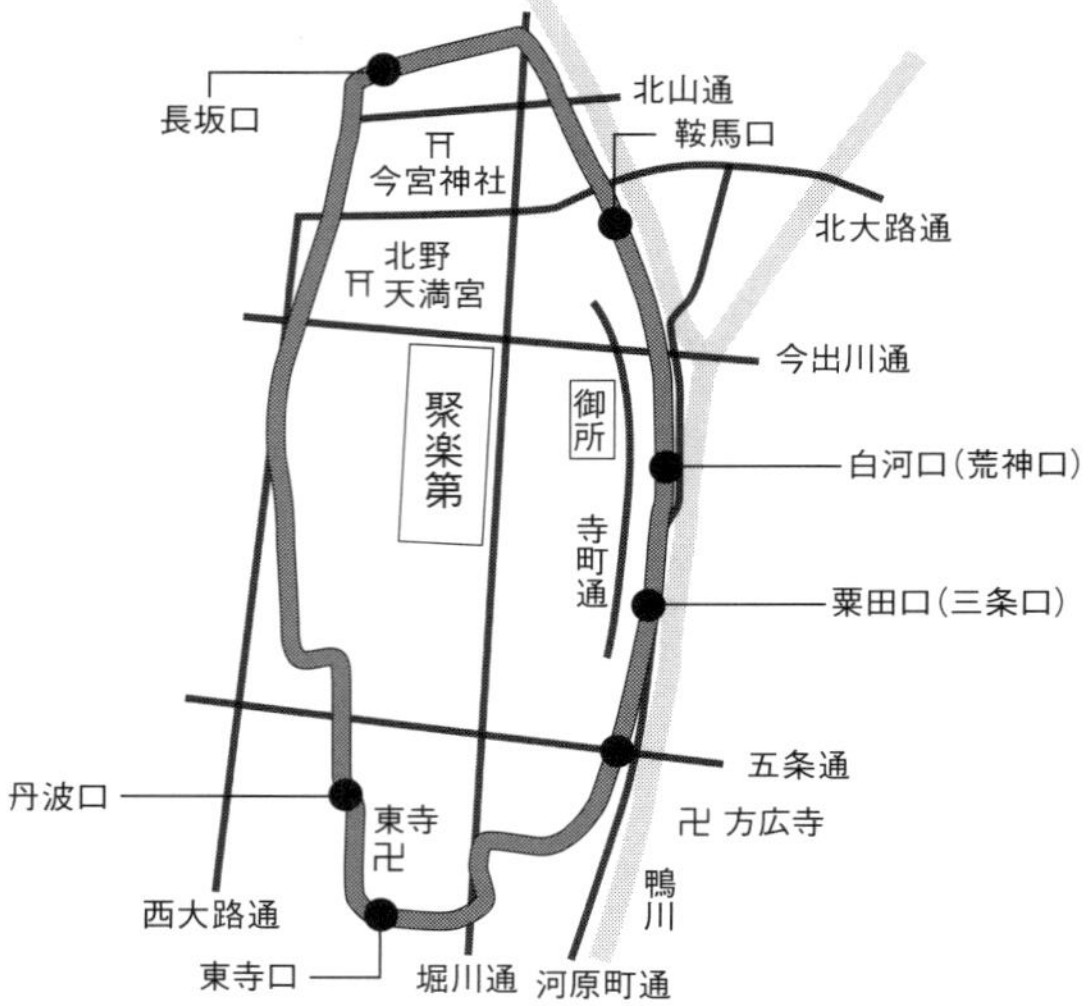

◎幕末の京都御所周辺

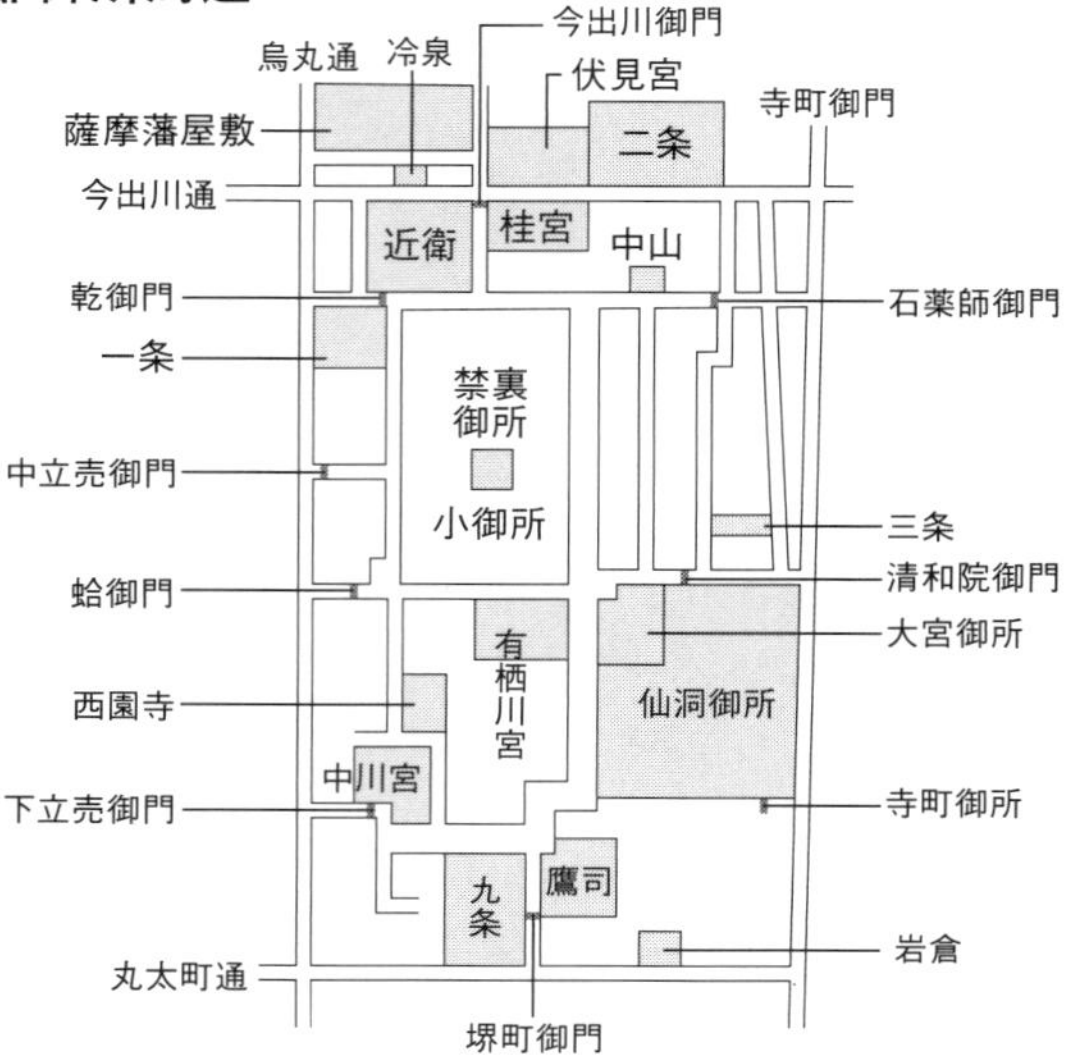

第七章

エンペラーの時代

近代の明治、大正、昭和、平成の時代は、読者にとってもなじみ深いものであり、いまさら、そこでの出来事や皇位継承の経緯について詳しく論じる必要はあるまい。

逆に、政治的にいかなる役割を演じられたかなども含めて客観的に論じることはいまだタブーのようになっている。片方に完全無欠の存在であるがごとく大事にしたい立場があり、反対に操り人形でしかなかったとか、戦争など不都合な出来事に積極的に関与されたことが隠されていると疑念を言う向きもある。

だが、当たり前のことながら、天皇陛下といえども、完全無欠でひとつだけしかない至高の判断を常にされていたはずもないし、生身の人間として成長もすれば、衰えもする。新しい陛下を含めて、五代の陛下それぞれ顕著な個性もある。現在であれ、過去であれ、特定の天皇・皇后陛下への称賛が過ぎると、間接的に他の陛下の批判になりかねない。

天皇陛下がたった一人で考え判断されるわけではないから、周囲の人々の影響もあれば、制約もある。帝王独断でなく、多くの人々に支えられるのが日本の皇室の伝統だ。

ここでは、そうした近代日本の政治と歴代天皇についての風景を、大きな流れを追う形で眺めながら本書の締めくくりとしたい

なお、現代の問題については、敬語を使うことが読者のなじんだところだと思うので、ここから先は皇族については敬語とする。

第一二二代

明治《めいじ》天皇

近代国家樹立に不可欠だった究極の調停者

誕生・嘉永5年（1852年）9月22日（父・孝明天皇　母・中山忠能女慶子）
践祚・慶応3年（1867年）1月9日（16歳　先代・父　孝明天皇）
崩御・明治45年（1912年）7月30日（61歳　次代・皇子　大正天皇）

『歴代総理の通信簿』という本を書いたとき、その冒頭に近代日本ではじめての宰相としたのは、伊藤博文《ひろぶみ》でなく三条実美《さねとみ》であると述べた。なぜなら、内閣制度が発足したのは明治十八年のことであり、それまで明治元年閏《うるう》四月から政府のトップは一貫して三条だったからである（輔相《ほしょう》、右大臣を経て明治四年に太政大臣《だじょうだいじん》）。現在の首相官邸にしても、太政大臣としての三条の官舎の敷地を引き継いだものだ。

その三条のもとで実質最高権力者であるナンバーツーだったのが岩倉具視《ともみ》である。西郷隆盛《さいごうたかもり》が下野した明治六年から十一年まで大久保利通《としみち》が辣腕《らつわん》をふるったが、形式的にはナンバースリーに過ぎなかったし、大久保の没後に井上毅《こわし》を見いだし、伊藤博文をして憲法起草に当たらせたのも岩倉である。

岩倉の死後、三条は伊藤博文を左大臣、黒田清隆《きよたか》を右大臣の体制で乗り切ろうとしたが、明治天皇が黒田の素行を問題とし、伊藤が太政大臣への野心をみせるなかで、妥協案として成立したのが内閣制度である。太政官制度では太政大臣がほかのメンバーの上に君臨するが、内閣制度での首相は横並びの第一位に過ぎないということで納得した。内閣総理大臣は、太政大臣より格下のポストなのである。

このような体制に移行した背景には、岩倉に代わるべき人材を公家衆のなかから提供できなかったことがある。結局、それは、西園寺公望《さいおんじきんもち》の成長を待たねばならなかった。そして、もうひとつが、明治天皇が自ら政治的役割を果たせるまでに成長されていたということであった。

いくら薩長が維新の大功労者であるとはいえ、彼らだけで日本という国をまとめていけるはずもなく、超然とした存在である京都（朝廷）の権威を借りることが必要な場面があり、その役割を担っていたのが、明治前半にあっては三条・岩倉であり、後半にあっては明治天皇自身であり、大正から昭和のある時期にあっては西園寺、さらに近衛文麿《このえふみまろ》だったというと、わかりやすいのではなかろうか。

ただ、明治天皇がいくら英邁《えいまい》だとはいえ、ドイツやロシアの皇帝のような政治的指導者としての位置づけは避けられた。天皇、薩長藩閥、それに新しい憲法のもとで設けられた民選議会の三者が微妙なバランスをとりながら政治に当たったことが、明治後半の日本がめざましい成功を収める背景にあったとみるべきであろう。

議会については、その多数勢力が首相を出すかどうかは、法理論上も自明の理ではない。もちろん自由民権派は第一党が首相を出すべきだと考えたが、天皇や薩長閥はそうは考えなかったし、現在のヨーロッパでも国王や大統領の指名によるのである。といっても、議会の支持がないと予算も法律も通せないのは戦前の日本でも現在のヨーロッパでも同じである。

もっとも、伊藤博文は徐々に議会からその勢力に応じて入閣を認める方向に傾き、さらに自ら政党を組織して議会で勢力を持つことを意図するに至った。これを明治天皇は嫌われたが、やがて認め、設立資金を援助までされて、妥協が図られていった。

長州閥のもう一人の巨頭・山県有朋《やまがたありとも》の近代国家建設への功績も低くみるべきではない。彼が中心となって確立したのが、徴兵制と地方制度と官僚制度である。奇兵隊《きへいたい》のときからの経験で伝統的な武士を信用しなかった山県は、秩禄《ちつろく》処分で世襲武士の身分を剝奪し、徴兵制による近代的な軍隊をつくり上げた。

また、廃藩置県《はいはんちけん》や市町村制により、フランス革命ののちナポレオンによってつくり上げられたフランスの制度や、それに範を求めてビスマルクが整備したプロイセンの仕組みを導入した。さらに、政治的に中立で能力重視の官僚制度を確立した。

一方、華族制度の第一の功労者は岩倉具視である。大名と公家と維新功労者をどう遇するかを、西洋をモデルとした制度の導入で解決したのである。さらに、憲法で貴族院が設けられ、ここには華族に加えて官僚なども議席を得たが、のちに、伊藤博文が華族議員を、山県有朋が官僚議員を取り込む争奪戦を繰り広げることになる。

このころの対外情勢に目を向けると、アジア諸国との関係では、清《しん》にはあっさりと対等の関係を認めさせた。薩摩藩の実質支配下にありながら清に朝貢していた琉球《りゅうきゅう》は、日本への完全な併合に成功した（八重山・宮古を清に割譲するという提案を日本はしたが、それも日清戦争の勝利で必要なくなった）。

朝鮮に対しては、清に対する朝貢関係の解消を迫り、日清戦争の勝利でそれを認めさせ、一八九七年に「大韓帝国」が成立した。形式的にせよ、ここに歴史上はじめて日中韓対等の関係が現出したのである。

日本にとって最低限の要請は朝鮮が他国の勢力圏にならないことだったが、大韓皇帝はロシアなどと組む構えをみせたので、やむをえず併合を迫り受け入れさせた。

中国との関係では、日清戦争の結果、台湾を割譲された。また、遼東半島は三国干渉でいったん返還したが、ロシアがその一部を租借し、日露戦争の結果、それを引き継いだ。

この時代、清と結び、協力して欧米諸国に対抗するという選択肢も論理的にはありえたし、欧米の一部はそれを警戒した。だが、当時の清の状況からして頼りになるパートナーとはなりえず、日本が欧米世界の一員となる道を選んだのを非難される筋合いはない。

義和団事件に対応した北清事変で、日本は欧米連合軍の約半数の兵力を動員し、軍律のよさも含めて高い評価を得た。こうした努力が日英同盟や日露戦争での勝利につながり、それは世界の諸国民に勇気を与えることになったのである。

明治天皇は当時の日本人としては大柄で身体壮健、乗馬や酒を好まれた。実母である中山慶子《よしこ》やその父である中山忠能《ただやす》が養育に関与し、厳しくしつけたこともあってか、活発で気が強い中山家の血を色濃く受け継いでいる。生活は質素で、会議や儀式では身動きもせず沈黙を守り、カリスマ性に満ちていた。

いずれにせよ、半世紀近くにわたった治世が終わったとき、日本は封建的な軛《くびき》から解放され、憲法と議会が健全に機能し、近代的な官僚機構と軍隊と教育システムを持ち、平均寿命の向上により人口は飛躍的に伸び、近代的な産業が発展し、民生は格段に向上した。しかも、北海道開拓に成功し、朝鮮や台湾、樺太《からふと》などに及ぶ領土を獲得するという大成果をあげ、世界中から尊敬を集める国になったのである。

もちろんそれは明治天皇ひとりの功績に帰するものではないが、国民統合のシンボルとして適切なイメージを保持されたこと、そして、最初にも書いたように、岩倉具視と三条実美の「後継者」として「朝廷」を体現して各勢力の調停者としての機能を果たされたのであるから、やはり「大帝」の名にふさわしい存在だった。

そして、明治天皇は岩倉具視とともに京都の復興に心を痛められ、ロシアの例に倣《なら》って、即位礼を旧都である京都で行うこと、それをもにらんで京都御所・御苑の整備を行うこと、御陵《ごりょう》を伏見城跡地に造営することを指示されたのである。

主な出来事 大政奉還。王政復古（1867）鳥羽伏見の戦い。江戸開城。即位。改元「明治」。東京遷都（1868）廃藩置県。日清修好通商条約（1871）日朝修好条約（1876）西南戦争（1877）内閣制度（1885）大日本帝国憲法（1889）帝国議会（1890）日清戦争（1894〜95）北清事変（1900）日英同盟（1902）日露戦争（1904〜05）日韓併合（1910） **解説** ○日韓併合は強制ではないが、強い圧力のもとでなされたものであり、申し訳ないことであると考えるべきである一方、原因は韓国側の非常識な外交にあることを否定する必要はない。実際、併合は平和を維持するために適切であるという国際世論からの強い支持のもとに行われた。○李王家は日本の皇族に準じた待遇を受けた。が、これは、本来、朝鮮国王と同等の立場である琉球王家が侯爵だったのに比べて破格の優遇だった。琉球王家も同等の石高の大名が子爵ないし伯爵だったことと比較すると優遇だったともいえる。○明治初期にあっては文明開化をめざして、過去を全否定して、欧米の制度を直輸入した。教育などもそうで、過去の藩校などがすべて廃止され、欧米式の学校に置き換えられ、しばしば、講義は外国語で行われた。鹿鳴館（ろくめいかん）の風俗も好例である。当然にこうした風潮への反発はあって、とくに明治初期には島津久光（ひさみつ）が猛然と行きすぎた欧化反対を唱えて政府と対立した。当時の欧米化政策は間違いなく正しい政策であって、その結果として、日本は一流国になれた。○だが、だんだん落ち着いてくると、行きすぎにも目を配れる余裕ができてきた。そんななかで、明治天皇は学校視察などを通じて、「外国語ができても日本語でどう言うか理解していない子がいる」「教育を受けていないといって親を馬鹿にする子もいる」といったことに不満をもらされ、それを受けて「教育勅語」が作成された。欧米派の井上毅と伝統派の元田永孚という、いずれも熊本出身の知識人の共作になるこの勅語は、その当時としては常識的でバランスがとれたものであった。○ただし、明治末年には時代遅れになっているとして、その改正が図られ、国際的配慮や女性の活躍について配慮した改正案までできたが、明治天皇の崩御で沙汰止みになり、その後、不適切な利用のされかたもあったのは惜しまれる。○天皇は写真が嫌いだったのでほとんど残っていない。いわゆる御真影も皇后は写真だが、天皇は肖像画であった。○神事はあまり好まれなかった。乗馬を好まれた。○伊藤博文はいったん持ち帰ってから回答したので好まれ、大隈重信は当意即妙な回答をして信頼されなかった。○政治家も天皇の意向をそのまま聞くことはなく、意向が通らないことも多かった。○1879年に来日した前米国大統領との会見は天皇に大きな影響を与えた。○皇后は一条美子（いちじょうはるこ）（昭憲（しょうけん）皇太后）。聡明で文明開化にも積極的な理解を示され、欧米的な皇后像を見事に果たされた。もし皇后が保守的な女性であれば宮中の改革は困難に直面していただろう。ただ、子をなすことはなかった。皇后でなく皇太后と呼ばれるのは崩御の際の事務的ミスによるものである。成長した男子は大正天皇のみだが、四人の皇女は北白川、朝香、東久邇、竹田という伏見宮系の四人の皇族と娶されて将来の皇位継承に備えをされた。 **御名** 睦仁（むつひと）親王。幼少時は祐宮（さちのみや） **御陵** 京都市伏見区桃山町古城山の伏見桃山陵（ふしみのももやまのみささぎ）

第一二三代
大正天皇《たいしょうてんのう》
開かれた皇室への道を拓かれた人間性

誕生・明治12年（1879年）8月31日（父・明治天皇　母・権典侍柳原愛子）
践祚・大正元年（1912年）7月30日（34歳　先代・父　明治天皇）
崩御・大正15年（1926年）12月25日（48歳　次代・皇子　昭和天皇）

明治と昭和という二人の「大帝」に挟まれた大正天皇は、国民にあまり強い印象を残されているわけではない。あるのは「遠眼鏡《とおめがね》事件」（議会の開会式で詔書《しょうしょ》を丸めて議場をのぞき込んだといわれる出来事）に代表される病に冒された気の毒な天皇であるという噂と、昭和天皇をはじめとする四人の立派な皇子に恵まれ、気さくで思いやりのある家庭人というイメージであろう。

大正天皇の誕生のとき、実母である柳原愛子《やなぎわらなるこ》は妊娠中毒を患い、母子ともに危険な状態だった。漢方医の浅田宗伯《そうはく》の治療で危機は脱したが、天皇はその後も病弱で腸チフスや百日咳《ひゃくにちぜき》を患い、学習院には二年遅れで入学、中等科一年で退学された。

その後は個人授業で勉学を続けられるが、病気による遅れと、それを挽回しようと東宮職《とうぐうしょく》が組む無理な学業計画の悪循環で十分な成果が収められない教科が多かったが、漢詩が得意だった。また、東宮職との感情的な対立も激しく、職員の「不能不才」をあげつらい全員更迭《こうてつ》を口にされて明治天皇から叱責されている。

だが、しっかり者であることが買われて選ばれた九条節子《さだこ》との結婚（一九〇〇年）は劇的な好結果をもたらし、皇太子は健康を取り戻されるとともに、全国や併合前の韓国を溌剌《はつらつ》として巡幸された。こうした旅行で、良くも悪くも、皇太子は気さくに話しかけ、予定外の行動をしばしばとられた。

もうひとつ、こうした改善をもたらした功労者が、皇太子より十七歳年上で東宮輔導《ほどう》となった有栖川宮威仁親王《ありすがわのみやたけひと》である。この兄貴分と、しっかり者の皇太子妃に支えられて皇太子は心身ともに安定した状態を得られたのである。

だが、とりあえず健康になられたとはいえ、帝王らしさを身につけることは課題として残った。そして、明治天皇が崩御され践祚されたのち、早くも朝見《ちょうけん》の儀での落ち着きのない動作が憂慮された。

それでも無事に京都での即位礼をこなし、全国へ行幸されたものの、皇太子時代のように自由奔放であることはできなかった。もともと性《しょう》に合わない窮屈な生活に押しつぶされることになり、言語、動作が徐々に自由でなくなられた。

一九一八年には国会開会式に出席できなくなられた。ついに一九二〇年には第一回ご病状の発表が国民に対してあり、皇太子（昭和天皇）の欧州歴訪からの帰国を待って摂政《せっしょう》を立てることなったが、天皇ご自身が納得してのものでなかったともいわれる。

政治的な行動についていえば、践祚早々に親しかった桂太郎《かつらたろう》首相からの要請に応えてたびたびの勅諭をもって救おうとされたが、第一次護憲運動の波を止められなかった。第一次世界大戦時の首相である大隈重信《おおくましげのぶ》は「対華二一カ条」と空前の選挙干渉で史上最低内閣のひとつだが、天皇は大隈重信に対する個人的好感から二度にわたって職に留まることを勧められ、政局は混乱した。

病状が悪化していったころの首相は歴史上最高の総理の一人でもある原敬《はらたかし》で、天皇のお気に入りの一人だったし、原も天皇のことを正しく理解していたようであるが、連携関係が機能するには天皇の病状は重くなりすぎていた。

このように、大正天皇は生来、身体が強靱《きょうじん》でなく性格も強いわけではなかったが、厳格な教育方針や執務についての厳しすぎる要求が事態をよけいに悪くしていった。結果として、父である明治天皇のような役割を果たすことがなかったのは確かであるが、少し観点を変えれば、明治天皇のようなカリスマ的役割は、誰が天皇であっても同等に果たすことはできなかっただろう。

そう考えれば、大正天皇が軽やかさを持ったスタイルを示し、仰々《ぎょうぎょう》しさを嫌われたことは、新しい時代精神に活力を与え、また、「開かれた皇室」への第一歩となったのかもしれない。

明治末期から大正はじめにかけては、桂太郎と西園寺公望がそれぞれに立場を分担し、交互に政権を担ったが、桂の早すぎる死によって、コンビとしての妙を発揮できなくなった（近年、桂太郎の再評価が進んでいるが、彼こそは近代日本が生んだ最高の首相の一人である）。

それでも、この時代には維新精神の体現者ともいうべき山県有朋や、原敬のような自由民権運動から出てきたが国益についての慎重な目配りができる熟練した政治家がいた。

だが、原は首相在任中に暗殺され、山県は皇太子妃候補である久邇宮良子《くにのみやながこ》について、母方の島津家に色弱の遺伝子があることを理由に再考を促したが容《い》れられず失脚し、失意のうちに死去した（宮中某重大事件）。

こうして、大正を支えた大きな二人の存在を失ったままで不安な昭和を迎えたのである。

主な出来事 改元「大正」（1912）第一次世界大戦（1914）京都で即位礼。対華二一カ条（1915）ベルサイユ条約（1919）関東大震災（1923）普通選挙（1925） **解説** ◯巡幸には地理・歴史の実地学習という目的もあった。行幸中に皇太子は予定外の行動をしばしばとられ、また、思われたことを次々質問され、そのご発言は各地の新聞に報道された。◯大正天皇の山県有朋嫌いはよく知られるところだが、思慮深く苦言を天皇にも言える貴重な存在を排除されたことは誉められたことでない。◯皇后は九条節子（貞明〈ていめい〉皇后）四人の男子を儲けられて皇位継承を安定させられたほか、その子供たちの教育や結婚相手選び大きな功績を挙げられ、その意味で近代の皇后の中でも傑出している。ただし、昭和天皇の外遊に強く抵抗されたのは正しい判断でなかった。また、晩年、問題の多い側近などを重用された。貞明皇后は、子育てにも妃選びにも主導権をとられた活発な人物である。ただ、面白いのは、長男である昭和天皇とほかの弟宮とについてまったく違う教育方針なり結婚相手の選択をされたことである。まず、皇太子（昭和天皇）の教育に当たっては元首としての責任感の強さを要求されたし、弟宮たちには兄を助ける立場を会得するように要求された。結婚相手についても、皇太子には宮家出身という正統派の出自を持ちつつも、冬に水掃除のために手が荒れているのを見て気に入った久邇宮良子女王を選ばれた一方、弟たちには朝敵である会津藩分家（秩父宮）、同じく朝敵である徳川慶喜家（高松宮）、一万石の小大名である高木家（三笠宮）と実家にこだわらずに才気煥発な妃殿下を選ばれた。高松宮は、有栖川宮家の祭祀と財産を継承した。 **御名** 嘉仁（よしひと）親王。幼少時は明宮（はるのみや）。 **御陵** 東京都八王子市長房町の多摩陵（たまのみささぎ）

第一二四代　昭和《しょうわ》天皇

言葉の重さで国体を護られた帝王学の体現者

誕生・明治34年（1901年）4月29日（父・大正天皇　母・九条節子〈貞明皇后〉）
践祚・昭和元年（1926年）12月25日（25歳　先代・父　大正天皇）
崩御・昭和64年（1989年）1月7日（87歳　次代・皇子　今上天皇）

「昭和の日」が、「みどりの日」を改称する形で二〇〇七年（平成十九年）から日本国の国民の祝日に加えられた。しかし、いつも不思議に思うのは、かつての「明治節」だった「文化の日」を元に戻さなかったことである。日本の歴史においても、世界史においても、どう考えてもより大きな存在は明治天皇だろうし、昭利天皇ご自身もそうお考えだっただろう。

世間では昭和天皇を完全無欠の存在のごとくいう人も多いが、神聖視しアンタッチャブルにしてしまっては、この比類なき君主の本当の価値を探求することにはなるまい。

昭和天皇を語る場合、杉浦重剛《じゅうごう》という東宮学問所で倫理を担当し家庭教師役だった人物と、皇太子時代の外遊によって得られた欧州王室についての知識を抜きにすることはできない。

杉浦は、寡黙で軽挙妄動《けいきょもうどう》せず喜怒を表さなかった明治天皇に倣うように勧めた。それが行き過ぎて、皇太子は「恰《あたか》も石地蔵の如き態度」と山県有朋が評するようなことになってしまった。

そこで、山県は西園寺公望らと語り外遊を勧めたのである。

横浜からポーツマスまでの船旅は二カ月もかかったが、この間に皇太子は西洋式のマナーを身につけ、朗々とした声で演説ができるようになられた。しかも英国などヨーロッパ王室が国民と接する姿を会得して帰国した皇太子は、「京都に郷愁を持つ明治天皇とも、東京より日光や葉山の御用邸を愛した大正天皇」（原武史）とも違った、大群衆の前に立ち、時としては言葉を発する天皇となられた。関東大震災ののちに復興された「帝都」は、この若い天皇にうってつけの舞台だった。

大正天皇が病気がちだったこともあり、新天皇への国民の期待は大きかった。ところが、「直情径行」（西園寺八郎）のところがあった若い君主は、践祚早々に大失敗をされた。張作霖《ちょうさくりん》を関東軍が爆殺した事件の処理をめぐって、当初は関係者の厳罰をいいながら踏み切れなかった田中義一《ぎいち》首相に事実上の辞任勧告をされたので、実際に田中は退陣し、しかも間もなく死去した。

この結果に反省された昭和天皇は、打って変わって政治介入を慎重にされるようになった。ご自身の意見は常にあったし、言いたくもあっただろうが、それを自制するということに徹するようになられたのである。

この事件以降の昭和天皇は、ひたすらに慎重で誠実であり続けた。また、慎重さのない人物、裏表があるような誠実さを欠いた軽い人物を敬遠された。

弟宮たちは比較的皇道派に近かったといった思想的、あるいは交友のうえでの傾向があったし、天皇に政治的に、より積極的に行動するように要求されることもあった。

あるいは、やはり皇室と近しい関係にある近衛文麿は首相として、軍部に引っ張られてルビコン河を何度も軽率に渡ったが、あとになって後悔して和平工作に奔走した。さらには、戦後、譲位は不可避とみて仁和寺《にんなじ》に視察に行ったりもした。

たしかに、個々の場面をみれば、もし昭和天皇が積極的に介入しておられればと思われることは多々あるのだが、もしそうであれば、最終的な決断者としての権威は保ちえなかっただろうし、責任も問われていただろう。

終戦という決断で陛下が介入されたのは、それでほぼ間違いなく押し切れるというタイミングになってからである。一私人なら、信念に従って行動し、散るなら散っても悔いがないかもしれないし、あるいはそこそこの確率にかけてもいいかもしれない。だが、帝王としては、それは許されないことなのだ。そういう意味で、日本という国の統合を維持するという観点からすれば、賢明な慎重さだったということは理解できるところだろう。

二・二六事件当時の首相だった岡田啓介《おかだけいすけ》が戦後になって、「弁解するわけではないが、開戦前に非常に強い政治家がいて、軍を押さえつけようとしたら、軍は天皇の廃立すら考えたかも知れない。そうなったら、国はまっ二つになる。いま敗れながらもひとつのまとまった国であるのは、せめてものことだ」といっているが、このことは昭和天皇ご自身にも当てはまるところがあるのではなかろうか。

「国体の堅持」という言葉はしばしば悪くとられるが、「統一と独立の維持」ということそのものであり、それを無価値とはいえまい。

また、昭和天皇ご自身が、君主たるものかくあるべしという教育を受け、経験を踏んできた自分でなければ、この難しい事態を乗り越えられないだろうというご覚悟を持たれたことが、辛くとも退位といった選択を排除されたことになったのであろう。

昭和天皇の帝王としての哲学やそれぞれの場面での決断は、十分に説得的なものである。ただ、他の違う考え方もあったのではないかという議論を排除すべきではないのも間違いないことなのである。実際、戦後の復興に多大な貢献をした吉田茂《しげる》は戦後の陛下を高く評価する一方、戦前・戦中の判断についてはそうではなかったと臭わせる発言をしている。

日本国憲法についていえば、たしかに「押しつけ」という経緯がある一方で、欧州型に近い皇室のあり方は昭和天皇の望まれるところだったともいえ、高い見地からの判断で、大日本帝国憲法の合法的な改正という手続きを踏むことに協力し、これを受け止められた。

昭和二十一年の年頭詔書は、「人間宣言」と俗称されるが、この趣旨について、昭和天皇は日本の民主主義の出発点は、「五箇条の御誓文」にはじまるものだとして、戦前・戦後の連続性を強調したおつもりであったのに、変化を語ったものであると誤解されたと、のちの記者会見で語っておられる。

ただ、天皇としては、新憲法においてももう少し実質的な政治的発言機会があるのではないかと考えておられたはずだ。実際、新憲法下でも片山内閣までは、現在より実質的な内奏が行われていたのを芦田均《あしだひとし》首相が取りやめたのである。

ちなみに、イギリスでは、女王は政治上の意見を首相に内々にいえることになっているが、それが、外部に漏れることは絶対にあってはならないとされている。

また、芦田首相は宮内庁の人事でも天皇の希望に反した形で押し切っており、皇族の臣籍降下や華族制度の廃止や、古くからの職員の退職に伴い、皇室は残ったが、皇室の藩屏《はんぺい》はないという状況が生じていくのである。

いずれにせよ、昭和の日本は自滅することによって、世界に冠たる一流国としてのすべてをいったん失った。だが、統一を維持し、アメリカから与えられた計画に従って改造された日本は、外交的な地位と領土は取り戻せなかったが、小さいながらも平和で豊かな国として大成功を収めた。

そして、すっかり変わった日本において、変わらぬものが天皇であった。戦前から変わらぬお姿を仰ぐことで、日本人は安心して激動の時代を生きることができたのだ。

主な出来事 改元「昭和」(1926)張作霖爆死。京都で即位礼(1928)満州事変(1931)五・一五事件(1932)国際連盟脱退(1933)二・二六事件(1936)日華事変(1937)太平洋戦争(1941~45)日本国憲法施行(1947)サンフランシスコ条約(1951)安保紛争。所得倍増計画(1960)沖縄返還(1972)バブル景気(1986) **解説** 〇昭和という時代の決算書を考えた場合、以下のようなところであろうか。大正天皇が闘病生活ののちに崩御され昭和天皇が即位されたころ、日本は絶頂期にあった。明治の戦争で獲得した領土に加え、第一次世界大戦で戦勝国の一員となったことで、国際連盟の主要メンバーとなり南洋諸島を信託統治領とすることができた。国内では関東大震災からの復興が進み、東京は帝都としての偉容を備え、関西は震災後による諸機能移転を活かして繁栄し、原敬首相のもとでの地方優遇策の結果、国鉄ローカル線の建設や高等教育機関の設置が急ピッチで進んでいた。政治面では長年の懸案だった普通選挙法が成立し、デモクラシーの精神が横溢し、「憲政の常道」に基づく政権交代も行われて民主主義国家として十分なシステムができあがっていた。ところが昭和になるや、大陸での利権をどこまで追求するかについて政府としての意思統一がないまま場当たり的に軍は行動し、政党政治家を悪者扱いする世論を背景にしたテロが横行し、結果は、民主主義を放棄して、見通しの悪い戦争に突入し、敗戦と国土の被災、海外領土の喪失となった。しかし、戦後は米国の強い影響下で新しい憲法や各種制度を受け入れることになり、少なくとも経済については、世界の頂点に立つとまで言われたが、バブルがまさにはじけようとする直前に昭和は終わった。皇后は久邇宮良子(香淳〈こうじゅん〉皇后)。皇后の母方祖父は島津忠義(久光の子。斉彬の養子)。その選定理由は大正天皇の項目で述べたとおりだが、昭憲皇太后や貞明皇太后のように活発な活動はされなかったものの二人の親王と五人の内親王を儲けられ(次女のみ夭折)、温かい笑顔で戦後の苦しい時期の日本人の心を包み込まれた。ただ、晩年は長女である東久邇成子が若くしてガンで亡くなったショックと怪我の治療の不手際で健康を害され表舞台への登場は減った。他の親王・内親王と、その結婚相手については、389ページの系図参照。 **御名** 裕仁(ひろひと)親王。幼称は迪宮(みちのみや)。 **御陵** 東京都八王子市長房町の武蔵野陵(むさしののみささぎ)

第八章

激動の平成と新時代の幕開け

第一二五代

明仁《あきひと》（平成年間は天皇・令和年間は上皇）

伝統的な儀式や祈りの重視とリベラルな姿勢

誕生・昭和８年（１９３３年）12月23日（父・昭和天皇　母・香淳皇后）
践祚・昭和64年（１９８９年）１月７日（55歳　先代・父　昭和天皇）
退位・平成31年（２０１９年）４月30日（85歳　次代・皇子　徳仁新今上天皇）

昭和天皇には二男五女があったが、はじめの四人は内親王であった。平成の陛下は昭和八年十二月二十三日の誕生で、称号は「継宮《つぐのみや》」、名前は「明仁」であった。

昭和十九年に日光に疎開。戦後は米国人ヴァイニング夫人を家庭教師とし、学習院で学ばれた。ただ、英国女王の戴冠式出席のために長期外遊をされたので、大学は卒業されていない。

昭和二十七年に立太子され、昭和三十四年には正田美智子さんと結婚された。当初は学習院卒の華族社会でお妃選びがされたが、適任者がみつからず、範囲を拡げて探すなかで、テニスを通じて殿下とお会いになったこともある、日清製粉社長の娘で聖心女子大学を卒業した正田美智子さんが浮上した。

昭和三十四年のご成婚はテレビで中継され、テレビ受像機が一般家庭に普及するきっかけになった。美智子さまは、容姿、知力、気配り、倫理観などにおいて、抜群の条件を備え、そのことによって、国民的人気は比類ないものとなり、皇太子妃として、また、皇后として高く評価された。ただ、ご実家が華族社会と接点のない経済人の家庭だったこともあり、皇族などから結婚に反対されたのにはじまり、たいへんな苦労をされたのは確かである。皇室のあり方や皇族の結婚などについての発言や、貞明皇后のような強い指導力の発揮は控えられた節《ふし》もある。

帝王があまりにも長期にわたって在位すると、人々はその治世が永遠に変わらないもののような錯覚に陥る。太陽王ルイ一四世が七十年以上にわたる在位のあと死んだとき、誰も王の死にあたっての慣習を覚えている者はなかった。

明治天皇の死にあたっても、徳冨蘆花《とくとみろか》は「陛下が崩御になれば年号も更る。それを知らぬではないが、余は明治という年号は永久につづくものであるかの様に感じて居た」といっている。昭和天皇についても、迫りつつある天皇の崩御ののちどうするべきかなどという議論はおよそできる雰囲気ではなかった。

即位礼や大嘗祭《だいじょうさい》は明治天皇の指示で京都ですることが慣例だったが、その準備や議論を表だってする雰囲気ではなかったので東京ですませるしかなかった。

ただ、国民の多くが新天皇が昭和天皇に代わって国民統合の象徴たりうるかを密かに心配していた。平民出身として話題になった美智子妃殿下との結婚は好感を持って受け入れられたが、「軽い」とか「(昭和天皇のような)威厳がない」といった陰の声もないわけでもなかった。

だが、幸いにも、両陛下はそうした危惧をはねのけて、国民から尊敬され、海外での評判も上々であった。それを支えるのは、ある意味でリベラルなスタンスと、伝統的な儀式や祈りの重視やストイックな公務への姿勢という二つの立場のコンビネーションだったようにみえる。それは、満を持しての即位であったことにふさわしい立派なお振る舞いであり、皇室にとっての難しい時期を乗り越えることに成功された。

陛下は即位に際して「日本国憲法の規定に則り」という言葉を使われた。FIFA日韓ワールドカップにあたっては、桓武天皇の母である高野新笠を通じて百済王室の血を受けているという「ゆかり発言」は韓国では好感を持って受け取られた。あるいは、沖縄で「島津の血」を引く者として心が痛むという思いを語られた。「君が代」斉唱を強制することへの疑問を投げかけられた発言も話題を呼んだ。

こうした一連の姿勢は、アジア諸国民や沖縄の人々などの間に存在する皇室に対する違和感を和《やわ》らげるものとしては大きな意味を持ったが、それが悪用されることがあったのも事実である。さらに、平成の皇室は皇位継承問題や皇族の結婚にまつわる困難で大揺れし、危機的状況に陥っている。

そういうなかで、平成二十八年八月八日、陛下は「象徴としてのお務めについての天皇陛下のおことば」をビデオメッセージとして発せられ、退位の希望を強くにじまされた。

これを受けて政府や国会は具体策を検討することになり、さまざまな議論ののちに、今回限りの「天皇の退位等に関する皇室典範特例法」を二〇一七年六月に制定、二〇一九年四月三〇日に退位されることになった（「譲位」という人もいるが、正式には法律で「退位」という言葉が使われている）。退位後、陛下は上皇、皇后陛下は上皇后と呼ばれ、陛下を尊称とすることになった。

主な出来事 改元「平成」（1989）即位。バブル崩壊（1990）雅子妃療養始まる。皇室典範改正騒動（2004）悠仁親王誕生（2006）。御退位論議始まる（2016）眞子様婚約騒動（2017）

解説 ○戦前の皇室典範では、即位礼と大嘗祭は京都での挙行が定められていた。これは明治天皇の意向を反映したもので、東京遷都を受容する代償措置だった。戦後の皇室典範改正でこの条項は削除されたが、東京で挙行するという趣旨ではない。本来、明治天皇の意向を覆そうという国民的合意がない限り京都で行われるべきものだった。しかし、京都挙行に必要なソフト・ハードのインフラ整備が行われなかったので、事実上無理だった。大正天皇や昭和天皇の即位礼を京都で行えたのは、明治中ごろから施設整備などを行った結果である。○明治時代に退位の制度を止めたのは、大化の改新以前に戻すということであるとともに、ヨーロッパの制度に合わせたという意味合いもあった。しかしそのヨーロッパで長寿命化を受けて21世紀に入りスペイン、オランダ、ベルギーの国王やローマ教皇が退位した。今回の御退位は、江戸時代以前に戻ったのか、世界的な動向に合わせたのか、それともまったく新しい考え方なのかについての議論は十分になされていない。○御退位は本来ならば皇室典範の改正をしたうえでするべき問題であるが、将来のさまざまなケースを想定した恒久的な制度改正についての議論を短期間で尽くすことは無理であり、それを待たずに御退位を実現するための特例法となった。○安倍晋三首相は参院予算委員会での答弁で、天皇陛下の代替わりに伴い「退位」との表現を用いることに関し「今回の皇位継承は天皇陛下がその意思で皇位を譲るものではなく、（退位実現の）特例法の直接の効果として行われることを踏まえ、『譲位』ではなく『退位』が適切と考えた」との見解を示した。また、「政府として『譲位』という言葉を使わないよう調整している事実はない」としている。○現代の皇室問題については拙著『男系・女系から見た　皇位継承秘史』（歴史新書）『誤解だらけの皇位継承の真実』（イースト新書）参照。

御名 明仁（あきひと）親王・継宮（つぐのみや）。皇后は旧名・正田美智子（しょうだみちこ）（正田家は群馬県館林の素封家。父親は日清製粉社長）。

第一二六代

徳仁《なるひと》（平成年間は皇太子・令和年間は今上天皇）

留学経験で得られた国際性と家族への深い愛情

誕生・昭和35年（1960年）2月23日（父・明仁天皇　母・美智子皇后）
即位・令和元年（2019年）5月1日（59歳　先代・父　明仁新上皇）

徳仁新陛下は、ご両親のご成婚の翌年である一九六〇年（昭和三十五年）二月二十三日のお生まれで、昭和天皇によって浩宮徳仁《ひろのみやなるひと》と命名された。幼稚園から大学まで学習院で学ばれ、高等科時代からは、帝王学教育を受け、大学ではオーケストラ部でビオラを担当された。

一九八二年（昭和五十七年）に学習院大学文学部史学科を卒業し、同大大学院に進学、中世の交通史・流通史を研究対象とされた。一九八三年（昭和五十八年）から二年間、オックスフォード大学マートン・カレッジに留学して、テムズ川の水運史について研究されるとともに、英国王室との交流やヨーロッパ各地を旅行された。

帰国後には、学習院大学大学院人文科学研究科の博士前期課程を修了され、公務にも熱心に取り組まれた。

そのころから、お妃候補について様々な憶測が報道されるようになった。ご両親のときでも難航したのだから、関係者は十分な準備をすべきだったが、遅きに失した感は否めなかった。

週刊誌などがセレブのご令嬢をリサーチして、先回りした適任者報道をはじめると、事態はよけいに混迷した。美智子さまの苦労はよく知られていたし、正田家のような「できすぎた対応」を要求されても困る——最初の出会いすらセットできないケースがつづいたようだ。

そうかといって、旧皇族や旧華族から候補を探そうとしても、共通の祖先をもつ人々はできるだけ敬遠したほうがよいとなると、かなりの制約がある。

また、ご学友からというのも期待が薄かった。皇太子の警備は、ほかの皇族と比べても厳重で、なかなか不特定の学生と自由に交流する機会が少なかったからだ。

そんななかで、外国の王室関係者が来日したとき皇太子として宴席を設ける際にお話し相手として外交官の娘が呼ばれることがあり、スペインのエレーナ王女との会食のときに小和田恆《おわだひさし》外務省条約局長の長女で外務省に就職が決まっていた雅子さんが参加した。

それを機会に皇太子妃候補として急浮上したが、外祖父が水俣病で批判されているチッソの元社長だったとか、父親も外交官で政治的な発言も多いといった指摘もあったせいか、話が進展しないまま、外務省の通常の人事に従って、雅子さんは英国留学に出発した。

しかし、二年後に帰国したときにも、皇太子妃は決まっておらず、外務省OBらが積極的に動き、一九九三年にご成婚が実現した。

しかし、もっとも力を発揮できると思っておられた海外訪問の機会が少ないとか、お世継ぎ誕生への期待の強さは妃殿下にとっては心外だったらしく、二〇〇四年に、皇太子殿下が記者会見で「雅子のキャリアや、そのことに基づいた雅子の人格を否定するような動きがあったことも事実」と発言され一騒動あった。

また、二〇〇一年十二月一日に敬宮愛子《としのみやあいこ》内親王が誕生されたが、雅子妃は不調が目立ち、公務への出席も少なくなり現在に至っている。

厳しい条件のもとでその務めを果たしていかねばならない新両陛下だが、大事なことは、新時代にふさわしい、新しい象徴天皇像を確立していかれることであろう。

平成の両陛下は、喜びや悲しみを国民とともにし、国民の安寧を願うだけでなく、人々の傍らに立ち、その声に耳を傾け、思いに寄り添うことを大切にされ、災害のときはいち早くかけつけ、全国津々浦々への訪問を熱心にされた。

そうした君主像は、説得力があるものだったが、昭和天皇の仰ぎ見るような崇高なお姿のなかに君主らしい独特の慈愛を感じたという人もいた。災害直後に動くことで国民に負担をかけたくないというご配慮もまた説得力ある君主像の一つで、どちらが正しいというものではない。

その意味で、新しい両陛下は、自分たちの信じるスタイルで無理なく国民と向かい合うことが肝要で、前の両陛下のスタイルをそのまま引き継ぐことにこだわる必要はない。

平成の両陛下は、傷ついた人々に寄り添い、その傷を癒やすのに専心されたようにみえる。新しい陛下には、低迷する日本にあって、暗雲を振り払う、あるいは国民を鼓舞する君主であることも望まれると私は思う。

また、平成の陛下が誠実さをもって人々を惹きつけたとするならば、新しい陛下は温かみによって人々を安らげるのではないかと感じられる。

新陛下は英国留学中に各国の王室と濃密な交流をされた。その経験は、新しい君主のあるべき姿や、皇室のあり方を考える上で、おおいに生きるものであろう。

新皇后陛下は、ご健康状態からしても、美智子皇后のような超人的な頑張りを真似することは困難であろうし、そうするのがよいとも思わない。むしろ、そうした苦しい経験が新しい皇后のスタイルに生かされることを期待したい。

もちろん、新しい両陛下のスタイルが、世界の人々からどう評価されるかはわからないが、両陛下の長所を生かした新しい君主像を確立できれば、それが国民みなが望むことだ。

秋篠宮殿下は、皇太子殿下より五歳年下である。皇太子殿下より自由な学生生活を楽しまれ、サークルで一緒だった川嶋紀子さんと恋愛結婚された。父親の川嶋辰彦は、学習院大学の教授である。ご成婚のときには、職員住宅に住んでいたので「3LDKのプリンセス」などと話題になった。

川嶋家は和歌山県に起源を持つ。曾祖父・庄一郎氏が学習院初等学科長を務め、祖父の孝彦氏は、内閣統計局長だった。華族ではないが、学習院や華族社会へのなじみは十分だった。

眞子《まこ》さまと佳子《かこ》さまという二人の内親王を早くに儲けられ、しばらくしたのちに、悠仁《ひさひと》さまが誕生した。

現在の皇位継承順位は、皇室典範の規定がそのままであれば、秋篠宮殿下が一位、悠仁さまが二位、上皇の弟である常陸宮正仁殿下《ひたちのみやまさひと》が三位。現時点で皇位を継承できるのは、そのお三方ですべてであり、「次の世代」という考え方をすれば、悠仁さまお一人ということになる。

皇統維持の困難と、公務を担う皇族の不足は、厳しすぎる現実となって、新しい御代へと引き継がれた。

「子孫繁栄」は、本来すべての生き物がもつ原始的な願いであったはずだ。ところが、社会の近代化とともに変化した。いま、「子孫繁栄」などと軽々に口に出せば、個人の価値観を踏みにじるとか、デリカシーに欠けるといった反応が返ってくるのが常だろう。

しかし、その先に安寧な世の中がないということに、多くの人が気づいている。だから、どうにかして「子孫繁栄」を尊《たっと》ぶ社会を取り戻していく必要がある。そんな新しい時代の日本を象徴する皇室として、悠仁さまから末広がりに増えていく皇室の姿を願うばかりだ。

しかしながら、皇室の未来がひとりの皇子にかかっているというのでは、少しの楽観もできないし、いかにも心許ない。そこで、少しでも安心材料を得るとするならば、いわゆる旧宮家など、すでに臣籍降下した家系の男系男子を皇族に復帰させるか、あるいは、一時的なつなぎとして女帝を認めるか、はたまた結婚後の女性皇族やその子孫を皇族とするか、それらの可能性を検討しなければならない。ところが、その議論はいつだって荒れてしまう。

この男系派と女性派の対立は不毛で、互いに相手の可能性を排除しないと気がすまないらしい。しかし、さしあたって悠仁さまがいらっしゃるのだから、可能性を狭めることなく先の世代にまかせればいい。折衷《せっちゅう》案もいろいろあるはずだ。

皇室のあり方は、時代に応じて変わってきたし、これからもそうであろう。願わくば、長い過去の歴史の重み、明治における近代国家建設が王政復古という形で行われた意味、そして、平和国家としての再出発にあっても皇室が大きな役割を果たした意義を継承してほしい。

その悠久の流れを否定しないことが、日本国という枠組みを長く守ることにつながる。そして、世界の人々が日本に対して持っている好印象、すなわち、古い文化を重んじる長い歴史をもち、いつでも独立を守り、象徴たる天皇陛下とともに発展してきた、平和を愛する民主主義国家――そのイメージを守ることになる。私はそう確信している。

解説 ○女性宮家が話題になるが、女性皇族を引き続き皇族のままとした場合に、本人だけか配偶者や子孫も含めるかが問題である。眞子さまの婚約騒動は、語られていた危惧が杞憂でないことを図らずも立証してしまった。○昭和22年に臣籍降下したのは11宮家だが、このほかに、その分家であるとか、江戸時代に公家に養子に出た皇別摂家も男系男子であって、そこまで含めればそれなりの候補者がいる。長く民間人として生きてきた人物を急に皇族にできないという意見もあるが、多くの主張は、未成年の男系男子を猶子(準養子)などのかたちで復帰させようというものであって、その危惧は当たらない。○女系に候補者を求める場合、女系の男子を猶子とする方法は、女性宮家を創設してその配偶者も皇族にするよりは相対的に抵抗が少ないようにもみえる。たとえば、近衛家は文麿元首相の嫡子がシベリア抑留中に死んだので、未亡人が文麿外孫である細川護熙元首相の弟を養子にしているし、徳川家も18代目になるべき男子が若死にしたので、17代目の外孫が養子になって18代目となっている。○明治天皇や昭和天皇の皇女が旧宮家に嫁いでおり、その子孫は神武天皇の男系子孫であり、かつ、明治天皇の女系子孫なので、合わせ技で正統性が高いし、今後、現在の皇族女子が上記にあるようなさまざまの男系男子の誰かと結婚することでも問題は解消する。○広い意味の公務については、上記のような男系女系の関係者に宮内庁の嘱託のようなかたちでお願いしていただくことも可能と考えられる。○現代の関白太政大臣ともいうべき存在であり、皇室会議の議長でもある歴代総理は、十分な関心を持ってその長久を図っていく義務があったはずである。ところが、現実には内務系官僚から任命した宮内庁長官などにまかせておくとか、時折伝えられる陛下のご意向といったものに配慮するとかいった以上に重大問題として意識してこなかった。あるいは逆に、畏れ多すぎて逃げてきたともいえる。○戦前なら内大臣といった最高顧問ともいうべき役職があったし、戦後も入江相政氏に代表される京都御所以来の伝統的な「奥」の存在もあった。そうした存在も現代の皇室には欠けている。皇族の削減や華族制度の廃止によって「藩屏」もなくなってしまった。○平成の皇室は、皇族とそれに対して助言したり場合によっては諫言したりできないスタッフからなる組織で、いわば個人商店になった。○個人的なご学友やたまたま信頼を得たジャーナリストなどがかつて宮中を支えたような人々の役割を果たせるわけでない。○必要なことはかつての宮中のように、多くの人によって支えられ安定的な運用が可能な皇室の再建であろう。悠仁さまのお妃探しもそうした体制を検討するべき時期にさしかかっているはずだ。妃殿下となるべき女性は、すでに誕生しているのである。**御名** 徳仁(なるひと)親王・浩宮(ひろのみや)。皇后は旧名・小和田雅子(おわだまさこ)(小和田家は新潟県村上藩士。父親は国連代表部大使)。

コラム 世界の君主国と肩書きのいろいろ ～エンペラーとはなんなのか

世界にある200足らずの国のうち、狭い意味での君主国は45と普通言われている。ただし、16はイギリス連邦(コモンウェルス)構成国のうち、エリザベス女王を元首としている国なので、君主は30人である。

特異なケースをいうと、マレーシアでは9人のスルタンが国王を互選し、5年の任期制である。アラブ首長国連邦では7人のアミール(首長)から大統領が選ばれる。サモアでは国家元首が議会で選ばれるが、議員のほとんどは伝統的指導者層である首長(マタイ)である。

このほかアンドラでは、フランス大統領とスペインのウルヘル司教が共同君主になっている。ヴァティカンの教皇は115人の枢機卿の互選だが、これも君主制に分類されることがある。さらに、君主がいない共和国なのに、なかには封建領主がいたりする国もある。

君主の肩書きはさまざまだが、国王(キング)が一番多く、エリザベス女王を君主とする英連邦諸国、オランダ、ベルギー、スペイン、ノルウェー、スウェーデン、デンマーク、マレーシア、ブータン、タイ、カンボジア、レソト、スワジランド、トンガ、バーレーン、サウジアラビアがそうだ。

ヨーロッパでは、ルクセンブルクが大公(グラン・デューク)、リヒテンシュタインが侯(ドイツ語ではフュルスト。英語では該当する語がないのでプリンス)、モナコが公(プリンス)である。サモア独立国の場合は国家元首(ヘッド・オブ・ステイト)だ。

イスラム圏では、スルタン、シャー、アミール、ハッキム(キング)などさまざまな称号がある。オスマン帝国の皇帝も称したのがスルタンで、現在はオマーン、ブルネイ、モロッコで使用されている。

海軍で提督を意味するアドミラルの語源になったアミールは、クウェート、アラブ首長国連邦、ヨルダンやカタールが使う。

ペルシャ語起源で王者を示す「シャー」という称号は、ムガール帝国やイランで使われていた。カリフは皇帝に近いニュアンスがあるが、ISの指導者が自称していた。

英語でエンペラー(皇帝)を名乗るのは、いまは、日本の天皇だけである。戦後のある時期には、エチオピアの皇帝と、場合によってはイランのシャーもこれに加えて、世界で3人が最後のエンペラーと呼ばれていた。その後、エチオピアとイランは君主制が廃止になったが、そののち、中央アフリカのボカサという大統領が皇帝を名乗って国際的にも認知されたことがある。

エンペラーの語源はローマのインペラートルで、命令者とか軍司令官を指したらしい。シーザーに由来してカエサルも皇帝のことを指す言葉として使われ、それがドイツ語のカイザーやロシア語のツァーに転嫁していった。

中世ヨーロッパでは、神聖ローマ帝国のみで皇帝が使われていたが、ナポレオンが皇帝を名乗ったのを機に、オーストリアやドイツでも名乗り、イギリスもそれに対抗してインド帝国を創って英国女王が女帝を名乗った。

なお、ヨーロッパでは、女王も王妃もいずれも同じクイーンを名乗る。ほかの肩書きでも同様のことがあり、日本語訳するときに困る。

エンペラーがキングより格上かと言えば、エンペラーの権威のもとにキングがいる場合に限って上下関係があるが、それ以外の場合には当てはまらない。また、外交儀礼上は、すべての君主は同格で、序列は就任順であって、たとえば、日本の天皇が各国の君主より上位に扱われることはない。ただし、格上であるようなイメージがないわけではない。

なお、皇后はエンプレス、皇太子はクラウン・プリンスという称号を使う。上皇については、エンペラー・エミリタス、いわば名誉天皇と呼ぶことになった。スペイン、オランダ、ベルギーでは前国王としかいわないが、あえて生前退位した前ローマ教皇ベネディクト16世に倣った肩書きになった。これは、退位や上皇の本質論にかかわる微妙な問題である。

◉平成10大ニュース（世界）

①東西冷戦の終結とドイツ再統一

②EUとユーロ圏の発足・英国のEU離脱

第二次世界大戦後の東西冷戦は、１９６０年代にソ連や中国が経済改革に失敗し、また、欧米が植民地帝国の残滓《ざんし》から開放されて経済も立て直したことを受けて、１９８９（平成元）年から東欧の自由化、東西ドイツの統一、ソ連の解体というかたちで終焉を迎えた。

そして、仏独の恒久平和を確保するための欧州統合はマストリヒト条約によるEUの結成、ユーロの創設で確かなものになった。

しかし、ソ連東欧から亡命者を受け入れることを餌に社会主義体制を崩した成功体験からか統一欧州は移民に寛大すぎた。そのことと、市場機構への過度の傾斜が極右勢力の台頭を招いている。

③トランプ大統領の出現と極右の台頭

米国では民主党が黒人やヒスパニックを支持層とするために党派的利益から移民に寛容で、これも同様の反発が起きてその結果がトランプ大統領の当選であった。

④アジア経済の発展

⑤中国の躍進・日本の凋落・ロシアの浮沈

東アジアでは戦後日本の成功モデルを四龍（韓国・台湾・香港・シンガポール）、ついで東南アジア諸国や中国やインドが真似て成功した。とくに中国は政治的には共産党一党支配の仕組みを維持しつつ経済と生活の自由化を導入することに成功して２０１０（平成22）年には日本に代わって世界第二位の経済大国となり、政治・軍事的にも覇権を目指している。日本は政治状況の不安定さから、経済成長の維持や軍事力の強化に適切な対応ができず、その国力を急速に失った。ただし、対米関係は良好である。

⑥イスラム過激派の拡大と大型テロ

イスラム教は最低限の社会秩序を維持するために便利な宗教であるが近代的な人権とは相反する面が多い。しかし、欧米諸国は植民地支配の反省や文化における多様性の尊重から厳しい対応をせず、むしろ、対ソ連との戦いに利用したりもした。その結果、イスラム過激主義者たちの軍事力が向上し、中東などで政治を支配するとともに、欧米諸国で大規模なテロを実行している。また、イスラム諸国の政情不安により多くのイスラム教徒が欧米に移住し彼らが社会不安の温床となっている。

⑦ＩＴ化の進展と新タイプの多国籍企業

⑧新自由主義と貧富の差の拡大

19世紀から20世紀が物量の拡大の時代だったのに対して、20世紀の終わりから21世紀は質やソフトが重視され、また、ＩＴ化の進展で情報流通や処理のスピードが飛躍的に向上した。また、経済はグローバル化と自由化が顕著だった。これは多くの人々の生活を豊かにしたが、一方で富の偏在を進めてしまった。また、ＧＡＦＡなどグローバル企業は国家主権の制約を離れて税金や規制を巧みに逃れ不公平感が顕著になっている。

⑨女性の社会進出とＬＧＢＴの権利拡大

⑩地球環境問題への関心増大

21世紀になり伝統的な価値観が否定され、新しい価値観が力を伸ばしたが、とくに顕著だったのが、女性の社会進出、伝統的な家族観の否定、ＬＧＢＴの社会的認知であった。また、地球温暖化などを背景に局地的な公害問題から地球環境全体への関心が拡大していった。

◉平成10大ニュース（国内）

①バブル崩壊と失われた20年

平成の経済は昭和の奇跡である高度成長が破綻し、1991（平成3）年のバブル崩壊以来、最初から終わりまでほとんど成長しないという悲惨な状況に陥った。株価は1990年の年明け相場から下落をはじめ、その水準に回復することはなかった。そして、民主党政権下の2010（平成22）年には1968年に西ドイツを抜いて獲得したGDP世界第二位の座を中国に明け渡した。原因はさまざまあるが、何よりも経済成長が社会にとって最も大事なものだという世界の常識を国民が受け入れず、成長の足を引っ張るようなことばかりしていることにある。

②東日本大震災と原発停止

地震や水害など大災害が続き、また、東日本大震災では福島第一原発事故が起きた。災害による被害のほか、原発事故による避難、全国の原発稼働率が大幅に低下したことも大きな二次的な損失となった。また、阪神・淡路大震災では復興事業が関東大震災や伊勢湾台風時に比べて後ろ向きのものに終始し関西経済の落ち込みを加速した。

③米中対立のなかで対米関係は改善するが防衛努力不十分

日本が世界外交のなかで活躍を始めたのは、1975年に始まった先進国首脳会議への参加からだが、2012(平成24)年に発足した第二次安倍内閣の外交的成功はこれまでとは性質が違う段階に入ったというべきだ。20世紀にあっては、日米経済摩擦が顕著だったが、21世紀に入ると米中の覇権争いが焦点で、日米関係は改善した。安全保障については、ようやくPKO参加や集団的自衛権の行使が可能になったとはいえ、中国など周辺国とのパワーバランスはむしろ悪化するばかりで国民は正しい危機感をもっていない。

④電子化の遅れと医学部集中の弊害

IT社会の到来のなかで、日本ではIT技術者などが世界で最も不足しているといわれながら、優秀な人材は安全有利な医学部にますます集中している。社会のIT化でも中国や韓国に後れを取っている。

⑤朝鮮半島問題の混迷

1988年のソウル五輪までは韓国は日本の支援を必要としていたが、キャッチアップに成功すると、反日を政権維持の道具として使うようになる。日韓関係は一時的な韓流ブームはあったものの悪化の一途をたどっている。1993(平成5)年、いわゆる慰安婦問題で宮澤内閣の河野官房長官が「河野談話」を発表し日本の非を認めた。「損切り」のつもりが、かえって状況が悪化した。北方領土にかわって北朝鮮による拉致問題が日本外交の最重要課題になったが、外交全体での戦略が硬直化しており、局地戦で成果があげられない状況がつづく。

⑥首都機能移転棚上げと東京一極集中

東京一極集中を克服するためには首都機能移転が必要だと法律まで作ったが、東京の抵抗で棚上げに。大きな効果など出るはずのない「地域活性化」でお茶を濁しつづける間に、状況はどんどん悪化している。

⑦少子高齢化と人口減、女性の社会進出

人口は2008(平成20)年をピークに減少に転じている。しかも、困ったことに出生率向上のためにあらゆる手を打とうという国民的コンセンサスが得られるのにはほど遠い現状である。それどころか、子ども生むことを奨励するような発言をすれば、ひどい言論弾圧に合う。男女雇用機会均等法ができてから女性の社会進出が進み、平成にあっても継続的に前進した。そのなかで、少子化対策として保育所の充実を図っているが、都市部の高学歴女性が有利になるばかりで、少子化対策としての効果は小さい。

⑧外国人の増加

外国人の観光客、ビジネスマン、労働者、留学生などが激増する。最大の成功者であるカルロス・ゴーンが逮捕されたのは残念だ。もしも、外国人であるという理由だけで立件されたのであればさらに残念だ。

⑨ 55年体制は崩壊するも健全野党は成立せず

1993(平成5)年に細川内閣が成立し、1996年の総選挙から小選挙区制度が導入された。しかし、細川内閣も2009年の民主党内閣も政権担当能力の欠如を示すだけに終わり、旧民主党から派生した諸政党は、政権交代に向けてより現実的な路線をとるのでなく、旧社会党的な路線に向かう。また、省庁再編や官邸主導などの変化はあったが、改革を進めるために政官の関係が前向きに機能している状況ではない。公明党が1999年に政権参加し、自公連立与党は安定している。

⑩ 皇位継承の混迷と天皇の生前退位

皇位継承問題、御退位をめぐる問題、雅子さまの不調や眞子さまの婚約騒動など、皇室をめぐる危機は深刻化しているが、これについては、皇室10大ニュースで別途扱う。

(番外) 沖縄問題

辺野古への移設でまとまっていた普天間基地移転について、2009(平成21)年、鳩山首相が「最低でも県外」と発言。そこから混迷をはじめた普天間基地移転問題は解決のめどがたたず、本土と沖縄とは相互不信になりつつある。

◉激動の平成皇室10大ニュース

①即位礼・大嘗祭を京都でなく東京で挙行

旧皇室典範では、即位礼は京都で行うものと書かれていた。東京遷都に対する不満を抑え、旧都であった京都を儀典都市として振興し、外国からの招待客にも日本の伝統文化を再認識してもらおうというもので、ロシアで戴冠式が旧都モスクワで挙行されていたのに倣って、明治天皇と岩倉具視の尽力で定められた。そして、大正・昭和の御大典は京都で挙行されたのだが、戦後改正された皇室典範ではこの項目がなくなっていた。だからといって「東京で」ということではなかったのに、京都開催の条件整備をしておかなかったので東京開催とされてしまった。明治天皇のご遺志はいとも簡単に葬り去られてしまった。

②神事や慰霊を大事にされた祈りの陛下

平成年間、天皇陛下の姿勢には祈りの重視」という特色があった。明治天皇はあまり神事をお好みでなかったし、昭和天皇は、母・貞明皇太后から神事を疎かにしたから戦争に負けたと批判されたほどだった。それに対して、陛下は非常に熱心に神事や慰霊に取り組まれ、平和への祈りを大事にされた。ゆかりある寺院への訪問も足しげくされた。その一方、靖国神社にはついに参拝されず、英霊を顕彰するお言葉もなかった。また、外国では君主の最も大事な仕事と見なされる自衛隊の観閲の機会がなかったのも残念。次代の課題となった。

③ストイックなご公務と現場主義

国民にとって仰ぎ見るような偉大な存在だった昭和天皇に比べて、国民とともにあるのが平成年間の陛下の姿勢だった。勤勉だった清の第五代皇帝について記された『雍正帝《ようせいてい》』（宮崎市定《みやざきいちさだ》・著）を愛読書としてあげられたこともあるが、ひたむきに務めることを重視され、災害が起きたときなどは、いち早く現場を訪問し、被災者を励ますことを優先された。現場の負担を心配し、落ち着いてから動かれていた昭和天皇とは対照的だが、国民を思い、最善と信じることをされていたのに変わりはない。

④百済王の子孫であることに触れられたゆかり発言

中国や韓国との友好に熱心に取り組まれた。中国へは１９９２（平成４）年に公式訪問。天安門事件の直後で賛否両論あり、政治的に利用されたのは間違いないが、陛下は訪問して良かったと最近も語られている。韓国については、韓国の反日行為のエスカレートで訪問が許される状況にならなかったが、ＦＩＦＡワールドカプの際には、桓武天皇の母であった高野新笠が、百済の武寧王の子孫であり、ゆかりがあると言及された。これは韓国で歓迎されたが、あたかも日本の皇室が百済王家の分家であるがごときプロパガンダにも利用されることもあった。

⑤ 沖縄への特別な思い入れ

皇太子時代の沖縄訪問で火炎瓶を投げられたことは陛下にとってたいへんショックな出来事であった。そののちも沖縄にはたびたび訪問され、「国立劇場おきなわ」の設立にも尽力。その理由として、島津の血を引く者としての特別の感情があるとおっしゃったのは驚くべきことだった。

⑥ 雅子さまの不調

雅子さまは、適応障害から公務を通常通りこなせない状況となり現在に至っている。最近では少し改善しているご様子であるが、無理をなさらないか心配である。

⑦ 眞子様の婚約問題

皇族の結婚が難航して、独身の皇族女性も多い。また、秋篠宮殿下の長女・眞子さまは国際基督教大学の同級生、小室圭氏との婚約を発表したが、その後、週刊誌やインターネットの報道で、圭氏の学費をめぐる母親の不明朗な借金問題が発覚。皇族の結婚相手として適切とは思えない実態が明らかになり、一般の結納にあたる納采《のうさい》の儀は延期された。

⑧ 皇室典範改正問題と悠仁さまの誕生

皇室では新天皇の妹・黒田清子《さやこ》さまから愛子さままで、九人も女性皇族の誕生が続いた。皇統を維持するために、万世一系の伝統を破って女系の天皇を認めるか、あるいは、男系男子の原則を守るために旧宮家からの皇族復帰を認めるかの選択を迫られていた。小泉内閣は、今上陛下の子孫であることを万世一系の原則より重視すべきとの配慮からか、皇室典範を改正して、女帝や女系天皇を認めること、たとえ男子の継承者がいても、年長の女子を優先させるという大胆な制度改正をしようとした。しかし、反対も強く混乱していた2007(平成19)年、秋篠宮家に悠仁さまが誕生。とりあえず皇室典範の改正は棚上げになった。しかし、悠仁さまのあと男系男子がつづかなかったらどうするか、問題は先送りされたままだ。

⑨ 退位問題

2016(平成28)年8月、ときの陛下は、ビデオ・メッセージを発表され、退位を希望する旨を発表された。これを受けて政府・国会で検討を進め、「天皇の退位等に関する皇室典範特例法について」が成立した(平成29年6月9日、公布:平成29年6月16日)。本来なら、十分な期間をとって議論し、皇室典範の改正という形で行うべきものだが、陛下が早期の実現を望まれたことや、今後の皇位継承についてさまざまな問題があることもあり、皇室典範の特例法でとりあえず機会を限った法律となった。もともと、天皇が一生、皇位にあることは、ヨーロッパ諸国の制度を明治年間にまねた一面もある。そのヨーロッパでは、オランダ、スペイン、ベルギーで退位が行われた。超長寿社会では妥当なことである。ただ、すべてヨーロッパの前例にならえということでもない。

⑩ 象徴天皇制度の動揺

退位問題を通じて、陛下のお気持ちをどの程度、尊重すべきかという議論が起きた。象徴天皇制の本旨からすれば、政府・国会で判断すべきことだが、ご希望をかなえるべきだという声も強かった。その後、陛下が憲法改正や安全保障問題で特別な意見を持たれているとしてそれを尊重するべきだという者もおり、本来なら皇室の政治利用に反対すべき左翼・自称リベラル勢力のなかから両陛下を政治的に利用しようとする動きが生じて象徴天皇制度に動揺を与えた。また、皇室典範改正問題にあっては、三笠宮寛仁親王から自分たちの意見を聞いて欲しいとの声が上がり、また、大嘗祭のあり方について秋篠宮殿下の爆弾発言があり、皇族の政治的な意見がどこまで許されるかという議論に火がついた。

なお、ここまで三つの「10大ニュース」の順番は、重要度順でも年代順でもなく、説明しやすいように並べたものである。

◎明治以降皇室系図

- 明治天皇 —— 昭憲皇太后（一条家）
  - 大正天皇 —— 貞明皇后（九条家）
    - 昭和天皇 —— 香淳皇后（久邇宮家）
      - 東久邇成子さま＊
      - 鷹司和子さま＊
      - 池田厚子さま＊
      - 明仁新上皇 —— 美智子新上皇后（正田家）
        - 徳仁新天皇 —— 雅子新皇后（小和田家）
          - 愛子内親王
        - 秋篠宮文仁新皇嗣 —— 妃 紀子（川嶋家）
          - 眞子内親王
          - 佳子内親王
          - 悠仁親王
        - 黒田清子さま＊
      - 常陸宮正仁親王 —— 妃 華子（津軽家）
      - 島津貴子さま＊
    - 秩父宮雍仁親王 —— 妃 勢津子（松平家）
    - 高松宮宣仁親王 —— 妃 喜久子（徳川家）
    - 三笠宮崇仁親王 —— 妃 百合子（高木家）
      - 近衛甯子さま＊
      - 三笠宮寛仁親王 —— 妃 信子（麻生家）
        - 彬子女王
        - 瑶子女王
      - 桂宮宜仁
      - 千 容子さま＊
      - 高円宮憲仁親王 —— 妃 久子（鳥取家）
        - 承子女王
        - 千家典子さま＊
        - 守谷絢子さま＊
  - 竹田宮昌子さま
  - 北白川宮房子さま
  - 朝香宮允子さま
  - 東久邇宮聡子さま

＊はご結婚により、皇族の身分を離れられた内親王及び女王

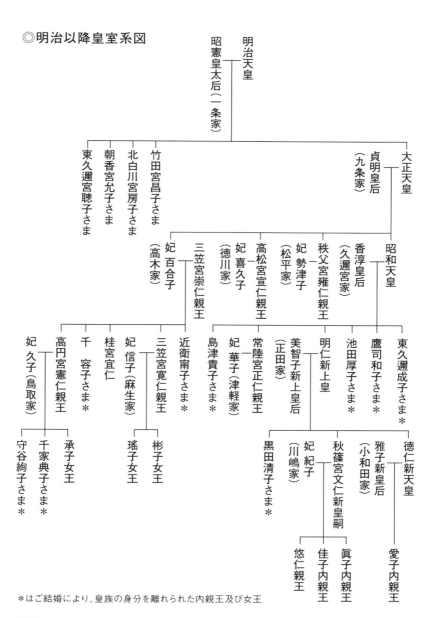

◉平成30年の歴史年表

平成元年 1989年	1月 明仁皇太子が皇位継承。改元「平成」／4月 消費税導入／6月 宇野内閣成立。天安門事件／7月 参議院選挙で与野党逆転／8月 海部内閣／11月 ベルリンの壁崩壊／12月 米ソ首脳マルタ会談。日経平均株価最高値でバブルの頂点
平成2年 1990年	1月 株価の下落始まる／8月 イラクがクウェート侵攻／9月 金丸訪朝団／10月 ドイツ再統一
平成3年 1991年	1月 湾岸戦争バブル崩壊／3月 景気後退始まる（バブルの崩壊が本格化）／6月 長崎普賢岳噴火／7月 第一次戦略兵器削減条約
平成4年 1992年	6月 PKO法案可決／9月 PKO部隊がカンボジアへ／10月 東京佐川事件
平成5年 1993年	慰安婦に関する談話／6月 皇太子ご成婚／8月 細川内閣成立し55年体制崩壊／11月 マストリヒト条約／秋 米凶作
平成6年 1994年	4月 羽田内閣／5月 ユーロ・トンネル開通／6月 村山内閣
平成7年 1995年	1月 阪神・淡路大震災。WTO（世界貿易機関）発足／3月 地下鉄サリン事件／8月 戦後50年村山談話／9月 沖縄県少女暴行事件／Windows95ヒット。携帯電話の普及も進む

平成8年 1996年	1月 橋本内閣／6月 住専各社への公的資金投入／7月 香港返還／10月 小選挙区制での総選挙
平成9年 1997年	11月 北海道拓殖銀行・山一証券破綻／12月 介護保険法成立。京都議定書
平成10年 1998年	2月 長野五輪／6月 日韓未来指向の共同宣言／7月 小渕内閣／10月 債権管理回収業に関する特別措置法／12月 NPO法案
平成11年 1999年	6月 男女共同参画社会基本法公布／8月 国旗・国歌法／10月 公明党が政権参加／ITバブル膨らむ
平成12年 2000年	4月 森内閣／5月 プーチンが大統領に。／7月 九州・沖縄サミット
平成13年 2001年	1月 省庁再編／4月 小泉内閣／8月 小泉首相が靖国参拝で日中関係悪化／9月 9・11同時多発テロ／12月 愛子内親王誕生
平成14年 2002年	1月 ユーロ現金使用開始／5月 FIFAワールドカップ日韓大会／9月 小泉訪朝と日朝平壌宣言
平成15年 2003年	3月 イラク戦争／4月 東証株価バブル崩壊後最安値
平成16年 2004年	1月 自衛隊先遣部隊がイラクへ／5月 第二回小泉訪朝／韓流ブーム

平成17年 2005年	4月 郵政民営化。JR福知山線脱線事故／6月 両陛下サイパン島慰霊訪問／8月 郵政解散／10月 郵政民営化関連法案成立／11月 有識者会議が女帝・女系天皇を提言
平成18年 2006年	9月 第1次安倍内閣。悠仁親王誕生／12月 教育基本法改正案可決
平成19年 2007年	5月 憲法改正についての国民投票法成立／9月 福田康夫内閣
平成20年 2008年	2月 橋下徹が大阪府知事／7月 洞爺湖サミット／9月 リーマン・ショック。麻生内閣
平成21年 2009年	1月 オバマ政権発足／3月 日経平均株価バブル崩壊後最安値／5月 裁判員制度始まる／9月 民主党鳩山内閣成立。／11月 事業仕分け
平成22年 2010年	6月 普天間基地移設問題で鳩山首相辞任。菅直人内閣／9月 尖閣諸島中国漁船衝突事件／中国にGDPで抜かれる
平成23年 2011年	1月 アラブの春始まる／3月 東日本大震災と原発事故／9月 野田内閣／11月 ウサマ・ビン・ラディン殺害／12月 金正恩政権誕生
平成24年 2012年	9月 尖閣諸島国有化と反日暴動／12月 第2次安倍内閣。景気拡大はじまる
平成25年 2013年	2月 朴槿恵が韓国大統領となり告げ口外交を展開／3月 習近平が中国国家主席に／9月 東京五輪の開催決定

平成26年 2014年	3月 クリミア併合／4月 消費税が8％に／6月 イスラム国が成立／7月 集団的自衛権の限定的容認を閣議決定／12月 特定秘密保護法。朝日新聞が慰安婦記事を取り消し／翌年にかけて5人がノーベル賞受賞
平成27年 2015年	3月 北陸新幹線が金沢まで開通／4月 日経平均株価が2万円を突破／5月 大阪都構想住民投票で否決／7月 東芝不適切会計問題発覚／8月 戦後70年の安倍談話／9月 安保法制が成立／11月 パリ同時多発テロ／12月 日韓慰安婦合意
平成28年 2016年	2月 北朝鮮長距離弾道ミサイルを発射／3月 北海道新幹線開通。民進党成立。働き方改革／4月 熊本地震。／5月 伊勢志摩サミットとオバマ大統領が広島訪問／6月 選挙権が18歳に。イギリス国民投票でEU離脱が決定／7月 小池百合子東京都知事に／8月 天皇退位についての「お気持ち表明」／9月 蓮舫民進党代表の二重国籍発覚
平成29年 2017年	1月 トランプ大統領就任／2月 森友加計学園問題／5月 文在寅が韓国大統領に／5月 有効求人倍率が過去最高に／7月 都議会選挙で小池与党勝利。EPA原則合意／10月 総選挙で与党圧勝、立憲民主党が第二党に
平成30年 2018年	6月 米朝首脳会談／7月 西日本豪雨、IR法案成立／10月 韓国で徴用工判決／11月 ゴーン日産会長逮捕／米中貿易戦争激化
平成31年 2019年	1月 即位30周年／4月 明仁天皇退位

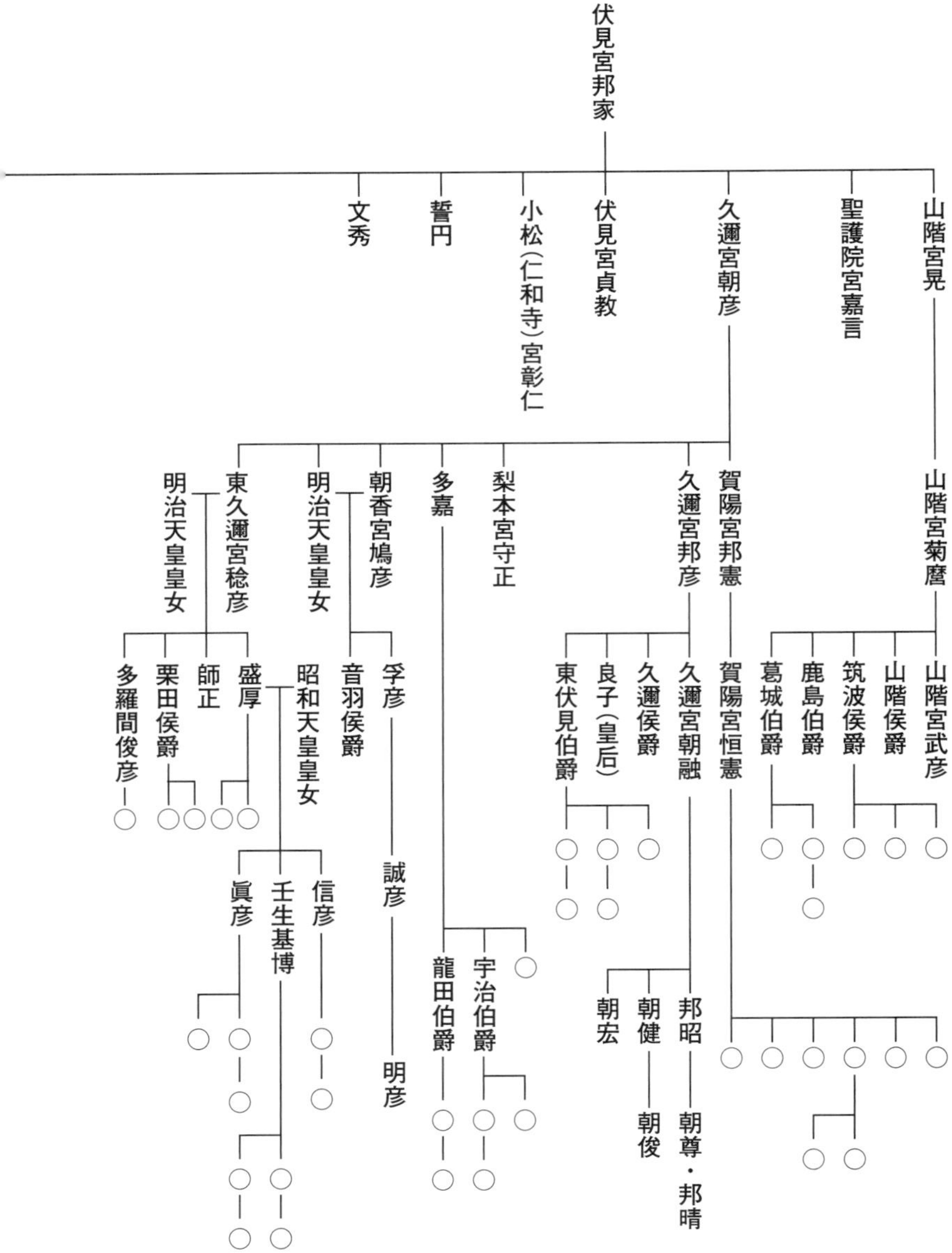
伏見宮邦家
文秀
誓円
小松（仁和寺）宮彰仁
伏見宮貞教
久邇宮朝彦
聖護院宮嘉言
山階宮晃
東久邇宮稔彦
明治天皇皇女
明治天皇皇女
朝香宮鳩彦
多嘉
梨本宮守正
久邇宮邦彦
賀陽宮邦憲
山階宮菊麿
多羅間俊彦
栗田侯爵
師正
盛厚
昭和天皇皇女
音羽侯爵
孚彦
東伏見伯爵
良子（皇后）
久邇侯爵
久邇宮朝融
賀陽宮恒憲
葛城伯爵
鹿島伯爵
筑波侯爵
山階侯爵
山階宮武彦
眞彦
壬生基博
信彦
誠彦
龍田伯爵
宇治伯爵
朝宏
朝健
邦昭
明彦
朝俊
朝尊・邦晴

◎伏見宮系皇族系図

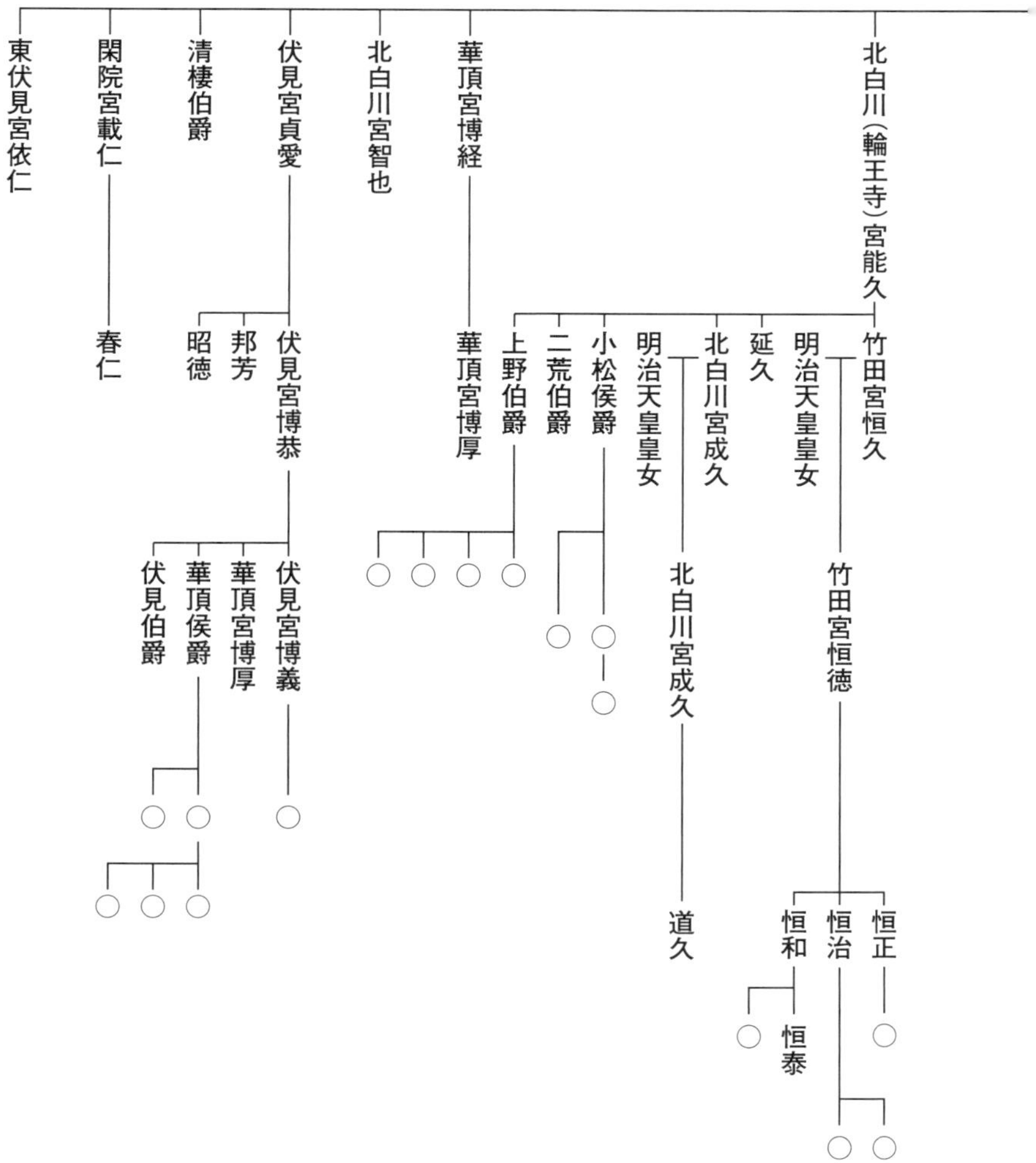

※筆者注：関係者のすべてではない。○は男性を示す

おわりに――歴代天皇の視点で日本史を紐解く

言うまでもなく、『令和日本史記』という書名は、司馬遷が前漢時代に書いた『史記』からとったものである。伝説上の五帝の一人・黄帝から前漢の武帝まで、皇帝の伝記が軸となり、それが幾重にも積み重なって、二四〇〇年余りに起きた無数の出来事が「通史」を形成している。

それに家臣の列伝なども加わっているのだが、『史記』の価値が極めて高いことの本質は、「通史」であるという部分に存在すると考える。

摂政だ、関白だ、将軍だ、内閣総理大臣だと、そのときどきにうつろいゆく権力者に注視して歴史を見ていくことも必要だ。しかし、大きなまとまりとして国家や世界を見渡すときには、通史がより重要な役割を果たす。本書も『史記』に倣い、誠に僭越ではあるが、歴代天皇の眼から日本の歴史を通して見ることを試みたものだ。

過去の日本で起きたすべてのことを、常に国家とともにあった皇室の視点から定点観測したと言い換えてもいい。

したがって、本書は、世に数多ある「歴代天皇を扱った本」というより、日本通史にずっと近い性格のものになった。

「万世一系」については、先の『日本国紀』（著・百田尚樹）でも騒動になっていた。古代の天皇の生存年数が長すぎることは、当時、日本に暦というものが確立されていなかったことに主な原因があり、逆にそれを当時の平均的な寿命へと調整することによって無理なく説明できると私は考える。つまり、「新天皇陛下も神武天皇の子孫らしい」ということに何ら不自然を感じないし、それでいいと思う。

いささか仰々しい『令和日本史記』という書名には、もちろん陛下の即位と改元を記念したいという思いと、祝福の意を含んでもいる。皇室の新しい時代の幕開けを扱う章が、「末広がり」の第八章になったのは、偶然といえ喜ばしかった。

新しい日本が、文化を育み、自然の美しさを愛《め》でることができる平和な日々に心からの感謝の念を抱きながら、希望に満ちあふれた国となることを願ってやまない。

平成三十一年（二〇一九年）四月一日

新元号の発表を聞きながら

八幡和郎

表記について

○「はじめに」にも書いたように、人名の呼び方などは、もっとも人口に膾炙し、わかりやすいものを採用した。

○生年月日については、『日本書紀』など正史に書かれているものは（真実かどうかは別として）そのまま載せた。したがって、異常な長命になるところもある。ただし、崇峻天皇以前の「主な出来事」（各天皇の後注）では、西暦でなく天皇の即位からの年で表記した。

○『日本書紀』と『古事記』については、正史である『日本書紀』を優先している。

○御陵は宮内庁での扱いをそのまま書いた。ただし、古代の天皇陵は、江戸時代における推定でまったく当てにならないので、どのあたりという以上の意味はない。

○后妃の実家は生家を基本とし、養女などとなってから入内したような事情は煩雑になるので必ずしも触れていない。

○そのほか掲載している系図において養子について記載する際も、できるだけ実際の血のつながりについても表示できるよう配慮した。

○敬語は明治以降を除くと使う範囲など線を引くのが難しいことも考慮して、原則として使わなかった。

○年齢は数え年である。

参考文献

歴代天皇などの生没年、在位、読み方などについては、『歴代天皇・年号事典』（米田雄介編　吉川弘文館）を一義的な参考文献とし、補完的に『歴代皇后人物系譜総覧』（新人物往来社）、『角川日本史辞典』（高柳光寿・竹内理三編　角川書店）、『日本史諸家系図人名辞典』（小和田哲男ほか監修　講談社）、『日本史要覧』（日本史広辞典編集委員会編　山川出版社）、それに各種百科事典なども併せ参考とした。

古代の天皇については、『日本書紀』の記述を、真実かどうかはともかくとして採用した。ただし、「主な出来事」の西暦換算は推古天皇以降のみ載せた。古代の人名の多くは、『全現代語訳　日本書紀』（宇治谷孟　講談社学術文庫）に負った。宮都については、『神々と天皇の宮都をたどる　高天原から平安京へ』（高城修三　文英堂）や『図説　歴代天皇紀』（肥後和男ほか　秋田書店）をとくに参考とした。

皇室ものとしては、『歴代天皇　知れば知るほど』（所功監修　実業之日本社）、『旧皇族が語る天皇の日本史』（竹田恒泰　PHP新書）、『歴代天皇総覧　皇位はどう継承されたか』（笠原英彦　中公新書）、『歴代天皇事典』（高森明勅監修　PHP文庫）、『日本全史』（蟹江征治ほか　講談社）、それに右記の『図説　歴代天皇紀』（秋田書店）、それに各種の百科事典や年表もそれぞれに参考とした。

近代の天皇については、『徳川将軍と天皇』（山本博文　中央公論新社）、『幕末の天皇』（藤田覚　講談社学術文庫）、『幕末の朝廷』（家近良樹　中公叢書）、『歴代天皇のカルテ』（篠田達明　新潮新書）、『昭和天皇』（原武史　岩波新書）、『大正天皇』（原武史　朝日文庫）などが役に立った。

なお、拙著のうち皇室に深く関係しているものとしては、『お世継ぎ～世界の王室・日本の皇室』（平凡社および文春文庫。内容は少し違う）、『遷都』（中公新書）、『「日本国記」は世紀の名著かトンデモ本か』（ぱるす出版）、『誤解だらけの皇位継承の真実』（イースト新書）、『男系・女系からみた皇位継承秘史』（歴史新書）、『世界の王室うんちく大全』（平凡社新書）などがある。